ACTUARIAL RISK MANAGEMENT

# 계리리스크관리

## 보험계리사 제2차 시험 대비

강계욱 저

한국계리학회 박영사

　보험선진국에서는 계리적인 측면에서 보험을 생명보험과 손해보험 영역으로 명확히 구분한다. 미국의 예를 들면 생명보험계리사는 SOA(Society of Actuaries)라는 기관에서 손해보험계리사는 CAS(Casualty Actuarial Society)라는 기관으로 구분하여 해당 계리영역에 대한 계리사 자격시험을 독립적으로 주관, 감독할 뿐만 아니라 학문적인 이론과 실무의 연구기관으로 운영되고 있다. 이에 반해, 국내에는 이러한 구분이 불분명하고 계리사 시험제도에도 이러한 구분이 존재하지 않고 있어 해외보험사의 국내진출, 또는 국내보험사의 해외진출에서 혼선이 따르고 있는 것이 현실이다.

　그럼에도 불구하고 우리나라 보험산업의 국제적인 위상은 계속 향상되고 있는 점은 매우 고무적인 일일 것이다. 21세기에 들어와서 보험시장이 더욱 세계화되면서 한국 보험계리분야에서도 국제적으로 통용되는 계리이론과 기법이 요구되고 있다. 이에 발맞춰 2014년부터 보험계리사 시험제도가 대폭 개정되어 현재 시행되고 있다. 개정된 보험계리사 2차 시험의 세부과목 중 하나인 계리리스크관리는 보험계리업무 전반에 관한 주제를 다루고 있다. 그러나, 이론뿐만 아니라 실무에서 적용되고 있는 실제 예들을 포함한 계리리스크관리 영역 안의 모든 주제들이 체계적으로 정리된 서적은 거의 없는 실정이다. 이에 본서는 계리리스크관리 계리사시험을 준비하는 예비계리사들을 위해 실질적인 도움이 되고자 발간하게 되었다. 또한 보험산업에 근무하는 모든 종사자들이 보험계리업무에 대한 폭 넓은 이해를 높이는데 활용되기를 기대한다.

이러한 현실적인 상황과 기대를 가지고, 저자는 미국보험계리업무 19년 경험과 한국보험 12년의 경험 그리고 대학강의를 바탕으로 다음 두 가지 원칙에서 본서를 집필하였다.

첫째, 계리사시험을 준비하는 예비계리사들을 위한 주교재여야 함으로 수험생 입장에서 이해하기 쉽게 핵심과 요약위주로 설명하였다. 그리고, 문맥상 보충설명이 필요한 부분은 ☞ **참고표시**로 독자들이 어려움 없이 다음 단락으로 넘어갈 수 있도록 하였다. 또한 주제마다 많은 이론적이고 실무적인 예시를 들었고 현재와 과거의 이슈설명도 삽입하여 이해를 돕도록 노력하였다. 한편 특정내용이 생명보험인지 손해보험 관련인지를 명확히 하여 이해의 혼선이 안되도록 하였다.

둘째, 다른 관련 서적들과 달리 본서는 단원과 맥락의 흐름에 집중하였다. 계리리스크관리는 광범위한 여러 다양한 주제가 혼재되어 있기 때문에 효율적인 학습을 위해서는 단원과 맥락의 정리가 필수적이다. 즉, 잘 구성된 맥락에 의해 진도를 나가면 이해하기도 수월하며 학습시간도 단축시킬 수 있는 이중 효과가 있기 때문이다. 이를 위해서 본서는 다음과 같은 순서로 내용의 맥락이 이어가도록 하였다.

계리리스크관리는 보험산업에서 계리사가 다루어야 하는 영역내외의 전반적인 리스크를 이해하고 측정하고 평가하고 해석하는 것이 주 된 목적이다. 이를 위해 제1장은 리스크 전반에 걸친 이해에 집중하였다. 제2장은 리스크 관점으로 계리사의 역할과 계리업무에 대해 살펴보았다. 제3장은 개인과 기업에 노출되어 있는 리스크를 제시하고 이들 리스크를 관리, 보장할 수 있는 보험의 기본인 상품들을 거의 모두 다루었다. 제4장에서는 상품개발을 포함한 거의 모든 계리업무는 데이터와 함께 시작하므로 보험데이터에 대한 전반적인 이해와 계리기법인 모델링까지 포함하였다. 제5장과 제6장은 전통적인 계리업무인 요율산정과 책임준비금 산정의 이해와 세부내용, 그리고 산정기법 등을 다양하게 다루었고, 제7장은 지금까지 학습한 리스크와 보험, 보험계리를 토대로 보험회사의 리스크관리기법에 대해 자세히 다루었다.

　제8장부터 본서 마지막까지는 재무관련 리스크로 구성된다. 제8장은 보험자산에 대한 이해와 관련 리스크, 관리기법, 그리고 평가기법을 소개하였다. 제9장은 보험부채와 현재 보험업계의 최대화두인 IFRS에 대한 자세한 해설이 포함된다. 자산과 부채 리스크에서 공통적인 사실은 모든 리스크 안에는 금리변동과 연관이 있다는 것이다. 그래서 제10장은 금리리스크에 대한 이해와 금리리스크 관리전략까지 상세히 담았다. 제11장은 앞선 자산과 부채의 계리적인 이해를 바탕으로 자본에 대한 이해와 적정한 자본은어떻게 관리되는지에 대한 답을 지급여력제도를 통해 설명하였다. 여기에는 현재 또 하나의 보험업계 중요한 이슈인 지급여력제도 모두(K-ICS포함)를 다루었다. 제12장은 보험회사의 최대 관심사인 손익에 대한 내용으로 끝마칠 것이다. 그리고, 앞의 본문 안에 특정 주제에서 설명보강이 더 필요한 부분과 실손의료보험 개정 같은 최근 보험업계의 이슈들은 별도로 보충주제로 하여 해설을 더하였다. 이와 더불어 각 chapter마다 다양한 연습문제를 제시하고 계산을 요하는 문제들은 풀이를 상세히 하여 이해에 도움이 되게 하였다.

　서두에 밝힌 바처럼, 계리리스크관리의 주제들이 체계적으로 정리된 서적이 없는 상태이므로 본서를 통해 계리사시험을 준비하는 예비계리사들에게 실질적인 도움을 주고자 하는 마음은 여전하며 그렇게 되리라 확신하는 바이다. 또한, 보험계리 및 리스크 분야에 종사하는 모든 분들에게도 더 넓은 경험과 이해가 전달되기를 희망한다.

　끝으로 본서의 내용이 충실해지도록 많은 조언을 주신 한양대학교 보험계리학과 오창수 교수님과 심현우 교수님께 감사의 말씀을 드린다. 또한 집필과정에서 격려와 관심을 보여주신 보험연구원의 안철경 원장님과 한국계리학회의 최양호 학회장님께도 감사의 말씀을 전한다. 본서에는 많은 보험이슈가 다루어지는 바 실무적인 조언을 해주신 보험개발원의 임주혁 부문장님과 배동한 실장님, 이승욱 팀장님, 그리고 보험업계의 많은 실무진들께도 일일이 감사의 뜻을 표하는 바이다. 그리고, 전문서적임에도 불구하고 보험업계와 한국계리학계의 발전을 위해 집필과 출간의 기회를 주신 박영사의 안종만 회장님, 이영수 부장님, 바쁜 일정 속에서 정성껏 편집과 교정에 애써주신 오치웅 대리님께도 진심으로 감사를 드린다. 마지막으로 계리사(Actuary)라는 전문직으로 미국과 한국에서 살아가는 내내 삶의 버팀목이 되어준 사랑하는 나의 가족 아내 Sun Young과 어여쁜 딸 Hemmie, 믿음직한 아들 Saejin에게도 고마운 마음과 사랑을 전한다.

You are always in my heart.


2020년 1월 26일
강계욱

# Table of Contents

## 제2장 보험계리사(ACTUARY)

## 제3장 **보험상품**(PRODUCTS)

# 제4장  보험데이터의 이해(DATA)

# 제5장 **보험요율산정**(PRICING)

# 제6장 **책임준비금 산정**(LOSS RESERVING)

## 제7장 보험과 리스크관리(INSURANCE & RISK MANAGEMENT)

# 제8장 자산: 리스크와 관리(ASSET, RISK, MANAGEMENT)

## 제9장 부채평가(LIABILITIES VALUATION)

## 제10장 금리리스크(INTEREST RATE RISK)

## 제11장  자본과 지급여력(CAPITAL & SOLVENCY)

## 제12장 이익과 손익분석(PROFIT & LOSS)

# 제1장

# 리스크(RISK)

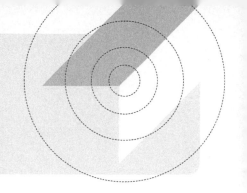

# 제1장

# 리스크(RISK)

리스크(Risk)는 어떤 사건의 발생에 의해 손해 또는 손실이 일어날 가능성이 존재하는 상태이며, 유사한 의미로 불확실한 사건의 발생가능성에 의해 노출된 현상(exposure to uncertainty)으로서 표현할 수 있다. 한국식으로 리스크를 해석한다면 위험(danger)이라는 부정적인 의미로만 해석되는 경우가 많으나, 금융분야에서 사용되는 리스크(Risk)의 영어적인 해석은 긍정적인 부분도 내포할 수 있다. 예를 들어, 앞으로 어느 시점에 농산물 가격의 급등에 대처하기 위해 선도(forward contract)거래를 할 경우, 어떤 결과가 발생할지 모르는 상황이므로 필연적으로 리스크가 수반된다. 그 시점에서 농산물 가격이 올랐으면 결과적으로 이익을 실현할 것이며, 반대의 경우는 손해를 볼 수 있는 리스크의 양면성이 존재하게 된다. 불확실성이 커지면 커질수록, 큰 수익이 더 나거나 큰 손실이 발생할 수 있게 되므로 리스크는 커지게 된다.

☞ 선도(Forward contract): 거래당사자들이 협의에 의해 주식, 통화, 채권 등의 기초자산을 미리 약정한 가격과 계약규모로 미래의 일정시점, 즉 만기일에 인수, 인도하기로 약정하는 거래이다. 선도거래는 거래이행을 보증하는 관리기관 없이 장외(over-the-ounter market)에서 거래가 이루어지므로 거래상대방이 계약을 불이행할 위험(default risk)이 발생할 수 있다.

인간은 태어날 때부터 죽을 때까지 수많은 리스크에 둘러 쌓인 환경에 접할 수 밖에 없다. 이것은 인생의 환경에 따른 주요 구성요소이기도 하다. 우리는 매일 수없이 많은 리스크에 직면하기 때문에 이런 리스크에 자연히 익

숙해지면서 리스크의 중요성과 리스크가 발생할 때의 심각성을 잊거나 등한
시하는 경향이 있게 된다.

우리가 여기서 다루는 주요 내용은 보험에 관련된 리스크의 본질, 종류, 원
인, 요소, 대처방안 등을 포함하므로 리스크에 대한 개념을 더 확장시키게 될
것이다.

## 1. 리스크의 이해

앞에서 리스크(Risk)를 어떤 사건의 발생에 의해 손해 또는 손실이 일어날
가능성이 존재하는 상태로 단순히 정의하였다. 여기서 손해 또는 손실(Loss)
은 가치의 감소 또는 소멸로서 생각할 수 있다. 경제적인 관점에서 손해는 최
소한 금전적인 단위로 측정할 수 있어야 하는데, 항상 손해를 숫자로 표현하
기에는 매우 어려울 수 있다. 많은 경우 손해는 경제적인 관점에서 표현될 수
있으므로 명확한 금전적인 측정은 불가능할 수 있다. 예를 들어, 오랫동안 키
우던 애완동물의 죽음은 가족한테는 크나 큰 슬픔으로 다가오지만 이를 객관
적으로 특히 경제적인 단위로 측정할 수는 없을 것이다. 여기서 다루는 대부
분의 손해는 경제적인 단위로 표현할 수 있는 경우일 것이다. 그럼에도 불구
하고 후반부에 설명되는 리스크를 관리하는 기법에서는 경제적인(economic)
관점의 손해뿐만 아니라 경제적인 가치로 표현할 수 없는(non-economic)
손해까지도 다룰 것이다. 그래서, 많은 경우 경제적인 손해의 리스크를 관리
하는 것이 경제적인 가치로 표현할 수 없는 손해까지도 관리할 수 있는 부수
적인 효과를 얻을 수 있다는 논리를 이해하게 될 것이다.

☞ 손해 또는 손실: 보험의 관점에서 손해 또는 손실은 보험대상이 위험에 의해 멸실
  이나 훼손 등에 의해 피보험자의 재산적 가치가 소멸 또는 감소하는 것이다. 손해와
  손실은 매우 유사한 의미를 가지며, 영문표현에서도 동일하게 Loss로 표현된다. 본서
  에서는 이하 "손해"로 칭한다.

손해는 긍정적(positive)인 기대로부터 부정적(negative)인 방향으로 벗어남을 의미하기도 한다. 우리는 항상 소지하고 다니는 값 비싼 전자기기가 도난이나 훼손당하지 않도록 항상 주의함에도 불구하고 전자기기가 도난 또는 훼손당할 가능성이 존재함으로 리스크는 존재하게 된다. 또한 우리는 올해 죽을 거라고 전혀 생각하고 있지 않으나, 그럴 수 있는 가능성이 존재하고 있다는 것을 알면서도 의식하지는 않는다. 그래서, 리스크는 손해 발생이 가능한 상태에서 존재하게 된다. 또한, 우리가 의식하지 못하는 순간에서 조차 존재하는 것이 리스크이다. 우리는 손해가 발생할 지 안 할지를 정확히 예측할 수 없기 때문에 리스크의 존재는 불확실성(uncertainty)의 근원이며, 이러한 불확실성은 대부분의 사람들이 느끼는 불안정한 마음의 상태와 연계된다.

리스크의 정의에서 언급되는 가능성(possibility)은 손해가 발생할 지 아닐지를 의미한다. 손해의 가능성이 0일 때 리스크는 존재하지 않는다. 그래서 손해 가능성이 존재하는 상태는 사건의 발생여부를 알 수 없는 상황을 의미한다.

☞ 리스크: 보험업계에서는 종종 리스크(the risk)를 보험에 담보된 개인 또는 재물을 언급하기도 한다. 예를 들어, 특히 미국보험용어에는 피보험자 집단의 위험 정도에 따라 우량고객(good risks), 비우량고객(bad risks), 선호고객(preferred risks)등으로 리스크를 의미하기도 한다. 외국원서의 경우 이처럼 리스크의 의미는 문맥과 상황에 따라 광범위한 의미를 지니고 있다.

대부분 보험산업이나 보험계리관련 학문에서, 손해 가능성이 존재하는 상태에 직면하는 생명(life)과 재물(property)을 다룰 때 익스포저(exposure)라는 개념을 이해해야 한다. 익스포저는 보험료 산출의 근간이 되는 기본 단위로서, 보험회사가 리스크에 의한 잠재손해를 평가하고 추정하는 기준을 의미한다. 특히, 보험요율 산정에 있어서 익스포저 단위를 결정하는 것은 필수적이다. 익스포저 단위는 위험도에 따라 수정되고 실질적으로 보험계약의 구조와 부합하는 것이 바람직하다. 보험요율은 계약의 익스포저 단위당 보험료로,

요율산정을 목적으로 사용되는 익스포저의 형태는 상품에 따라 다르다. 논리적으로 익스포저는 보험료를 계산하는 기본 단위를 의미한다.

☞ 익스포저(exposure)는 여러 의미를 담고 있는 개념이다. 위의 설명처럼 보험료와 리스크에 관련된 익스포저의 의미는 다소 다르다. 보험료와 관련된 익스포저는 예를 들어, 자동차보험에서 차량 한 대의 일 년치 보험료는 얼마라고 할 때 차량 한 대의 일 년치가 1 익스포저의 단위가 된다. 반면에 리스크에서 말하는 익스포저는 위험 또는 사고의 대상을 의미한다. 자동차 보험에서 리스크에 의한 익스포저는 자동차뿐만 아니라 차량 안의 운전자, 승객, 길에 걸어가는 사람, 차량 밖의 건물과 구조물 등 사고의 대상이 되는 모든 것을 포함한다. 그러므로, 문맥과 상황에 따라 익스포저의 의미를 적절하게 활용하고 이해할 필요가 있다. 한국에서는 대부분 위험에 노출된 단위 즉 위험단위라는 용어로 많이 사용된다.

올바른 익스포저의 기본 단위가 되기 위해서는 다음 세 가지 조건을 만족할 필요가 있다.

(1) 과거의 전례를 고려해야 한다.
(2) 실질적인 요소를 포함해야 한다.
(3) 예상손해액과 비례적이어야 한다.

첫 번째, 과거의 전례를 고려해야 한다는 점은 여러 이유로 설명할 수 있다. 기존에 사용중인 익스포저보다 더 정확하고 실질적인 요소를 포함하고 있는 다른 익스포저로 변경할 경우, 대부분 계약의 보험료 산정 뿐만 아니라 리스크 측정에 많은 변동을 가져올 수 있다. 예를 들어, 여행자보험의 보험료 산정시 여행 하루당 보험료가 아닌 실제로 여행한 시간만으로 시간 당 보험료로 산정하는 것이 실질적이며 이론적으로 더 타당할 수 있다. 그러나, 리스크의 측정은 여러 해 동안 데이터에 의해 분석되고 검증되는 과정을 거치기 때문에, 더 정확하고 우수한 다른 익스포저가 있다고 하더라도 익스포저의 변경은 이러한 환경에 최소한의 영향이 미치는 범위내에서 이루어지는 것이 바람직하다. 그래서 익스포저의 변경은 어렵다.

두 번째, 실질적인 요소를 포함해야 한다는 점은 선택된 익스포저의 기본 단위는 객관적이어야 하며 보험계약자가 상대적으로 쉽게 이해할 수 있고 익스포저를 수집하고 검증하는 비용이 저렴해야 함을 의미한다. 익스포저의 기본단위가 객관적이기 위해서 익스포저는 계약자, 피보험자, 그리고 보험회사에 의해 자의적으로 손쉽게 조작되어서는 안된다. 예를 들어, 자동차 보험에서 1년간 차량 유효경과년수 대신 차량주행거리를 익스포저의 기본 단위로 사용하려 한다면 보험회사가 일일이 계약자의 실제 주행거리를 파악해야 하는데, 이 과정이 쉽지 않고 계약자에 의한 조작 가능성이 많아지며 기록과 관리가 용이하지 않을 수 있다. 그러나, 첨단기술의 발전으로 GPS나 OBD (Onboard diagnostics) 기기등에 의해 주행거리를 객관적으로 정확하게 파악할 수 있는 여러 장치가 개발됨에 따라 차량 주행거리도 익스포저의 기본단위로 사용되는 것이 가능하게 되었다.

☞ 실제로 미국자동차보험업계에서는 차량주행거리를 자동차보험의 요율익스포저로 변경할 수 있는지에 대한 연구가 끊임없이 있었다. 그러나, 정보정확성, 과거경험데이터 미비, 운영경비, 소비자 반응 등 모든 면을 고려했을 때 문제가 발견되어 현재 차량주행거리는 요율변수로만 사용하고 있다. 한국에서도 마찬가지로 차량주행거리는 요율할인요소로 사용하고 있다.

세 번째 조건인 예상손해액과 비례적이어야 한다는 의미는 1의 익스포저를 가진 계약의 예상손해액은 ½의 익스포저를 가진 유사한 계약의 예상손해액에 두 배로 추정할 수 있어야 한다는 말과 동일하다. 예상손해액을 예측할 때 사용하는 여러 종류의 변수가 있는데 그 중에서 보험금에 가장 직접적이며 중요한 연관성을 가진 변수를 익스포저의 기본 단위로 선택되는 것이 바람직하다. 그 외의 다른 변수들은 요율 또는 언더라이팅 변수로 사용된다. 예를 들어, 주택화재보험인 경우 시가 2억원인 주택의 예상보험금이 시가 1억원 주택의 예상보험금보다 두 배라고 타당성 있게 리스크를 예측할 수 있다면 주택 가격이 익스포저의 기본 단위로 선택될 수 있다. 그러나 그렇지 않은 경우 주택가격은 요율 변수로 쓰여져야 한다. 그 외의 주택 보장 금액, 주택연

수, 주택위치 등은 요율 변수로 쓰여진다. 예상보험금과 비례적이어야 한다면 보장된 담보의 어떤 변화에도 익스포저는 신속히 반응할 수 있어야 한다. 예를 들면, 산재보험의 경우 일반적으로 기업의 급여액이 익스포저의 기본단위로 쓰인다. 종업원의 수가 증가하거나 근무시간이 연장될수록 지급되는 급여액도 증가되고 반면에 위험노출도 많아져 예상보험금액도 증가할 것이다. 익스포저의 기본 단위인 급여액이 변화함에 따라 예상보험금도 같은 방향으로 변화할 것이고, 그러므로 보험료도 변화할 것이다.

# 2. 리스크의 종류

## 2.1 투기적 리스크(Speculative risk) vs. 순수한 리스크(Pure risk)

리스크는 투기적인 면과 순수한 면으로 분류할 수 있으며 이들은 개인손해, 재물손해, 책임손해 익스포저에 영향을 미친다.

### 2.1.1 투기적 리스크

투기적인 리스크(Speculative risk)는 손해와 이익의 가능성이 동시에 내포된다. 도박이 대표적인 투기적 리스크이다. 도박행위의 결과에 따라 손해와 이익이 결정된다. 유사하게 복권구매나 주식구매도 투기적 리스크를 내포한다. 주식거래를 하는 순간 구매자는 손실, 이익, 또는 본전의 가능성에 노출되기 때문이다. 투기적 리스크에 자발적으로 접근하는 많은 사람들은 이익을 얻을 수 있다는 가능성을 통해 동기부여를 한다. 투기적 리스크의 특징은 사람이 우연이 아닌 자발적으로 행위를 하며 손해가 결과로 이어질 수 있다는 것을 사전에 알고 있다는 것이다.

### 2.1.2 순수한 리스크

순수한 리스크(Pure risk, 이하 "순수리스크")는 손해가 발생할 가능성과 손해가 발생하지 않을 가능성만을 내포한다. 즉, 이익의 가능성은 존재하지 않으며, 이 점이 투기적 리스크와 가장 핵심적인 차이점이다. 순수리스크는 손해가 발생할 또는 발생 하지 않을 가능성만을 내포하기 때문에 대부분의 경우 보험가입이 가능하다. 그러나, 투기적 리스크는 대부분 보험가입이 불가능하지만 보험가입이 가능한 순수리스크와 연계될 수 있다. 예를 들어, 기업의 보험가입(예: 건물화재보험, 배상책임보험, 또는 기업휴지보험 등)이다. 기업을 시작한다는 것은 영업부진으로 손실을 볼 수 있고 반면에 많은 이익을 실현할 수 있는 투기적 리스크를 내포하고 있고 반면에 보험가입에서는 영업손실이라는 투기적 위험을 보장해주는 것이 아니라 영업행위에서 발생하는 순수한 리스크를 보장해 주는 것이다.

☞ 기업휴지보험(Business interruption insurance): 기업휴지보험은 보험 사고가 발생하여 사업을 중단했을 때, 기업을 유지하는 데 필요한 경상비를 지급하고, 기업을 계속 가동하였더라면 생길 수 있을 이익 등 순수리스크를 보상하는 보험이며 정상적인 운영에서 발생하는 영업손실은 보상하지 않는다.

## 2.1.3 손해 익스포저의 분류

순수리스크(Pure risk)는 개인, 가족 또는 기업 등에 노출되는데, 그 결과로서 인적, 재물, 책임 등의 손해 익스포저(loss exposure)를 불러 일으킬 수 있다.

(1) 인적 손해 익스포저(personal loss exposure): 모든 손해는 궁극적으로 사람에 의해 생성됨으로 모든 익스포저는 인적 손해와 연관된다고 할 수 있다. 자산 또는 수입의 손실, 육체적이거나 정신적인 고통은 사람에게 더 직접적인 충격을 끼친다. 그러므로, 조기사망, 질병, 신체적 장애, 실업, 부양이 필요한 의존노인에 노출된 익스포저는 인적 위험으로 분류된다.

(2) 재산 손해 익스포저(property loss exposure): 재산손해는 사고의 직접적인 원인에 의해 발생하는 직접손실(direct loss)과 직접적인 연관보다는 직접손실이 발생함으로 생기는 부수적인 비용 즉 간접손실(indirect loss)로 분류할 수 있다. 예를 들어, 자동차 사고로 인해 부품 일부가 파

손됐을 때, 부품수리비는 직접손실(direct loss)에 해당되나, 수리하는 기간 동안 차량을 사용하지 못해 생기는 손실 그리고 그 기간 동안 대차를 할 경우 드는 비용 등은 간접손실(indirect loss)에 해당된다. 재산이 손실되거나 분실 될 재산의 위험은 주택과 같은 부동산뿐만 아니라 개인물품 등을 포함한 동산에도 연계된다.

(3) 책임 손해 익스포저(liability loss exposure): 법률적인 제도하에서 타인에게 손해를 입힐 경우 개인은 소송에 대한 자신을 변호하는 차원에서 책임 손해 위험 가능성에 노출된다. 그래서, 타인에게 입힌 상해나 타인 재산의 손실을 배상해야 하는 배상 책임의무를 지니게 될 수 있다.

## 2.2 금융 리스크(Financial risk) vs. 비금융 리스크(Non-financial risk)

현대사회는 금융산업이 급속히 혁신적으로 변화하기 때문에 이에 따른 리스크가 계속해서 생성, 소멸, 변경 등의 형태로 존재하고 유지하게 되는데, 금융관점에서 볼 때 리스크는 금융의 직접적인 행위에 따른 금융 리스크와 그렇지 않은 비금융 리스크로 분류할 수 있다.

### 2.1.1 금융 리스크(Financial risk)

금융 리스크(Financial risk)의 대표적인 리스크는 크게 신용, 시장, 그리고 유동성 리스크로 분류할 수 있다. 실제로 리스크를 세분화해서 본다면 다양하고 종류도 많다. 그러나 여기서는 포괄적인 개념으로 리스크를 나눈 것이다. 예를 들어, 금리리스크는 시장리스크의 한 부류로 포함시킨다.

(1) 신용 리스크(Credit risk): 예를 들어, 주택구입의 목적이나 사업에 필요한 자금을 대출해 줄 때, 금융기관은 이러한 신용거래에 따른 해당이자가 납입되지 않거나 원금상환이 불가능한 위험에 직면할 수 있다. 즉, 신용 리스크는 거래상대방이 계약의 이행을 거부하거나 이행할 수 없을 경우 발생하는 잠재적인 손실위험으로 채무불이행(default) 리스크이다. 대부분의 신용거래에서는 당사자간 정보와 통계가 비대칭적(asymmetry)으로 이루어지기 때문에 대출행위가 이루어질 때 금융기관은 위험의 정

도와 크기를 측정하기 어렵고, 채권자가 신용기관에 신용 리스크를 전가할 경우 채무자에 대한 관리 소홀에 따른 도덕적 해이가 발생 할 수도 있게 된다. 현재 대부분의 선진국에서는 신용파생상품 거래의 급증과 이에 상응한 관리 미흡에 따른 2000년대 후반 글로벌 금융위기를 경험하면서 신용리스크 관리의 중요성이 매우 중요하게 대두되었다.

(2) 시장 리스크(Market risk): 금리, 주가, 환율 등 시장가격의 변동으로 인하여 금융회사의 자산 가치가 변동할 가능성을 의미하는 가격리스크(price risk)의 개념으로 단기매매나 시장가격 변동으로부터 매매차익을 얻을 목적인 거래에 대부분 노출되어 있다.

(3) 유동성 리스크(Liquidity risk): 어떤 사업이든 평상시 경영을 유지할 수 있을 정도의 충분한 현금을 확보하고 필요에 따라 합리적인 비용으로 자금을 조달할 수 있는 능력이 필요하다. 유동성 리스크는 자금의 운용과 조달 기간의 불일치 또는 예기치 않은 자금의 유출 등으로 자금부족 또는 지급불능 상태에 직면하거나, 자금의 급속한 과부족을 해소하기 위해 단기 고금리를 이용한 조달 또는 보유자산의 불리한 급매 등으로 손실을 입게 될 리스크를 의미한다.

## 2.2.2 비금융 리스크(Non-financial risk)

(1) 운영 리스크(Operational risk): 금융감독원의 용어사전에 따르면 운영리스크는 "부적절하거나 잘못된 내부의 절차, 인력, 시스템 및 외부사건으로 인해 발생하는 손실리스크를 의미하며 측정이 가능한 법률리스크는 운영리스크에 포함되나 측정이 곤란한 전략리스크와 평판리스크는 제외된다."고 하였다. 기업을 운영함에 있어 경영진의 잘못된 판단에 의해 부정적인 결과로 이어질 수 있다. 또한, 정부의 정책결정 또는 국내외 시장상황의 변화에 따라 기업은 적극적인 대응이 필요하게 되는데, 이러한 변화가 부정적인 결과로 이어질 때 운영리스크에 직면하게 된다.

(2) 사업 리스크(Business risk): 기업의 위험은 경영적인 면과 재무적인 면에서 파악할 수 있는데, 전자는 기업의 투자의사결정과 관련하여 발생하는 위험으로서 미래 매출액의 불확실성과 영업 레버리지로 인한 영업이익의 불확실성을 의미한다. 이는 운영 리스크와 구분되는 것으로 사업 리스크는 합당한 경영판단임에도 불구하고 시장의 예측 불확실성에서 기인하는 것이다. 재무위험은 기업의 자본조달을 위한 의사결정으로 나타난 자본구조와 관련된 위험을 의미한다. 기업 운영에서 전략은 매우 중요한 도구인데 사업전략에 의해 따른 결과와 시장효과는 분명히 달리 나타난다. 이러한 위험성과 불확실성을 사업 리스크라 하며 전략 리스크(Strategic risk)로 일컫기도 한다.

(3) 기타: 이외에도 기업을 운영함에 있어 발생되고 노출될 수 있는 리스크는 법률 리스크(Legal risk), 평판 리스크(Reputational risk), 정치적 리스크(Political risk), 실행리스크(Practical risk), 환경변화 리스크(Environmental risk), 또는 정책규제 리스크(Regulation risk) 등 다양하다.

- 법률 리스크(Legal risk): 거래상대방이 법적인 문제 때문에 계약을 하지 못함으로부터 발생하는 리스크로 관련 법령 및 지침의 위반과 재계약상의 문제점, 그에 따른 분쟁 및 감독기관으로부터의 징계위험을 포함한다.

- 평판 리스크(Reputational risk): 기업의 부정적인 평판에 의해 재정적이고 사회적인 자본의 손실 또는 시장 점유의 감소를 일으키는 리스크이다. 평판리스크는 종종 기업의 형사사건에 의한 결과이기도 하지만 형사사건에서 무죄로 판결되어도 기업의 평판은 낮아진다.

- 정치적 리스크(Political risk): 정치적 리스크는 경제환경에 심각하게 영향을 끼칠 정치적인 결정이나 사건, 또는 정치적인 조건 등에 의해 투자자나 기업이 직면하게 되는 리스크를 의미한다.

- 실행리스크(Practical risk): 기업에서 어느 특정 사업에 대한 전략적인 판단을 할 때 의사결정의 배경이나 의도는 적절했지만 그 결정을 실행에 옮기는 것이 실패할 수 있는 리스크이다.

## 2.3 체계적 리스크(Systematic risk) vs. 비체계적 리스크(Non-systematic risk)

기업은 자산을 투자할 때, 한 개의 상품에 투자하기 보다 다양한 상품에 투자하게 된다. 이는 하나의 상품에만 투자하여 목표한 수익을 얻지 못할 경우에 대비하고자 함이다. 다양한 대상에 투자를 하게 되면 하나의 대상에서 발생할 수 있는 손실을 다른 대상의 이익으로 보완할 수 있기 때문이다. 그러므로 큰 수익을 얻지 못 할 수는 있지만 반대로 큰 손실의 가능성은 확실히 줄어들 수 있게 된다. 따라서 동시에 여러 다양한 대상에 투자를 하게 되면 손실위험을 줄일 수 있다는 것은 시장의 공통된 사실이다.

그래서 포트폴리오 안의 투자대상을 많고 다양하게 할수록 분산효과를 통한 위험을 낮출 수 있게 된다. 이와 같이 대상 수를 늘릴수록 포트폴리오의 위험이 감소되는 효과를 포트폴리오의 분산효과(diversification effect)이라고 한다. 그러나, 대상을 무한대로 늘린다고 해도 위험이 줄어드는 부분과 줄어들지 않는 부분이 있다.

### 2.3.1 체계적 또는 시스템 리스크(Systematic risk)

시스템 리스크는 2007년 후반부터 시작된 미국 서브프라임모기지(sub-prime mortgage loan) 사태로 인한 경기 불황기에 매우 많이 등장한 용어이다. 예를 들어, 동일한 결제시스템에 연계되어 있는 금융기관들 중에서 어느 한 기관이 도산 또는 일시적인 결제불능 사태가 발생할 경우 연쇄적으로 다른 참가기관의 결제불능으로 이어져 결제시스템 전체를 마비시키게 된다. 이와 같이 분산효과로 감소시킬 수 없는 위험을 위험분산이 불가능한 리스크(non-diversifiable risk), 체계적 리스크, 또는 시스템 리스크(systematic risk)라 한다. 일반적으로 시스템 리스크 중에서 결제시스템의 오류는 금융기관간의 파급효과가 가장 크고 위험도 매우 높은 실정이다. 이러한 체계적 리스크는 이자율 변동, 경기변동 등과 같이 금융시장 전체에 영향을 미치는 리스크이므로 때때로 시장 리스크(market risk)라는 표현도 쓴다.

☞ 서브프라임모기지 사태를 간략히 요약한다면, 가계들이 부동산담보대출(mortgage loan)을 이용하여 부동산을 은행에 담보로 하여 대출을 받고 부동산을 자신의 소유로 하였다. 은행은 보통 이러한 부동산담보대출에 근저당권을 설정하는 것이 장기의 피담보채권이 되기에, 이 채권을 자산유동화(ABS, asset backed securities)하여, MBS (mortgage backed securities)로 만들어 팔기 시작했고 투자자가 모이기 시작했다. 여기에 일부는 이 MBS를 pooling하고 다시 분할 발행하여 CDO(collateralized debt obligation)라는 파생상품을 만들었다. 은행은 대출을 통한 수익성의 증가로 신용등급이 낮은 sub-prime 등급에게까지 저렴한 이자로 대출을 해주었는데, 이 중 상당 수가 대출금의 미납으로 파산하게 된 것이 서브프라임모기지 사태의 발화점이라 할 수 있다. 은행들은 대출금 미납으로 파산한 가계들로부터 대출원금 회수를 위해 근저당권을 설정해둔 부동산들에 경매를 실행하게 되고 부동산 시장은 점점 매물이 늘어나고 부동산 공급이 늘어나면서 전체적으로 부동산 가격은 하락하게 되었다. 이런 과정들의 반복은 결국 은행의 대출원리금 회수의 지연 또는 불확실로 나타나게 되었다. 계속해서 은행들이 원리금 회수의 악순환으로 그 액수가 커지자, 결국에 이때 리먼브라더스는 파산하게 된다. 참고로 당시 리먼브라더스는 미국의 5대 시중은행 중 하나였다.

## 2.3.2 비체계적 리스크(Non-systematic risk)

'달걀을 한 바구니에 담지 말라(Don't put all your eggs in one basket)'는 말은 비체계적 리스크를 표현하는 적절한 격언이라 할 수 있다. 비체계적 리스크는 개별자산의 위험을 말하는 것으로, 포트폴리오를 구성하여 사업에 투자할 경우, 서로 상관관계를 반대로 가지는 자산들로 구성을 하게 되면 리스크가 축소되거나 심지어 제거도 가능하게 된다. 즉, 다른 성격의 리스크는 다양화를 통해 분산효과로부터 축소 또는 제거 되는데 이런 이유로, 비체계적 리스크는 분산 가능한 리스크(diversifiable risk)라고도 한다. 비체계적 리스크는 새로운 보험상품의 개발이나 경영시스템 변화 등 개별 보험회사 자체의 요인이며 기업고유의 리스크(firm-specific risk)라고도 할 수 있다.

# 3. 리스크에 영향을 끼치는 요소

우리는 손해가 발생하지 않았다면, 리스크는 존재하지 않았다고 말할 지 모른다. 손해에 영향을 끼치거나 원인이 되는 요소들은 리스크 분석에 매우 중요하다. 손해발생의 원인이 되는 두 가지 요소는 Peril과 Hazard이다.

☞ Peril과 Hazard를 한국어로 번역할 경우, 손인(損因)과 위태(危態)라고 표현하는데 일반적으로 사용하지 않는 말이라 어색할 뿐 더러 최근 보험업계에서는 이 두 요소의 영어용어가 널리 사용되는 바, 본서에서는 영어인 Peril과 Hazard로 표현할 것이다.

## 3.1 Peril

Peril은 즉각적인 손해발생의 원인(cause of loss)이다. 우리가 살아가는 세상 환경은 사고, 도난, 홍수, 사망, 질병, 화재, 태풍등과 같은 손해의 원인이 되는 Peril이 존재하며, 사람은 이에 따른 리스크에 둘러 쌓여 있게 된다. Peril 중에 사망, 질병 등은 인적 손실을 초래하게 하는 원인인 반면, 자연적 현상에 의해 나타나는 홍수, 태풍 등은 물적 손해와 인적 손해 모두를 초래하게 하는 원인이 된다.

## 3.2 Hazard

Hazard란 특정한 Peril로부터 손실이 발생할 때, 사고에 원인이 될 수 있는 근거 또는 조건을 말한다. 사고의 원인이라고 포괄적으로 말 할 수도 있는데, Hazard는 손해의 빈도와 심도, 또는 둘 다를 증가시킬 수 있다. 예를 들어, 바람이 심하게 불거나 매우 건조한 날 화재위험은 증가하게 된다. 더 Hazard한 상태일수록 손해의 빈도와 심도가 더 커지는 것은 매우 일반적인 현상이다. Hazard는 세부적으로 물리적(physical)인 부분, 불성실에 기인한 도덕적(Moral)인 부분과 불성실에 기인하지 않는 도덕적(Morale)인 Hazard로 구분할 수 있다.

(1) 물리적(Physical) Hazard: 건물이 소방서에서 멀리 떨어져 있거나 소방 공급이 원활치 않은 장소에 위치한 경우, 화재에 민감한 소재로 건축한 건물 또는 화학제품을 많이 사용하는 건물은 화재의 빈도와 심도가 매우 높게 된다. 건물 위치, 건축소재 종류, 건물 용도 등이 물리적 Hazard의 예인데, 손해가 발생하고 피해액이 늘어날 가능성에 영향을 끼치는 재물의 물리적인 형상을 의미한다. 일반적으로 영업용 차량은 가족용 차량보다 위험에 더 많이 노출되어 있는데, 이 때 차량 용도는 물리적 Hazard로 인식하게 된다.

(2) 부정직 또는 불성실에 기인한 도덕적(Moral) Hazard: 사람의 부정직, 불성실, 또는 비도덕성은 손해에 100% 영향을 끼칠 수 있다. 방화, 사기, 또는 도적 등이 이에 해당하는 Hazard인데 보험금을 수령할 목적으로 자기 가게에서 자기 물건을 도적질 하거나 자기 집을 방화하는 경우이다. 이런 성향의 사람이 보험을 가입하게 되면 손해발생은 확실하게 되므로 보험영업 관점에서 이와 같은 도덕적 Hazard에 의한 손해는 보상을 안 하는 것이 원칙으로 되어 있다. 또한 대부분 이러한 부정직, 불성실, 또는 비도덕성에 의한 사고는 형사상 처벌이 일반적이다.

(3) 부주의에 기인한 도덕적(Morale) Hazard: 부정직, 불성실, 또는 비도덕하지는 않으나 부주의 또는 무관심에 의해 손해 발생 가능성은 증가될 수 있다. 부주의한 흡연이나 무관심한 집안정리 등은 화재의 가능성을 높인다. 부주의하게 버려진 담배꽁초에 의해 화재가 발생할 경우가 해당된다. 많은 사람들은 무의식적으로 이런 Hazard를 스스로 만들어낸다. 예를 들어, 과다흡연, 약물복용, 또는 과다지방음식 섭취 등은 사람의 생명을 단축시킬 수 있고 건강에도 해롭게 작용할 수 있다는 사실을 알고 있음에도 이런 행위를 계속 하기도 한다.

☞ Moral Hazard와 Morale Hazard 둘 다, 한국에서는 도덕적 해이라고 부른다.

# 4. 리스크의 진행과정

인간은 경험통계에 의한 데이터를 가지고 있어도 우리 주변에 둘러 쌓인 여러 리스크들에 대한 정확한 크기를 거의 알지 못한다. 하나의 이유는 경험 데이터에 나타난 익스포저의 손해 성향과 지금의 익스포저의 성향은 일치하지 않을 수 있기 때문이다. 심지어 환경적인 변화가 그들의 성향을 바꾸어 놓기도 한다. 보험회사와 같은 기업은 그나마 축적해 놓은 다량의 경험데이터로 손해의 예측을 어느 정도 합리적으로 하는 반면, 개인은 적은 경험정보를 통해 합리적인 손해 예측을 하기가 어렵다. 그래서, 현재와 다른 익스포저 성향의 데이터와 확실치 않은 여러 주변 정보를 통해 리스크 대응 방법을 찾기 위한 결정에는 불확실성(uncertainty)이란 문제가 나타나게 된다.

〈표 1-1〉 리스크의 진행과정

---

Step 1: 리스크 인식(주관적이며 외부환경의 의식상태)
→ Step 2: 불확실성(객관적인 심리상태로 전환)
  → Step 3: 걱정, 근심(정신상태로 이동)
    → Step 4: 리스크관리 방법(걱정, 근심의 해소를 위해 관리 방법을 조사, 연구)

---

우리는 여러 순수리스크의 경험을 통해 불확실성에 대한 불편함을 느끼게 된다. 우리는 이런 불확실성이 리스크의 원인이라 말 할 지 모르나, 리스크에 대한 사전 정보여부에 상관없이 몇몇의 리스크는 항상 존재해왔다. 즉, 모든 리스크의 원인이 불확실성은 아니라는 의미이다. 흡연을 처음 시작할 때부터 사람은 흡연이 암이라는 리스크와 매우 밀접한 관계에 있다는 사실을 인식하고 있기 때문이다. 일반적으로, 사람은 리스크의 인식과 불확실성의 연관성을 느끼기 시작한 후 얼마 지나지 않아 걱정, 근심을 하게 된다. 그 다음에는, 불확실성의 느낌과 함께 걱정, 근심이 많아질 때 비로서 이런 근심을 줄이기 위해 또는 제거하기 위한 방법을 찾게 되는 것이다. <표 1-1>은 이러한 리스크의 진행과정을 묘사한 것이다.

# 5. 리스크 대응 방법

리스크에 대응하는 방법은 리스크에 노출된 사람 또는 기관의 성격과 주변 환경에 의존하게 된다. 소극적인 투자를 하는 기업과 공격적으로 과감한 투자를 경영전략으로 삼는 기업은 동일한 리스크에 대한 대응방법에서 차이를 보인다. 화재에 많이 노출되어 있는 지역에 사는 사람은 화재라는 리스크에 대해 적극적으로 대처를 하는 반면, 그렇지 않은 지역에 거주하는 사람은 동일한 화재라는 리스크에 대해 소극적인 자세로 임하게 된다. 이에 따라 아래의 대응 방법 중에서 하나 또는 몇 개의 방법들이 조합으로 각각의 리스크에 맞춰 사용될 수 있다.

(1) 위험회피(Avoidance)
(2) 손해방지와 조정(Loss prevention and control)
(3) 위험감수(Retention)
(4) 위험전가(Risk Transfer)

## 5.1 위험회피(Avoidance)

일반적으로 사람, 재물, 그리고 책임에 관련된 리스크 자체를 회피할 수는 없으나 리스크에 연계된 특정 익스포저는 회피할 수 있다. 대부분의 경우에서 위험회피(Risk Avoidance)가 가능하다고 생각할 수 있으나, 실행에 옮기기는 어려울 것이다. 예를 들어, 가뭄에 따른 리스크를 회피하기 위해 물의 사용을 감소하거나, 자치단체 등을 통해 물과 관련된 외부활동(예: 수영, 유람선, 수상스키 등)을 금지 또는 축소시킴으로 어느 정도 위험회피 방법에 접근할 수는 있다. 더 강력하게 진행하기 위해 세면, 목욕 시 물의 사용을 일정량으로 제한할 수도 있다. 또한, 물과 관련된 외부활동을 금지하면 그러한 외부활동에 노출된 리스크(예: 수상스키를 타다 발생할 수 있는 상해, 책임, 또는 재산파괴 등)도 회피할 수 있게 된다.

재산상 발생할 수 있는 손해는 그 재산을 소유하지 않거나 그 재산에 관련된 책임을 지지 않도록 서약을 하는 식으로 위험회피를 할 수 있다. 주택소유와 연계된 위험(예: 화재)을 회피하기 위해 전세로 생활할 때도 계약서에 어느 특정 책임은 지지 않도록 특약사항에 첨가하여 전세계약서에 날인할 수 있다. 자동차 소유와 운전으로부터 발생할 수 있는 책임 리스크는 차를 소유하지 않거나 운전을 하지 않으므로 위험을 회피할 수 있다.

대기업에서 회사대표를 포함한 고위임원들이 동시에 항공편을 이용하여 회의에 참석할 경우, 다른 시간대의 항공편을 이용하도록 하여 혹시 모를 비행기 사고에 대한 리스크를 일정 부분 회피할 지도 모른다. 앞에서 언급했듯이 그렇지만, 위험회피를 실행에 옮기기는 어렵고 또한 리스크에 노출된 사람 또는 기관의 성격과 주변환경에 의존하여 대응하게 된다. 만일, 위험회피가 만족할 만한 대응방안이 아니라고 판단되면, 다른 방법들을 찾아야 하는 건 당연하다.

일반적으로 위험회피는 자동차 운전이 생활에 매우 필요하나 위험회피 목적으로 운전을 안 한다는 등의 예처럼 비현실적인 경우가 많고 효용가치가 낮은 경향이 있다.

## 5.2 손해방지와 조정(Loss prevention and control)

손해방지(Loss prevention)를 위한 노력은 사고발생의 가능성, 즉 사고빈도를 감소시키는 방향과 선을 같이 한다. 반면에, 손해조정(Loss control)은 손해의 크기, 즉 심도를 줄이는 방향과 선을 같이 한다. 손해조정(Loss control)는 손해의 크기를 축소시킨다는 의미에서 손해감소(Loss reduction)라고도 한다. 만일, 산악자전거를 이용한 레저활동을 원한다면, 바위에 부딪친다던 지 아니면 산중턱에서 추락하는 사고를 줄이기 위해 산의 자전거길 등을 포함한 정보를 사전에 숙지하고 자전거 롸이딩의 실력을 향상코자 열심히 트레이닝을 할 지도 모른다. 또한, 혹 사고가 나더라도 심각한 부상을 줄이고 빠른 회복을 위해 평소 체력단련 훈련을 할 수도 있다. 손해방지와 조정방법 둘 다를 활용하는 것은 사고의 빈도와 심도를 동시에 줄이는 것이다. 사고빈도(Frequency)는 얼마나 종종 사고가 발생하는지를 나타내는 지표로 특정기간 동안 발생한 사고의 수를 전체 위험대상, 즉 익스포저로 나눈 값이다. 사고심도(Severity)는 각 사고에 의해 발생된 손해가 얼마인지를 나타내는 지표로서 사고당 평균손해액을 말한다. 손해방지와 조정방안은 이런 사고빈도와 사고심도를 감소시키는 역할에 직접적으로 영향을 끼친다. 예를 들어, 가정에서 화재에 민감한 휘발성 있는 제품이나 쉽게 발화되는 물건을 쌓아두지 않게 할 수 있다. 이러한 행동은 화재라는 Peril과 연계된 Hazard를 줄일 수 있게 된다. 위와 같은 손해방지 방안을 마련하더라도 화재는 발생할 수 있는데 가정에 소화기를 비치해 논다면 어느 정도 화재를 조절함으로 손해를 줄일 수 있게 된다. 즉, 손실방지 노력에 의해 리스크가 완전히 제거되는 것은 아니다. 그러나, 손실방지 노력에 의한 리스크를 보험에 전가한다면 보험료 할인 혜택을 받을 수 있다. 자동차보험의 무사고 운전자 할인, 건강보험의 비흡연자 할인, 건물화재보험의 스프링쿨러 설치에 의한 화재예방 할인 등이 예이다.

결론적으로, 손해방지와 조정 방안의 목적은 저렴한 수준에서 사람의 행동과 비용으로 손해를 최소화시키는 것이다.

## 5.3 위험감수 또는 보유(Retention)

우리가 생활하면서, 소유하고 있는 재물에 대해 보험 가입을 하지 않거나 다른 위험전가의 수단을 사용하지 않는다면 우리는 삶과 재물에서 노출되는 리스크를 감수하는 것이다. 심지어 우리에게 노출된 리스크를 인지하지 못할 때도 역시 위험을 보유하게 된다. 옛날에 사람은 암이라는 리스크의 주원인이 흡연이라는 사실을 인식하지 못했을 때 리스크를 보유하고 있음을 모른 채 흡연을 하였다. 그러나, 지금은 이런 사실을 알고 있음에도 사람들은 명확한 증거를 무시한 채 리스크를 보유하고 감수하는 것을 합리화하기도 한다. 즉, 무지 또는 무시가 위험보유의 한가지 이유가 된다.

때때로 사람들은 리스크를 인식하더라도 그 중요성을 과소평가하여 리스크를 감수하기도 한다. 많은 경우, 사람들은 리스크를 인지하지 못해서가 아니라 그로 인한 손해로 고통 받는 걸 부정하기 때문에 배상책임의 리스크를 보유하기도 한다. 사람들의 이러한 생각과 결정은 무지에서 온다고 볼 수 있다. 사실 우리는 "과연 그런 일이 나한테 벌어지겠어"라는 생각을 하게 되는데 그 때 사고가 발생할 수 있는 것이다. 한 가족의 수입이 주원천인 가장이 장애를 입거나 사망할 수 있는 리스크를 우리는 감수하는 것에 익숙해 할 수 있다. 젊은 사람인 경우 특히 어느 특정 사고에 대한 빈도가 낮은 이유로 사고심도에 대한 고려 없이 리스크를 감수하는 경우도 있다.

한편으로, 리스크에 의해 초래되는 예상피해가 적을 경우, 또는 그만한 손해를 감수하기에 재정적으로 무리가 없는 경우에 위험을 보유하기도 한다. 예를 들어, 휴대폰은 도난이나 떨어져서 파손될 수 있다는 사실을 알고 있지만 그런 일이 발생했을 때 재정적으로 부담이 되지 않고 상대적으로 덜 중요하다고 판단할 경우 리스크를 감수하고 보유하게 된다. 대신 도난이나 파손을 방지하고자 손해방지와 조정 방법으로 대안을 찾을 수 있는데, 휴대폰의 경우 도난을 방지하고자 휴대폰을 항상 안주머니에 소지하는 습관을 갖는다든지 파손을 방지하고자 휴대폰에 보호커버를 한다는 식이다.

이외에도 정신적인 고통 같이 치명적이지만 전가할 수도 피할 수도 없는 상태에서는 위험을 보유하게 된다. 결론적으로 리스크를 감수하거나 보유할 것으로 결정하는 것은 예상되는 피해액의 규모나 사고 발생 가능성의 정확한 정보에 매우 의존하게 된다.

## 5.4 위험전가(Risk Transfer)

앞에서 언급한 수상스키와 같은 해상레저에서 발생할 수 있는 리스크를 회피하는 것은 수상스키를 타러 갈 상황을 만들지 않거나 아예 타러 가지 않는 것이었다. 위험을 전가한다는 것은 위의 예에서 수상스키를 탄다는 것이고 다만 리스크에 의해 초래되는 손해를 타인에게 전가시킨다는 의미이다. 위험전가는 리스크에 수반된 행위와 상황이 서로 분리될 때만 가능하다. 예를 들어, 회사근무 중 사고로 다쳤을 경우의 상해 리스크는 신체의 고통과 치료를 위한 병원비 그리고 결근에 의한 수입의 감소로 이어진다고 하자. 병원비와 수입감소는 리스크에 수반된 행위로부터 분리될 수 있고 고용주나 다른 사람에게 병원비와 수입감소를 전가할 수 있다. 그러나 신체의 고통은 타인에게 전가할 수가 없다. 이러한 위험은 리스크에 수반된 행위로부터 분리될 수 없게 된다. 더군다나 어떤 리스크는 제한된 책임만을 갖게 하여, 위험전가는 항상 완벽한 대안은 아닌 것이다. 위험전가의 다른 방법으로는 기업의 설립 등으로 전가할 수도 있고 다른 한 편으로는 보험과 같은 상호 계약에 의해 전가할 수 있다.

법인기업의 경우 소유와 경영의 분리라는 원칙하에 기업의 주주는 자신의 출자가액을 한도로만 법인의 행위에 책임을 진다. 법인의 설립이 법인의 행위 하에서 발생할 수 있는 리스크를 방지하지는 않으나 법인에게 리스크를 전가하게 하는 것이다. 리스크가 발생했을 때, 주주는 간접적으로 고통을 느끼겠으나 그가 책임져야 하는 손해는 투자규모에 제한된다. 엄청난 액수의 배상책임에 의해 기업의 자산 전부가 지불되어야 할 때도 주주들의 개인재산은 배상책임 리스크에 노출되지 않는다.

상품매매 시에도 보증서(guarantee or warranty)에 의해 리스크가 전가된다. 가장 흔한 예는 자동차 구입시로 대부분 자동차 제조사는 보증서를 제공한다. 그래서 자동차 소유자가 운행시 발생되는 모든 부품 결함에 의한 리스크를 제조사가 무상수리 하게 된다. 자동차 소유자는 수리기간에 따른 불편함이 있을 수 있으나 비용 지불 없이 리스크에 의한 손해를 제조사에게 전가하는 것이다.

위탁(bailment)은 또 다른 형태의 위험전가이다. 위탁계약은 물건을 위탁보관하는 수치인(受置人)이 수치인의 무지나 실수에 의해 발생되는 보관된 물품의 손상에 대해서 물건주인인 임치인(任置人)에게 책임을 지는 것이다. 일반적인 경우가 최고급 귀금속이나 모피를 가지고 있는 사람이 품질 유지나 도난을 방지하고자 귀중품을 보관, 관리해 주는 업체에 보관 비용을 지불하고 위탁, 보관시키며, 보관기간 동안 발생되는 어떠한 손해에 대해 업체가 책임을 지는 것이다. 교대로, 이들 업체는 보험회사로 이러한 리스크를 전가할지도 모른다.

> ☞ 위탁을 다른 용어로는 임치(任置)라고도 한다. 임치는 수치인(受置人)이 임치인(任置人)인 상대방을 위하여 위탁 받은 금전이나 물건을 보관하기로 하는 계약을 말하며, 위탁과 동일한 의미로 사용된다.

임대차계약(lease and rental agreements)도 위험전가의 한 방법이다. 임차계약의 경우, 물건을 임차한 사람은 일상적인 마모를 제외하고는 좋은 상태로 물건을 주인에게 돌려주기로 약속하는 것이다.

일반적으로 보증인, 채무자, 채권자 삼자간의 보증 계약(suretyship)도 위험전가의 수단이다. 제삼자인 보증인(surety)은 계약에 의해 채무자가 계약상 의무를 실행하지 않을 때 채권자(creditor)에게 채무자를 대신하여 그 의무를 실행하도록 하는 법적인 약속을 하는 것이다. 채권자의 입장에서 지불불이행이라는 리스크를 보증인에게 전가하는 것이 된다.

현대사회에는 실행 가능하든 가능하지 않든 지에 상관없이 많은 종류의 위험전가 수단이 존재한다. 위에서 언급한 여러 위험전가 수단의 예들은 독자들의 이해를 돕기 위해 샘플로 설명한 것에 지나지 않을 정도이다. 그럼에도 불구하고 가장 중요하고 일반적인 위험전가 수단은 보험이다.


# 6. 리스크관리(Risk Management) 프로세스

리스크관리란 개인, 가정, 회사 또는 기관 등에 노출되는 순수리스크의 규격화된 대응 관리 방법을 말한다. 리스크관리자는 관리프로그램 운영 책임자로서, 리스크를 생성하는 모든 익스포저를 확인하고 이를 처리할 프로그램을 개발한다. 리스크 관리자의 최대 목표는 최소의 비용으로 최고의 확실성(certainty)에 도달하고자 노출되고 발생할 수 있는 모든 리스크로부터 개인과 조직의 수입과 자산을 보호하는 데에 있다.

리스크관리 프로세스는 리스크관리를 가장 효율적으로 운영할 수 있는 일련의 관리, 진행 흐름을 설명한다. 현재, 리스크 관리 프로세스에 대해 미국, 캐나다, 영국, 호주 등 보험 선진국에서 여러 종류의 모델을 제시하고 있는데 전체적인 프로세스의 맥락은 매우 유사하다. 본서에서는 그 중 한가지 프로세스만 설명하기 보다는 공통적인 부분 설명에 집중하고 여러 모델 중 특이사항에 대해서는 별도의 설명으로 대신한다.

전체적인 프로세스의 맥락은 아래와 같다.

(1) 목표, 목적 설정(Establishing objectives)
(2) 리스크 확인(Identifying exposures to loss)
(3) 리스크 분석과 평가(Analyzing and evaluating risks)
(4) 리스크관리 프로그램 선택과 실행(Selecting and implementing the risk management programs)
(5) 리스크관리 프로그램의 모니터링(Monitoring and reviewing the program)
(6) 문서화 작성(Documenting the report)

〈표 1-2〉 Risk Management Matrix

| 진행과정<br>Decision | 계획<br>(plan) | 준비<br>(organize) | 진행<br>(lead) | 조절<br>(control) |
|---|---|---|---|---|
| 리스크 확인 | | | | |
| 리스크 분석과 평가 | | | | |
| 리스크관리 프로그램의 선택 | | | | |
| 리스크관리 프로그램의 실행 | | | | |
| 프로그램 모니터링 | | | | |

각 과정은 진행할 때 마다 수시로 주변환경 변화를 감지하여 분야별 전문조 직과의 대화와 자문(communicate and consult)을 통해 리스크를 평가(assess) 하여 당시에 문제를 발견하거나 미비한 점이 있을 때는 다시 원점에서 프로세 스를 검토하고 필요 시 수정하는 프로세스 사이클(process cycling)의 형태를 갖춘다. 또한 기업의 경우, 리스크관리에는 많은 이해당사자가 있다. 다양한 이해당사자들로부터 그들의 이해관계와 책임 한계에 대한 의견수렴이 필요하 다. 이해당사자들의 유용한 지식과 경험은 전 프로세스에 반영될 필요가 있다. <표 1-2>는 각 단계별 상호관계를 요약할 수 있는 매트릭스이다.

## 6.1 목표, 목적 설정(Establishing objectives and context)

목표, 목적, 그리고 상황 설정(Establishing objectives and context)은 효과적 인 리스크관리에 있어서 첫 단계이자 핵심적인 부분이다. 목표설정이 없는 리 스크관리 프로그램은 지도와 정보 없이 목적지까지 초행길을 운전하는 것과 유사하다. 목표설정을 위해서는 내부환경과 외부환경 등 주변 상황을 사전에 숙지할 필요가 있다. 그리고, 리스크에 대한 평가기준과 분석체계의 밑그림을 작성해야 한다. 이러한 과정이 진행되기 위해서는 리스크관리에 대한 전반적 인 맥락과 흐름을 이해하고 객관적으로 설명할 수 있는 준비가 필요하다.

여기서 내부환경이란 개인 또는 기업 내에서 발생할 수 있는 리스크를 효 율적으로 관리하는데 연관된 모든 정보와 상황을 말하는데, 예를 들면, 개인 또는 기업의 사업 목적과 전략, 시스템, 자본등과 같은 사업의 운영여력, 내 부적인 리스크의 정의와 인식 등이 포함된다고 볼 수 있다. 외부환경은 사업 의 목표가 외부적인 요소에 의해 변경될 수 있기 때문에 사업운영 시 리스크 관리에 관련된 모든 내용이 포함된다. 예를 들어, 법과 규제의 변화는 특히 보험산업에서 매우 중요함으로 이를 위반할 경우 기업은 치명적인 손실을 입 게 된다. 또한, 경쟁적인 시장환경, 국내외 경제상황, 사회문제 등이 이에 포 함된다.

리스크에 대한 평가기준을 정하기 위해서는 다양한 측면을 바탕으로 리스크를 어떤 시각에서 어떻게 바라보며 이해할 것인지 대상에 대한 리스크 선호도를 이해할 필요가 있다. 일반적으로, 리스크를 접하는 사람이나 기업의 성향은 세가지로 분류할 수 있다.

(1) 리스크 회피형(Risk averse): 미래에 불확실하게 실현되는 결과에 대해 객관적이고 평균적으로 기대할 수 있는 기대가치와 어느 주관적인 평가에 의한 확실성 가치를 비교하여 확실성 가치를 평균기대치보다 적게 평가하는 성향으로 동일한 기대가치를 가지고 있는 2개의 선택 중에서 보다 덜 위험한 쪽을 택하는 성향이다. 리스크 회피형은 리스크를 피해서 가겠다는 의미보다는 가능하면 리스크가 적은 안전한 방향을 선호한다는 의미에 가깝다. 즉, 불확실성에 노출되었을 때 그 불확실성을 낮추려고 시도하는 성향이다.

(2) 리스크 중립형(Risk neutral): 투자에 따르는 위험을 충분히 인식하고 다른 투자보다 높은 수익을 기대할 수 있을 경우, 어느 정도의 투자 손실을 감수할 수 있는 성향이며, 금융시장에서 투자를 할 경우 위험성에 대해 충분히 인식하고 높은 수익을 기대할 수 있다면 일정 수준의 손실 위험을 감수할 수 있는 성향이다.

(3) 리스크 추구형(Risk seeker): 리스크 추구형은 말 그대로 리스크를 찾아서 움직인다는 뜻이 아니고 더 큰 수익이 있다면 일정 수준 이상의 리스크가 있더라도 이를 감수하고 큰 수익을 추구하겠다는 의미이다. 예를 들어, 동일한 기대가치를 가지고 있는 2개의 선택 중에서 보다 더 위험한 쪽을 택하여 효용의 증가를 원하는 성향이다. 이런 성향은 투자 대비 매출이 100만원일 때와 200만원일 때의 만족감이 크게 차이가 나지 않고 차라리 매출이 0이 되더라도 더 공격적인 영업으로 매출 1,000만원이 될 수 있다면 그 방향으로 가겠다는 적극적인 성향이다.

## 6.2 리스크 확인(Identifying exposures to loss)

리스크 확인(Identifying exposures to loss) 단계는 전체적인 프로세스의 앞 부분이라 언뜻 쉽고 가볍게 준비할 수 있으나 실제로 전 과정 중에서 가장 중요하고 어려운 단계이다. 확인되지 않고 발견되지 않은 리스크는 위험대상 으로부터 발생될 어떠한 위험에도 결코 대처할 수 없기 때문이다.

이 단계가 어려운 이유는 어떤 리스크는 과거 사례도 없었으며, 그럴 가능 성이 조금이라도 있을 것이란 예상을 전혀 할 수 없는 상황 일 수 있고, 과거 에 존재했던 리스크라도 시간이 흐름에 따라 리스크의 형태가 변형될 수도 있으며, 새로운 시장과 경제활동 속에서 새롭게 생성된 것일 수 도 있고, 과 거에 존재했으나 항상 미미한 피해결과로 리스크의 잠재성을 무시하거나 대 소롭지 않게 지나쳐 버릴 수가 있기 때문이다. 예를 들어, 미국 911테러는 그 이전 어떠한 유사한 사례도 없었고 그럴 가능성도 예측하지 못한 상황에서 무방비 상태에서 테러가 범해졌고 그러므로 사태 후, 즉각적인 피해 수습에 도 한계를 보일 수 밖에 없었다. 또한, 2008년 금융위기 당시 파생상품 시장 은 그 이전부터 존재했고 리스크의 존재도 잘 이해하고 있었으나 특히 상품 들의 수익성에서 항상 우위를 차지했기에 금융시장에서는 잠재적인 위험을 과소평가한 부분이 만연했다.

대기업이나 대규모의 조직일수록 기관 내에서 일어나는 모든 행위와 그에 따른 의무와 책임에 대해 다 인식하고 있기가 어렵기 때문에 잠재적인 리스 크까지도 확인하기에는 어려움이 따른다. 그래서, 리스크를 확인하는 작업은 정기적인 절차와 프로세스에 따라야 한다. 심지어 반복되는 프로세스 절차라 도 시간의 간격에 의해 전에는 중요하지 않은 그래서 무시된 잠재적 리스크 가 재확인 할 때는 당시의 대내외 환경에 의해 치명적인 리스크로 변질이 될 수 있기 때문이다. 확인하는 절차와 방법은 개인 또는 기업에 따라 주어진 여 건과 환경에 따라 다르겠으나 대체로 Top-down방식과 Bottom-up방식을 동시에 진행하는 것이 바람직하다. 기업의 경우, 경영진의 시각에서 보는 불 확실성과 실무자의 관점에서 해석하는 리스크의 크기와 파급력은 차이가 있을 수 있기 때문이다. 반복적인 재확인 작업을 포함한 리스크를 확인하는 모든 작업에는 잠재 리스크별 그 분야의 전문조직과의 활발한 대화와 자문도 또한 요구된다. 그들은 제3자의 관점에서 내부의 임직원이 느끼지 못 한 부분을 다양한 경험과 더 넓은 시각으로 확인할 수 있기 때문이다.

## 6.3 리스크 분석과 평가(Analyzing and evaluating risks)

손해가 발생할 수 있는 위험대상으로부터 잠재적인 리스크를 포함하여 가능한 모든 리스크를 파악하고 확인 한 후에 각 리스크에 대한 분석이 필요하다. 이러한 분석은 모든 리스크가 초래할 수 있는 손해의 크기와 예상 범위뿐만 아니라 어떤 상황에서 실질적으로 발생할 것인지의 예측도 고려해야 한다. 이러한 분석 결과의 중요성 정도를 합리적이며 이해하기 쉽게 설명할 수 있는 가장 좋은 평가 방법은 손해의 잠재적 크기가 얼마이며, 얼마나 종종 발생하는지를 설명하는 것이다. 즉, 사고심도(severity)와 빈도(frequency)로 표현하는 것이다. 잠재적인 리스크가 기업의 재무상태에 치명타를 입힐 정도로 크다면, 그 리스크는 명백히 매우 중요하며 사전 예방과 철저한 관리가 필요하다고 하겠다. 반대로, 사고발생 가능성이 낮고 예상 손해액도 작다면 그러한 리스크는 상대적으로 중요하지 않는 부류에 속할 것이다. 그러나, 손해의 규모는 작으나 발생 가능성이 높은 리스크는 주의를 기울일 만큼 중요한 부류일 수도 있다. 재정적으로 부유한 가정의 어느 특정 리스크는 그 가정에서는 중요하지 않을 수 있으나 재정적인 문제가 있는 가정은 동일한 리스크에 대해 중요성을 인식하고 대응방안을 준비해야 한다. 즉, 확인된 리스크에 대한 평가는 내부적인 요소와 외부적인 요소 모두를 감안하여 평가하는 것이 합리적이다. <표 1-3>과 <표 1-4>는 일반적인 기업에서 확인할 수 있는 리스크와 이에 따른 분석과 평가를 예시한 것이다.

### 6.3.1 모델링에 의한 분석

컴퓨터 기술의 급속한 발전과 분석시간의 획기적인 단축으로 인해 다양한 변수의 조합을 이용한 모델링을 통해 리스크를 분석할 수 있다. 예를 들어, GLM(Generalized linear model)과 같은 다변량분석(Multivariate analysis)을 통해 리스크의 예상손해를 평가할 수 있다. 이러한 모델링은 분포도 분석, 단변량과 이변량 분석, 그리고 모델링 작업 전, 설명변수가 연속변수(continuous)인 경우 어떻게 범주화하고 군집화(categorical clustering) 할 것인지, 또는 범주화가 필요치 않은 변수는 어떤 것이고 어떻게 처리할 것인지를 파악하는 상대도 범주화 작업(clustering process), 그리고 설명변수 계층별 상대도가 다른 변수들과 얼마만큼 상관관계가 있는 지에 대한 분석인 크래이머의 V통계법(Cramer's V statistic)을 이용한 상관관계 분석 그리고 변수 안의 계수들 간 관계를 파악하는 상호작용 등 복잡하지만 전문적인 모델링 기술이 필요하다. 그 후에 빈도와 심도에 의한 모델링과 순보험료에 의한 모델링을 실행하게 된다.

〈표 1-3〉 기업의 리스크 확인과 분석 및 평가(예시)

| 익스포저 | | Peril | 예상손해 | 빈도평가 | 심도평가 | 종합평가 |
|---|---|---|---|---|---|---|
| 인적 | 종업원 | 업무상 장애 | 임금, 업무공백, 기타 비용 | Level II | Level III | B |
| | 종업원 | 사망 | 임금, 업무공백, 기타 비용 | Level I | Level III | A |
| | 종업원 | 퇴직 | 임금, 업무공백, 기타 비용 | Level III | Level I | B |
| 재물 | 건물, 집기 | 파손 | 자산, 수입, 기타비용 | Level II | Level II | B |
| | 금융자산 | 도난 | 수입 | Level I | Level IV | C |
| | 재고물품 | 파손 | 자산, 수입 | Level III | Level IV | D |
| 책임 | 영업행위 | 생산물 배상책임 | 자산, 수입, 평판, 기타비용 | Level I | Level V | D |
| | 영업행위 | 환경 배상책임 | 자산, 기타비용 | Level I | Level V | C |
| | 재물 | 일반 배상책임 | 자산, 평판, 기타비용 | Level II | Level III | B |

〈표 1-4〉 기업의 리스크 종합평가 Matrix(예시)

| Level | 사고빈도 | 사고심도 | 종합평가 | 심도 I | 심도 II | 심도 III | 심도 IV | 심도 V |
|---|---|---|---|---|---|---|---|---|
| I | ~1% | 1억원 이하 | 빈도I | A | A | A | C | D |
| II | 1%~10% | 1~3억원 | 빈도II | A | B | B | C | D |
| III | 10%~20% | 3~5억원 | 빈도III | B | C | C | D | D |
| IV | 20%~30% | 5~10억원 | 빈도IV | C | C | D | F | F |
| V | 30%~ | 10억 이상 | 빈도V | D | D | D | F | F |

종합평가 A등급: 상대적으로 중요하지 않은 리스크
종합평가 B등급: 정기적인 주의와 관찰을 요하는 리스크
종합평가 C등급: 상대적으로 중요하며 적극적 관리를 요하는 리스크
종합평가 D등급: 매우 중요하며 즉시 관리실행이 필요한 리스크
종합평가 F등급: 기업에 치명적인 리스크로 즉각적이고 항시 관리, 감독체계가 필요한 리스크

모델링은 예측력과 정확성이 매우 우수하나 작업의 복잡함과 난이도에 의해 통계프로그래밍에 경험이 많은 예를 들어 보험계리사가 작업하는 걸 적극 추천한다. 모델링의 결과에 대한 정확한 해석은 더욱 더 중요하다. 그러므로, 모델링 작업을 통한 리스크 평가는 최고의 주의를 요하게 된다. 여러 요인에 의한 모델링의 오류, 또는 결과의 잘못된 해석은 전체 리스크관리 프로세스에 치명적인 영향을 끼치기 때문이다.

☞ 모델링작업의 세부내용은 본서의 범주에서 벗어난다. 모델링작업의 세부내용은 계리모형론(박영사 刊)의 다변량분석 파트를 참조하기 바람.

## 6.3.2 위기상황분석(Stress test)

위기상황분석은 주로 금융기관에서 실현 가능성이 있는 사건에 대하여 금융시스템의 잠재적 리스크를 측정함으로써 금융시스템의 안정성을 평가하는 분석 시스템으로 실현가능성 있는 최악의 부정적인 시나리오를 가정하여 사업의 존속자체를 위협하는 상황에서 사업이 어떻게 대처하고 얼마나 안정적인 수준을 유지할 수 있는지를 측정해보는 실험이다. 위기상황분석에 대한 자세한 설명은 본서 후반부의 '자산: 리스크와 관리'를 참조하기 바란다.

☞ 위기상황분석(Stress test): 금융위기를 맞이한 후 미국 정부가 대형 은행에 대해 자본평가 프로그램(CAP; Capital Assessment Program)을 실시한 이후 현재까지 금융권에서 많이 사용하고 있는 시스템이다. 당시 미국 재무부는 리먼 브라더스의 파산 이후 19개 대형 은행에 대해 자본 건전성 평가프로그램을 실시하였는데 이것이 대표적인 현대적 스트레스 테스트의 최초 사례로서, 향후 미국 경제가 악화될 수 있는 시나리오를 설정하고, 이러한 경제적 충격에도 불구하고 은행이 유지할 수 있는 충분한 완충자금을 각 은행들이 보유하고 있는지를 판단하는 것이었다. 이러한 금융권의 위기상황분석은 실제로 발생할 가능성이 있는 예를 들어, 전쟁이나 테러, 오일쇼크와 같은 전세계 경제에 심각한 영향을 주는 경제 환경의 주요 변화에 대해, 기업이 보유하고 있는 포트폴리오의 취약성을 파악하는 데 주요 목적을 두고 있다.

## 6.4 리스크관리 프로그램 선택과 실행

### 6.4.1 리스크관리 프로그램 선택(Selecting the risk management programs)

사업 주변에서 발생할 수 있는 확인된 여러 잠재적인 리스크에 대한 분석과 이에 대한 평가에 의해 각 리스크에 대해 어떻게 처리하고 대응하는지 이미 앞에서 살펴보았다. 여기서는 리스크의 평가결과와 대응방법이 어떻게 조합되는지를 살펴보도록 한다. 많은 경우, 여러 방법의 합리적인 조합이 최선의 선택이 될 수 있다.

(1) 위험회피(Avoidance): 리스크의 평가결과 예상손해가 현재의 재정상태에 얼마만큼 영향을 끼치는지 규모가 아닌 내용을 파악하기 어렵거나, 다른 방법에 의해 수용 가능한 수준으로 리스크를 감소시킬 수 있는 대안이 없거나, 또는 위험을 감수하기에는 어려움이 있을 때 적용하는 위험회피방법으로 이에 해당하는 위험대상의 활동을 금지 또는 제지시키는 것이다. 그러나, 위험회피는 많은 경우 단순히 비현실적이다. 예를 들어, 회사에 출근하는 도중 교통사고에 의해 죽을 수 있는 리스크 때문에 회사를 그만 두고 집에만 머문다면 확실히 이런 사고는 피할 수 있을 것이다. 그러나, 비현실적인 대안임에는 분명하다. 또한 위험회피에 따른 비용이 너무 많이 들 수가 있다.

(2) 손해방지와 조정(Loss prevention and control): 리스크를 접하는 사람 또는 기업의 성향과 리스크를 허용하는 수준에 비해 리스크에서 초래 될 손해규모가 매우 크다면, 리스크 발생 가능성을 줄이거나 손해규모 를 축소시킬 수 있는 방안을 고려해야 한다. 예를 들어, 개인인 경우 리 스크 분석에 의해 운전사고나 질병에 걸릴 가능성이 높고 이에 따른 손해규모가 상당하다고 평가되었다면, 앞으로는 안전한 운전습관을 지 향하고 규칙적인 운동과 건강관리를 통해 리스크 발생과 발생시의 손 해를 최소화하도록 해야 한다. 이러한 노력의 결과는 보험료에도 직접 적으로 영향을 끼칠 수 있다. 은행에서 대출금의 회수불능 리스크를 줄 이기 위해 대출조건으로 최소한의 담보와 소득을 필수적으로 요구한다 면, 대출상환 불이행의 가능성도 줄고 손해액도 감소시킬 수 있다. 이 러한 손해방지와 조정방법은 손해 발생 가능성을 줄이고 손해규모도 줄일 수 있으나 리스크를 완전히 제거할 수는 없다. 위험회피가 비현실 적이며 손해방지방법이 불확실할 경우, 리스크관리 대안은 오로지 위 험보유나 위험전가가 된다.

(3) 위험보유(Retention): 평가된 리스크에 대해 보유하는 이유는 대체로 세 가지에 기인한다. 첫째, 위험을 전가할 방법도 없고 회피할 수도 없는 정신적이며 육체적인 고통일 경우 리스크는 보유할 수 밖에 없다. 둘 째, 리스크에서 발생되는 예상 손해가 상대적으로 중요하지 않는 수준 이거나 리스크를 줄이거나 회피하기에는 이에 대한 비용이 너무 비싼 경우 보유하게 된다. 기업의 경우, 주식시장에 일정부분 투자를 할 경 우 영향력은 크지 않은 반면 리스크를 줄이는데 드는 비용이 너무 비싼 운용리스크가 이에 해당될 수 있다. 셋째는 무지에 의해 리스크를 보유 하게 된다. 이 경우 자신이 이런 리스크를 보유 또는 감수하고 있다는 사실 조차도 모르는 경우가 다반사이다.

(4) 위험전가(Risk Transfer): 상대적으로 중요한 리스크는 피할 수 없으며, 손해를 확실하게 방지할 수 도 없다. 또한 위험을 보유하는 것은 비현 실적인 경우 리스크 관리자는 보험을 통해 리스크를 보험회사로 전가

해야 한다. 앞에서 설명되었듯이 보험만이 위험을 전가하는 유일한 수단은 아니다. 계약서나 보증서를 통해 리스크의 일부 혹은 전부를 전가시킬 수도 있다.

6.4.2 리스크관리 프로그램의 실행(Implementing the risk management programs)

프로그램의 실행은 결정한 리스크관리 프로그램을 실제로 작동하고 활성화시키는 것을 의미한다. 리스크를 확인하고 분석과 평가를 거쳐 관리방법을 결정하기 까지는 본질적으로 전체 프로세스의 계획단계라 할 수 있다. 결정된 프로그램을 활용하기 위해선 실행이 필요하다. 리스크 평가와 결정된 관리방법이 규칙적인 운동으로 질병 발생 가능성과 질병의 깊이를 줄이고자 했다면 오늘부터 헬스장에 가는 것이다. 만일 보험을 통해 위험을 전가하기로 했다면, 보험에 가입하는 것이 프로그램의 실행이다.

## 6.5 리스크관리 프로그램의 모니터링(Monitoring and reviewing the program)

프로그램을 실행하고 모니터링 하는 것은 당연하며, 리스크관리 프로세스의 전 단계 마다 각각의 유효성을 모니터링 하는 것은 필수적이다. 앞에서도 설명되었듯이 리스크를 확인 한 후에도 급속한 대내외 환경의 변화가 있었다면 리스크의 형태가 변형될 수 있기 때문에 결정된 관리방법이 현재시점에서도 여전히 유효한 지를 확인하는 것은 중요하다.

개인의 리스크를 관리하는 리스크 관리자나 또는 기업의 리스크 관리부서의 일은 결코 끝나지 않는다. 리스크관리 프로세스가 처음 기획한 데로 진행되는지 수시로 확인하고 점검해야 한다. 만일 일부 프로세스의 수정이 필요하다면 피드백뿐만 아니라 상세한 내용의 기록, 보관도 리스크관리자의 몫이다.

## 6.6 문서화 작성(Documenting the report)

리스크관리 프로세스의 전 과정은 상세한 설명과 함께 문서로 기록되어야 한다. 문서의 내용은 리스크관리작업의 배경부터 경험 히스토리, 리스크 진행 단계, 리스크 통제 계획 등 광범위한 범위를 포함한다. 이 보고서는 검토가 수반되어야 하며, 이사회까지도 보고가 될 수 있게 작성될 필요가 있다. 만일 잠재된 리스크가 매우 중요한 내용이라면 이사회에 보고되고 검토 후 승인절차를 거치고 나서 전반적인 프로세스가 마무리된다. 문서화의 목적은 프로세스과정의 오류나 잘못된 의사판단을 찾아내려는 것보다는 기록으로 남겨 다음에 다시 리스크관리 프로세스를 진행할 때 과거의 기록으로부터 시행착오를 줄이고 과거 프로세스의 정보와 내용을 참고로 더 우수한 리스크관리방법을 제시하여 리스크와 이에 따른 잠재적인 손실을 최소화 하는데 있다.

# 7. 리스크 이론(Risk Theory)

보험과 관련된 전통적인 리스크 이론에는 기대효용 이론(Expected Utility Theory)과 게임이론(Game Theory)이 있다.

## 7.1 기대효용 이론(Expected Utility Theory)

베르누이 이전의 수학자들은 도박이 모든 가능한 결과의 가중 평균인 기대값으로 평가된다고 가정했었다. 그러나 베르누이는 불확실성하의 의사 결정시 기대효용의 개념을 도입하여, 객관적인 기대값에서 주관적인 가치, 즉 불확실성에 대한 효용(utility)을 반영한 의사결정 모델을 발전시켰다. 이후 기대효용 이론은 주요 경제이론과 자본자산가격결정모형(CAPM, capital asset pricing model)등 주요 재무 이론의 기초가 되었다.

☞ 베르누이(Bernoulli, Jacques): 스위스의 위대한 수학자로서 베르누이수(數)의 발견자이다. 미분적분학을 발전시키는데 공헌하였다. 수학의 조합론(combinatorics)을 대성시켰으며, 확률론을 처음으로 체계화하고, 또한 '대수의 법칙'을 세워 통계학에 있어서의 집단적 법칙성의 확률론적 연구를 개척하였다.

기대효용 이론(Expected Utility Theory)의 특징은 사람들의 선호성향에 대한 몇 가지의 기본적인 원칙을 명백한 이치(axiom)로 삼아 사람들의 선호성향을 나타내는 효용함수(utility function)를 숫자(numerical)로 계산하여, 사람들의 선호성향을 기대효용으로 표현하는 것이다. 이를 통해 효용의 개념을 숫자로 절대적인 측정은 할 순 없지만, 상대적인 측정은 가능하게 한 것이다. 이는 불확실성의 선택에 대한 선호성향은 선택 결과의 기대효용가치(expected utility value)에 따라 결정됨을 의미하는 것이다. 이 이론의 기본적인 원칙은 완전성(completeness), 타동성(transitivity), 독립성(independence), 그리고 연속성(continuity)이다.

- 완전성(completeness): 사람은 잘 정의된 선호성향이 있으며, 어떠한 두 대안(alternative) 사이에서도 항상 결정할 수 있다는 가정이다.
- 타동성(transitivity): 사람은 완전성에 따라 의사결정을 하고 이러한 의사결정은 항상 일관된다는 것이다.
- 독립성(independence): 명확한 이치가 있으며, 기존의 대안에 다른 새로운 대안이 섞여도 새로운 대안과 상관없이 원래 대안이 있을 때의 선호성향이 유지됨을 가정한다.
- 연속성(continuity): 예를 들어, A, B, C 세 가지 대안이 있는 경우 A를 B보다 선호하고, B를 C보다 선호한다면, B와 동일한 선호사상을 지닌 A+C 조합이 있어야 한다는 것이다.

우리는 앞에서 세 가지의 리스크 성향을 이해하였다. 기대효용 이론에 따르면, 리스크 중립(Risk neutral) 성향은 선형효용함수(linear utility function)를 가질 것이다. 리스크 회피형(Risk averse)은 증가 폭이 감소하는 효용함수, 즉 음수의 2차 도함수(a negative second derivative)를 지닐 것이다. 리스크 추구형(Risk seeker)은 반대로 증가 폭이 증가하는 효용함수, 즉 양수의 2차 도함수(a positive second derivative)를 가진 성향을 의미한다.

기대효용 이론을 설명할 때 거의 항상 도박의 예가 등장한다. 예를 들면, 100만원를 얻을 확률이 90%, 10만원을 얻을 확률이 10%로 기대값이 91만원인 도박을 할 경우와 확실하게 85만원만 가지고 있는 기회 중에 무엇을 선택할까와 같은 질문으로 시작한다. 그러나 본서에서는 보험의 예로 기대효용 이론을 설명할 것이다.

기대효용 이론은 보험회사가 보험가격이 시장에 만족할 지 또는 잠재고객이 그 상품을 가입할 지를 분석하기 위한 적절한 방법이다. 가장 단순하게 주택화재보험의 예를 들어보자. 주택을 포함한 재물(property)과 배상책임(liability)을 담보하는 주택화재보험(Homeowners fire insurance)이 보험구매 여부에 의해 어떻게 기대효용 이론이 작동하는지를 볼 것이다.

예를 들어, 주택가격이 2억원인 주택화재보험의 보험료는 28만 5천원으로 책정되었다. 자기부담금(deductible)은 없는 보험이다. 주택에 화재가 발생한다면 부분적인 피해(partial loss)는 발생하지 않는다고 가정하고 총 피해액(total loss)이 2억원이 될 확률은 0.1%라고 예상한다. 여기서 다른 두 시나리오에 의한 비용분석을 할 수 있다.

| | 무사고 | 화재발생 |
|---|---|---|
| 보험가입 | 28만 5천원 | 28만 5천원 |
| 무보험 | 0원 | 2억원 |

- 만일, 보험에 가입했다면, 기대비용(expected cost)은
  28만 5천원 x 99.9% + 28만 5천원 x 0.1% = 28만 5천원이 된다.

- 만일, 보험에 가입하지 않았다면, 기대비용(expected cost)은
  0원 x 99.9% + 2억원 x 0.1% = 20만원이 될 것이다.

주택소유자가 이와 같은 기대비용치에만 의존해 보험가입 결정을 한다면 보험을 구매하지 않을 것이다. 기대값(expected value)에만 의존해 의사결정을 한다면, 사람이나 기업은 리스크 중립적(Risk neutral)인 성향이란 것을 의미한다.

그러나, 대부분 사람들은 무보험에 따른 예상 리스크와 화재사고시 피해액이 너무 커서 보험가입을 할지를 선택하기 위해 내면적으로는 기대효용 이론을 사용하고 있을 지 모른다. 다음 가정을 생각해 보자.

- 만일 보험가입을 안하고 화재사고도 없을 때, 비용지출이 없는 기대효용가치(expected utility value)는 0이다.
- 보험료 28만 5천원의 보험에 대한 기대효용가치는 1이라고 하자.
- 만일 보험가입을 안 했는데 화재사고가 발생했다면 20만원인 기대비용의 기대효용가치는 매우 클 것이다. 주택소유자가 리스크 회피형(Risk averse)인 성향을 가졌다면 기대효용가치는 1,000으로 배정할 것이다.

이런 가정하에 기대효용비용(expected utility cost) 분석을 해보자.

- 보험에 가입했을 때, 기대효용비용은
  (28만 5천원×99.9%×1)+(28만 5천원×0.1%×1)=28만 5천원이다.

- 보험에 가입 안 했을 때의 기대효용비용은
  (0원×99.9%×0)+(2억원×0.1%×1,000)=2억원이 될 것이다.

즉, 기대효용비용(expected utility cost) 분석에 의한 결론은 보험가입이다.

만일, 보험회사가 위와 같은 기대효용비용 분석을 한다면, 주택화재보험 가입금액 2억원에 보험료 28만 5천원은 시장에서 경쟁력이 있을 것이라고 판단할 것이다.

## 7.2 게임이론(Game Theory)

게임이론(Game Theory)은 한 개인의 어떤 행위 결과는 게임에서처럼 본인의 행위에 의해서만 결정되는 것이 아니라 다른 사람의 행위 등에 의해서도 결정되기 때문에, 본인에게 이익극대화가 되도록 분석하는 수리적 접근법이다. 게임이론의 분석 대상은 모든 게임적인 상황이다. 게임적 상황이란 다수의 의사결정 주체 또는 행동 주체가 있고, 각각 개별적인 목적의 실현을 위해 행동하며, 서로 연관되어 있는 상황을 말한다. 게임이론은 이와 같은 게임적인 상황을 수리적 모델을 이용하여 추상화해서 의사결정 주체의 행동 및 게임의 결과를 추측하는 방법이다.

보험회사는 여러 다양한 리스크에 노출되어 있다. 그 중 하나의 특정한 리스크에 대해 가장 효율적인 관리방법을 찾고자 한다. 현재 리스크관리자는 그 리스크에 대한 여러 관리전략을 설정하고 있고 각각의 전략에 따라 관리방법을 결정한다. 리스크관리자는 개별 리스크에 기초하여 관리방법을 평가하고 관리방법의 결과에 따라서 선호순위(preference ordering)를 정한다. 이러한 선호순위를 수치화 한 것을 효용(utility) 또는 수익(payoff)이라고 한다. 보험회사의 목적을 수익으로 표현하면 리스크관리자의 리스크 관리전략은 회사의 수익을 극대화하기 위한 전략을 결정하는 것이라고 추론할 수 있다. 그러나, 추천한 리스크 관리전략으로부터 파생될 수 있는 보험회사의 수익은 그 리스크 관리전략뿐만 아니라 다른 리스크에 의해서도 좌우될 수 있기 때문에 합리적인 보험회사는 다른 리스크도 함께 분석하여 최종적인 선택을 하려고 할 것이다. 따라서 게임이론에 따른 중요한 리스크분석 과제는 다른 리스크의 결과를 어떻게 예측하고, 그것에 기초하여 어떻게 관리하고, 어떠한 전략을 세우는 지를 추론하는 것이다.

## 8. 전사적 리스크관리(ERM, Enterprise Risk Management)

과거 기업들은 사업분야가 복잡하지도 않고 기업간의 연관사업이 활발하지 않았던 당시에는 리스크에 대한 개념도 생소했을 뿐 더러 리스크가 노출되어도 노출된 익스포저를 개별적으로 파악하고 이에 따른 리스크 분석을 독립적이며 개별적으로 하였다. 그러나, 현대에 와서 기업들의 사업규모가 커짐에 따라 사업 내용이 매우 복잡해졌고 본 사업뿐만 아니라 연관사업에 의한 이익창출을 위해 사업전략을 구상하게 되면서 이에 따른 부수효과도 분석이 필요하게 되었다. 이외에도 기업들의 국제교류도 활성화 됨에 따라 기업 내부는 물론 국내외 환경도 사업에 영향을 끼치는 단계에 이르렀다. 이에 따라 기업들이 노출된 리스크를 개별적으로 분석하고 대응하는 전략 이외에도 심지어는 노출될 가능성이 미약하게 있는 리스크까지도 종합적으로 함께 분석할 필요를 느끼게 되었다. 이러한 리스크에 대한 시각은 1970년대 두 차례의 석유파동을 겪은 후, 북미와 유럽의 대기업으로부터 변화하기 시작하였다. 한국은 1990년대 말 IMF 외환위기를 겪으면서 리스크를 접하는 인식이 변화하기 시작하였다.

## 8.1 ERM의 정의와 개념

전사적 리스크관리 즉 ERM(Enterprise Risk Management)의 정의는 기업의 성격과 사업분야에 따라 조금씩 상이하다. 그러나, 전체적으로 기업의 대내외 환경을 포괄적으로 포함해서 리스크를 분석한다는 점과 리스크를 최소화(minimization)하여 경제적 가치를 최적화(optimization)하려는 목적은 보편화되어 있다. 이에 따라, ERM이란 경영, 전략, 인력, 기업문화, 업무프로세스, 기업구조 등을 모두 총망라하여 기업전반에 걸친 대내외적인 리스크를 체계적이고 종합적으로 상시적 분석과 관리를 통해 기업 내부의 협력체제(coordination), 사업 능력(capability) 그리고 가장 중요한 기업 가치(business value)의 극대화(optimization)를 이루려는 경영 프로세스이다. 아래는 미국과 영국의 계리사회에서 공표한 ERM의 정의이다.

☞ • 미국 손해보험 계리사회(CAS, Casualty Actuarial Society)에 의한 ERM 정의: ERM is the discipline by which an organization in any industry assesses, controls, exploits, finances, and monitors risks from all sources for the purpose of increasing the organization's short— and long—term value to its stakeholders
  • 미국 생명보험 계리사회(SOA, Society of Actuaries)에 의한 ERM 정의: Enterprise risk management(ERM) is the process of coordinated risk mana— gement that places a greater emphasis on cooperation among departments to manage the

organization's full range of risks as a whole. ERM offers a framework for effectively managing uncertainty, responding to risk and harnessing opportunities as they arise. Unlike previous risk management practices, the concept of ERM embodies the notion that risk analysis cuts across the entire organization. The goal of ERM is to better understand the shock resistance of the enterprise to its key risks and to better manage enterprise risk exposure to the level desired by senior management.

- 영국 보험계리사회(AP, The Actuarial Profession)에 의한 ERM 정의: Enterprise risk management is a systematic and integrated approach to the management of the total risks that a company faces.

- 미국 COSO(Committee of Sponsoring Organizations)에 의한 ERM 정의: ERM is defined as a process, effected by an entity's board of directors, management, and other personnel, applied in strategy setting and across the enterprise, designed to identify potential events that may affect the entity, and manage risk to be within its risk appetite, to provide reasonable assurance regarding the achievement of entity objectives.

ERM을 실행하여 결과물을 생성하기 위한 전체 프로세스에는 세가지 가정이 전제된다.

(1) 기업은 대내외적으로 잠재적인 리스크를 포함하여 다양한 리스크에 직면한다. 이는 과거에 노출되었거나 현재 노출된 리스크 뿐만 아니라 대내외 환경의 변화를 이해하여 잠재적인 리스크에도 기업은 대비해야 한다는 내용을 포함한다.

(2) 기업은 리스크를 개별적으로 그리고 종합적으로 분석하여 관리한다. 이는 기업에 직면한 다양한 리스크를 분리해서 이해하여야 하고 리스크간의 상관관계와 상호작용 또한 파악해야 됨을 의미한다. 어떤 상황에서는 리스크간의 높은 상관관계로 리스크관리에 효율성을 높일 수 있고 부정적인 상관관계가 있을 경우에는 이것이 오히려 자연적인 위

험회피 수단으로 활용될 수도 있기 때문이다.

(3) 기업의 리스크관리 최종 목표는 기업 가치의 극대화에 둔다. 이는 리스크를 이해하고 가장 효율적인 방법으로 관리되었을 때 잠재적인 손실을 최소화할 수 있다는 사실을 내포한다.

기업들은 대체로 대내외 환경에 따라 사업에 노출될 수 있는 리스크를 다섯 가지로 분류한다.

(1) 영업리스크: 배상책임, 재산손실, 자연재해 등
(2) 재무리스크: 가격변화, 자산, 통화(환율 포함), 유동성 등
(3) 운영리스크: 고객 만족, 기업평판, 지식과 정보, 제품 불량 등
(4) 전략리스크: 사업경쟁, 사회문화 트렌드, 자본력 등
(5) 기타리스크

기업의 전반적인 사업을 전략과 목표에 따라 관리하고 실행하기 위해서는 사업에서 노출되거나 노출될 수 있는 리스크를 모두 파악하고 이해해야 하며 이들 리스크간의 상관관계(correlation)와 상호작용(interaction)도 분석해야 한다. 리스크간의 높은 상관관계는 한 쪽의 리스크를 적절히 관리하고 대응한다면 다른 쪽의 리스크는 상관관계의 정도만큼 자연적으로 관리될 수 있기 때문에 비용을 줄이고 효율성을 극대화 할 수 있게 된다. 예를 들어, 품질리스크와 가격리스크는 개별적으로도 분석하지만 어느 정도의 상관관계가 존재할 것이므로 모델링을 통해 충분히 상관관계와 상호 작용을 파악하여 효율적으로 리스크들을 관리하고 여기서 생성되는 여력을 다른 리스크관리에 투자할 수 있는 것이다. ERM의 실제모델링 작업의 세부내용은 본서의 범주에서 벗어나므로, 앞에서 간략히 설명된 모델링에 의한 분석설명으로 대신한다.

☞ 리스크간의 상관관계(correlation)는 하나의 리스크가 다른 리스크에 얼마만큼 영향을 끼치는지를 의미하며 상관관계가 1이라 한다면 두 개의 리스크는 이름과 내용은 다르지만 실질적으로 동일하다고 볼 수 있다. 리스크간의 상호작용(interaction)은 하나의

리스크가 다른 리스크에 계층별로 다른 강도로 연관성이 있다는 것을 의미한다. 예를 들어, 배상책임담보는 평판리스크에 있어서 고객의 성향에 따라 계층별(예: 연령, 성별, 소비성향 등)로 다르게 영향을 끼치는 것이다. 리스크간의 상호작용(interaction)과 상관관계(correlation)는 비슷하게 보이나, 분명한 차이가 있음을 이해해야 한다.

## 8.2 ERM 프로세스

기업의 업종과 특성에 따라 ERM프로세스는 조금씩 상이할 수 있으나 전반적인 기본 framework은 매우 유사하며, 앞에서 설명된 기본 리스크관리 프로세스의 맥락에 기초하여 개발되었다. 일반적으로 미국손해보험회사에서 활용하는 ERM프로세스 단계는 다음과 같다.

(1) 상황 정립(Establishing Context): 기업의 대내외적인 환경에 따른 주변 상황과 리스크관리의 내용, 그리고 현재 기업의 위치와 상태를 이해하는 단계이다. 또한 리스크 평가기준과 함께 전반적인 프로세스의 밑그림을 설계하는 단계이다. 여기에는 프로그램의 범위, 예상되는 비용과 시간, 참여범위와 역할 분담 및 책임 한계, 기대하는 결과의 수준과 향후 계획 등 모든 게 함께 고려되어야 한다.

(2) 리스크 확인(Identifying Risks): 기업의 목표달성에 치명적일 수 있는 리스크들을 정리하고 이윤을 추구할 수 있는 영역을 설정하는 단계이다. 특히 이 단계에서는 기업 전반에 걸친 개별적인 리스크 뿐만 아니라 부서간, 업무영역간, 판매채널간의 연계된 리스크도 확인하여야 한다. 단, 전략적인 목적과 리스크관리를 시행할 수 있는 범위 내에서 리스크를 확인하는 것이 필요하다.

(3) 리스크 분석과 정량화(Analyzing/Quantifying Risks): 전 단계에서 확인된 리스크들의 발생가능성과 예상결과를 정량화한다. 특히 잠재적인 리스크에 의한 결과의 구체적인 내용, 즉 사업에 미칠 영향들과 그러한 결과들이 어떻게 실질적으로 발생하는지도 고려해야 한다. 단, 리스크 중에 측정할 수 없는 리스크는 제시하되 이에 대한 관리방안은 경영진

과 이사회의 몫으로 남겨둔다.

(4) 리스크 통합(Integrating Risks): 기업의 다양한 목표들의 조합에 영향을 끼치는 정도(degree)로 상관관계를 반영한 리스크 통합에 의한 포트폴리오의 효과와 예상결과를 분석한다.

(5) 리스크 평가와 우선순위 선정(Assessing/Prioritizing Risks): 전체적인 리스크 분석결과 개별 리스크가 차지하는 비중을 평가하고 우선순위를 결정한다. 리스크의 비중을 평가할 때 리스크를 다음과 같은 속성으로 분류하여 이를 바탕으로 기업의 사업전략과 맞게 우선순위를 정하는 것을 추천한다.

- 기업의 리스크 선호도 및 전략적인 목표와 일관성 있는 리스크
- 예상손실이 작거나 중요하지는 않으나 관리대상에 포함할 만한 리스크
- 비용이나 어떤 결과에도 상관없이 절대 발생해서는 안 되는 리스크
- 리스크관리를 위한 방법과 비용을 고려하여 균형 있는 관리가 필요한 리스크

(6) 리스크 대응, 처리와 전략개발(Treating/Exploiting Risks): 리스크들을 대응하고 관리할 수 있는 전략을 개발하는 것이다. 전략 개발에서 고려해야 할 점은 기업의 잠재적인 이익은 극대화시키고 손실은 최소화시킬 수 있는 효율적인 전략과 실행계획을 개발하도록 연구해야 한다.

(7) 모니터링과 점검(Monitoring and Reviewing): 리스크 환경과 수립된 전략의 실행을 지속적으로 모니터링하고 점검한다. ERM 프로세스의 모든 단계 별로 유효한지 문제점은 없는지를 모니터링 하는 것은 필수적이며 지속적인 개선을 위해 필요하다.

## 8.3 ERM의 설명논리

다양하고 복잡해진 외부환경에 의해 기업의 리스크는 더욱 예측하기 어려운 수준으로 향해 나가고 있다. 기업의 국제화 추세에 의해 다양해진 리스크

의 체계적인 관리의 중요성은 더욱 부각되고 있으나, 개별리스크의 포트폴리오를 전체적으로 분석하고 관리한다는 개념은 아직까지 생소하여 개발하고 시행하기를 고심하는 측면이 많다. 또한, 기업의 관료적인 문화, 변화에 대한 민감한 반응 등 기업이 지금까지 유지해 온 경영방식과 문화 등이 ERM의 복잡성에 의해 이해하기 어려운 부분과 ERM의 결과에 의해 상당한 수정을 요구할 경우 오랫동안 사용해 온 방식에 매우 익숙한 기업일수록 실행하기에 어려움을 더욱 느끼게 된다. 특히, 많은 금융회사들이 기존의 방식에 의해 오랫동안 유지되어 왔고, 주위에 리스크관리의 실패 사례가 많지 않다는 이유로 ERM을 채택할 필요성에 상당한 저항이 있을 수 있다. 또한, ERM시스템의 개발과 유지하는데 드는 많은 비용도 기업 입장에서는 걸림돌이 될 수 있다.

그래서 ERM에 대한 정확한 이해와 설명과 설득 논리는 중요하다고 하겠다. 아래의 항목들은 ERM의 개념하에 ERM의 필요성을 설명한 논리이다. 이는 ERM을 사용함으로 얻을 수 있는 혜택 또는 장점이기도 하다.

- 기존의 리스크는 외부의 환경변화에 의해 리스크 규모가 더욱 커졌다. 예를 들면, IT의 발전에 의해 정보유출 등 보안위험이 증대되었다. 또한 미국 911사태 전후의 테러리스크처럼 어떤 리스크는 정치, 사회의 변화에 따라 중요성이 변화하기도 한다. ERM은 리스크의 규모와 형태의 변화 등을 인식하고 평가하는 능력이 높아 리스크를 총체적으로 평가한다.

- 리스크는 기업전반에 영향을 미치며, 효율적인 측면에서 종합적인 리스크 분석이 요구된다. 예를 들어, 리스크간에는 상관관계와 상호작용이 존재한다. ERM은 이러한 요구사항을 효율적으로 대응하여 리스크의 성향과 기업의 전략을 조화롭게 맞춰서 이에 맞는 최적의 리스크 관리 구조를 개발할 수 있다.

- 새로운 리스크가 계속 생성된다. 예를 들어, 새로운 파생상품의 개발에 따른 신종 신용리스크 등이 출현한다. ERM은 이러한 리스크가 발생할 경우를 대비하여 기업경영에 영향을 미치는 잠재적인 리스크까지도 확

인하고 이들을 관리하여 손해를 최소화시키는 시스템이다.

- ERM은 기업 전체에 내재한 개별 리스크 뿐만 아니라 조직간의 연관된 리스크까지도 인식하고 관리할 수 있으며 또한 리스크관리의 우선순위를 정해 기업경영의 효율성을 제고하고 기업가치 향상에 기여한다.
- 계속 발전, 진행 중이며, 기업 전반을 다루는 프로세스로 고안되었고 기업의 모든 사람에 의해 실행될 수 있다.
- ERM은 최적의 리스크 관리방법을 체계적으로 식별하고 선택할 수 있는 정보를 제공함으로 기업 경영 전략 수립과 의사결정에 핵심적인 요소가 된다.
- ERM의 최고 목표는 기업 가치(business value)의 극대화(optimization)이다.

이외에도 ERM을 실행한 기업과 아닌 기업을 리스크에 따라 분석하면 그 차이는 명확해질 것이다. 기존에 리스크를 측정할 수 있는 여러 수단들(예: RBC, VaR 등)도 여전히 중요하나 ERM만의 장점이 있다는 사실이 중요하다. 기업의 경영진과 이사회에게 확신과 신뢰를 얻을 수 있도록 합리적인 설명자료를 준비해야 할 것이다.

## 8.4 기타 리스크 관리 프로세스

현재 리스크관리 프로세스는 사용목적과 대상의 성향 등에 따라 많이 개발되었고 또한 계속해서 개발 중이다. 대부분 프로세스가 기본 모형인 ERM framework과 유사하지만 조금씩 차이가 있다. 그러나 어느 모형이 더 우수하다고 말 하기는 어렵다. 왜냐하면 ERM은 기업의 속성, 형태, 환경, 조직문화 등 다방면에 걸친 사항에 의해 최적의 맞춤형 리스크관리 프로그램을 만드는 것이기 때문이다. 그럼에도 불구하고 거의 모든 ERM프로세스의 기본 골격은 유사하다. 여기에 대표적인 프로세스를 간단히 소개하고 앞에서 설명한 일반적인 ERM프로세스와 다음의 프로세스와의 유사한 점을 표로서 이해하도록 하겠다.

## 8.4.1 COSO의 ERM Framework

COSO(Committee of Sponsoring Organizations)는 1980년대 중반 미국의 회계 법인들이 공동으로 설립한 비영리단체로서, COSO의 COSO Internal Control-Integrated Framework은 다음과 같이 구성된다.

(1) 내부 환경(Internal environment): 리스크 인식과 관리방식에 영향을 주는 조직 내의 분위기 등을 의미하며, 기업의 리스크 관리철학, 리스크 성향과 기업문화, 개인의 권한과 책임 등이 포함된다.

(2) 목표 설정(Objective setting): 전략 목표와 세부적인 목표를 설정하는 단계로 기업의 리스크 성향과 수용한도 내에서 일관성 있게 결정해야 한다.

(3) 리스크 인식(Risk event identification): 리스크를 발생시킬 수 있는 대내외적인 요소들을 체계적으로 파악하는 단계이다. 외부적으로는 경제적, 정치적, 사회적 요소 등을 말하며, 내부적으로는 운영 프로세스, 경영진의 의사결정 등을 포함한다.

(4) 리스크 평가(Risk assessment): 잠재적인 리스크가 기업의 목표달성에 어느 정도 영향을 미치는지를 예상하는 단계이다.

(5) 리스크 대응(Risk response): ERM의 핵심적인 단계로서 리스크 특성에 따라 감수(accept), 회피(avoid), 감소(reduce), 공유(share)의 4가지 대응방법으로 이루어진다.

(6) 통제행위(Control activity): 리스크 대응이 효과적으로 수행되도록 하기 위한 정책(policy)과 절차(procedure)를 의미하며 기업 내 모든 조직에서 이루어진다.

(7) 정보와 의사소통(Information and communication): 이는 기업의 내부와 외부 모두에서 리스크 관리에 관련된 정보를 인지, 획득, 공유하는 과정을 의미한다.

(8) 모니터링(Monitoring): ERM의 단계마다 효과적으로 수행되는지를 관찰하고 평가하는 것으로 지속적인 평가와 모니터링을 의미한다.

## 8.4.2 AS/NZS의 리스크관리 프로세스

AS/NZS(Australia Standards/New Zealand Standards)는 호주와 뉴질랜드의 리스크 관리 표준화를 의미하며, 몇 번의 수정안이 제시되었는데, 여기서는 기본이 되는 모델 4360에 의거한 Framework의 제목만을 나열하며 세부 내용은 일반 프로세스나 COSO의 framework과 매우 유사하다.

(1) 내용 설정(Establish the context)
(2) 리스크 확인(identify risks)
(3) 리스크 분석(Analyze risks)
(4) 리스크 평가(Evaluate risks)
(5) 리스크 처리(Treat risks)
(6) 의사소통과 자문(Communicate and consult)
(7) 모니터링(Monitor and review)

〈표 1-5〉 ERM프로세스 비교

| 기본ERM모형 | COSO 모형 | AS/NZS 모형 |
|---|---|---|
| 상황 정립 | 내부 환경<br>목표 설정 | 내용 설정 |
| 리스크 확인 | 리스크 인식 | 리스크 확인 |
| 리스크 분석과 정량화 | 리스크 평가 | 리스크 분석 |
| 리스크 통합 | | |
| 리스크 평가와 우선순위 선정 | | 리스크 평가 |
| 리스크 대응, 처리와 전략개발 | 리스크 대응<br>통제행위<br>정보와 의사소통 | 리스크 처리<br><br>의사소통과 자문 |
| 모니터링과 점검 | 모니터링 | 모니터링 |

# 제2장

# 보험계리사(ACTUARY)

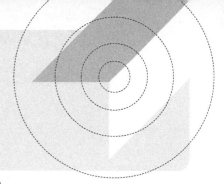

# 제2장

# 보험계리사(ACTUARY)

이번 chapter에서는 보험계리와 보험업에서 계리업무의 영역은 무엇인 지 그리고 이런 업무를 전문으로 하는 보험계리사의 역량과 역할에 대해 집중적으로 알아보도록 할 것이다. 그리고 보험계리업무의 프로세스와 계리업무에서 항상 고려해야 할 외부적인 요소들을 예와 함께 살펴보도록 하겠다.

## 1. 보험계리사(Actuary)의 정의와 역할

과거에 비해 금융시장이 확대되고 더 복잡해짐에 따라 그 중 하나인 보험산업은 해마다 발전을 통해 혁신산업의 하나로 자리 잡아 가고 있다. 이에 따라 보험계리 업무도 과거에 비해 상당히 범위가 넓어지고 있다. 2000년대 이전의 보험계리사(Actuary)는 다음과 같이 정의 내릴 수 있다. 보험산업의 수학자(mathematician)로서, 다양한 통계업무를 수행하는 바, 이는 생명표(morbidity and mortality table) 작성, 보험료와 책임준비금 산정, 유배당 상품인 경우 배당금(dividend) 계산, 상품 개발, 그리고 수많은 보험규제와 법에 준한 준법회계보고서 작성 등이 주요 업무에 포함한다. 많은 경우, 재무적인 업무도 수행한다. 그러므로, 과거와 마찬가지로 지금도 보험계리사는 수학적인 재능과 함께 일반적인 보험산업에 대한 지식과 배경을 쌓아야 한다. 또한, 대부분 나라의 전문 계리사 협회에서는 계리사 자격시험을 주관하여 계리사의 권위와 명성을 높임과 동시에 책임과 의무를 다하도록 관리하고 있다.

그러나, 보험산업의 복잡, 다양화에 따라 보험계리사의 정의도 과거의 정의와 더불어 새로운 영역을 포함하는 전문가로 수정되었다. 새롭게 포함된 가장 핵심적인 부분은 불확실성과 리스크를 분석, 측정, 관리하고 해석하여 경영상 문제들을 제시하고 해법을 조언하는 전문인이라는 점이다. 보험선진 국들의 보험계리사협회에서 정의 내리는 보험계리사는 아래와 같고 매우 유사함을 알 수 있다.

### 미국 생명보험 계리사회(SOA, Society of Actuaries, 2019)

계리사는 복잡한 재무적인 이슈들에 대해 해결책을 찾고 설명하는 고도의 전문가이다. 계리사는 고도의 수학, 통계학, 그리고 경영관리의 지식을 갖춘 자로 리스크를 측정하고 관리한다. 이러한 배경을 가지고 회사의 성장에 이바지하며 고객의 가치를 향상시켜 준다. 또한, 경영진의 전략 결정의 조언자 이기도 하다.

### 미국 손해보험 계리사회(SOA, Society of Actuaries, 2010)

손해보험 계리사는 재물보험, 책임보험 그리고 이에 유사한 익스포저를 포함한 일반적인 보험에 관련하여 미래의 사건에 대해 재무적인 영향도를 분석, 평가, 관리하는 전문인이다. 계리사는 리스크가 발생하는 환경을 인식하고 여러 리스크들의 상관관계를 분석할 수 있는 실력을 갖춘 자이다.

### 영국 보험계리인 협회((IFoA)The Institute and Faculty of Actuaries, 2011)

계리사는 재무시스템의 해박한 지식을 가진 전략가이며 문제해결사이다. 이들은 리스크관리의 전문가로서 리스크의 재무적 영향도를 확률론과 고난 이도의 수학적 기법으로 예측한다.

### 한국보험계리사회(IAK, The Institute of Actuaries of Korean)

계리사는 미래에 다가올 보험 및 금융 문제를 예측하고, 해결 방안을 도출하며, 수학·통계적 분석을 활용하여 기업의 경영활동을 지원하고 미래의 불확실성을 최소화하는 보험 및 금융의 불확실성을 관리하는 문제해결 전문가이다.

보험계리업무는 창의적인 인식이 요구된다. 보험계리사는 환경 변화를 신속히 인지하고 이에 따른 상품개발과 요율산정 그리고 리스크의 분석과 평가 등에도 적극적으로 참여해야 한다. 보험계리 업무는 다양한 경험 통계데이터와 정보를 이용하여 미래에 발생할 수 있는 리스크를 판단하고 예측하는 모든 보험관련 업무를 총망라한다. 보험계리업무는 과거지향적인 업무가 아닌 미래지향적인 업무에 초점을 맞추기 때문에 산업이 발전할 수록 보험계리업무의 영역은 넓어지고 다양해질 것이다.

## 2. 보험계리사의 전문성(Professionalism)

어느 분야이든 전문가라는 명칭은 지식, 가치, 그리고 조직이라는 세 가지 개념과 매우 밀접하게 연결되어 있다. 전문가는 해당분야의 전문적인 지식을 기반으로 그 분야의 전문직 구성원 모두와 함께 학문과 이를 바탕으로 하는 응용방법에 대한 오랜 훈련과 연습이 요구된다. 예를 들어, 전문의(Specialized Medical Doctor)는 예과와 본과를 포함한 의과대학을 마치고, 인턴과 레지던트 과정을 거친 후 비로소 공식적인 전문의가 된다. 전문직 종사자들은 전문적인 지식과 경험을 가지고 우리가 살고 있는 사회에 가치 있는 일을 하므로 항상 높은 수준의 윤리적 행동이 요구된다. 마지막으로, 전문직 종사자들은 지식과 가치 요소를 지원하는 조직에 속하게 된다.

사실, 전문가라는 용어자체에 대한 해석은 매우 포괄적이다. 위의 세가지 모두가 아닌 한두 가지만 충족해도 우리사회는 전문가라는 표현을 즐겨 쓴다. 특히, 세 번째 요소인 전문직 종사자들의 지식과 가치요소를 지원하는 조직은 그 조직에서 전문가라는 자격을 사회에서 인정받게 하도록 자격이 되는 요구조건을 만들고 윤리강령을 만들어 운영, 관리하는 기관이다. 그러나, 우리가 통상적으로 소위 전문가라고 호칭하는 일부 직업 군에는 위와 같은 공식적인 기관이 없으므로 전문가라고 뒷받침할 근거가 부족하게 된다. 그래서, 전문가에 대한 정의와 설명이 명확하지 않을 수 있게 된다.

미국, 영국, 캐나다 등 많은 보험선진국가들의 보험계리사라는 명칭은 위의 세 가지 요소를 모두 충족하는 완전한 의미의 전문가를 일컫는다. 이 국가들의 보험계리사는 보험계리 기관에 회원으로 등록되어 있어야 하며 그 기관의 행동강령(code of conduct) 이나 직업윤리규범(code of ethics)에 따라 보험계리업무를 수행하도록 요구된다.

☞ 미국손해보험 계리사는 미국손해보험 계리사회(CAS, Casualty Actuarial Society)에서 주관하는 소정의 자격시험과 전문가 수업(Professionalism courses)을 이수한 후 정식으로 정회원인 계리사(FCAS, Fellow of Casualty Actuarial Society)의 명칭을 부여한다. 계리사는 자격증을 유지하기 위해서 매년 회원비를 지불하며, 행동강령을 따라야 하고, 계리사회에서 요구하는 세미나와 교육(continuing education)을 정기적으로 이수해야 한다. 만일, 이런 조건에 충족하지 못할 경우 계리사회는 자격증의 효력을 정지 또는 취소시킬 수 있는 권한이 있다.

보험계리사와 같은 전문직에 종사하게 되면, 그에 따른 지위와 존경을 받고 어느 특정 업무는 오직 전문가만이 수행하도록 규정에 정해져 있으므로 전문성을 사회적으로 인정받을 수 있으며, 해당 관련 이슈가 있을 경우 특히 선임계리사인 경우에는 전문가 의견으로 우선 제시할 수 있는 특권이 있기도 하다. 반면에 사회적으로 인정받는 전문가는 비전문가와의 차별성을 보여야 한다. 해당 전문관련 이슈에 표준화되어 있는 방식을 적용하지 않고도 전문가로서 폭넓은 지식과 이론에 의해 해당 이슈에 가장 적합하고 합리적인 해법을 제시하거나 신뢰성 있는 대안을 제공할 수 있어야 한다. 이러한 전문가로서의 혜택과 의무를 온전히 유지하고 관리하기 위해 해당 전문가들로 구성된 기관이 필요하게 된다.

☞ 선임계리사제도: 한국의 각 보험회사는 한 명의 선임계리사(appointed actuary)를 두게 하여 회사 내부적으로 보험감독자의 역할을 수행하도록 한다. 선임계리사는 보험회사에 대해 정보자료에 대한 제공 요청 권한과 이사회에 참석하여 검증의견서를 제출하여야 한다. 한편, 보험업법과 감독규정에 따라 기초서류에 대한 검증 및 확인 의

무가 있으며 검증의견서를 금융감독원장에게 제출해야 하는 의무를 지게 된다.

전문직 기관은 전문가로서 자격에 필요한 조건, 즉 자격취득조건을 정하고 통제권을 이용하여 일련의 과정을 시행한다. 또한, 전문가로서의 자격을 유지할 수 있는 최고의 기준을 정하고 어떤 경우에는 법으로 강제할 수 도 있게 한다. 예를 들어, 사회적으로 인정받도록 기관에서 정하는 전문가 자격으로 행하는 업무에 있어서 부주의나 무지에 의해 업무를 부주의하고 불성실하게 처리했다면 업무상 과실로 처분 당할 수 도 있다. 전문가가 되기 위한 조건들이 어렵고 전문직을 유지하기 위한 기본 요건이 까다로울수록 그러한 전문직은 사회적으로 더 높은 지위와 명성을 얻게 구조되어 있는 게 현실이다.

## 2.1 보험계리사의 행동강령

보험선진국가의 전문 보험계리사 기관들은 전문가로서 준수해야 하는 실행기준인 윤리강령 또는 행동강령(code of conduct)이 있다. 이것은 어떤 분야에서 일을 하든 보험계리사로서 따라야 하는 업무행위에 대한 전반적인 원칙이다. 본서에는 미국과 한국의 보험계리사의 행동강령을 요약하여 설명하도록 하겠다.

### 2.1.1 미국 보험계리사 행동강령(Code of Professional Conduct)

(1) 개요: 행동강령의 목적은 계리 전문가로서 자격, 행위, 업무가 공익에게 계리적인 전문성을 충족하게 제공하도록 하기 위함이다.

(2) 전문가의 도덕성(Professional Integrity): 계리사는 계리사라는 전문성의 평판을 유지하고 공익에게 전문가로서의 책임을 다하는 자세로 정직(honesty), 도덕성(integrity) 그리고 전문적인 지식과 능력(competence)을 가지고 일해야 한다.

(3) 자격조건(Qualification Standards): 계리사는 지속적인 교육(continuing education)과 경험을 바탕으로 자격을 유지하고 반드시 자격조건을 충족할 때에 만 계리업무를 수행한다.

(4) 실무기준(Standard of Practice): 계리사는 정해진 실무기준에 따라서 계리업무를 수행하도록 약속한다.

(5) 의사전달과 공개(Communication and Disclosure): 계리사는 계리사의 의견을 표출할 때 실무기준에 의해 계리업무를 수행하였고 당시 상황에 적합한 의견이었음을 증명하는 등 적절한 의사전달 단계를 거친다. 또한, 특정업무와 관련 직, 간접적으로 보상을 받았거나 받을 가능성이 있는 경우 출처를 공개한다.

(6) 이해충돌(Conflict of Interest): 계리업무를 공정하게 수행하는데 문제가 있을 경우 실질적이거나 잠재적인 이해충돌을 수반하는 계리업무는 수행하지 않는다.

(7) 업무결과물의 관리(Control of Work Product): 계리사는 수행한 결과물이 상대방의 잘못된 해석에 의해 변질되거나 사용되지 않도록 적절한 절차를 걸쳐서 계리업무를 수행하여야 한다.

(8) 비밀조항(Confidentiality): 계리사는 법이나 원칙에서 규정되어 있지 않는 한, 어떠한 비밀정보도 다른 사람에게 공개하지 않는다.

(9) 협력(Courtesy and Cooperation): 계리사는 상호존중과 협조를 바탕으로 계리업무 수행 시 정직함과 전문가의 자세로 임한다.

(10) 홍보(Advertising): 계리사는 업무에 문제가 있거나 잘못된 해석에 의한 사실에 관련해서 어떠한 외부 홍보활동에 참여하지 않는다.

(11) 자격증(Title and Designation): 계리사는 계리업무 수행 시 명망 있는 계리사 조직에 의해 수여 받은 회원자격증과 명칭(Title and Designation)을 사용한다.

(12) 행동강령의 위반(Violations of the Code of Professional Conduct): 명백히 행동강령을 위반한 계리사는 다른 계리사와 그 상황을 토론할 필요가 있으며, 문제를 해결할 시도를 해야 한다. 만일, 이러한 시도에도

문제 해결이 안 될 경우 기관의 이사회에 보고되고 이에 따른 적합한 조치가 취해질 것이다.

## 2.1.2 한국 보험계리사 행동강령

(1) 품위유지: 계리사는 품위와 경쟁력을 잃지 않고 정직하게 업무를 수행함으로, 고객의 만족감이 충족되도록 책임을 다하여 평판을 유지한다.

(2) 자격기준: 계리사는 소정의 자격조건을 충족했을 때만 계리사의 명칭으로 계리서비스를 제공하며, 그 업무가 적절한 실행기준에 근거하고 있음을 보여야 한다.

(3) 상호이해와 공개: 계리사의 의사표현은 상호이해의 원칙하에 분명하고 타당한 과정을 거쳐야 하며, 계리서비스의 책임과 역할도 설명한다. 또한, 특정업무와 관련 직, 간접적으로 보상을 받았거나 받을 가능성이 있을 경우 출처를 공개한다.

(4) 이해충돌: 계리사는 이해충돌이 발생할 것을 인지한 채로 계리서비스를 제공하지 않는다.

(5) 업무결과물 관리: 계리사는 상호 존중과 협력을 기반으로 이해당사자의 목적을 위해 서비스를 제공하며, 상대방의 잘못된 해석에 의해 변질되거나 사용되지 않도록 적절한 절차를 걸쳐서 계리업무를 수행한다.

(6) 기밀유지: 계리사는 이해관계자가 동의하거나 법에 의한 경우를 제외하고 제3자에게 기밀정보를 공개하지 않는 것을 원칙으로 한다.

(7) 홍보, 자격직함: 계리서비스에 관련한 잘못된 홍보나 기업활동에 소속되지 않는다. 계리서비스 수행 시 보험계리사회에서 부여한 자격증과 명칭을 사용한다.

(8) 위반 시 행동: 명백히 행동강령을 위반한 계리사는 다른 계리사와 그 상황을 논의할 필요가 있으며, 문제를 해결할 시도를 한다. 만일, 이러

한 시도에도 문제 해결이 안 될 경우 합당한 법률고문이나 징계기관에 이 사실을 알린다. 이때, 공개가 법에 저촉되거나 기밀정보를 유출하는 경우에는 공개의무에서 제외된다.

위의 미국과 한국의 보험계리사 행동강령을 비교해서 알 수 있듯이 각 기관의 행동강령(code of conduct) 내용은 매우 유사하다. 물론, 다른 기관의 행동강령을 동의 하에 채택할 수도 또는 각 지역의 보험환경과 법에 의해 수정하여 사용하는 부분도 있지만, 전문가로서 보험계리사가 준수해야 하는 윤리와 행동의식은 기본적으로 유사하다는 전제가 있다.

미국 보험계리사 행동강령(Code of Professional Conduct)의 경우, 미국 생명보험 계리사회(Society of Actuaries)와 미국 손해보험 계리사회(Casualty Actuarial Society), 그리고 미국 계리사 학회(American Academy of Actuaries)가 주관이 되어 공동으로 고안하였고, 미국 연금보험 계리사회(American Society of Pension Professionals and Actuaries)와 미국 컨설팅 계리인 협의회(Conference of Consulting Actuaries)까지 참여하여 모든 기관이 동일한 행동강령을 채택하였다(2001년1월1일자로 유효함). 또한, 각 기관마다 기관과 계리업무에 특성화된 세부강령 또는 실행표준(Professional Guidelines)을 두어 보험계리사가 계리업무를 수행할 때 적절한 방법을 사용하고 완벽하고 철저하게 검증을 했는지를 보여주어 고객에게 전문가로서의 신뢰를 쌓고 있다.

대체로 보험계리업무에 대한 모범규준을 문서화해서 정해진 표준에 의해 계리업무가 진행됐음을 계리서비스를 받는 이용자들이 이해할 수 있게 해야 하지만, 모범규준의 문서화에는 모든 방법론을 구체적으로 기술할 수 없는 한계가 있다. 비록 어느 특정한 경우 어떤 방법론과 가정이 가장 적절한 지를 계리사가 고려하도록 문서화 할 수 는 있으나 구체적으로 설명하는데는 어려움이 있다. 예를 들어, 다변량분석인 GLM(Generalized Linear Model)에 의해 클레임을 분석하여 리스크의 우선순위를 정하려고 할 때, 다른 형태의 클레임이 요율변수들과 리스크에 전혀 일관되지 않게 영향을 끼친다면 클레임의 형태에 맞게 분리하여 각각 독립적으로 여러 차례에 걸쳐 모델링을 할 필요가 있다. 즉, 책임담보의 클레임과 재물 손해담보 클레임은 리스크와 손해액의 성격이 확연히 다르기 때문에 두 형태의 클레임을 혼합해서 개발한 모델의 결과는 변동폭이 심하여 리스크의 우선순위에 신뢰를 주기 힘들게 된다. 자동차보험의 클레임으로 리스크 분석을 한다면, 대인담보과 대물담보는 독립적으로 모델링을 하는 것이 바람직하다. 또한 대인담보인 경우 대인 I 담보와 대인 II 담보는 매우 유사한 성격이지만 담보한도액이 차이가 있기 때문에 모델링 결과에 차이가 있을 수 있다. 그래서 이러한 담보도 세분화해서 모델링을 할 경우가 있다. 심지어 계리서비스를 받는 고객이 궁극적으로 하나의 보험상품에 한 개의 GLM 모델을 원할 경우에도 클레임을 분리한 담보별 독립모델을 각각 진행한 후, 이들 독립모델 결과를 합쳐 적합(fitted)하게 단독모델을 만드는 것이 더욱 바람직할 수 있다. 이러하듯, 업무모범규준에 위와 같은 구체적인 방법론과 타당성을 문서화하기는 어려운 일이다. 이는 계리사의 깊은 지식과 수많은 다양한 경험을 통해 나올 수 있는 부분이기 때문에 지식과 경험을 바탕으로 재량에 의해 업무를 수행하는 것이 바람직 할 수 있다. 물론, 위와 같은 사례의 경우 사용한 방법론에 대한 타당성 있는 이유와 상세한 설명은 첨부해야 한다.

## 2.2 계리업무시 고려사항

위에서 언급된 보험계리사의 행동강령은 계리업무 수행 시 반드시 지켜야 하는 고객과의 약속으로 다음에는 실제 발생할 수 있는 이슈 위주로 고려사항을 다루도록 하겠다.

### 2.2.1 결과물의 비도덕적인 활용

계리업무를 수행하는 도중에 계리서비스의 결과물이 비윤리적이거나 비도덕적인 일에 활용될 것이라 믿는다고 가정하자. 예를 들어, 고객이 어느 지역 또는 집단 구성원들의 소득과 생활비 지출의 상관관계를 통해 도난사고 리스크의 패턴을 의뢰했다고 치자. 모델링을 통해 작업을 하던 중 고객은 범죄집단 소속으로 전문계리작업의 결과물을 범죄활동에 활용할 수도 있을 거라는 생각이 들 경우 이러한 계리업무는 비도덕적인 행위가 될 수 있는 것이다. 비록 무엇이 윤리적인 것인지 확실하지 않는 경우가 대부분으로 최악의 상황에서 최선의 선택을 하기란 쉽지 않다. 이런 경우, 다른 경험 많은 계리사에게 자문을 구하는 것이 도움이 될 것이다.

### 2.2.2 다른 이해당사자에 대한 고려

계리사가 자문을 해주는 사례에는 계리서비스를 요청한 고객 외에 다른 이해당사자가 존재한다. 계리사는 고객의 이익을 위해서 다른 이해당사자에게 손해를 끼치는 행위를 제안해서는 안 된다. 감독당국의 계리사인 경우, 보험회사의 보험료 인상 요청에 대해 보험회사의 높은 손해율에 따른 어려움도 이해해야 하지만 보험요율의 인상으로 인한 보험소비자의 부담도 같이 생각하게 될 것이다. 계리사가 제공하는 자문내용은 상당한 신뢰성과 함께 로열티(royalty)를 보여준다. 만일, 어느 제조회사의 손익분석을 통한 리스크방안을 의뢰하여 계리적 기법에 의한 작업을 한다고 치자. 그러나 의뢰회사는 부채에 대한 정확한 정보를 제공하지 않았고 의뢰의 목적은 신뢰성 있는 계리사의 분석을 통한 자문서를 인용하여 위험자산에 투자하기 위한 대출을 목적으로 한다면, 계리 자문서에 의존하여 대출을 승인하는 금융기관에는 잠재적 리스크를 제공하게 되는 것이다. 그러므로, 계리업무를 수행할 때 정확한 정보뿐만 아니라 의뢰의 목적에도 큰 관심과 주의를 해야 할 필요가 있다.

### 2.2.3 계리모델이 아닌 외부전문 모델의 이용(Using models outside the Actuary's area of Expertise)

계리업무는 처음부터 끝까지 계리기법을 사용하여 작업을 진행하는 것은 아니다. 때때로 다른 전문기관 또는 다른 분야의 전문가가 만든 모델링의 과정 또는 결과를 참조로 해야 할 경우가 다반사이다. 이 경우, 이런 부분을 반드시 공시해야 한다. 예를 들어, 대재해모델(Catastrophe model)을 개발하려고 한다. 대재해에 대한 정보와 경험이 부족할 경우, 기상청이나 해외의 대재해관련 기관의 모델을 이용하거나 모델기법을 적용할 수 있게 된다.

다른 전문기관 또는 다른 분야의 전문가가 만든 모델을 사용할 때 고려할 것이 있다. 여기에 손해보험에서 타 모델을 이용하는 경우의 미국 보험계리사 표준규범(Actuarial Standard of Practice No. 38)의 중요한 지침을 나열하겠다.

미국 보험계리사 표준규범에 의하면, 외부전문가는 그 분야에 관련된 지식, 기술, 경험, 훈련, 교육을 받은 자격 있고 인정받은 사람이라 정의 하고 있다. 또한 모델에서 사용되는 수학 공식, 논리, 알고리즘은 특정한 용도를 위해 사용되는 것에 합당해야 한다고 규정하면서, 계리모델이 아닌 외부 모델을 이용할 때, 계리사가 지켜야 하는 고려사항을 아래와 같이 제시하였다.

(1) 외부전문가에 대한 적정한 의존도 결정(determine appropriate reliance on experts): 다른 전문가들이 그 모델에 대한 다른 의견이 있는지에 대한 검토 등이 필요하다.

(2) 모델의 기본내용 이해(have a basic understanding of the model): 모델에 사용된 정보와 자료, 모델의 결과에 대한 해석 등 모델의 구성요소에 대한 기본적인 이해가 필요하다.

(3) 모델의 적용 범위 결정(evaluate whether the model is appropriate for the intended application): 계리사는 이 모델이 특정 계리분석에 적합한지, 모델의 한계, 모델의 수정, 또는 모델 결과에 적용할 가정 등이 있는지를 결정해야 한다.

(4) 적절한 평가(determine that appropriate validation has occurred): 모델의 inputs과 outputs이 적절한 지에 대해 평가해야 한다.

(5) 모델의 사용여부 결정(determine the appropriate use of the model): 계리사는 모델의 결과를 사용하기 적절한 지, 아니면 조정이 필요한 지에 대한 결정을 전문가로서의 판단 하에 내려야 한다.

(6) 다른 계리사의 평가(Reliance on model evaluation by another actuary): 유사한 기준으로 그 모델에 대한 다른 계리사의 평가가 필요할 수 도

있다.

(7) 문서와 공시(Communication and disclosure): 표준규범은 법이나 규제의 여부에 상관없이 문서화를 요구하며, 계리분석에서 모델의 결과가 어떻게 사용되는지를 언급해야 한다. 또한, 모델의 수정과 사용한 모델을 공시해야 한다.

# 3. 보험계리업무관리 프로세스

보험계리업무는 관리사이클(control cycle framework) 프로세스에 기반하여 진행된다. 보험계리 관리사이클은 큰 틀에서 본다면, 앞에서 다룬 리스크관리 프로세스와 모델링 프로세스와도 매우 유사한 개념으로 리스크관리 프로세스를 압축했다고 볼 수 있다. <표 2-1>은 리스크관리 프로세스, 모델링 프로세스 그리고 보험계리 관리사이클의 단계별 비교를 보여준다.

〈표 2-1〉 리스크관리 프로세스, 모델링 프로세스, 보험계리 관리사이클 비교

| 리스크관리 프로세스 | 모델링 프로세스 | 보험계리 관리사이클 |
|---|---|---|
| 목표, 목적 설정 | 목표 설정 | 문제 정의 |
| 리스크 확인 | 데이터 수집과 검증 | 해결안 제시 |
| 리스크 분석과 평가 | 단변량, 다변량 등 분석 | |
| 리스크관리 프로그램 선택과 실행 | 모델링 결과 적용과 검증 | |
| 리스크관리 프로그램 모니터링 | 모니터링 | 모니터링 |
| 문서화 작성 | 문서화 작성 | |

보험계리 관리사이클은 크게 세 단계로 진행된다.

(1) 문제 정의(Define the problem)
(2) 해결안 제시(Design the solutions)
(3) 모니터링(Monitor the results)

각 프로세스들의 단계별 작업내용이 정확하게 일치하지는 않으나 큰 틀에서 해석한다면 리스크관리 프로세스의 흐름과 매우 유사하다는 것을 알 수 있다.

보험계리 관리사이클은 세 단계가 서로 연결되어 반복적으로 진행되며, 미흡한 부분이나 오류가 발견될 때는 다시 그 전 단계로 되돌아가 진행될 수 있다. 보험계리업무는 대부분 미래의 불확실성을 예측해야 하기 때문에 사이클의 첫 단계인 문제 정의가 중요한 시작점이 된다. 이 단계에서 모든 이슈를 파악하고 문제의 본질을 이해하며 이를 구체화하여 명확하게 묘사해야 한다. 다음 단계인 해결책을 마련하는 과정에는 거의 항상 모델링 작업이 수반된다. 계리업무는 다양한 데이터를 이용하여 그 안에서 문제점을 찾아내고 해법까지도 도출해야 하므로 데이터의 변수(risk variables)들의 개별적인 단변량 분석은 물론이고 다변량 분석을 통해 리스크의 상관관계 및 상호작용을 파악하고 이에 따른 효율적인 최선의 해결책을 제시해야 하기 때문이다. 마지막 단계인 모니터링은 결과에 대한 검증 및 실행 후 오차의 범위 등을 파악해 언제든지 수정할 수 있게끔 상시적으로 진행되어야 한다. 계리업무는 대부분 경제 상황이나 정부의 정책과 같은 외부적 요인에 매우 민감하기 때문에 계리업무 전반에 걸쳐 대내외적인 요인들을 모두 파악하고 인식하여야 한다. 이들 외부적인 요소들은 다음에서 구체적으로 다룬다.

# 4. 보험계리업무의 외부적 고려사항

리스크와 관련된 보험계리업무들은 분석에 의해 해결안이 도출될 때, 여러 고려사항(considerations)을 감안하여 제시하여야 한다. 내부적인(internal) 요인 뿐만 아니라 외부적인(external) 요인을 파악하고 이해하는 것은 계리업무의 중요한 시작점이다. 특히, 외부요인은 관련이 없을 것처럼 보일 지라도 계리업무, 특히 모델링에서는 참고자료로 활용도가 높다. 이러한 요소들은 과거부터 변화된 내용이 있을 경우에도 이해할 필요가 있다. 계리업무는 미래의 불확실성을 확실한 정도(degree)의 수준으로 평가하고 이에 따른 해결방안을 제시함으로 미래의 사건을 예측하는데 적절히 활용되어야 한다. 고려사항을 적용하는 표준안은 없으나, 계리업무의 기본원칙을 준수하는 방향으로 진행해야 한다. 다시 요약한다면, 보험계리사는 계리업무에서 외부적인 (external) 요인을 인식(recognize)하고 이해(understand)하며 예측(anticipate)하여 외부요소의 파급력(impact)을 수용(allow)해야 한다. <표 2-2>는 보험계리업무에서 외부적 고려사항을 정리한 것이다.

〈표 2-2〉 보험계리업무의 외부적 고려사항

| 구 분 | 고려사항 |
|---|---|
| 전문성(Professionalism) 관련 | 행동강령(code of conduct), 실무표준(standard practices) |
| 규제(Regulation) 관련 | 법률(primary laws), 감독규정(supervisory regulations), 법원 판결(court decisions), 공신력 있는 국제기구 문서, 전문적인 지침서나 기준 등. |
| 정부와 사법적 사항 | 정부 정책(Governmental policy), 사법적인 판결(Judicial Judgment) |
| 물리적 사항 | 기술의 발전(Technical development), 자연재해(Natural disaster), 인재(Man-made disaster) |
| 경제적 사항 | 국내외 경제여건과 상황변화, 경제 지표 등. |
| 사회, 문화적인 사항 | 노동시장 형태, 인구의 통계적 변화와 추세, 지역적 특성 등. |
| 보험산업적인 사항 | 금융겸업화, 보험판매채널(distribution channel), 경쟁시장 (competitive market) 등. |

## 4.1 전문성 관련 사항

전문성(professionalism)과 관련된 고려사항은 행동강령(code of conduct)과 실무표준(standard practices)을 준수해야 것으로 구체적인 설명은 앞에서 언급한 것으로 대신한다.

## 4.2 규제 관련 사항

정부는 보험회사와 보험영업활동에 대해 규제한다. 정부에 의한 규제는 법률(legislation)과 감독당국(supervisory) 또는 감독인(regulator)으로 칭하는 감독기구에 의한 감독을 통해 행해진다. 감독당국과 감독인은 특정한 권한과 책임이 주어져 보험영업과 보험계리업무에 중요한 영향을 미치게 된다. 보험계리업무는 보험료나 준비금, 리스크 관리 등 보험회사의 재무적인 일에 집중되므로 보험회사의 재무건전성 감독을 최우선으로 하는 감독당국의 규제에 제일 많이 노출되어 있다고 볼 수 있다. 그러므로, 보험계리사는 업무 주위의 환경과 업무 수행 시 발생할 수 있는 이슈들에 대한 관심과 이해가 지속적으로 필요하다. 다시 말해, 법률 체계(legal system)와 규제(regulation)는 보험계리사 업무영역의 한 부분이라 할 수 있다.

법률 체계와 보험계리업무 영역과 비교해 볼 때, 계리업무에 관련되는 규제에 포함될 수 있는 것으로는 해당 상위 법률(primary laws), 감독규정(supervisory regulations), 법원 판결(court decisions), 자율 국제 기관이나 공신력 있는 국제기구에서 작성된 문서, 전문적인 지침서나 기준 등을 들 수 있다.

어떤 규제든지 간에 규제의 내용을 이해하고 어떻게, 얼마만큼 보험사업과 계리업무에 영향을 미치는지를 파악하는 점은 당연한 것이고 규제에 관련된 감독당국의 의중과 취지를 파악하는 것도 매우 중요하며, 이는 규제에 따른 대응 방안을 준비할 때 중요한 참고 자료가 될 수 있다. 또한, 규제는 법률적인 체계와 밀접한 관계에 있으므로 여러 이슈들을 기본적으로 이해하고 법률 분야에 대한 지식도 필요한 것이다.

## 4.3 정부와 사법적 관련 사항

### 4.3.1 정부 정책(Governmental policy)에 관련된 사항

정부에 의한 일부 법률개정(Revision of law)은 보험산업 전반에 걸쳐 영향을 끼칠 수 있다. 이는 계리업무에도 영향을 줄 수 있다. 예를 들어, 정부는 운전자보험에 가입한 피보험자가 교통사고 피해자에 대한 형사합의금을 마련하기 위해 겪는 경제적 어려움을 해소하기 위해 보험회사가 피해자에게 직접 합의금을 지급하도록 자동차 및 운전자보험 형사합의금 특약을 개선하도록 2017년 1월에 개정하였다. 이전의 운전자보험은 교통사고처리지원금 지급사유 발생시 실손 보험처럼 가해자가 먼저 합의금액을 처리한 후 보험사에 청구해서 해당금액을 돌려받는 형식이었는데 개정 후는 보험회사에서 피해자에게 직접 지급하도록 변경하였다. 보험산업 입장에서는 보험금이 예전보다 먼저 지급되는 것 외에 크게 영향을 미치는 부분은 미미하다. 이에 따라 계리업무에 미치는 영향도 미미하다.

☞ 운전자보험: 보통의 교통사고는 자동차보험으로 처리되지만, 교통사고처리특례법에 따라 12대 중과실사고(신호위반, 중앙선 침범, 제한속도 20km초과, 앞지르기 위반, 철길건널목 통과 위반, 무면허 운전, 음주운전, 보도침범, 개문발차, 어린이보호구역 안전운전의무 위반, 횡단보도 사고, 화물고정조치위반)의 경우는 교통사고 발생시 가해자는 기소되어 벌금형 이상의 형사처벌을 받을 수 있다. 이때, 피해자 또는 사망사고건의 경우 유가족과 형사합의를 진행해야 하며, 벌금형이 확정되면 벌금을 납부해야 하고, 법적인 분쟁이 발생할 경우에는 변호사를 선임하는 경우가 발생하게 된다. 이와 같이 형사적인 책임을 덜어 주기 위해 발생한 비용들을 보험에서 부담해주는 보험상품이다.

반면에, 2018년 9월부터 고속도로나 자동차 전용도로에서만 시행되던 전 좌석 안전벨트 착용의무가 일반도로에 까지 확대되는 도로교통법 개정안이 시행되었다. 이 법률개정은 특히 계리업무 중에서도 사고분석과 이에 따른 요율산정에 크게 영향을 끼치게 된다. 계리사의 직감으로도 개정으로 인해 사고빈도가 크게 줄지는 않겠으나 사고심도, 특히 인적 사고의 심도는 크게 줄 것이라 예상할 것이다. 이로 인해 경험데이터를 분석한 후 자동차 보험료를 조정하는 작업을 할 것이며, 부수적으로 의료비에 관련된 다른 보험상품의 보험료에도 영향을 미칠 수 있게 된다. 이와 같이 일부 법률개정은 사전에 예측할 수 있는데, 이러한 법률개정은 당시 정부의 정책이 직접적으로 반영되는 경향이 있기 때문이다. 정부정책에 대한 내용을 상세히 이해함으로써 향후 개정 가능한 법률, 규정뿐만 아니라 이런 변경에 의한 보험료나 보험영업의 영향을 분석할 수 있게 된다. 그래서, 계리사는 종종 정책방향에 관련된 공청회에 초대되어 보험계리적인 측면에서 보험산업에 미치는 영향 등을 발표 하게 된다.

세금은 개인 뿐만 아니라 금융기관에도 매우 중요하다. 보험산업 측면에서 본다면, 조세제도(Taxation)는 보험상품 및 보험영업과 제도에 매우 민감하다. 조세제도는 보통 법률에 의해 정의되는데, 계리사는 현재의 세법과 규정의 연관관계를 잘 이해하고 이에 따른 영향도를 계리업무에 반영해야 한다. 조세제도 변경에 따른 보험사업의 변화를 분석하는 것도 계리업무 중에 하나이다. 그 중에서도 조세제도의 변경에 의한 보험상품 가격의 변화, 보험계약과 보험금에 미치는 효과, 순손익(pure profit & loss) 분석, 비용분석, 미래의 현금흐름 추정 등은 중요한 내용이 된다. 또한, 새로운 보험상품을 개발하거나 기존상품을 개정할 때에도 조세제도의 변경내용은 포함되어야 한다.

사회보장정책의 주요수단으로서 근로자나 그 가족을 상해·질병·노령·실업·사망 등의 위험으로부터 보호하기 위해 국가에 의해 운영되고 관리되는 사회보험(social insurance)은 보험계리영역과 매우 밀접한 관계에 있다. 사회보험은 노동능력의 상실에 대비한 산업재해보험 및 건강보험과 노동기회의 상실에 대비한 연금보험 및 실업보험으로 크게 구분할 수 있다. 사회보험은 개인보험처럼 자유의사에 의해 가입하는 것은 아니며, 보험료도 개인, 기업, 또는 국가가 서로 분담하는 것을 원칙으로 한다. 보험료의 계산도 위험의 정도보다는 소득에 비례하여 분담함을 원칙으로 함으로써 소득의 재분배 기능까지 가진다. 이러한 사회보험의 보장범위 또는 가입내용 등은 민영보험과 이에 따른 계리업무에 영향을 줄 수 있다. 예를 들어, 2018년 국민건강보험은 장기요양 보장성을 확대하였다. 사회보험에서 보장을 확대하므로 민영보험 측면에서는 보험금의 감소를 예상할 수 있으나, 반대로 보험가입의 감소를 생각할 수 있게 된다. 만일, 국민건강보험의 의료비 자기부담금을 하향 조정한다면, 하향 조정된 금액의 차이만큼 실손 보험의 보험금으로 전가될 수 있어 실손 보험의 손해액은 증가되리라 예상한다. 이에 맞춰 계리사는 보험료 분석을 통한 보험료 수정을 제안하게 되는 것이다.

☞ 국민건강보험(National Health Insurance): 평소에 기금을 마련해 국민에게 보험 사고가 생겼을 때 의료서비스를 제공할 수 있도록 하기 위해 법에 의해 강제성을 띠고 있는 사회보험의 일종이다. 산업재해보험, 국민연금보험, 고용보험과 함께 우리나라에서 실시되고 있는 4대 사회보험의 하나이다.

☞ 실손 보험: 사고가 발생하였을 때 피보험자가 병원, 의원 및 약국에서 실제로 지출한 의료비를 최대 90%까지 보상하는 보험으로, 실손 의료보험의 줄인 말이다. 실손 보험의 영문표기가 많은 경우 한국에서 Loss Insurance로 표기되는데 이것은 영어해석으로 틀린 말이다.

## 4.3.2 사법적인 판결(Judicial Judgment)에 관련된 사항

사법부에 의한 법원의 판결 사례는 보험상품을 개발하는 영역에서 특히 중요하다. 보험상품을 개발할 때 아니면 현재 판매되고 있는 상품에서도 보험약관에 있는 용어의 해석이 보험회사와 법원의 판결에서 서로 다를 때, 보험회사는 약관을 개정하게 된다. 특히, 암을 보장하는 보험상품인 경우, 암의 종류에 따라 보장되는 범위가 다르며, 암을 상당히 세부적으로 분류하여 그 분류에 따라 각각 보험금 지급을 달리하고 있다. 그래서 보험약관에 정의되지 않아 보험금 지급이 거절되는 경우도 종종 있게 된다. 그러나, 세부적인 암에 대해 정의를 약관에서 정확하게 명시하지 않았거나 달리 해석할 수도 있는 애매한 표현을 사용하였다면 보험회사 입장에서는 약관 작성시 처음부터 보장에서 제외하려고 했던 질병도 법원은 많은 경우 보장하도록 판결할 수가 있다. 이러한 경우, 보험회사는 예상치 못한 보험금 지급에 의한 손해율의 악화를 가져오게 될 것이다. 보험상품 중에서도 암, 질병에 관련 된 생명보험상품 또는 건강보험상품, 그리고 배상책임을 담보하는 손해보험 상품인 경우, 법원의 판결 사례는 더욱 중요하다.

## 4.4 물리적 사항

### 4.4.1 기술의 발전(Technical development)

1980~90년대부터 컴퓨터의 획기적인 기술발전은 보험계리업무에 중대한 변화를 가져왔다. 이전 일반 계산기나 수작업에 의존했던 계리업무 기술이 IT 기술의 급격한 발전과 컴퓨터 전력의 획기적인 확장에 의해 분석시간의 단축, 데이터 보관용량의 확장, 비용의 절감, 데이터의 용이한 접근성 등으로 계리업무 환경이 변하였다. 이와 더불어 보험회사간 치열한 경쟁과 맞물려 탁월한 통계기법을 이용한 리스크 분석과 요율산정 등으로, 더 경쟁력 있는 요율을 산출하는 회사가 경쟁에서 우위에 나타나게 되었고 또한 손익도 긍정적인 결과를 보여 왔다. 이러한 현상은 특히, 1990년대에 영국 개인보험 시장과 미국 자동차보험 시장에서 나타났다.

☞ 1990년대 미국 자동차보험시장은 워싱톤에 있는 GEICO보험회사의 당시 혁신적인 모델링에 의한 요율기법을 이용해 고객에게 매우 정확한 수준의 보험료를 제시함에 의해 매출과 손익에서 두각을 나타내기 시작하여 Big 5안에 자리잡기 시작하였다. 이 후로 다른 모든 자동차보험회사들이 GEICO를 벤치마킹 하듯이 요율체계를 변경하기 시작하였다.

또한 상품개발과 마케팅 전략에서도 기술발전은 지대한 영향을 끼쳤다. 상품개발에 쓰여진 시간이 단축되어 당시 시장에 적합하고 경쟁력 있는 상품을 적시에 출시하게 되었다. 또한 IT기술의 발전으로 GLM(Generalized Linear Model)같은 프로그램을 이용하여 타겟고객을 찾아내므로 효율적인 마케팅 전략 수립에 도움을 주었다.

의료기술의 발달은 생명보험이나 연금보험 등의 계리업무에서 중요한 요소를 차지한다. 의약품과 의료기술의 발달로 인해 사람의 수명이 늘어나면서 예전의 동일한 상품과 달리 생명보험의 지급건수는 줄어들고 연금보험의 지급기간은 늘어나면서 보험금이 증가하게 되었다. 의료기술의 발달이 의료보험상품 전반에 어떤 영향을 끼칠 지는 확실하지 않다. 신기술의 개발은 의료비의 증가로 이어지고 이는 곧 보험금의 증가로 연결될 수 있기 때문이다.

산업계의 기술 발전도 보험계리 영역에 영향을 끼친다. 무인자동차처럼, 새로운 제품은 새로운 담보대상물이 됨으로 새로운 보험상품의 개발로 이어진다. 그러나, 과거 경험통계가 없거나 부족하여 계리사로서는 요율개발에 더욱 신중해야 하는 도전과제로 남게 된다.

### 4.4.2 자연재해(Natural disaster)

기후를 동반한 자연재해(natural disaster)는 특히 손해보험에 막대한 영향을 끼치는 Peril이다. 홍수, 태풍, 허리케인, 쓰나미와 같은 대자연재해인 경우, 거대한 손해액으로 인해 보험회사는 대부분 이런 담보를 재보험(reinsurance)에 가입한다. 그럼에도 불구하고, 피해가 막대할 경우, 보험금 지급불능에 의한 파산까지 이어질 수 있으며, 이에 파생하여 새로운 보험상품의 개발로 이어질 수 있게 된다. 실제로, 1992년 미국 플로리다 주에서 발생한 당시 최악의 허리케인 앤드류(Hurricane Andrew)는 당시 미국 손해보험 시장을 공황에 빠뜨렸고, 캣본드(catastrophe bond, cat bond)와 같은 보험유사상품이 탄생하게 되는 배경이 되었다.

☞ 캣본드(Catastrophe bond, Cat bond): 1992년 미국 플로리다 주에 당시 최악의 허리케인 중 하나인 허리케인 앤드류(Hurricane Andrew)는 플로리다 전 지역을 초토화시켰다. 국가 차원에서 복구비를 지원했음에도 불구하고 보험회사들의 보상액은 당시 무려 250억 달러에 이르러 12개 보험회사는 지급불능의 상태에 빠졌고 실제로 많은 회사가 파산하게 되었다. 이후, 1994년 하노버리(Hanover Re) 재보험사에서 계리사들과 여러 타 분야 전문가들이 모여 최초로 캣본드를 발행하게 되었다. Cat bond는 보험연계증권(Insurance linked securities)의 하나로 보험회사가 지닌 전통적인 재보험의 수용능력으로는 자연재해보상을 해결하기 어렵다는 판단에서 탄생하였다. 보험연계증권은 보험회사가 인수한 보험 리스크를 자본시장으로 전가하는 유가증권을 뜻한다. 보험회사가 보험연계증권을 통해 보험 리스크를 투자자에게 전가하는 대신 보험료 수익을 보험연계증권 투자자에게 제공하는 구조다. 투자자가 일종의 재보험사 역할을 맡는 셈

이다. 투자자는 보험 가입자(재보험사 또는 보험회사)들이 내는 보험료로 운용수익을 얻지만 대재해가 발생하는 경우 보험금을 지급하는 방식이다. 캣본드에 관한 추가설명은 뒤에 '보험과 리스크관리'를 참조하기 바란다.

자연재해와 같은 담보를 보장하는 상품을 개발할 때, 특히 재보험사에서 재보험요율을 정할 때, 사고 발생시 최대 가능한 손해(maximum possible loss)의 범위와 비용을 추정해야 한다. 이와 같은 계리업무를 수행할 경우, 계리적인 기법과 추정을 이용해야 할뿐만 아니라, 지질학자의 의견, 건축물과 관련된 법률내용, 경제적인 요소와 인구통계적인 부분까지도 면밀히 검토할 필요가 있다.

☞ 최대가능 손해액(MPL, Maximum Possible Loss): 최악의 상태에서 초래될 수 있는 최대 손해액으로 보험심사자(Underwriter)가 매우 보수적으로 측정한 손해 평가액이기도 하다. 예를 들어, 재난 등으로 사업이 중단될 경우 보상해주는 기업휴지보험 담보에서 최대손해액은 건물가격, 건물 내 내용물 모두, 그리고 종업원 급여 등을 포함한 액수이다. PML(Probable Maximum Loss)과 매우 유사한 의미로 쓰여지며, MPL이 PML보다 대체로 조금 많은 편인 걸 제외하고 두 용어의 차이는 별로 없어 같은 의미로 사용되는 경우가 많다.

### 4.4.3 인재(Man-made disaster)

자연재해와 유사하게 사람에 의해 발생하는 재해, 즉 인재(man-made disaster)의 경우, 막대한 손해가 발생하는 경우가 종종 있다. 테러나 전쟁과 같이 막대한 인명과 재산의 손실이 발생하는 것부터, 화재나 폭발 등 사람의 부주의나 무지에 의해 발생하는 재해 등이 이에 속한다. 이러한 인재사고는 인명, 재산손해, 배상책임 등 다양한 리스크와 연결되므로 보험계리업무 수행 시 자연재해와 마찬가지로 복잡하고 어려운 과정을 거치게 된다.

## 4.5 경제적 사항

보험은 금융산업의 일부분이므로 국내외 경제여건과 상황변화에 민감할 수 밖에 없다. 재보험사인 경우는 국내보다 세계경제에 더 민감하게 된다. 경제상황에 따른 투자수익률이나 물가상승율 같은 경제 지표는 보험회사의 현금흐름을 예측할 수 있는 중요한 요소가 된다. 투자 및 저축성 상품에서의 투자수익률, 확정급부형 퇴직연금의 임금상승율, 장기 정기보험에서의 물가상승율은 재무제표에 중요한 요소가 된다.

경제여건과 상황은 보험료와 같은 수입부분에도 중요하지만 보험금 같은 지출 부분에도 중요한 요소가 된다. 예를 들어, 자동차 부품 가격의 상승은 자동차보험의 손해액에 영향을 끼치게 된다. 불경기 시기에는 실업률, 사기 사건, 방화에 의한 화재 등 사고가 증가하는 추세를 통계에서 잘 보여준다. 의약품 가격의 상승은 의료비 상승에 직접적인 영향을 미쳐서 결국에는 실손보험 보상액의 증가로 이어지게 된다.

## 4.6 사회, 문화적인 사항

노동시장 형태의 변화는 계리업무에 영향을 끼친다. 먼저, 평생직장 근무라는 개념에 의해 만들어진 전통적인 확정급부형 퇴직연금은 이직이 빈번한 현대에는 적합하지 않을 수 있다. 특히, 이직이 잦은 미숙련 노동자에게는 불리한 상품으로 이를 해소하기 위해 퇴직연금 적립금의 강제보존과 같은 제도가 도입되어 이직이 잦은 근로자도 연금개시 연령부터 연금을 수령할 수 있도록 상품운영을 수정하였다. 또한, 노동시장에서 여성의 참여가 증가하고 지위가 향상됨에 따라 여성근로자가 겪는 결혼과 육아로 인한 근무 경력 단절이라는 불리함을 해소할 수 있도록 여성근로자에게 특화된 은퇴, 저축 보험상품이 개발되었다. 한편, 노동시장의 연령구조는 앞에서 언급된 경제적 사항이나 기술의 발달 같은 보험계리업무의 외부적 고려사항들과 밀접한 연관성이 있다.

인구의 통계적인 변화와 추세도 보험상품 구조의 변화를 가져다 준다. 예를 들어, 인구통계학에서 중요한 지표인 출산율, 사망률, 장애율, 실업률 등은 여러 보험상품에 핵심적인 요율변수이다. 현재, 사망률은 줄어들어 평균수명이 늘어나고 있다. 이는 노령연금이나 양로보험 같은 상품에 핵심적인 변수로 계리사가 정기적으로 상품요율을 조정할 때 예의 주시해야 할 부분이다. 장애율은 건강 관련 상품구성에 중요한 요소이다. 이러한 인구 통계적인 변화는 국가가 운영하고 관리하는 사회보험에 크게 영향을 미치며, 민영보험의 계리업무를 보다 광범위하고 미세하게 만들게 한다. 이는 또한 계리업무영역의 확대로 이어진다.

지역이 가지는 문화적인 특성이나 지역주민의 생활 관습 등도 보험상품의 구성과 운영에 영향을 미친다. 현재, 종교나 인종에 의한 보험가입이나 요율의 차별은 금지되어 있으나, 결혼유무나 성별은 보험상품의 중요한 요소로 오랫동안 자리 잡아 왔다. 지역 특성상 결혼을 일찍 하는 문화적인 관습이 존재하는 지역을 위한 특화된 상품개발도 고려할 수가 있는 것이다. 사람이 거주하는 지역이란 요소는 한국의 경우 보험에서 차별을 용인하지 않는다. 그러나, 미국 자동차 보험의 경우 차량이 주차되는 거주지의 개념은 요율산정에서 가장 기준점이 되는 기준요율(base rate)로 오랫동안 사용되어 왔다. 이외에도 종교적인 율법에 의해 전통적인 보험의 운영 서비스를 받지 못한 경우도 있었는데 이러한 불편을 해소하고자 그들만의 독특한 형태의 보험을 만든 경우가 이슬람 국가에서 운영하는 타카풀(Takaful)이다. 위의 예시처럼, 사회, 문화적인 특성과 변화는 계리업무에 중요한 고려사항 임을 이해할 수 있다.

☞ 타카풀(Takaful): 타카풀은 이슬람 율법인 샤리아(Sharia)에 기반하여 상호부조의 형태로 운영되는 협동적인 이슬람 보험이다. 이슬람 율법인 샤리아에서는 투기, 불확실성, 이윤배분 등을 금기시하기 때문에 이슬람 교도들은 전통적인 보험을 이용할 수 없었다. 따라서 타카풀은 이슬람율법에서 벗어나지 않으면서 이슬람교도들의 안전을 보장할 수 있도록 만들어진 보험 시스템이라 할 수 있다. 타카풀에서 가입자의 돈(일종의 보험료)은 곗돈과 같이 가입자명의 펀드로 귀속되며, 보험사는 대리인 자격으로 곗돈을 관리해주는 역할만을 할 뿐이다. 보험사는 펀드를 관리해주는 명목으로 일종의 수수료를 선불로 받고, 투자에서 발생하는 모든 이익은 온전히 가입자에게 분배된다.

## 4.7 보험산업적인 사항

보험계리업무는 위에서 언급된 외부적 요소를 고려하여 보험통계에 기반한 데이터와 계리적 기법을 활용하는 작업이라 할 수 있다. 그러나, 보험산업에 직, 간접적으로 연관된 산업환경에도 영향을 받는다.

### 4.7.1 금융겸업화

1980년대부터 미국을 선두주자로 금융선진국에서는 은행, 증권, 투신, 종금사 등 금융기관들이 서로의 업무영역에 구애 받지 않고 자유롭게 금융상품을 취급하는 금융겸업화의 양상으로 산업구조가 변하였다. 고객이 다양한 금융상품을 한 금융기관을 통해 구입하는 원스톱 쇼핑(one-stop shopping)을 가능하게 한 것이다. 은행은 전통적인 예출금업무 외에 방카슈랑스(bankassurance)라고 일컫는 생명보험, 손해보험, 연금보험 그리고 펀드관리 업무를 추가하였고, 생명보험사는 전통적인 생명, 건강의 인(人)보험상품 외에 예출금의 은행업무, 손해보험 업무, 그리고 재보험과 펀드관리 업무까지 업무영역을 확장하였다. 손해보험사의 경우도 생명보험업무, 재보험 업무 등의 추가로 사업영역은 커지고 있다. 이러한 사업영역의 확대와 변화는 금융지주회사를 탄생시켰고 다양한 영역에 걸쳐 복합적으로 발생할 수 있는 리스크의 분석과 관리 또한 매우 중요한 계리업무의 일부가 된다.

### 4.7.2 보험판매채널(distribution channel)

금융겸업화의 시대에 맞춰 보험회사도 다양한 금융상품과 서비스를 소비자에게 제공하기 위해 다양한 판매채널을 운영하고 있다. 이러한 다양한 판매채널은 각각 고유한 특성이 있기 때문에 보험계리업무 수행 시 중요한 고려사항이 된다. 아래에서는 각 판매채널이 어떻게 계리업무에 영향을 미치는지 어떤 상품개발에 적합한지를 포함할 것이다.

(1) 전속대리점(Exclusive agent): 특정 한 보험사의 상품만을 취급하는 판매점이다. 대체로 해당 보험사에 의해 상품 홍보와 교육을 받는다. 특정 한 보험사의 상품만을 취급하기 때문에 전속대리점은 상품에 대한

이해가 깊어서 영업과 상품에 관련한 전속대리점의 의견은 상품개발 또는 상품조정 시, 경쟁력 있는 상품 개발을 위한 초석이 될 수 있다.

(2) 비전속대리점(Independent agent): 일명 독립대리점이라 부르기도 하며, 전속대리점과 달리 여러 보험사의 상품을 판매할 수 있다. 그러므로 자사의 보험상품과 경쟁사의 유사상품과의 경쟁력이 자사 상품 매출의 원동력일 수 있다. 그러므로, 비전속대리점을 통한 의견은 자사 상품과 경쟁사 상품의 마케팅 차원의 비교정보가 되며, 계리업무 중에서 보험요율에 관련된 업무에 매우 중요한 부분을 차지하게 된다.

☞ 대리점의 의견 중에는 자신만의 이익을 위해 높은 수수료를 지급하는 상품에 대해서만 장점을 설명하고 낮은 수수료의 상품은 단점만을 부각시키는 경우가 있는데 계리사는 주의 깊게 의견을 청취하고 판단해야 할 것이다.

(3) 기타 판매채널: 중개자인 대리점 조직에 의한 보험판매 방식 외에도, 주로 인터넷을 이용하는 다이렉트(Direct), 통신을 이용하는 TM(telemarket), TV 등의 공중파 매체를 이용한 홈쇼핑, 은행에서 보험을 판매하는 방카슈랑스(bankassurance) 등 다양한 채널이 있다. 이러한 채널과 대리점시스템과의 가장 큰 차이는 판매수수료(commission)이다. 이러한 채널의 가장 큰 장점은 소비자의 접근이 쉽다는 점이며, 반대로 단점은 대리점과 같은 수준의 상품설명이 부족하다는 점이다. 중개상 같은 역할이 없이 소비자가 직접 보험회사와 접촉을 하는 것이므로 중개수수료가 없거나 적어 상품판매비용이 상당히 줄어든다. 이는 저렴한 보험료를 제공할 수 있는 여력으로 남아서 소비자가 선호하게 된다. 그러나, 상세한 상품설명 전달이 어렵기 때문에 판매 후에 판매 시 설명이 부족했다는 소비자 민원이 많을 가능성이 존재하게 된다. 이는 지급할 필요가 없었던 담보도 민원이나 소송의 경우 법원의 판결에 의해 지급사유가 될 소지가 있게 된다. 그러므로, 이러한 채널에서는 가급적 단순하고 친숙한 상품이나 보험료가 저렴한 상품만을 소비자에게 취급하게 된다.

예를 들어, 자동차보험이나 운전자 보험 같은 손해보험상품이 주를 이루며, 치아보험 같은 인보험 상품도 이에 포함된다. 이에 관련된 대표적인 계리업무는 이와 같은 판매채널의 특성을 이해하여 채널에 특화된 상품구성이 단순하고 보험료가 저렴한 상품개발이라 할 수 있다.

판매채널을 이용한 보험판매는 판매비용이 발생한다. 대리점의 판매수수료는 보험영업비용에 매우 중요한 부분을 차지한다. 이러한 판매비용은 소비자가 지불하는 보험료에 속하기 때문에 판매비용의 관리는 상품경쟁력에 중요한 요소가 된다.

☞ 미국의 많은 州에서는 수수료율에 따라 보험료를 차등하는 보험상품을 허용한다. 높은 수수료는 높은 보험료를 부과하고 낮은 수수료는 낮은 보험료를 부과하여 판매대리점에게 선택권을 부여한다. 이 경우 수수료와 보험료, 그리고 매출간의 연계분석은 계리의 업무가 된다.

### 4.7.3 경쟁시장(competitive market)

현재 보험시장은 날이 갈수록 경쟁이 심화되어 가고 있다. 보험에 가입한 대상고객이 포화상태이기 때문에 보험회사들은 틈새시장(niche market)을 찾는 데에 집중하고도 있다. 경쟁이 심한 시장상황에서 경영자는 수익성도 유지하면서 경쟁력 있는 즉, 타상품에 비해 저렴한 상품개발을 지시하는 아이러니한 경우가 있게 된다. 이런 상황은 계리업무에 대한 압박일 수도 있으나 도전할 수 있는 기회이기도 하다. 만일, 수익성을 유지하기 어렵다면, 신뢰할 수 있는 이유를 분석과 함께 설명하고 보험계리기준서에 따라 설득해야 할 것이다. 이러한 지시에 따르기 위해 적절하고 신뢰할 만 한 통계나 자료가 없음에도 계리사의 직감으로 보험료를 설계하는 것은 대단히 위험한 일이다. 그러나, 매우 드물게 수익성과 경쟁력 둘 다를 성취할 수 있는 경우도 생긴다. 이는 계리사가 얼마나 업무에 집중하고 노력했는지 여부와도 상관이 있다.

# 제3장

# 보험상품(PRODUCTS)

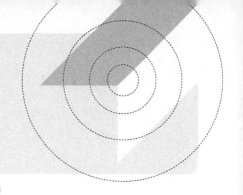

# 제3장

# 보험상품(PRODUCTS)

현대사회의 보험계리업무는 광범위한 금융서비스시스템 안에 놓여 있다. 이런 시스템 안에서 제대로 작동되기 위한 조건들과 이를 충족하기 위해 개발되는 보험상품과 서비스를 이해하는 것은 매우 중요하며, 이러한 시스템의 안전한 운영을 위해 최선의 해법을 찾는 것 또한 보험계리 영역이라 할 수 있다.

앞에서 리스크에 대한 전반적인 이해와 보험계리업무에 대한 영역을 살펴보았다면 이러한 내용을 바탕으로 보험에서 제일 핵심요소인 보험상품에 대하여 이해하도록 하겠다. 우선 보험상품의 대상인 개인과 기업에게 노출되는 리스크와 환경을 이해하고 이런 리스크를 보험이라는 매개체로 전가하는, 또한 보험계리업무를 위해 반드시 이해해야 하는 다양한 보험상품에 대한 특징과 내용을 살펴볼 것이다. 마지막으로 이러한 보험상품을 개발하는 과정에 대해 알아볼 것이다.

## 1. 인생사이클(life cycle)의 재무상태(financial status)

인간의 삶을 재무적인 측면에서만 바라본다면, 태어나서 죽을 때까지 금융거래는 크게 수입(income), 지출(expenditure), 그리고 저축(saving)의 세 부류이다. 다음은 일반적인 중산층의 삶에 있어서 각각의 재무상태가 어떤 패턴을 보여주는 지를 살펴보자.

수입은 대부분 연령, 교육수준과 결혼유무에 따라 크게 좌우된다. 예를 들어, 대체로 고학력자는 40대 후반까지 승진이나 근무경력에 의해 수입이 증가하다가 이 후 안정적인 상태를 유지하게 된다. 반대로 저학력자인 경우는 대체로 30세를 전후로 수입이 상대적으로 제일 높은 경향이 있다. 미혼인 경우는 남녀의 수입 패턴이 유사하다. 기혼 남성은 배우자가 가정 일을 대부분 책임져 줄 때 높은 수입을 올리는 경향이 있다.

　인생에서 지출이 보여주는 패턴은 각각 다른데, 유년과 청년기에는 교육비의 비중이 제일 크게 나타난다. 자녀에 관련된 비용은 자녀가 결혼 할 때까지 계속 증가하는 경향이 있다. 인생에서 주택구매가 가장 큰 지출 중에 하나이다. 자동차 구입도 큰 지출 중에 하나가 된다. 의료비는 은퇴 후 급증하게 된다. 다른 여가생활을 위한 비용은 은퇴 후 감소하게 되지만 건강에 이상이 생기면 은퇴 후 의료비가 가장 큰 지출명세가 될 수 있다.

　세 번째 부류인 저축은 수입과 지출의 상관관계와 매우 밀접하다. 20~30대의 경우는 결혼, 출산, 육아, 그리고 큰 지출인 주택구매 등에 따른 대출 등으로 저축의 여유가 많지 않은 상황이 일반적이다. 40~50대는 편안한 은퇴준비를 위한 계획적인 저축을 하는 시기일 수 있다. 60대 이후에는 가지고 있는 재정상태에 많이 좌우하게 된다. 재정상태가 좋으면 저축보다는 건강을 최우선으로 삼는다. 그러나 재정상태가 좋지 않으면 재정위기를 겪을 수 있으며 저축은 여력이 없어 못 하게 된다.

　이외에도 가정문화나 사회계층에 따라 패턴이 달라진다. 예를 들어, 상당히 많은 유산을 물려받은 개인은 노후를 위한 저축의 필요성을 느끼지 못 할 것이다. 저소득 계층은 저축할 여력이 없어서 저축의 기회를 잃어 버릴 수도 있고 저축을 하더라도 소액이기 때문에 노후에 큰 보탬이 안 될 수도 있다. 기업인 경우 사업을 운영하기 위해서는 자본이 필요할 것이며 그래서 수입의 상당부분을 저축으로 해서 자본을 늘려 자본에 의한 수익이 자본을 조달하기 위해 지불하는 비용보다 많게 끔 할 것이다.

다음은 위의 금융거래 패턴, 즉 수입, 지출, 그리고 저축으로부터 노출되는 리스크를 개인과 기업으로 구분하고 노출되는 리스크와 관리방법에 대해 이해하도록 하겠다.

# 2. 인생사이클(life cycle)의 재무상태(financial status) 리스크

## 2.1 개인의 재무상태 리스크

(1) 개인수입 리스크(Personal income risk): 개인수입 리스크의 원인은 조기사망(premature death), 장애(disability), 그리고 실직(unemployment) 세 가지에서 주로 나타난다. 가족부양에 책임이 있는 가장의 사망은 남은 가족의 삶을 피폐하게 만들 수 있다. 특히, 사고에 의한 조기사망일 경우 더욱 치명적일 것이다. 이런 리스크는 보험으로 전가시키는 것이 최상의 방법이다. 장애는 수입의 감소로 연결되므로 수입을 대체할 수 있는 다른 대안적인 장치가 필요하다. 특히, 영구적인 장애(permanent disability)는 수입의 감소뿐만 아니라 영구적으로 치료비의 지출이 있기 때문에 사망보다 더 심각한 리스크일 수 있다. 이런 리스크도 보험이 최상의 위험관리방법이다. 영구적인 장애는 아니지만 치명적인 질병인 경우 수입은 감소하고 의료비의 부담은 심각할 것이다. 이러한 부담을 덜어주고자 치명적인 질병보험(CI, critical illness insurance)이 현재 거의 모든 보험선진국가에서 판매 중에 있다. 한편, 경제가 불황에 빠질수록 실직율은 올라간다. 실직은 대체로 해고에 의한 경우가 대부분인데 실직이 되면 다른 직장을 구할 때까지 수입이 없어지며 실직기간이 길어질수록 삶이 어렵게 될 것이다. 이런 리스크가 발생한다면, 지출을 줄이거나 지인의 도움이건 사회보험으로 지원을 받던 사후대책을 찾게 될 것이다.

(2) 개인지출 리스크(personal expenditure risk): 개인지출 리스크의 원인은 여러 가지가 있다. 화재나 도난에 의한 재산손해(property damage) 리스

크와 본인의 과실에 의한 배상책임(liability)리스크는 보험으로 간편하게 리스크를 전가할 수 있다. 의료비용은 연령과 함께 증가하게 되는데 여러 종류의 건강보험으로 손해를 줄일 수 있으며, 꾸준한 운동과 건강한 식생활 습관을 통한 리스크 감소(risk reduction)관리방법도 효과적이다. 보험회사 입장에서는 개인이 가입하는 건강보험은 역선택의 위험에 노출되어 있으므로 철저한 사전 심사(underwriting)가 필요하게 된다. 한편, 이자율(interest rate)이나 인플레이션에 의한 경제상황 변화도 지출에 직접적인 영향을 끼친다. 특히 변동금리로 대출이 있는 경우 대출기간 동안 추가 지출 부담은 더 할 것이다. 그래서 장기대출인 경우는 금리를 대출기간 동안 고정시켜 금리상승에 의한 추가 지출의 리스크를 예방할 수도 있다.

☞ 역선택(Adverse selection): The tendency of people who have a greater perceived probability of loss than the average person to seek insurance. 즉, 고령자가 건강보험에 더 적극적으로 가입하려고 하고 운전사고 다발자가 자동차보험의 최고한도로 계약하고자 하는 속성을 의미한다.

(3) 개인저축 리스크(personal saving risk): 은퇴 시점 혹은 은퇴 이후 당시 수익률이 마이너스가 된다면 준비해 두었던 은퇴자금은 없어지게 되며, 더 이상 저축할 여력도 없는 경우, 최악의 상황에 빠지게 된다. 리스크를 분산시키기 위해 포트폴리오로 투자를 해도 투자기관의 횡령이나 파산에 의해 심각한 리스크에 처해 질 수 있게 된다. 투자에 관련된 리스크는 후반부의 '자산'과 '자본'에서 더 자세히 다룰 것이다.

## 2.2 기업의 재무상태 리스크

(1) 자본의 보호(capital protection): 기업에 있어서 자본은 매우 중요하다. 전쟁에 나간 군인으로 치면 실탄 역할을 하는 것이 기업의 자본이다. 기업은 지속 가능한 수익성 있는 경영을 위해 초기 자금을 조달하게 되고 운영 중에도 영업상황에 따라 추가적인 자본이 필요할 수도 있게

된다. 자본의 구성은 기업의 법적 형태에 따라 다르다. 예를 들어, 법인 기업의 경우 소유와 경영의 분리라는 원칙하에 기업의 주주는 자신의 출자가액을 한도로만 법인의 행위에 책임을 진다. 법인의 설립이 법인의 행위 하에서 발생할 수 있는 리스크를 방지하지는 않으나 법인에게 리스크를 전가하게 하는 것이다.

(2) 운영리스크(operational risk): 기업은 잘못 결정한 경영정책에 의해 자본을 잠식시킬 정도의 막대한 손실리스크에 노출될 수 있다. 경영진에 의한 기업의 신뢰하락에 따른 손실리스크도 중요하다. 일반적으로 기업에서 발생할 수 있는 리스크 중에서 부보 가능한 리스크(insurable risk)가 있는데 이는 재산피해나 배상책임 같은 리스크로 손해의 전부 또는 일부를 보험으로 보장 받을 수 있다. 한편, 기업은 예상치 못 한 가격변동에 의해 손실이 발생되는 리스크에 노출되어 있다. 이런 경우 상품가격을 기초로 하는 선물(future), 스왑(swap), 또는 옵션(option)거래 같은 파생상품(derivatives)으로 리스크를 제거할 수 있다.

☞ 선물(futures)거래: 장래 일정 시점에 미리 정한 가격으로 매매할 것을 현재 시점에서 약정하는 거래로, 미래의 가치를 사고 파는 거래이다. 선물의 가치가 현물시장에서 운용되는 기초자산(채권, 외환, 주식 등)의 가격 변동에 의해 파생적으로 결정되는 파생상품(derivatives) 거래의 일종으로, 미리 정한 가격으로 매매를 약속한 것이기 때문에 가격변동 위험의 회피가 가능하다는 특징이 있다. 위험회피를 목적으로 출발하였으나, 고도의 첨단금융기법을 이용, 위험을 능동적으로 받아들임으로써 오히려 고수익·고위험 투자상품으로 변모하였다.

☞ 스왑(swap)거래: 스왑거래는 서로 다른 통화 또는 금리표시의 채권·채무를 일정조건하에 교환하는 거래이다. 스왑거래가 이루어지는 것은 자금조정의 필요성과 환포지션 조정의 필요성에 기인하는데, 효과적인 헷징수단과 높은 수익성으로 인해 빠른 신장세를 보이고 있는 파생상품이다.

☞ 옵션(option)거래: 어떤 상품을 일정기간(유효기간)내에 일정한 가격으로 매입 또

는 매도할 권리를 매매하는 거래이다. 옵션의 매매가격을 프리미엄이라 하며, 옵션거래에는 권리행사 시 현물의 매매가 수반되는 현물옵션거래와 권리행사가 선물계약의 체결을 의미하게 되는, 즉 선물의 선물이라 할 수 있는 선물옵션거래가 있다.

(3) 세제와 규제차익: 많은 금융상품은 다른 세제효과가 있기 때문에 세제를 효율적으로 관리, 경영하는 것은 매우 현명한 방법이 될 수 있다. 확실한 절세효과가 가능할 시점을 파악한다면, 기업운영의 일부를 수정하여 세제차익의 혜택을 볼 수 있게 된다. 규제차익은 규제에 의한 기업에 미치는 법적 제한의 정도를 줄일 수 있을 때 발생한다.

# 3. 보험상품

개인과 기업에게 보험상품에 대한 필요성의 배경을 이해했다면 여기서는 다양한 보험상품에 대한 소개를 할 것이다. 보험상품은 여러 방법에 의해 분류할 수 있는데 본서에서는 보험업법에 의한 보험상품으로 분류할 것이다. <표 3-1>은 보험업법에 의한 보험상품 분류를 요약한 것이다. 여기에서는 파생금융상품과 연계된 보험연계상품은 포함하지 않을 것이며, 보험연계상품은 본서 후반부에서 다루어 질 것이다.

〈표 3-1〉 보험업법에 의한 보험상품 분류

| 대분류 | 소분류 | 보험상품 |
|---|---|---|
| 생명보험 | 보장형태 | 사망(정기, 종신), 생존, 생사혼합 |
| | 가입목적 | 보장성보험, 저축성보험 |
| | 이율 | 금리확정형, 금리연동형 |
| | 투자실적 | 자산연계형, 유니버셜보험, 변액보험, 변액유니버셜보험 |
| 손해보험 | 보장기간 | 장기보험(실손보상) |
| | | 일반손해보험(재산, 배상책임) |
| 제3보험 | | 질병, 상해, 장기간병 |

## 3.1 생명보험(Life Insurance)상품

사람의 사망 또는 생존을 리스크로 하는 일체의 보험을 통칭하는 것으로 인(人)보험의 대표적인 것이다. 보험회사가 보험계약자 또는 제3자의 생사에 대하여 보험계약에서 정한 보험금을 지급할 것을 약정하고, 보험계약자가 보험회사에게 보험료를 지불하는 것이다. 생명보험은 손해보험과는 달리 손해의 유무나 대소에 관계없이 사고가 발생하면 일정한 금액을 지급하는 정액보험이고, 피보험이익의 개념이 손해보험과는 다르다. 생명보험계약의 특수한 효과로서는 보험회사는 계약이 해지되거나 보험금의 지급책임이 면제될 때, 보험료 적립금을 반환해야 하는 의무와 이익배당부 보험에 있어서 이익배당의 의무를 진다. 또 보험계약자는 보험수익자의 지정과 변경할 수 있는 권한을 가지는 동시에, 보험계약체결 후에 보험수익자를 변경할 때에는 보험회사에 통지해야 할 의무가 있다. 피보험자가 될 수 있는 자에 대한 제한은 없으나, 보험계약자는 피보험자를 반드시 지정해야 한다.

☞ 피보험이익(insurable interest): expectation of a monetary loss that can be covered by insurance: 피보험이익은 아래 두 가지 의미를 포함하는 포괄적인 개념이다. ① 손해보험에서 보험사고의 발생에 의해 손해를 입을 우려가 있는 피보험자의 경제적 이익을 말한다. 손해보험은 보험대상재물에 대한 손해를 피보험자에게 보상하는 것이기 때문에, 계약이 성립하기 위해서는 손해를 입을 우려가 있는 이익의 존재가 필요한데, 이 때 보험대상물에 손해가 발생함으로써 피보험자에게도 손해가 발생하는 이해관계를 가리켜 피보험이익이라고 한다. ② 보험의 대상이 되는 재물의 멸실 또는 손상(loss or damage to the subject-matter Insured)에 의하여 경제적 손실을 입은 자와 그 보험목적과의 이해관계를 의미한다. 피보험이익에 관련된 자세한 내용은 후반부 보충주제 중 보험의 주요 기본원칙을 참고하기 바란다.

## 3.1.1 보장형태에 따른 분류

(1) 사망보험(Life insurance): 피보험자의 사망을 보험사고로 해서 보험금을 지급하는 보험계약으로 과거에는 생명보험 하면 사망보험을 뜻하는 것이었다. 사망보험에는 계약의 시점으로부터 일정기간 중에 사망하였을 경우에 보험금이 지급되는 정기보험(Term life)과 기한을 정하지 않고 사망 시에 보험금이 지급되는 종신보험(Whole life)이 있다.

- 정기보험: 정해진 보험기간 만기 전에 사망할 경우 보험금이 지급되는 상품이다. 보험금액의 변동에 따라 보험금액이 정해져 있는 전통적인 정기보험, 보험금이 체감하는 체감식 정기보험, 보험금이 체증하는 체증식 정기보험으로 나뉜다. 보험기간은 주로 10년 또는 20년 등 기간을 정할 수도 있고 몇 세 만기 형태로 가입 시부터 몇 세가 될 때까지 보장하는 형태도 있다. 정기보험은 다른 생명보험 상품에 비해 단순하고 소비자가 이해하기 쉬운 상품으로 보험 기간이 정해져 있으므로 보험료가 저렴한 편으로 대리점 형태뿐만 아니라 온라인과 같은 기타 판매채널을 통해서도 판매 될 수 있는 특징이 있다.

- 종신보험: 일반종신보험은 계약이 유지되는 동안 반드시 보험금을 지급한다. 즉, 사망보험금을 '종신'토록 보장하는 보험이라 하여 한국에서는 종신보험이라 칭한다. 종신보험은 정기보험 보험료보다 훨씬 높은 보험료에서 시작하지만, 종신까지 연속적으로 정기보험을 이어갈 경우 전체 기간 동안의 평균보험료와 유사한 형태를 납입하며 평생을 보장받는다. 정기보험과 달리, 종신보험은 중도해지 시 현금으로 지급하는 해지환급금이 있다. 전통적인 일반종신보험(Ordinary Whole life, Straight life, or Continuous premium whole life)이 있고, 1970년대 중반, 미국에서 개발되어 선풍적인 인기를 끌기 시작한 자유납입, 중도인출, 추가납입 기능이 있는 유니버설 보험(Universal life), 채권이나 주식의 운영실적에 따라 보장내용이 변동하는 변액 보험(Variable life) 등이 있다.

(2) 생존보험(Endowment): 피보험자가 어느 일정 기간까지 생존하고 있는 것을 사유로 해서 보험금을 지급하는 상품으로, 피보험자가 사망했을 때에는 보험금은 물론 납입한 보험료도 환급되지 않는 것이 원칙이다. 그러나 현재 한국에서 판매되고 있는 생존보험은 보험기간중 사망 시에도 사망급여금을 지급받기 위한 각종 사망보장을 부가해서 판매(예: 생사혼합보험의 형태)하고 있다. 현재 생존보험의 주요상품으로는 자녀의 학자금 및 양육자금 마련을 위한 교육보험과 노후생활자금 마련을 위한 연금보험, 건강보험 등이 있다.

- 교육보험(Educational endowment): 보험계약에 따라 소정의 보험료를 납입하고 진학, 졸업 등 보험금 지급사유가 발생했을 때 보험금을 지급하는 보험이다. 일반적으로 부모가 계약자가 되며 자녀를 피보험자로 하여 자녀의 입학금, 학비 등의 교육자금을 확보하는 것을 목적으로 가입한다.

- 연금보험(Annuity): 피보험자의 종신 또는 일정한 기간 동안 해마다 일정 금액을 지불할 것을 약속하는 생명 보험이다. 한국에서 연금보험의 광의적인 해석은 노령, 사망 등을 보험사고로 하여 연금을 지급하는 사회보장제도이다. 이는 의료보험, 산업재해보상보험, 고용보험과 더불어 4대 사회보험의 하나로 1994년부터 도입되어 실시되고 있다. 협의적인 해석으로는 공무원연금, 군인연금, 교직원연금 등도 다 같은 연금의 한 종류이다. 민영개인연금보험은 생활수준의 향상과 의료기술의 발달로 인해 노령인구가 급격히 증가하고 빠르게 노령화 사회로 진화함에 따라 퇴직 후 노후소득보장을 위한 제도로서 도입되었다. 다른 공적 연금제도의 미비점을 보완하여 실질적인 노후생활을 보장하는 것을 목적으로 한다. 퇴직연금이 이에 속한다.

- 건강보험(Health insurance): 건강보험의 범위는 너무나 광범위하여 단순히 요약하기는 어렵다. 그러나 공통적인 부분은 의료비용을 지불해주는 보험이라는 것이다. 넓은 의미로는 장애(disability), 장기 요양 및 관리(long term care)를 포함하기도 한다. 정부가 지원하는 사회보험(의료

보험)을 통해 제공될 수도 있고, 기업이 종업원에게 보험을 들어 주는 형태(예: 직장단체의료보험)도 있고, 개인적으로 가입(일반적인 건강보험)할 수도 있다. 각각의 경우 가입자 개인이나 단체는 보험료 또는 세금을 내어 불시에 닥친 높은 의료비로부터 자신을 보호하는 것이다.

(3) 생사혼합보험: 피보험자가 보험기간 중에 사망하거나 또는 일정시점까지 생존한 경우 보험금을 지급하는 가장 일반적인 생명보험이다. 사망시의 보장과 생존시의 저축을 겸한 상품인데, 생명보험 본래 목적인 보장을 강조하기 위하여 보험기간 중에 사고로 인하여 사망한 경우에는 만기보험금의 5배 또는 10배를 보상하는 배액보장특약을 첨부한 상품도 출시되고 있다. 피보험자의 유족, 또는 본인의 노후를 위한 것이므로 한국에서는 일명 양로보험으로 불리어 진다.

## 3.1.2 가입목적에 따른 분류

(1) 보장성보험: 보험가입목적이 생명을 담보로 보장을 받기 위한 보험상품의 한 분류이며, 사망, 상해, 입원 등 생명과 관련한 보험사고가 났을 때 피보험자에게 약속된 보험금을 지급하는 상품의 성격이다. 보장성보험 분류 안에는 종신보험, 화재보험, 암보험, 그리고 건강생활보험 등이 있다. 종신보험은 위에서 언급했듯이 피보험자의 평생을 담보한 상품으로 사망 시 보험금을 100% 지급한다. 보장성보험은 만기생존 시 이미 납입한 보험료의 환급 여부에 따라 지급보험금이 전혀 없는 순수보장형과 지급보험금이 이미 납입한 보험료를 초과하지 않는 만기환급형으로 나뉜다.

☞ 보장성보험을 일부에서 영어표현으로 Indemnity insurance로 표기하는 경우가 있는데, 미국 손해보험에서 Indemnity는 손실의 보상(compensation of loss)으로서 사고 전과 후에 보험목적물의 재무적 가치는 동일해야 한다는 의미이고, 미국 생명보험에서 Indemnity는 이에 해당되지 않는다. 그러나, 종합적인 의미의 Indemnity는 손실이 발생한 후 피보험자는 보험을 통해 이익을 얻거나 재정적으로 불리한 위치에 있어서는

안 된다는 보험의 원래 취지를 담고 있으므로, 보장성보험을 Indemnity라 영어표기 하는 것에는 무리가 따른다.

(2) 저축성보험: 목돈마련이나 노후생활자금을 대비하여주는 보험상품의 한 부류로서, 납입한 보험료보다 만기 시 지급되는 급부금이 더 많은 특성이 있다. 보험료 중 사업비와 보장에 필요한 부분을 제외한 금액에 대해 높은 이율로 적립하여 만기 시 지급하므로 결혼자금이나 주택자금 등 목돈마련을 목적으로 설계된 상품이다. 이에는 새가정복지보험 또는 노후설계연금보험 등이 있다.

☞ 저축성보험의 소득세법상 정의는 납입 보험료보다 만기 때 지급하는 보험금이 더 많은 보험을 말한다.

## 3.1.3 이자율(interest rate)에 따른 분류

(1) 금리확정형: 보험회사가 보험료 산출 시 정한 확정금리를 예정이율로 적용하는 보험의 종류를 말한다. 상품판매 이후 금리하락 시에도 안정적인 수익률이 보장되지만 금리 상승 시에는 이를 반영하지 못해 적립금의 상대적인 가치하락인 금리역마진 리스크에 노출될 수 있다.

(2) 금리연동형: 보험회사의 자산운용수익률이나 시장금리 등에 따라 적립금에 변동이율이 적용되는 보험의 한 형태이다. 금리 상승 시에는 금리확정형보다 더 높은 수익률을 낼 수 있으나 반대의 경우, 금리 하락 시 더 낮은 수익률을 감수해야 한다. 일반적으로 적용되는 변동이율은 공시이율 또는 정기예금이율 등에 연동된다.

## 3.1.4 투자실적에 따른 분류

(1) 자산연계형(Asset linked): 자산연계형 보험상품들은 특정자산의 운용실적에 연계하여 투자성과를 지급한다. 원금 및 최저이율이 보장된다는 점은 일반보험상품과 유사하나, 자산운용의 대상이 특정된다는 점

에서 변액보험 상품과 비슷하다. 최저이율 한도 내에서 원금이 보장되며 동 상품에 연계된 자산의 수익률에 따라 추가이자가 지급되므로 변액보험보다 안정적이면서 일반보험에 비해 상대적으로 높은 수익률을 기대할 수 있어 기존의 금리연동형 보험상품보다 고수익을 기대하는 수요에 부응하는 상품들이다. 일반보험과 자산운용의 대상을 달리하므로 특별계정으로 설정하고 분리, 운용토록 하고 있으며, 연계된 자산의 종류에 따라 채권금리연계형, 주가지수연계형, 금리스왑률연계형 상품 등이 있다.

(2) 유니버설 보험(Universal life): 유니버설보험은 1970년대말 미국에서 개발하여 선풍적인 인기를 끈 신종종신보험형태로 금융시장의 변동에 따른 신축성과 현실성을 최대한 반영하기 위해 고안된 생명보험상품이다. 보험계약자의 보험 수요변동에 따라 저축액, 보장액, 보험료 등의 변수를 필요에 따라 조절할 수 있도록 설계되어 있는데 즉, 납입과 적립 및 인출이 자유로운 상품으로 유연성, 유동성, 보장성이 결합된 특징이 있다. 이 보험의 해약환급금은 변동하며 보험회사는 대부분의 경우 최저이자율만 확정보장하고 금융시장의 이자율변동을 감안한 실제이자에 따라 조정한다. 또한 저축성부분에 대해선 일반적인 보험과 같이 해약환급금에 준하는 계약자대출도 할 수 있다. 한편 사망보험금의 변경은 진사를 원칙으로 하고 있으며, 사망 시 받게 될 주계약의 액면가를 높일 수도 있다. 이 보험에 가입한 보험계약자는 보험료 변경과 더불어 보험료 납부도 중단할 수 있으며, 보험료 미납 시 보험회사는 그 계약의 저축 부분으로부터 보장부문과 사업비부분의 비용을 공제한다.

(3) 변액 보험(Variable life): 변액보험은 인플레이션에 의한 생명보험 급부의 실질적 가치가 하락하는 것을 보안하기 위하여 1950년대 유럽을 시작으로 1970대 중반에 미국에 널리 보급되었다. 변액보험을 한마디로 요약하자면, 납입보험료에서 일정 금액을 뺀 적립보험료를 투자하여 이로부터 획득한 투자수익을 배분 하는 보험상품이라 하겠다. 즉, 계약

자의 납입보험료에서 사업비와 해당 연도 위험보장에 필요한 위험보험료를 뺀 적립보험료를 펀드로 만들어 채권, 주식 등에 투자하고 운용실적에 따라 투자수익을 계약자에게 배분하는 보험상품이다. 변액보험은 크게 변액종신보험, 변액유니버설보험, 변액연금보험으로 나뉜다. 보험상품이나 펀드운용에서 얻은 수익을 배분한다는 측면에서 투자신탁의 성격이 있는 실적배당형 보험이라 할 수 있다. 따라서 기존에 보험금이 정해져 있는 보험자산과 분리하여 별도의 펀드로 운용한다. 투자실적이 좋으면 사망보험금과 해약환급금이 늘어나며, 투자 손실이 발생하면 손실부분이 계약자에게 전가되어 보험금이 줄어드는 형태이다. 사망보험금은 매월, 해약환급금은 매일 변동한다. 계약자 투자 성향에 따라 자산운용 형태를 정할 수 있으나, 예금자보호법의 보호를 받을 수 없어 원금 보장이 어렵다는 단점이 있다. 미국의 경우 전체 생명보험상품 중에 변액보험이 차지하는 비중이 매우 높다. 한국에서는 초기 도입 시 논란이 있었으나 2001년 금융감독위원회가 생명보험사의 변액보험 도입과 판매가 가능하도록 보험업 감독규정을 개정하여 2001년 7월부터는 변액보험 판매가 가능해졌다.

(4) 변액 유니버설 보험(Variable Universal life): 변액 보험의 투자실적에 의한 배당과 유니버설 보험의 신축적이고 자유로운 입출금의 장점을 결합한 상품이다. 상품이 다소 어렵고 복잡한 측면이 있다.

## 3.2 손해보험(Property & Casualty Insurance)상품

손해보험은 보험사고 발생의 대상이 주로 피보험자의 재산(property)임으로 물(物)보험이란 표현을 쓴다. 포괄적인 의미로는 신체상의 손해나 재물 손해가 났을 때 그 손해를 보상해주는 보험의 통칭으로 손해가 난 만큼만 계산해서 보험금을 지급하기 때문에 이득금지의 원칙(실손보상의 원칙)이 존재한다. 영어 식 표현으로 Indemnity라는 의미에 가장 적합한 상품이다. 생명보험은 보험사고의 발생시기(예: 사망)만 불확실한데 반해, 손해보험은 우연한(uncertain) 사고에 의한 사고발생의 여부와 사고발생 시간 그리고 사고발생의 규모가 모두 불확실하다. 또한, 계약기간이 상대적으로 짧고 기간마다 갱신되는 구조이다. 한국 보험산업의 측면에서 상해보험, 자동차보험, 여행자보험, 실손의료보험 등이 대표적인 손해보험 상품들이다.

☞ 손해보험이라는 명칭은 우리나라와 일본 등에서 사용되고 있으며 '손해를 복구해주는 보험'이라는 내용을 줄인 말이다. 결국 사람을 대상으로 하는 생명보험에 대한 대칭으로 이름 지어진 것으로 Non−Life Insurance로 불려지는 이유이다. 우리나라 보험계약법에서는 보험을 손해보험과 인보험으로 구분하고 인보험은 다시 생명보험과 상해보험으로 나누어 규정하고 있다. 또 보험업법에서는 손해보험사업과 인보험사업을 겸영하지 못하도록 규정하고 있으면서도 예외규정에 의하여 상해보험은 겸영할 수 있게되어 있다. 따라서 손해보험종목에도 인보험에 속하는 상해보험이 포함되고 있다.

## 3.2.1 장기손해보험

한국 손해보험회사들의 보험료 수입의 절반 이상을 차지하는 상품이다. 장기손해보험의 특징은 사람의 생존 또는 사망, 그리고 재산상의 손해에 대해 실손보상을 원칙으로 한다.

☞ 장기손해보험을 온전하게 정의 내리는 건 쉽지 않다. 왜냐하면, 생명보험의 성격과 전통적인 손해보험의 성격이 여러 모습으로 혼재되어 있기 때문이다. 한국에서 손해보험을 장기손해보험과 일반손해보험으로 분류한다면, 장기손해보험은 일반손해보험을 제외한 손해보험으로 보험료 산출 시 생명보험 상품처럼 할인율을 적용하거나 위험보험료 이외에 저축성 보험료가 순보험료(pure premium)안에 있는 상품을 말할 수 있다. 장기손해보험은 한국 손해보험만이 보유하고 있는 상품으로, 장기손해보험의 많은 담보물건들은 북미, 유럽의 보험사에서는 생명보험의 영역에 속하며, 순수한 의미의 손해보험에서는 재물과 배상책임만을 포함한다.

## 3.2.2 일반손해보험

미국, 캐나다에서는 일반손해보험을 손해보험(Property and Casualty)이라는 개념으로 쓰며, 계약기간이 짧고 기간마다 갱신되는 특징이 있다. 일반손해보험은 실손보상이 원칙이다. 대부분의 계약들은 가입금액이라는 보험금

한도 금액을 두어 보험료를 산출한다. 소액의 보험금 지급에 따른 비용을 줄이기 위해 대부분의 경우 자기부담금(deductible) 제도를 도입하고 있다. 또한, 손해보험상품은 모든 리스크를 담보(All-risks)하는 계약, 또는 화재, 폭발, 홍수, 폭동, 지진 같은 사고원인만을 지정(listed)하여 담보(Named perils)하는 계약으로 작성된다.

☞ 자기부담금(deductible)은 보험회사와 소비자(보험계약자) 모두에게 유리한 제도이다. 보험회사 입장에서는 자기부담금 내로 책정된 소액사고인 경우는 지급할 필요가 없어 사고처리에 따른 비용과 시간을 절약할 수 있다. 이런 비용의 절감은 보험료 인하로 이어지므로 소비자에게 그만큼 혜택이 돌아간다. 또한, 소비자는 일정 부분 보장이 안 되는 것을 인식하므로 도덕적 해이와 같은 원인으로 발생될 수 있는 사고를 줄일 수 있게 된다.

☞ 사고원인만을 지정하여 담보(Named perils)하는 계약에서 지정되지 않은 Peril은 보장받지 못한다.

(1) 재물관련 일반손해보험(Property insurance): 재물관련 일반손해보험(Property insurance)의 범위는 매우 넓다. 공통적인 사항은 재산의 멸실 또는 파손에 따른 직접, 간접 손실을 피보험자에게 보상해 주는 보험이다. 이에 속하는 대표적인 상품은 화재, 해상, 운송, 항공, 도난, 권원, 신용 및 보증보험 등이 있다.

• 화재보험(fire insurance): 화재로 인하여 생기는 손해를 보장해주는 보험의 종류이다. 여기서 화재가 Named Peril이 된다. 화재보험의 목적물은 건물, 동산 또는 집합된 물건 이외에도 교량, 토지에 있는 수목 등이 포함된다. 보험사고인 화재의 원인은 어떠한 것이든 관계없으나, 법 또는 특약에 의한 면책사유, 즉 전쟁이나 기타 폭동으로 인하여 생긴 화재의 손해, 보험목적의 성질 또는 결점과 자연적인 소모, 보험계약자 또는 피보험자의 악의나 중과실로 인하여 생긴 화재의 손해 등에 해당하는 경우에는 보험회사는 손해를 보상할 책임이 없다.

- 해상보험(marine insurance): 선박의 운항 및 선박에 의한 화물운송 등에 동반하는 위험에 대비하여 선박 및 화물의 손해를 보상하는 것을 목적으로 하는 손해보험이다. 해상보험의 담보대상이 되는 위험을 해상위험이라하며, 보험의 목적에 따라 선박 보험, 적하 보험 및 운임 보험으로 구분된다. 해상위험(maritime perils)이란 선박이 항해하는 데 따르는 위험 가운데 특히 해상보험에 의해 담보되는 위험으로 침몰(sinking), 좌초(stranding), 충돌(collision), 황천(stormy weather)등 해상에서만 일어날 수 있는 해상고유의 위험과 화재(fire), 투하(jettison), 선원의 악행(barratry), 해적(pirates)등 실제 바다가 아닌 곳에서도 일어날 수 있는 해상의 위험 및 전쟁위험(war perils) 등이 있다.

☞ 적하 보험(cargo insurance): 선박에 적재된 화물을 보험 목적물로 하는 보험으로서 화물을 운송하던 중에 화물이 멸실 또는 훼손되었거나 화물을 보존하기 위하여 비용이 지출되어 화물 소유자가 손해를 입게 되었을 때 이를 보험조건에 따라 보상하여 주는 보험이다.

☞ 선박 보험(hull insurance): 선박을 보험 목적물로 하는 보험으로서 선박을 관리하거나 운항하던 중 선박이 멸실 되거나 훼손된 경우, 또는 선박을 보존하기 위하여 지출된 경비가 있는 경우 이러한 손해를 보험 조건에 따라 보상하여 주는 보험이다.

☞ 운임 보험(freight insurance): 선하 증권이나 운송 계약서에 명시된 대로 목적지에서 화물을 화주에게 인도하지 못하였을 때에는 운송인 등이 운임을 청구할 수 없게 되므로 이 때 운송인 등이 입는 손해를 보상하여 주는 보험이다.

- 운송보험(transport insurance): 육상운송에 관한 사고로 인하여 운송되는 화물에 손해가 발생했을 경우, 보상하는 손해보험이다. 운송보험의 대상은 운송물품이고 운송계약이 없이 운송되는 물건이라도 상관없다. 승객은 운송의 대상은 될 수 있으나, 운송보험의 대상은 될 수 없다. 그러므로 운송 중에 생긴 사고라도 승객의 생명과 신체에 관한 것은 운

송보험이 아닌 인(人)보험에서 처리해야 한다. 보험사고는 운송 중에 발생할 수 있는 모든 사고로서, 기차의 전복 등으로 인한 운송물의 멸실과 훼손 등과 같은 사고에 국한하지 않고, 운송 중에 생기는 화재, 수해, 도난 등도 포함한다. 단지 약관에 의하여 그 범위를 제한하는 일이 많다. 운송보험은 육상운송 중의 화물에 대한 보험을 말한다. 이와 유사하게 해상운송 중의 보험이 앞에서 언급된 해상보험(Marine Insurance)이고, 항공운송 중의 보험이 항공운송보험(Air Cargo Insurance)이다.

- 항공보험(aviation insurance): 항공기의 사용, 관리, 제조, 수리 등과 관련한 일체의 위험을 대상으로 하는 보험으로, 위험의 종류에 따라 그 종류는 다양하다. 우발적인 사고로 인한 항공기 자체의 직접손해를 보상하는 항공기체보험, 항공화물에 대한 손해를 보상하는 항공수송보험, 항공기 승무원 또는 승객에 대한 항공상해보험, 항공사고에 의하여 피보험자가 피해자인 제3자에 대하여 법률상의 배상책임을 지게 될 경우의 손해를 보상하는 항공책임보험 등이 있다.

- 도난보험(burglary insurance): 외부에서 강제적으로 불법 침입한 자에 의하여 보험 목적물이 도난, 훼손, 또는 오염됨으로써 입은 손해를 보상하는 보험으로 정의에 의한 도난이 Named Peril이다. 보험 목적물은 가재도구, 일용품, 집기, 의류 등 주택 안에 있는 물건이나, 회사나 공장의 상품, 원료, 제품, 사무용 집기 및 비품 등이 해당되며, 귀금속, 현금, 골동품 등은 특약이 있어야 담보된다. 도난물품이 추후 발견되고, 회수될 때에는 회수에 소요된 비용도 손해액에 포함한다. 소매치기, 좀도둑, 화재현장에서의 도난, 15세 이상의 정상인이 24시간 이상 출타 중에 발생한 도난, 지정 장소 외에서 일어난 도난 등은 담보되지 않는 것이 일반적이다. 또한 도난사실에 대해 도난 흔적이 객관적으로 인정되어야 한다.

- 권원보험(title insurance): 부동산 소유권 같은 일종의 권리를 보증해 주는 보험으로 일종의 보증보험 성격이 있어 보통 권원보험이라 부른다. 부동산권리의 하자나 상실, 부동산계약을 체결할 때 부동산에 붙어 있

던 권리의 우선순위, 위조, 사기 등의 잠재적인 리스크 때문에 부동산 소유권자나 저당권자 등 피보험자가 받을 수 있는 예상하지 못 한 경제적인 손실을 보장해 주는 보험이다. 소유권자용 권원보험과 저당권자용 권원보험이 있다. 미국에서 처음 개발되어 현재 미국에서는 주택매매 거래 시 매우 일반화되어 있는 보험상품이지만, 한국에서는 1990년대 말 도입되어 초기 단계에 있으며, 전세금의 폭등이 있을 경우, 반짝 관심을 갖게 하는 상품이다. 서류 위조, 이중매매 등 무단 양도로 인해 손해가 발생한 경우, 등기 담당 공무원의 실수로 인해 등기부 기재가 늦어지거나 잘못된 기재로 인해 손해가 발생한 경우, 행위 무능력자나 사기, 강박 등 법률행위에 흠이 있는 경우, 법인 소유 부동산의 매매와 관련해 절차상의 문제로 인해 부동산 취득자가 손해를 보는 경우, 저당권 취득 및 순위 보전의 상실로 인해 저당권자에게 손해가 발생한 경우 등에서 보장을 받을 수 있다.

- 신용보험(credit insurance): 보험회사가 채권자로부터 보험료를 받고 채권자가 신용으로 불특정 다수의 채무자와 거래하다가 채무자의 채무불이행으로 입은 손해를 보상하는 보험이다. 예를 들어, 크레디트카드에 의해서 신용으로 판매하였다가 그 대금을 회수하지 못하면 보험회사가 그 손해를 보상한다.

- 보증보험(surety insurance): 각종 거래에서 발생하는 신용위험을 감소시키기 위해 보험 형태를 갖춘 보증제도로서 보증보험회사가 보험료를 받고 계약상의 채무이행 또는 법령상의 의무이행을 보증하는 특수한 형태의 손해보험의 한 영역이다. 보증보험의 종류에는 신원보증보험(취업 및 교육훈련에 필요한 보증), 이행보증보험(각종 계약의 이행에 필요한 보증), 인허가보증보험(법령상 각종 의무 이행에 필요한 보증), 모기지신용보험(금융기관 대출에 필요한 보증), 개인금융신용보험(금융기관 대출에 필요한 보증), 상업신용보험(기업의 자금조달 및 판매에 필요한 보증) 등이 있다.

(2) 배상책임관련 일반손해보험(Liability insurance): 배상책임관련 일반손해보험(Liability insurance)의 범위 또한 매우 넓다. 공통적인 사항은 피보험자가 보험기간 중에 사고로 인하여 제3자에게 손해배상책임을 진경우, 보험회사가 이로 인한 손해를 보상해 줄 것을 목적으로 하는 손해보험의 종류이다. 이것은 피보험자가 보험사고로 인하여 직접 입은 재산상의 손해를 보상하는 것이 아니고, 제3자에 대한 손해배상책임을 짐으로써 겪게 되는 이른바 간접손해를 보상할 것을 목적으로 하는 점에서 일반 재물보험과 다르다. 배상책임보험은 보험회사의 보상책임을 지는 객체에 따라 신체장해배상책임보험과 재산손해배상책임보험으로, 피보험자의 대상에 따라 영업책임보험, 직업인책임보험 및 개인책임보험, 그리고 그 가입의 강제성 여부에 따라 임의책임보험 또는 강제책임보험으로 나눌 수 있다. 우리 나라에서 시행되고 있는 강제책임보험으로서는 자동차손해배상보장법에 의한 자동차손해배상책임보험, 화재로 인한 재해보상과 보험가입에 관한 법률에 의한 신체손해배상특약부화재보험, 산업재해보상보험법에 의한 산업재해보상보험 등이 있다. 배상 책임을 부담하는 위험은 자동차보험과 같이 보험 중에서도 다른 위험과 더불어 포괄적으로 담보하는 경우가 많다. 이에 속하는 대표적인 담보는 자동차배상책임, 일반배상책임(예: 개인, 사업, 전문인, 임원 등), 고용주배상책임, 그리고 근로자재해보장보험 등이 있다.

- 자동차배상책임(personal automobile liability): 자동차보험에 있는 담보 중에 하나로 자동차를 소유, 사용, 관리하는 동안 발생한 사고로 인해 타인에게 피해를 입힌 경우 보상하는 담보(예: 배상책임담보 – 대인배상Ⅰ, 대인배상Ⅱ 및 대물배상)를 말한다.

- 전문인책임배상(PII, professional liability insurance): 의사나 변호사와 같은 전문직 종사자가 업무상 과실로 인해 제3자(환자 또는 고객)에게 손해를 끼쳤을 때 배상을 책임지는 손해보험이다.

- 임원배상책임보험(D&O, Directors & Officers Liability Insurance): 회사 임원이 직무를 수행하는 과정에서 부당행위나 태만, 실수 등으로 회사

및 제3자에 대해 법률상의 손해배상 책임을 지게 됨에 따라 입게 되는 손해를 보상해주는 보험으로, 임원 개인이 주주 또는 제3자에 대하여 부담하는 배상책임뿐만 아니라 그러한 임원의 손실에 대하여 회사에서 부담하는 금액까지 보상한다.

- 고용주배상책임(EL, employer's liability insurance): 근로자가 업무상 부상을 당하거나 질병에 걸리거나 사망을 하였을 경우, 근로 기준법상 사용자의 재해 보상 책임을 담보하는 보험이다. 일반적으로 산재보험에서 보장되는 담보는 제외된다.
- 근로자재해보장보험(근재보험, worker's compensation): 일정한 사업장에 고용된 근로자가 업무 수행 중 불의의 재해를 입을 경우, 사용자가 보상하여야 할 근로기준법, 산재보험법상의 법정제보상과 민법상 사용자가 부담하게 되는 법률상의 배상책임손해를 보상하는 보험이다.

☞ 특종보험: 한국 손해보험에서는 특종보험이란 용어를 많이 사용하는데 이는 손해보험중에 화재, 해상, 자동차 및 보증보험 등을 제외한 모든 형태의 보험을 이 영역에 포함시키기도 한다. 상해보험, 배상책임보험 및 도난보험 등의 기타 보험이 이에 해당된다고 볼 수 있다. 그러나, 보험회사마다 특종보험이란 의미를 조금씩 다르게 해석하곤 한다.

## 3.3 제3보험

제3보험은 사람의 질병, 상해, 간병에 관하여 약정한 급여를 제공하거나, 손해를 보상하는 보험이다. 제3보험은 사람의 신체에 관한 보험이므로 생명보험에 속하나 신체에서 발생한 비용손해를 보상한다는 측면에서 손해보험에도 속한다. 한국에서, 이 보험 영역에 있는 상품들의 공통된 특징은 생명보험과 손해보험 모두 겸영이 가능하고, 보장성보험으로만 상품개발이 가능하다는 점이다. 또한, 사람의 신체를 대상으로 정액 또는 실손 보상의 상품설계를 할 수 있다.

☞ 제3보험이란 용어는 북미, 유럽에서는 주로 사용하지 않는 용어로서 한국에서 보험 종류를 분리하기 위해 만든 용어이다.

### 3.3.1 질병보험(sickness insurance)

보험기간 중 발생한 질병으로 인해 입원, 수술 등의 치료비 또는 휴업으로 인한 소득상실 비용을 보상하는 보험상품의 부류이다. 건강보험(health insurance)의 일종으로 그 종류는 국가에서 사회보험으로 부보하는 의료보험과 민간보험회사의 보험상품으로 크게 나눌 수 있다. 국가에서 관리하는 의료보험은 질병, 부상, 분만 등을 대상으로 한 보험이며, 소득에 따라 보험료를 납입하고 질병 또는 부상이 나을 때까지 치료받는 사회적 제도이다. 민간보험회사의 상품들은 의료보험, 암보험, 소득보상보험, 치명적 질병보험 등 다양하다.

(1) 국민건강보험(의료보험: national health insurance): 질병이나 부상에 의해 발생한 고액의 진료비로 인해 가계에 과도한 부담이 되는 것을 방지하기 위하여, 국민들이 평소에 보험료를 내고 보험자인 국민건강보험공단이 이를 관리하고 운영하다가 필요 시 보험급여를 제공함으로써 국민 상호간 위험을 분담하고 필요한 의료서비스를 받을 수 있도록 하는 사회보장제도이다. 법에 의해 강제성을 띠고 있으며, 산업재해보험, 국민연금보험, 고용보험과 함께 우리나라에서 실시되고 있는 4대 사회보험의 하나이다.

(2) 민간의료보험: 민간보험회사가 판매하는 의료보험상품으로 질병에 걸릴 경우 보험금으로 진료비를 대납하는 제도이다. 미국에서 채택하여 시행하고 있으며 유럽 일부 국가에서도 공보험의 보조수단으로 시행하고 있다. 국내 민간의료보험은 현행 의료보험(국민건강보험)의 혜택을 받지 못하는 자기공명영상장치(MRI) 촬영과 특진 및 특실입원비 등 고가의 의료서비스를 저렴한 비용으로 보장해주고 있다. 공적 의료보험을 실시하거나 국가보건서비스(NHS)를 실시하는 국가에서 민간의료보험을 적용하는 형태는 크게 공공과 민간을 각기 운영하는 형태와, 공공

의료보험을 주로 하고 민간의료보험을 보조로 적용하는 두 가지 경우가 있다. 전자의 경우는 독일, 네덜란드, 미국이 대표적이며, 후자의 경우 영국, 일본, 프랑스, 한국 등이 이에 속한다

☞ 미국은 전국민을 대상으로 하는 의료보장을 실시하지 못하고 있으며 공공의료보험으로 65세 이상의 노인을 대상으로 한 메디케어(Medicare)와 저소득층을 대상으로 한 메디케이드(Medicaid)가 있다. 메디케어와 메디케이드의 적용대상자를 제외한 나머지 사람은 민간의료보험을 선택하므로 공공과 민간을 함께 운영하는 형태이다. 공공의료보험을 도입한 영국은 세금으로 국가보건서비스를 실시한다. 국가보건서비스시스템을 벗어나 진료를 받는 경우 민간의료보험을 보충적으로 적용하는 형태를 취한다. 미국, 독일, 네덜란드의 경우를 제외한 대부분 선진국의 민간의료보험은 공적 의료보험의 보완적 역할을 담당하고 있다.

(3) 소득보상보험(income indemnity insurance): 상해 또는 질병으로 인하여 병원 치료가 필요하고, 전혀 취업을 할 수가 없는 취업불능 상태인 경우 피보험자가 입는 손실에 대해 보험금을 지급하는 보험이다. 취업불능이 되고 나서 면책기간이 경과한 날로부터 보상기간내의 취업불능기간에 대해서 보험금이 지급된다.

(4) 치명적 질병보험(CI, critical illness insurance): 종신(정기)보험형태로써 암, 중대한 심근경색, 급성심근경색, 중대한 뇌졸중, 5대 장기이식수술 등 고액의 치료비가 드는 치명적인 질병이 발병 시, 사망보험금의 50~100%를 선지급하고 사망 시에는 보험가입금액에서 선지급한 금액을 뺀 잔액을 지급한다. 우리나라에는 2003년 도입되었고, 보험계약자는 사망보험금을 선지급 받아 치명적인 질병을 치료할 수 있게 됨에 따라 일반 종신보험보다 더 높은 보장효과를 누릴 수 있고 종신보험과 건강보험의 장점을 모두 지니고 있다. CI보험은 크게 종신형과 정기형으로 구분되며, 종신형은 치명적 질병 발병 시 사망보험금의 50%를, 정기형은 사망보험금의 100%를 선지급하는 형태이다.

### 3.3.2 상해보험(accident insurance)

급격하고도 우연한 사고로 신체에 상해를 입었을 경우 보험금이 지급되는 보험의 한 부류이다. 상해보험에는 상해에 따라 일정한 보험금액을 지급하는 정액보험과 의료비와 기타의 비용을 부담하는 부정액보험의 경우가 있다. 상해보험에 관하여는 생명보험에 관한 규정을 따르도록 하고 있다. 상해보험에는 일상생활에서의 모든 상해를 담보하는 일반상해, 주로 교통사고, 여행 중의 사고로 인한 상해에 한정해서 담보하는 교통상해, 어느 특정 단체의 구성원을 피보험자로 하여 그 단체 내에서의 활동 중의 상해를 담보하는 단체상해 등 다양하다

(1) 일반상해보험: 피보험자가 국내 또는 국외에서 일상생활 중 급격하고도 우연한 외래의 사고로 신체에 상해를 입은 경우 의료에 관련된 모든 비용을 보상하는 보험이다. 일반상해는 그 범위가 매우 넓어 일상생활 중 발생된 대부분의 상해사고가 보상의 범위에 포함된다. 예를 들어, 길을 가다가 넘어져 다친 경우, 운동을 하다가 발목을 접질린 경우, 요리를 하다가 화상을 입은 경우도 해당된다.

(2) 교통상해보험: 보험기간 중 교통사고로 신체에 상해를 입거나 타인의 신체 또는 재물에 손해를 입힌 경우, 보상하는 보험이다. 교통사고가 Named Peril이 된다. 교통사고로 신체에 상해를 입고 통원 또는 입원할 때, 교통사고로 타인의 신체를 다치게 하여 벌금 등 행정적인 책임이 발생한 경우 등이 해당된다.

(3) 단체상해보험: 회사나 공장 등 단체에 소속된 종업원들을 위한 상해 보험으로서, 단체를 대표하는 보험 계약자가 계약의 체결은 물론 보험 계약상의 모든 권리 의무를 행사할 수 있는 조건으로 복수의 피보험자를 하나의 보험 계약으로 인수하는 단체 보험이다. 예를 들어, 스포츠 단체상해보험은 아마추어 운동선수 및 지도자를 대상으로 국내에서 단체 관리하는, 연습이나 경기 중에 일어나는 모든 사고를 담보 보상하는 것으로 개인적 연습이나 독자적인 행동 중에 일어나는 사고는 보상 대상

에서 제외된다.

### 3.3.3 장기 간병보험(LTC, long-term care insurance)

피보험자가 상해, 질병 등의 사고로부터 일상생활 장애상태 또는 의식불명 상태 등으로 간병이 일정기간 이상 지속될 경우, 간병 등에 소요되는 비용을 보상하는 보험이다. 일상생활 장애상태는 보장개시일 이후에 발생한 재해 또는 질병으로 인해 특별한 보조 기구를 사용해도 생명유지에 필요한 일상생활의 기본동작들을 스스로 할 수 없는 상태를 말한다.

# 4. 보험상품 설계 프로세스

보험계리 업무 중에서 가장 핵심적인 일 중의 하나는 보험상품 개발이다. 물론 상품개발은 보험계리사 혼자서 처음부터 끝까지 하는 작업은 절대 아니다. 상품에는 여러 핵심적인 보험회사의 내용이 내재되어 있어야 함으로 기획, 경영, 마케팅, 영업, 보상, IT 등 각 분야의 전문가들과 같이 작업하는 합작품이라 말할 수 있다. 그러나, 보험계리사는 상품개발 전 과정을 보유하고 있는 지식과 경험을 가지고 주도적으로 이끌 수 있는 역량을 갖추고 있어야 한다. 상품개발은 일반적으로 상품개발 프로세스라는 정형화된 절차에 따라서 진행된다. 상품개발을 위한 상품설계 프로세스는 앞에서 설명된 보험계리 관리사이클에 있는 하나의 수단이라 말 할 수 있다. 상품설계 프로세스는 일반적으로 4단계로 구성된다.

- Step 1: 신상품의 필요성 이해와 상품전략 계획
- Step 2: 상품개발
- Step 3: 상품판매
- Step 4: 모니터링(정보수집과 결과분석)

상품설계 프로세스는 앞에서 설명된 리스크관리 프로세스, 모델링 프로세

스 그리고 보험계리 관리사이클의 단계별 흐름과 절차가 매우 유사함을 이해해야 한다. 각 단계별 세부 내용에는 차이가 있으나 전체적인 프로세스의 흐름은 거의 일맥상통한 것을 알 수 있을 것이다. <표 3-2>는 <표 2-1>에 상품설계 프로세스를 더 해 비교한 것이다. 주의할 점은 각 프로세스 단계와 유사한 다른 프로세스의 단계의 세부 내용이 동일하다고 말하는 것은 아님을 이해해야 한다.

〈표 3-2〉 리스크관리 프로세스, 모델링 프로세스, 보험계리 관리사이클, 상품설계 프로세스 비교

| 리스크관리 프로세스 | 모델링 프로세스 | 보험계리 관리사이클 | 상품설계 프로세스 |
|---|---|---|---|
| 목표, 목적 설정 | 목표 설정 | 문제 정의 | 신상품의 필요성 이해와 상품전략 계획 |
| 리스크 확인 | 데이터 수집과 검증 | 해결안 제시 | 상품개발 |
| 리스크 분석과 평가 | 단변량, 다변량 분석 | | |
| 리스크관리 프로그램 선택과 실행 | 모델링 결과 적용과 검증 | | 상품판매 |
| 프로그램 모니터링 | 모니터링 | 모니터링 | 모니터링 |
| 문서화 작성 | 문서화 작성 | | |

## 4.1 신상품의 필요성 이해와 상품전략 계획

상품설계 프로세스의 시작은 신상품의 필요성을 이해하고 전반적인 상품전략을 계획하는 것이다.

### 4.1.1 신상품의 필요성 이해

신상품에 대한 필요성을 알아보기 위해서는 대표적으로 아래의 5가지 분야를 통해 이해할 수 있다.

- 시장조사(Research)
- 혁신(Innovation)
- 신시장 또는 새로운 판매채널

- 규제(regulation)
- 경험데이터

(1) 시장조사(Research): 시장조사는 잠재적인 고객의 입장에서 신상품에 대한 필요성을 알아보기 위한 주요 방법 중에 하나이다. 시장조사를 통해 경쟁사와 경쟁상품을 파악할 수 있고, 시장의 니즈(needs)를 이해하고 니즈의 여부를 확인할 수 있다. 시장조사 결과, 현재 판매중인 상품들과 경쟁사의 상품들의 비교를 통해 당사 상품의 장단점을 파악할 수도 있어야 한다. 또한, 시장조사를 통해 시장의 니즈를 파악해 상품개발 여부 또는 수정 등 상품전략 계획에 중요한 자료를 제공해야 한다. 예를 들어, 젊은 층을 타깃으로 한 상품개발을 계획했으나 시장조사 결과 젊은 층은 이러한 신상품에 관심이 없는 것으로 나왔다면 상품개발 자체를 중단하거나 개발계획을 수정하던지 해야 할 것이다. 보험상품은 고객이 보험료를 지불하고 사는 금융상품이므로 고객입장에서의 상품(customer friendly product)이어야 함을 알아야 한다.

(2) 혁신(Innovation): 현대사회에서 혁신은 매우 중요한 키워드이다. 특히 포화상태로 진입한 보험시장에서 혁신적인 생각과 마음은 매우 중요하다. 그러나, 보험산업에서 혁신은 매우 어렵다. 대부분 시장에 나와 있는 보험상품들이 매우 유사하며, 포화상태에 접어든 보험시장의 여건 상 혁신에 기반한 상품이라도 시장에 주는 영향력은 별로 크지 않은 게 현실이다. 보험산업은 또한 규제가 엄격하기 때문에 규정을 준수하면서 혁신적인 상품을 개발하기가 어려울 수 있다. 지금까지 보험상품은 다른 제조물품과 다르게 특허(Patent)를 받지 않았기 때문에 경쟁사가 유사한 복제상품을 빠르게 만들 수 있었다. 이런 사실에 입각하여 보험계리사는 상품개발에서 어떤 부분이 특허가 필요한지를 고려할 필요가 있다. 어려운 사항임에도 불구하고 혁신은 보험상품 설계에 매우 중요한 요소이다.

☞ 1970년대 후반 미국의 유니버설 생명보험(Universal life)과 변액보험(Variable life)은 보험상품의 혁신적인 사례 중의 하나로 손꼽힌다.

(3) 신시장(new market) 또는 새로운 판매채널(new distribution channel): 보험회사에서 새로운 보험시장을 개척하거나 새로운 판매채널을 통해 매출을 증대시킬 계획이라면 이에 맞는 상품개발을 준비해야 한다. 새로운 보험시장을 개척하기 위해서는 관련 지식과 전문적인 정보를 가지고 있어야 함은 당연하고 시장조사나 전문 컨설턴트에게 의뢰하는 방법 등을 통해 다양한 정보를 수집해야 한다. 포화상태로 진입한 보험시장에서의 신시장은 주로 틈새시장(niche market)이 주를 이룬다. 새로운 판매채널에 적합한 상품을 개발할 계획이면 보험판매에 따르는 판매비용도 사전에 고려해야 한다.

(4) 규제(regulation): 규제나 세법의 변경은 보험시장에 많은 변화를 가져다 준다. 그 중에서도 상품이 제일 영향을 많이 받는 편이다. 이 말을 반대로 해석한다면 새로운 상품을 개발할 수 있는 기회인 것이다. 그렇지 않다면 최소한 기존 상품의 수정이라도 필요하게 된다. 보험상품은 세금관련 법률조항의 이점을 잘 활용하여 설계할 필요가 있다.

(5) 경험데이터(past experience data): 보험회사가 보유하고 있는 데이터는 항상 업데이트가 된다. 새로 가입하거나 계약 갱신을 통해 동일한 상품의 데이터는 새로운 정보로 더 해진다. 보험계리사는 주기적으로 이러한 경험데이터를 분석하여 유지율과 손해율 등 보험계리지표를 분석하고 고객의 성향 등 마케팅 정보도 파악할 수 있게 된다. 그래서 환경변화 등과 같은 보다 최근의 경험을 기존상품에 반영하여 수정할 필요가 있게 된다. 예를 들어, 생명보험 상품의 경우, 사람의 평균수명이 늘어남에 따라 연금보험을 포함한 생명보험상품은 현재 시점의 사망률을 반영하여 수정할 필요가 있다.

### 4.1.2 상품전략 계획

상품개발의 필요성과 당위성을 이해하였다면, 상품개발을 위한 전반적인 계획을 수립해야 한다. 상품개발 계획에서 다루어 질 내용은 다음과 같이 요약할 수 있다. 즉, 아래의 질문에 답을 제시할 수 있어야 상품개발의 다음 단계로 진행할 수 있음을 의미한다.

- 해당상품이 회사의 경영전략에 적합한가?
- 타깃시장은 어디로 할 것인가?
- 상품의 경쟁력은 무엇인가? 고객은 필요에 의해 기꺼이 살 것인가?
- 상품을 어떻게 팔 것인가? 판매채널은 기꺼이 팔려고 할 것인가?
- 상품의 수익성은 얼마인가?
- 상품에 관련된 리스크는 무엇이고 리스크 감소 대책이 있는가?
- 상품의 성공을 위한 회사의 역량은 무엇인가?

(1) 해당상품이 회사의 경영전략에 적합한가?

가장 먼저 상품은 회사의 경영전략에 적합하여야 한다. 예를 들어, 어느 특정 보험회사에서 보장성 위주의 상품에 집중하여 지급여력의 건전성을 최우선 목표로 경영전략을 결정했다면, 금리에 민감한 상품을 개발해서는 안 된다. 회사의 경영전략은 대내외의 환경변화에 적합하도록 수정되기도 한다. 그러한 회사의 경영전략을 이해하고 이에 맞게 상품개발을 준비해야 한다. 상품개발의 최종 승인자는 회사의 경영진이다.

(2) 타깃시장은 어디로 할 것인가?

앞서서 시장조사를 통한 정보와 회사의 경영전략, 그리고 규제 내용을 참고하여 타깃시장을 정할 수 있다면 상품개발이 훨씬 수월해 질 수 있다. 그러나, 타깃시장을 정하는 게 항상 쉽지 만은 않다. 더군다나 포화상태의 시장환경에서는 더욱 어려울 수 있다. 이런 경우 타깃은 좀 넓은 범위로 설정하는 게 유연성 측면에서 도움이 된다. 예를 들어, 계획하고 있는 상품은 예비신혼부부를 포함한 신혼부부와 결혼 5년차 이

내의 부부를 주 고객대상으로 한다는 것을 시장조사를 통해 확인했다면 상품개발에 탄력이 붙을 것이다.

(3) 상품의 경쟁력은 무엇인가? 고객은 필요에 의해 기꺼이 살 것인가?

상품의 경쟁력은 고객의 구매욕구와 매우 밀접한 관계가 있다. 유사한 타상품에 비해 가격, 편리성, 보장내용, 또는 보상절차 등에서 객관적이고 차별적으로 우위에 있다면 그 상품은 경쟁력이 있고 대상 고객은 자발적으로 보험가입을 하게 될 것이다. 회사 내부의 판단에 의해서 아무리 좋은 상품이라고 결론을 내도 고객이 찾지 않으면 그 상품은 실패한 것이고 상품 개발에 투자된 비용을 감안한다면 치러야 할 손실은 매우 크다고 하겠다. 그러므로, 상품개발은 고객입장의 시야에서 객관적으로 볼 필요가 있다.

(4) 상품을 어떻게 팔 것인가? 판매채널은 기꺼이 팔려고 할 것인가?

현재 보험상품들은 다양한 판매채널을 통해 판매되고 있다. 성공적인 상품판매를 위해서는 상품의 특성에 맞게 효율적이고 생산적인 판매채널을 선택해야 한다. 보험회사에서 판매채널과 고객의 접점(POS, point-of-sale)은 판매 외에 다른 역할도 수행한다. 예를 들어, 대리점 시스템에서는 보험회사를 위한 최초의 일차적인 심사(underwriting)기능을 수행한다. 만일, 상품구성이 단순하고 심사절차도 간편하다면 대리점 판매 대신 온라인 등을 통한 판매도 고려할 필요가 있다. 판매채널에 따라 계약 유지나 손해율 등은 다르게 나타나는 것이 일반적인 현상이다. 이러한 점들을 감안하여 타깃 판매채널을 선택한다. 상품경쟁력과 같은 논리로 회사에서 아무리 좋은 상품을 개발해도 판매채널에서 팔 의향과 노력이 보이지 않는다면 그 상품은 실패한 것이고 회사는 손해를 볼 수 있다고 하겠다.

☞ 판매채널에 대한 이해는 제2장 4.7.2 보험판매채널(distribution channel)을 다시 참조하기 바람

(5) 상품의 수익성(profitability)은 얼마인가?

회사의 경영진에게 상품개발에 있어서 가장 관심이 있는 분야가 바로 수익성일 것이다. 보험회사의 목적 중 하나는 이윤을 창출하는 것이다. 회사에서 경쟁력 있는 상품을 개발하였고 효율적이고 생산적인 가장 적합한 판매채널을 선정했어도, 잘못 산정된 보험요율, 예상치 못한 거대손해 등에 의한 예상손해액 분석 실패, 또는 처음부터 수익성 계산의 오류 등이 발생했다면, 즉 팔면 팔수록 손해 보는 구조가 된다면 그 상품은 실패한 것이라고 말할 수 있다. 물론, 상품에 따른 수익보다는 국민에 대한 사회적 보답에 대한 취지로 상품을 개발한 경우는 예외이다.

(6) 상품에 관련된 리스크는 무엇이고 리스크 감소 대책이 있는가?

상품전략 계획에서 보험회사가 상품에 관련된 리스크에 대해 반드시 고려해야 할 사항은 다음과 같다.

- 관련 리스크 내용
- 이런 리스크를 감소시킬 수 있는 능력
- 리스크를 감소시킨 후에도 여전히 잔존해 있는 리스크를 보유할 여력 또는 의향

(7) 상품의 성공을 위한 회사의 역량은 무엇인가?

상품개발 초기에서부터 상품출시 후 관리까지 보험회사의 모든 전 분야에 의무와 책임이 적절하게 할당되어야 한다. 예를 들어, 개발에 참여하는 인력들의 전문성, 영업관리의 철저한 준비 및 판매에서 문제가 발생할 때 이를 해결할 수 있는 시스템과 역량, 보상시스템과의 유기적인 정보 교환, 데이터를 저장하고 즉시 생성할 수 있는 IT의 역량 등이 모두 포함된다.

## 4.2 상품개발

상품설계 프로세스의 두 번째 단계는 상품개발이다. 단순한 상품개발이 아닌 상품전략 계획에서 논의된 성공적인 상품개발을 의미한다. 성공적인

상품개발을 위해 상품개발 단계에서 진행해야 할 일반적인 업무들은 다음과 같다.

- 프로세스 관리
- 상품전략 계획에서 논의된 리스크
- 경쟁, 시장상황, 요율산정
- 이해당사자
- 판매개시 전 검토사항

### 4.2.1 프로세스 관리

프로세스 관리에 포함될 내용들은 다음과 같다.

(1) 프로세스의 목적과 예상지표: 보험상품 개발의 목적과 예상지표를 설정하는 것은 매우 중요한 부분이다. 예를 들어, 보험상품 개발의 목적이 수익성 창출이라면, 상품에 대한 기대손해율(expected loss ratio)을 결정해야 한다. 이에 따라 적절한 보험료와 사업비용 등 다른 수치들을 산정할 수 있게 된다.

(2) 재무적 평가: 재무적인 평가는 상품설계 프로세스가 계획대로 진행될 수 있는지에 대한 재무적인 평가를 의미한다. 왜냐 하면, 상품개발은 오랜 시간이 필요하며 이에 따른 비용이 소요되기 때문이다. 복잡한 상품일수록 시간과 비용은 더 많이 든다. 이러한 평가를 위해서 향후 기대되는 현금흐름이나 순이익을 측정하는 것도 하나의 방법이며, 비용분석 등과 같은 계산을 통한 주관적인 분석을 통해서 진행하기도 한다.

(3) 일정과 책임배분: 상품개발 과정은 정해진 일정표(time schedule)에 따라 진행하는 것이 효율적이고 생산적이다. 각 일정에 따라 업무들은 세분화되고 각각의 업무에는 담당자와 책임자가 할당되어 시간관리 및 업무의 질을 유지하도록 책임을 배분한다. 또한, 성공적인 상품개발을 위해서는 프로세스에 관련된 인력들간의 잦은 의사소통이 필요하다. 활발한 의사소통은 업무에서 일어난 문제들을 제기하고 신속히 해결하

여 일정에 맞게 성공적인 상품개발을 할 수 있는 원동력이 될 수 있다.

## 4.2.2 상품전략 계획에서 논의된 리스크

상품전략 계획에서 논의된 상품관련 리스크를 파악했다면, 이를 경감시킬 수 있는 방법을 상품구조의 측면에서 찾아보는 것이다. 예를 들어, 신상품과 관련하여 빈번한 소액사고가 감지된다면 자기부담금 제도를 포함하거나, 대형사고의 가능성이 제기되어 회사의 큰 손실이 우려된다면 보험가입 한도액을 설정하는 것이다. 생명보험 상품인 경우, 가입초기에 사고가 발생하여 보험회사에 높은 손해 가능성이 제기된다면 대기기간 조항(waiting period deductible or elimination period)을 상품설계 시 포함한다. 또는 이러한 리스크는 파생상품과 같은 헷징(hedging) 수단을 이용하여 리스크를 완화하거나 부채에 적절한 자산을 선택함으로써 내부적으로 헷징효과를 볼 수 도 있다. 이에 대한 자세한 내용은 본서 중반부 "보험과 리스크 관리 프로그램"에서 다룰 것이다.

☞ 대기기간 조항(waiting period deductible or elimination period): 보험사고가 발생한 경우, 유예기간까지 보험금이 지급되지 않으며, 이후부터 보험금이 지급되는 제도이다.

☞ 위험분산의 한 형태이기도 한 내부적인 헷징의 예는 생명보험과 즉시연금을 동시에 판매하는 것이다. 만일 피보험자가 보험회사에서 예상한 수치보다 더 일찍 사망한다면 보험금이 계획보다 일찍 지급되어 시간적 차이에 의한 손실을 보게 된다. 연금의 경우 연금가입자가 보험회사의 예상보다 더 오래 살 경우 계획대비 연금지급이 많기 때문에 손실을 입을 수 있다. 만일, 전체 사망률이 예상보다 높을 경우, 생명보험에서의 손실은 상대적인 연금보험에서의 이익과 상쇄될 수도 있다.

## 4.2.3 경쟁, 시장상황, 요율산정

상품경쟁과 시장상황은 상품설계에 막대한 영향을 끼친다. 상품전략 계획에서 중요한 논의 내용이었던 경쟁력은 상품의 성공여부를 판가름할 수 있는 매우 중요한 요소이다. 여기서 경쟁력이란 가격, 보장내용, 또는 보상절차 모두를 종합한 개념이다. 시장상황은 시장의 요구를 이해하는 것이고 이는 시장점유율(market share)을 올릴 수 있는 기회가 될 것이다. 이러한 토대 위에서 보험계리사는 요율산정 즉 가격결정을 하게 된다. 가격결정을 하는 작업은 결코 쉽지 않다. 다변량 분석과 같은 모델링을 통해 계산할 수 있으나 경쟁이나 시장상황 등과 같은 외부적인 요소들도 반영해야 하기 때문에 주관적인 판단도 요구된다. 요율산정에 관해서는 뒤에서 자세히 다루어 질 것이다.

### 4.2.4 이해당사자

상품설계 프로세스에는 다양한 이해당사자가 존재하며 이들이 원하는 생각과 기대는 반드시 고려될 필요가 있다. 이러한 이해당사자들은 다음과 같다.

(1) 보험회사 구성원: 보험회사 내에는 최고경영자(CEO)를 비롯해서 주주, 이사회 멤버, 종업원 들과 같이 서로 다른 업무영역에 종사하는 사람들로 구성되어 있다. 상품설계와 개발의 관점에서 이들이 생각하는 공통적인 기대는 대체로 수익성 있는 상품, 상품에서 제기될 수 있는 리스크가 제거되거나 헷지 또는 분산될 수 있는 상품을 생각할 것이다.

(2) 보험소비자: 보험계약자, 피보험자, 그리고 보험수혜자 모두를 포함한 보험소비자는 상품이 제대로 공급되기를 바라며, 상품이 정확하게 설명되고 계약상 약속된 편익과 서비스가 제공되는 점들을 기대할 것이다.

(3) 보험판매자: 대리점이나 브로커와 같은 중계상 역할을 하는 보험판매자는 시장에서 판매가 잘 되는 경쟁력, 특히 가격 경쟁력이 있는 보험상품이기를 바랄 것이며, 상품구성이 잘 되어 있어 설명하기 쉽게 만들어진 그래서 보험소비자의 관심을 끌기에 충분한 상품을 기대할 것이다.

(4) 감독당국: 감독당국은 정부와 산하 단체 기관을 의미하며 규제를 만들고 수정하는 이해당사자로서 기대하는 보험상품이란 규제를 준수하고,

보험회사의 재무적 안전성을 훼손하지 않는, 그리고 모집질서를 파괴하지 않는 안전한 상품을 기대할 것이다. 또한, 소비자를 우선적으로 보호하고 합리적인 가격으로 소비자의 편익에 기여하는 상품을 기대할 것이다.

### 4.2.5 판매개시 전 검토사항

상품설계와 개발과정의 모든 작업을 마친 후 상품 판매 개시를 위한 결정을 해야 한다. 물론 대부분의 경우 대표이사(CEO)의 최종 승인이 필요하고 감독당국에 사전 신고가 필요한 경우에는 신고절차를 밟고 최종 승인을 받아야 비로소 판매를 시작할 수 있지만 그 전 실무단계 수준에서 상품개발에 참여했던 모든 전문가들과 담당자들은 마지막으로 다음 사항 등을 다시 한 번 점검해야 할 것이다.

- 이 상품은 시장의 요구사항에 충족하는가?
- 고객은 필요에 의해 기꺼이 살 것인가?
- 보험료는 적정하게 책정되었는가?
- 비용은 합리적으로 계산했는가?
- 선정된 판매채널이 최상의 선택인가?
- 상품의 예상 수익성이 맞는가?

개발과정의 어떤 시점에서도 보험회사에서 인정할 수 있는 최소한의 이익을 창출하는 경쟁력 있는 상품을 생산하는데 한계가 있다고 판단하면 보험회사는 상품개발을 중지하거나 전면 재검토하는 게 현명한 판단일 것이다.

## 4.3 상품판매

상품설계 프로세스의 세 번째 단계는 상품판매이다. 이 단계에는 다음 네 가지 과정을 고려해야 한다.

- 상품이 유통되는 과정

- 수용 가능한 리스크를 결정하는 과정
- 상품관리
- 상품판매에 의한 자산과 부채를 관리하는 과정

### 4.3.1 상품이 유통되는 과정

일반적으로 보험상품이 고객에게 전달되는 과정 안에는 다음과 같은 두 가지 행위가 일어난다. 첫 번째는 상품이 어떤 상품인지가 문서화된 계약서나 상품판촉을 위한 판매 자료를 작성하는 것이다. 두 번째는 보험소비자에게 마케팅을 하는 것이다.

(1) 계약서와 판매 자료: 보험에서 보험회사와 보험계약자가 맺는 관계는 계약서 또는 약관에 의해 이루어진다. 일반적으로 보험계약서에 포함되는 내용을 개인용 자동차보험 약관을 중심으로 나열하겠다. 다른 보험상품의 약관도 구성 면에서 기본적으로 동일하다.

- 용어에 대한 정의
- 보험회사와 보험계약자의 의무
- 담보 별 보상하는 손해와 보상하지 않는 손해에 대한 설명
- 적용되는 담보에 한해 보험금의 종류나 보장한도 설명
- 보험금 또는 손해배상의 청구 방법(제출서류 포함) 안내
- 일반사항으로 설명의무를 포함한 보험계약이 성립하기 위한 조건들, 계약 전 · 후 알릴 의무 명시, 보험계약의 변동 및 보험료 환급에 관한 사항
- 특별약관에 운전자에 관한 사항과 보험료 할인 및 보장 확대에 관한 설명
- 기타 사항

보험계리사는 일반적으로 보험계약서를 문서화 하는 일에 참여하게 된다. 여기서 알아두어야 할 사항은 보험계약서의 문서는 명확하고 간결하며 이해하기 쉬워야 한다는 점이다. 만일 계약서의 내용이 애매모호할 경우 특히 보

험금 지급에 관련해서는 분쟁의 소지가 있게 되고 그 계약서에서 의도하지 않은 방향으로 법원이 판결을 내릴 수 가 있기 때문이다. 보험계약은 규제(regulation)의 대상이 됨으로 보험업법과 규율을 그 계약에 반드시 반영해야 한다. 대부분, 포괄적인 보험계약은 신상품의 판매 전에 감독당국의 승인 절차를 거치게 되어 있다. 보험소비자가 보험상품을 구매할 때, 복잡하고 긴 분량으로 구성된 계약서보다는 요약서나 판매채널을 통한 설명에 의하여 구매하는 경우가 대부분이다. 그러므로 요약서나 홍보물의 내용은 명확해야 한다. 고객에게 명확하지 않은 상품내용 전달은 예전부터 지금까지도 소비자 민원의 주를 이루고 있고 많은 경우 법적 소송까지 이어지는 사례를 많이 보고 있다. 그러므로, 명확하고 간결한 보험계약서와 판매 자료를 준비하는데 적절한 자원이 투입되는 것은 중요하다. 상품전략 계획에서 상품의 성공을 위한 회사의 역량은 무엇인가란 논의 때 이 부분이 포함되어야 한다. 아울러, 상품의 마케팅 담당자는 반드시 적절한 상품교육을 받아야 하며 불완전 판매를 방지할 수 있도록 반드시 감독 받아야 한다.

(2) 마케팅: 앞에서도 설명되었듯이 판매채널의 선택은 상품설계 시 많은 영향을 끼친다. 예를 들어, 비전속대리점(independent agent)을 통한 보험상품의 판매를 정했다면 이 대리점이 거래하는 경쟁사의 상품들과 경쟁관계에 놓이게 된다. 이 대리점에서 우리의 상품이 경쟁우위에 있어야 대리점은 우리 상품의 판매에 더 집중할 것이다. 즉, 이러한 선택된 판매채널에게 우리의 상품이 선택되기 위해서는 일종의 판매 동기부여를 제공해야 만 한다. 이러한 판매 동기부여는 다음 네 가지 중의 한 가지 형태로 나타난다.

- 당사의 우수한 평판
- 판매채널에 비교우위 서비스 제공
- 보험소비자에게 우수한 상품이라고 설득할 수 있는 내용들(예: 저렴한 보험료나 신속한 보상처리 시스템 등.)
- 제일 중요한 상대적 우위의 수수료(commission) 제공

보험회사들은 보다 많은 판매채널을 모집하거나 온라인 판매 등 직접판매를 위한 홍보를 공격적으로 함으로 매출을 증대시키려 한다. 당사의 상품이 더 팔리도록 대리점 조직을 더 모집한다면 당사의 상품 판매는 증가할 것이며 또한 보험원가인 수수료에 의한 비용도 비례적으로 증가할 것이다. 온라인이나 통신을 이용하는 TM(telemarket)과 같은 직접판매채널을 통해 상품을 판매할 경우에는 매출은 광고비와 접촉수량과 직결된다. 특히, 광고는 판매에 가장 직접적인 영향을 주는 요소가 된다.

## 4.3.2 수용 가능한 리스크를 결정하는 과정

리스크를 선택하고 수용 가능한 리스크를 결정하는 과정은 특정한 리스크를 경감시키기 위해 사용되는 도구이다. 생명보험 상품에서는 사망률에 관련된 리스크를, 손해보험 상품에서는 빈도와 심도에 의한 리스크를 주의해야 한다. 보험계리 업무 측면에서 수용 가능한 리스크를 결정하는 것은 수용 가능한 리스크를 분류하는 것 외에도 요율산정을 위해서도 사용될 수 있다. 이것은 리스크를 등급별로 분류하여 그 결과 유사한 리스크를 집합하여 동일한 보험료를 부과할 수도 있게 한다. 또한 보험가입금액을 정하고 이에 따른 상대도가 합리적으로 산정됐는지를 검증할 때도 포함된다. 예를 들어, 재산손해보험에서 보험으로 가입된 피보험물건의 가입한도액이 실제 재산 가치를 초과해서는 안 된다. 그렇지 않으면 고의로 사고를 일으켜 그 결과 보험을 통한 금전적 이득을 취하는 도덕적 해이(moral hazard) 현상이 자주 발생할 것이기 때문이다. 보험상품마다 특별한 심사(underwriting)기준이 있다. 예를 들어, 생명보험 가입 시 보험회사는 피보험자의 과거와 현재의 건강상태를 물어 볼 것이다. 경우에 따라서, 의사의 소견이나 건강검진 결과를 요구하는 추가적인 정보를 요청할 수도 있다. 특히, 보험가입금액이 큰 경우는 보험회사가 지정한 병원에서 건강검진을 요구할 수 도 있다. 이러한 일련의 과정들은 피보험자의 위험율에 따른 심사기준의 자료(예: 무심사 가입대상 그룹, 간편심사 대상 그룹, 또는 높은 위험율에 의해 가입이 어려운 상태인 그룹 등.)로도 사용될 수 있다.

### 4.3.3 상품관리

보험상품뿐만 아니라 모든 금융상품은 지속적인 관리가 요구된다. 보험상품은 계약기간 동안 상품에 대한 서비스를 계속 제공해야 한다. 심지어 보상서비스는 계약기간 후에도 지속된다. 보험상품에서의 관리는 고객의 정보를 유지하거나 업데이트하는 부분, 보험료 수금, 보험금 지급 등에 대한 업무도 포함한다. 보험상품에 대한 적절한 관리는 회사의 장기적인 면에서도 많은 이익을 제공한다. 만일 회사가 고객에게 질 좋은 서비스를 제공하지 않는다면 고객은 계약을 실효시키거나 갱신을 하지 않고 다른 경쟁상품에 가입할 수도 있게 된다. 특히, 보험에서 정확한 보험금을 적시에 지급해야 하는 보상서비스는 이 점에서 치명적일 수 있다. 소비자 민원 중에 가장 해결하기 어렵고 시간도 오래 걸리는 분야가 바로 보상관련 민원이기 때문이다. 앞에서 언급됐듯이 상품관리의 필요성은 상품전략 계획 과정에서 논의되는 내용들이다. 상품의 성공을 위한 회사의 역량 중의 하나는 설계된 상품을 효율적으로 관리할 수 있는 능력이다. 경우에 따라서는 상품설계 전에 먼저 상품관리 능력을 개발할 필요도 있다. 예를 들어 회사의 관리시스템과 IT기술이 변액보험상품 처럼 복잡하고 다양한 변수를 가지는 상품의 가격이나 현재가치를 수시로 계산하는 능력을 따라 오지 못할 경우에는 상품설계를 고려해서는 안 될 것이다.

### 4.3.4 상품판매에 의한 자산과 부채를 관리하는 과정

상품설계 단계부터 상품의 계약기간 동안 계속해서 변화하는 자금의 흐름, 즉 자산과 부채에 대한 통합관리 전략이 필요하다. 예를 들어, 변액보험에서 매월 들어오는 보험료 중에서 투자 가능한 부분을 설정하여 투자수익률에 대한 가정으로 보험료를 산출하게 된다. 또한 보험금이 지급되는 시점에 현금화 할 수 있는 유동성 전략을 세우게 될 것이다. 경우에 따라 이러한 부분은 적극적인 전략보다 보수적인 전략이 이로울 때도 있다.

☞ 보험회사들이 시장금리 하락을 예측하지 못하고 높은 금리를 보장하는 상품을 판매한 경우 보험회사는 막대한 손실에 직면하게 된다. 2010년 중반부터 시작된 저금리 시대에 의해 많은 보험회사들이 위기에 처해 있는 게 사실이다.

## 4.4 모니터링(정보수집과 결과분석)

　모든 프로세스에는 개발완료와 함께 실행 후 모니터링이 반드시 필요하다. 보험과 같은 금융산업에서는 더욱 중요하다. 모니터링 과정에서는 판매 개시한 상품이나 수정된 상품의 시장 반응과 흐름을 파악할 수 있으므로 문제가 발생했을 때 즉각적인 보완작업을 진행할 수 있고 차후에 진행할 지 모르는 새로운 상품의 설계와 개발과정에 밑거름이 될 수 있기 때문이다.

## 4.5 보험상품 설계 프로세스와 보험계리사

　아래 사항들은 보험상품 설계 프로세스에서 보험계리사가 주도적으로 맡고 이끌어 나가야 하는 역량에 대해 몇 가지 요약한 것이다.

- 보험상품 설계에 관련된 이해당사자들과 교감을 가져야 한다.
- 리스크를 파악하고 분석하는 일에 책임감을 가져야 한다.
- 수용 가능한 리스크를 파악하고 리스크를 감소시키는 대안을 상품 안에 포함할 수 있는 아이디어를 제공해야 한다.
- 회사의 재정적인 목표와 예상하는 원가를 반영하여 보험가격을 생산하는 일차적인 책임의식을 가져야 한다.
- 상품 판매 개시 전 금융당국으로부터 승인 받는 모든 절차에 적극적인 자세로 임해야 한다.
- 보험상품 설계 프로세스 전 과정은 문서화로 남길 필요가 있다. 이는 향후 연관된 업무의 참고자료이면서 유사상품 개발 시 중요한 열쇠가 될 수 있기 때문이다.

　이외에도 보험계리사의 역할은 수없이 많다. 보험상품 설계 프로세스 전 과정을 이해하고 현재 진행상황을 수시로 파악하여 이익이 되는 많은 조언과 아이디어를 제공해야 하는 의무가 있다고 여겨야 할 것이다.

# 제4장

# 보험데이터의 이해(DATA)

제**4**장

# 보험데이터의 이해(DATA)

## 1. 보험데이터

지금까지 보험계리업무의 영역에 대해 전반적으로 이해하였다. 보험계리업무의 시작은 데이터이다. 데이터 없이 보험계리사가 보여 줄 수 있고 성과를 낼 수 있는 일은 거의 없다고 얘기해도 과언이 아니다. 그렇다면, 데이터가 있다고 보험계리 업무가 정확하게 진행되는가? 절대 그럴 수 없다. 보험계리 결과물의 품질은 사용되는 데이터의 질(quality)과 계리업무에 적용된 가정(assumption)에 의존한다. 데이터는 쌀에 비유할 수 있다. 우리가 아무리 비싸고 좋은 밥솥을 가지고 있고 세계적인 요리사가 밥을 지어도 밥솥에 들어가는 쌀이 오래된 묵은 쌀이거나 모래가 섞여있다면 맛있는 밥이 되는 것은 불가능할 것이다. 같은 이치이다. 보험계리사는 데이터를 이용하여 미래를 추정해야 하는 사람이다. 그리고 미래에 대한 불확실성 때문에 가정을 세우는 게 필요하다. 미래를 추정하기 위해서는 현재를 얘기하는 데이터가 있어야 하며, 미래에 대한 모델을 만들고 가정을 제시하기 위해서는 과거에 대한 데이터가 필요하다.

보험계리사는 계리업무 수행 시 여러 어려운 상황에 직면하게 된다. 가장 어려운 것 중의 하나가 미래는 불확실하다는 사실이다. 이 사실로부터 보험계리 업무에서 해야 할 일 중에 하나는 미래에 대한 확률분포를 구하거나 확률분포의 특징을 구하는 것이다. 그러나, 더 어려운 상황은 이러한 확률분포나 확률분포의 특징에 대해서 확실한 것이 거의 없다는 사실이다. 예를 들어,

자동차보험의 사고건수는 포아송분포(poison distribution)나 음이항분포(negative binomial distribution)가 가장 적절한 확률분포임은 과거의 데이터를 통해 확률분포를 적용하여 나온 결론이었다. 그러나 사고의 추세와 내용이 과거와 많이 다른 경우에도 과연 이런 확률분포가 가장 적절한 지에는 의문이 남게 된다.

보험선진국가의 전문 보험계리사 기관들은 계리업무에 사용될 데이터와 데이터의 질(data quality)에 관한 전반적인 기준을 제시해 보험계리사가 계리업무작업 시 이에 준하도록 안내하고 있다. 본서에는 미국 보험계리기준위원회(Actuarial Standard Boards)에서 매년 제시하는 데이터의 질에 관한 표준규범 No.23(ASOP, Actuarial Standards of Practice-No. 23 Data Quality)의 내용을 요약할 것이다. ASOP No. 23의 내용은 미국과 캐나다에서 공통으로 적용하고 있으며, 영국, 호주, 그밖에 유럽국가들의 데이터에 관련한 표준규범들의 기준이 되고 있다. 대부분의 내용은 선진보험국가들에서 여전히 적용하는 공통적인 것 들이다. 데이터 표준규범은 계리업무 작업 시, 데이터를 선택하고, 점검하고, 사용하고, 다른 사람에 의해 제공된 데이터를 이용할 때 적용하도록 하고 있다.

## 1.1 데이터의 질에 관한 표준규범(ASOP No. 23)

### 1.1.1 정의

- 적합한(appropriate) 데이터: 분석하는 과정이나 시스템에 적절하고 분석의 목적에 적합한 데이터를 의미한다.
- 데이터 감사(audit): 데이터가 정확하고 완벽한지를 실험하고자 하는 목적으로 데이터의 형식적이고 시스템적인 시험을 의미한다.
- 데이터의 영역: 숫자, 인구조사, 위험등급 정보, 그리고 이들로부터 수학적으로 도출 된 정보 등을 포함한다. 그러나 정보들의 질적인 면은 포함하지 않는다. 일반적으로 데이터는 계리적 가정(assumptions)에 의해 사용되지만 계리적 가정은 데이터에 속하지 않는다.

- 데이터 검토(review): 데이터가 분석 목적에 맞는지를 파악하기 위한 세부적인 점검을 의미하며 데이터 감사와는 별개로 진행하는 것이다.

## 1.1.2 표준규범

정확하고 완벽한 적합한(appropriate) 데이터는 없을 지도 모른다. 계리사는 전문적인 판단(professional judgment)에 의해 분석을 위해 이용 가능한 데이터를 사용해야 한다. 만일 계리사가 데이터의 중요한 결점을 찾아냈다면, 결점과 이에 미치는 영향을 밝혀서 적시해야 한다.

(1) 데이터 선택: 계리업무를 시작할 때, 계리사는 어떤 데이터를 사용할 건지를 결정해야 한다. 필요한 데이터의 본질과 보완적인 데이터의 양 등을 결정하기 위해서 계리사는 분석의 이용 목적이나 활용범위 등을 이해해야 한다. 분석을 위한 데이터를 정할 때 아래 사항들을 고려해야 한다.

① 바람직한 데이터의 영역과 구성요소 그리고 보완데이터의 구성요소

② 데이터는 충분히 현재의 내용을 포함한 적합한(appropriate) 데이터 인가?

③ 데이터는 내부적으로 일관성 있게 타당한 데이터인가?

④ 데이터는 계리사가 알고 이용 가능한 외부정보에 타당한 데이터인가?

⑤ 충분한 데이터의 수준

⑥ 데이터에 알려진 중대한 결점은?

⑦ 보완적이거나 추가적인 데이터의 이용가능성과 이들을 사용할 때의 장점은?

⑧ 데이터를 수집 또는 집적할 때 사용한 방법은 무엇인가?

☞ 고려사항 항목 중에서 부적합한 데이터인 예:
　② 내년도 자동차 사고 수를 예측하기 위해 10년 전 데이터를 사용할 경우.
　③ 데이터 안의 특정 한 변수는 1년전에는 숫자로 올해는 기호로 표기되어 있는 경우.

④ 인구구성을 분석하려고 통계청 자료를 가지고 있는데 회사 내 운전자 데이터만을 이용하는 경우.

⑤ 1년에 10건 미만 발생하는 사고에 대해 1년치 데이터로 내년도 사고건수를 예측하려고 하는 경우.

⑥ 데이터의 일부는 사실이 아닌 임의로 입력된 사실이 알려진 경우.

(2) 데이터 검토(review): 데이터 점검에서 항상 결점을 찾아낼 수 있는 것은 아니다. 계리사의 전문적인 판단이 없다면 데이터 검토는 필요하지도 않고 실행할 필요도 없을 것이다. 전문적인 판단을 위해서 계리사는 분석의 목적과 본질, 제한적인 점, 검증할 수 있는 범위 등을 이해하고 있어야 한다. 만일, 전문적인 판단이 데이터의 검토를 위해 적합하지 않다면, 데이터를 검토하지 못 한 사실과 이유, 이에 의한 결과의 한계 등을 적시해야 한다. 데이터를 검토(review)할 때에 계리사는 아래 사항들을 고려해야 한다.

① 분석에 사용된 데이터 구성요소 각각의 내용을 잘 파악하고 있는가?

② 심각하게 불일치한 데이터 값을 확인하려고 했는가? 만일, 불일치한 데이터 값을 확인했다면 해결할 수 없었던 이유와 이에 따른 분석 결과의 영향 등을 적시해야 한다.

☞ 고려사항 중에 해당되는 예:
① 데이터 내용 중에 사고발생일, 사고접수일, 사고기록일, 사고평가일, 사고종결일 등을 이해하고 구분해야 한다.
② 대부분 사고금액이 100만원 이하인데 유독 몇몇 사고는 금액이 1억이 넘게 기록된 경우.

데이터 검토에서 계리사는 이전 분석에서 사용된 데이터와 지금 분석에 사용되는 데이터를 일관성의 차원에서 비교할 것을 고려해야 한다.

(3) 데이터의 사용(use): 정확하고 완벽한 적합한(appropriate) 데이터는 없을지도 모르기 때문에 계리사는 아래 사항들에 대해 전문적인 판단을 해야 한다.

① 분석을 할 만큼 데이터의 질(quality)은 좋은가?

② 데이터의 질을 높이기 위해 추가적인 또는 수정된 데이터를 얻을 수 있는가?

③ 데이터에 관련된 전문적인 판단과 가정들은 적시되어야 한다. 만일, 전문적인 판단에 의해 사용된 데이터로 인한 분석 결과가 심각하게 왜곡됐다면 이런 불확실하고 편견 있는 결과에 대한 문제를 적시해야 한다. 또한, 데이터의 결점을 분석 결과의 수정으로 해결하고자 한다면, 수정된 사실과 내용을 적시해야 한다.

④ 데이터에 심각한 결점이 있을 것이라 생각한다면, 어느 정도의 수준에서 검토, 검증, 감사(audit)할 지를 결정해야 한다.

⑤ 전문적인 판단에 의해 데이터가 분석의 취지에 적합하지 않거나 부적당하다고 판단한다면, 다른 적합한 데이터를 이용하던지, 데이터 중 적합한 일부만을 사용하여 동의 하에 분석을 마치던지 아니면 분석을 중단할 것을 결정해야 한다. 만일 정부나 감독당국이 부적합한 데이터를 사용해 분석하도록 요구한다면, 이러한 내용을 적시하고 이런 데이터를 사용하게 될 지도 모른다.

(4) 타인에 의해 제공된 데이터의 사용: 대부분의 경우 데이터는 타인에 의해 제공된다. 타인에 의해 제공된 데이터의 정확성과 완벽함은 데이터를 제공한 타인의 책임이다. 계리사는 타인이 제공한 데이터를 설명서에 따라 사용하게 되는데 적절한 계리적인 표현으로 타인에 의해 제공된 데이터의 사용을 적시해야 한다.

(5) 데이터 사용과 연관된 다른 정보의 이용: 많은 경우, 계리사는 데이터

의 적합한 사용과 연관된 다른 정보를 접하게 된다. 예를 들어, 다른 정보는 계약서 조항, 계획서, 재보험 내역 등이 해당된다. 이러한 정보내용의 타당성과 정확성은 그런 정보를 제공한 자의 책임이다. 계리사가 이와 같은 정보를 이용한다면 적절한 계리적 표현으로 타인에 의해 제공된 정보의 사용을 적시해야 한다. 만일, 이와 같은 정보가 분석에 적합하지 않다고 믿는다면 이와 같은 정보의 사용여부는 계리사의 전문적인 판단에 달려있다.

(6) 기밀사항(confidentiality): 데이터에는 기밀사항이 포함되어 있을 수 있다. 그러한 기밀사항의 내용은 계리사의 행동강령에 따라 주의 깊게 취급해야 한다.

(7) 계리사 책임 제한: 계리사는 아래의 업무에 대한 책임은 제한한다.
- 타인에 의해 제공된 데이터나 정보가 틀렸는지 또는 고의적인 호도가 있는지의 결정
- 문제가 있거나 일관성 없는 데이터를 찾고자 추가 데이터를 편집하는 작업
- 데이터 감사(audit)

## 1.1.3 의사전달과 공시(communications and disclosures)

계리 분석결과를 전달하기 위해 문서나 설명에 의할 때, 만일 문제가 제기된다면 아래 내용들을 적시해야 한다.

- 데이터의 근원지
- 데이터 질과 관련해 불확실성으로 인한 계리적 분석작업의 한계
- 데이터 검토(review)를 했는지 여부, 만일 안 했다면 안 한 이유와 이에 따른 분석의 한계
- 문제가 있던 데이터 값의 미해결된 부분과 이들이 결과에 미치는 효과
- 계리사가 데이터 값의 문제점을 확인하고 데이터의 질을 높이기 위해

취했던 토론과 작업행위

- 계리사가 데이터와 분석에 적용한 전문적인 판단과 가정들
- 데이터의 질과 다른 정보에 의한 잠재적인 불확실성과 결점에 의해 결과가 생산될 수 있다는 사실, 그리고 잠재적인 불확실성과 결점의 크기와 본질
- 분석업무에서 타인에 의해 제공된 데이터나 정보를 이용한 범위
- 계리사가 아닌 타인에 의해 선택된 방법이나 잘못 된 가정에 대한 책임을 피하려고 할 때 의사 전달된 내용들

계리적 분석업무는 계리이론, 경험, 실무적인 지식을 가지고 데이터를 분석함으로 시작한다. 계리사는 계산 결과를 해석할 수 있어야 한다. 분석과정을 통해서 데이터는 매우 중요한 역할을 담당한다. 분석의 정확성과 타당성은 데이터의 질에 의존한다. 그러나, 데이터는 빈번하게 오류가 발생한다. 계리사는 분석에 결정적이지는 않아도 이런 오류와 같은 제한적인 상황에 잘 대처해야 한다. 심지어는 제한적인 데이터에 의해 분석에 한계를 느낄 수도 있게 된다. 여러 상황 속에서 데이터를 정제(refine)할 지 분석에 수정작업을 할 지는 계리사의 전문적인 판단에 따른다.

해가 거듭할수록 데이터는 계리실무에서 매우 중요한 역할을 이어가고 있다. 전형적인 데이터의 사용뿐만 아니라 더욱 확실한 사업결정을 위해 광범위한 데이터의 활용이 이어지는 추세이다. 이러한 데이터의 분석은 가격결정, 보상 프로세스, 심사과정, 손해분석, 판매채널관리, 고객관리 등 다방면으로 확대되고 있다. 또한 더 세밀해진 모델링의 작업은 이러한 데이터에 기반하여 심화되고 있다. 이러한 첨단 분석기법들의 소개에 의해 계리사는 질 좋은 충분한 데이터를 그들의 업무에 이용해야 한다.

# 2. 경험데이터의 분석

보험계리 관리사이클의 구성요소 중 핵심적인 부분은 경험데이터에 의해 구해지는 실제 값과 기대 값을 비교하는 일이다. 여기서는 경험데이터를 분석하는 이유와 계리업무 중에 어떤 분석을 하는지에 대해 알아 볼 것이다.

## 2.1 분석하는 이유

전반적으로 보험계리 관리사이클 프로세스와 매우 유사하지만 경험데이터를 분석하는 이유는 다음과 같이 정리할 수 있다.

- 과거와 다른 경험데이터 내용
- 가정(assumptions)의 검증
- 손익 원인 분석 지원
- 회사에 정보 제공
- 규제 환경에 대응

### 2.1.1 과거와 다른 경험데이터 내용

경험데이터를 분석하는 것은 경험데이터를 통해 실제 값을 도출하여 기대 값과 비교하는 작업의 시작점이다. 경험데이터가 5년전이나 1년전이나 내용과 추세에서 별 다르지 않다면 굳이 최근 경험데이터를 이용한 분석이 필요하지 않을 수 있다. 그러나, 데이터의 내용은 변할 수 밖에 없다. 예를 들어, 자동차보험에서 자차담보의 손해액 증가는 자동차 부품비와 공임비의 상승에 기인할 수 도 있다. 경험데이터의 변화들은 비록 하나의 특정한 원인을 찾기는 힘들지라도 여러 가지 원인들이 겹쳐져서 나타날 수 도 있다. 과거의 경험데이터와 최근 경험데이터의 내용이 다르다면 그러한 발생원인에 대한 연구가 필요하다. 건강보험에서 입원치료비가 증가되었다면 질병발생률이 악화됐거나 입원치료기간의 장기화에 따른 원인일 수 도 있다. 한편, 연속적인 기간 동안의 데이터를 추출해서 비교하여 보면 추세(trend)나 물가상승에 의한 변동을 알 수 있게 된다. 그래서 계리사는 이러한 경험데이터 변화의 원인을 이해해야 한다.

### 2.1.2 가정의 검증

경험데이터를 수집하고 분석하는 대상이 되는 모든 개별적인 기간(period) 들은 새로운 가정들에 대한 부가적인 정보를 제공해 준다. 경험데이터를 통해 얻은 실제 값과 기대 값을 비교할 때 즉각적으로 지난 가정들의 적정성에 대한 판단을 할 수 있게 된다. 최근 경험데이터를 통한 구체적인 분석은 그전 과거 데이터에 적용된 가정들을 검토하여 가정의 수정 또는 새로운 적절한 가정을 만들 수 있게 된다.

### 2.1.3 손익 분석 지원

보험회사 손익의 원인을 알아보기 위해서 경험데이터를 통해 얻은 실제 값과 기대 값을 비교하고 차이를 분석하여 재무적인 변화와 이에 따른 손익의 원인을 찾을 수 있다.

### 2.1.4 회사에 정보 제공

회사의 최고경영자나 이사회에서는 급변하는 시장환경에 빠르게 대처하여 수익을 극대화하는 일에 항상 관심이 많다. 그렇게 하기 위해 경영 전략과 운영을 바꾸는 의사결정을 하게 된다. 경험데이터에 의해 나온 사실들은 적절한 경영전략을 세우도록 하기 위한 의사결정 과정의 중요한 바탕자료가 된다. 경영진에게 제공하는 데이터의 분석과 손익 분석 자료들은 일반적으로 매우 밀접한 관계에 있다. 이러한 분석들은 회사경영의 종합적인 분석일 수도 있고 상품별, 판매채널별, 또는 판매지역별로 세분화된 분석일 수 도 있다.

### 2.1.5 규제 환경에 대응

보험업을 운영하는 공간에는 다양한 규제가 둘러 쌓여 있고 감독당국은 다양한 정보의 제출을 요구한다. 일부는 공개 될 수 있고 일부는 감독당국에게만 기밀로 제출될 수도 있다. 종종 감독당국은 경험데이터와 분석자료를 요구하기도 한다.

## 2.2 분석의 다양성과 범위

계리적인 분석은 상품요율의 한 변수에 대한 분석처럼 작은 분석 뿐만 아니라 상품 전체의 손익을 분석하는 큰 규모의 분석도 있다. 적은 경험요소를 가진 분석일지라도 지속적으로 진행하는 것이 보험계리 본연의 실무작업이라 할 수 있다. 분석에 필요한 대표적인 경험요소는 아래와 같다.

- 상품 특성별 경험요소(예: 유지율, 사고율 등)
- 경제적인 요소
- 투자성과와 관련된 요소
- 비용 관련 요소
- 손익 관련 요소

많은 요소들은 서로 서로 연관성이 있다. 이들 중 가장 중요한 요소는 손익과 관련된 요소이다. 어떤 요소인지든지 그것의 변동은 손익에 직접적인 영향을 끼치기 때문이다. 예를 들어, 건강보험에서 의료비의 증가는 보험금의 증가로 이어지고 이는 손익에 까지 영향을 미치게 된다. 또한, 개발된 신상품의 판매저조는 비용의 증가로 이어지고 결국에는 손익에도 영향을 준다.

### 2.2.1 손해보험 분야

대부분의 손해보험상품은 단기간의 짧은 보험기간을 가지기 때문에 계약갱신(renewal)은 매우 중요한 요소가 된다. 그래서, 계약의 초기 판매비용은 보험료에 부과된 사업비를 초과할 수도 있다. 결국, 계약의 갱신은 손익에 영향을 준다. 손해보험 배상책임담보의 경우는 보험금이 최종 지급될 때까지 시간이 오래 걸린다. 농작물재해보상보험 같은 상품은 기후와 계절적 특성이 중요한 요소이다.

### 2.2.2 생명보험 분야

생명보험은 보장과 저축의 두 가지 핵심분야로 나뉜다. 보장부분은 보험금 지급에 관련된 사항이 중요한 이슈이다. 생명보험 상품은 손해보험 상품에 비해 보험금 청구율이 매우 낮기 때문에 보험료 중의 많은 부분이 초기에 매우 높은 사업비를 보존해 준다. 저축부분은 투자 수익에 연결되어 사업비율과 유지율이 매우 중요한 요소가 된다.

## 2.3 분석의 다양성

다양한 데이터의 접근성과 IT기술의 혁신적인 발전으로 경험데이터를 통한 분석 방법은 매일 향상되고 있다. GLM과 같은 기법을 논하기 전에 분석하는 전형적인 단계별 프로세스가 있다. 이러한 분석 절차 프로세스는 아래와 같다.

- 목표 설정
- 데이터 수집
- 데이터 검증
- 분석 수행
- 결과 검증
- 결과 설명(문서화 포함)

이러한 프로세스는 앞에서 다루어진 많은 프로세스들, 즉 모델링 프로세스나 상품설계 프로세스나 큰 그림으로 볼 때 매우 유사한 절차를 따라간다. <표 4-1>은 모델링 프로세스, 상품설계 프로세스, 그리고 분석 프로세스를 비교한 것으로 매우 유사함을 이해 할 것이다.

〈표 4-1〉 모델링 프로세스, 상품설계 프로세스, 분석 프로세스 비교

| 모델링 프로세스 | 상품설계 프로세스 | 분석 프로세스 |
|---|---|---|
| 목표 설정 | 신상품의 필요성 이해 상품전략 계획 | 목표 설정 |
| 데이터 수집과 검증 | 상품개발 | 데이터 수집 |
| 단변량, 다변량 분석 | | 데이터 검증 |
| 모델링 결과 적용과 검증 | 상품판매 | 분석 수행 |
| 모니터링 | 모니터링 | 결과 검증 |
| 문서화 작성 | | 결과 설명(문서화) |

경험데이터에 의한 분석에서 경험데이터로부터 도출된 실제 값과 기대 값
의 차이에 대한 원인을 밝혀내야 하는 일 또한 계리사의 업무이다. 그러나 불
행히도 많은 경우 원인을 밝혀내는 것은 쉽지 않다. 그러나 차이를 계량화해
서 보여주어야 한다. 그리고 그 차이에 의한 재무적인 효과도 제시해야 한다.
여기서는 대표적으로 상품의 구성요소 분석과 비용 분석만을 설명하겠지만
투자성과 분석, 경제요소 분석, 계약구조 분석 등 계리사가 담당해야 할 분석
은 다양하다.

## 2.3.1 상품의 구성요소 분석

상품의 특성과 관련한 요소들의 분석은 대체로 경험데이터에 의한 실제 값
과 기대 값을 비교하는 것이다. 경험데이터에 의한 실제 값과 기대 값의 비교
분석은 예정대비 실제 경험 값을 산출하는 방식으로 특정한 가정을 전제로
어느 정해진 기간 동안의 측정 가능한 예상 값, 즉 기대 값을 산출한다. 산출
후 동일한 기간 동안의 경험데이터에 의한 실제 값을 구하여 비교하는 것이
다. 경험데이터에 의한 실제 값을 구할 때는 특정한 가정을 전제로 항상 고정
된 기간 동안의 데이터를 이용하여 산출한다. 이로 인해 야기되는 이슈는 해
당 기간 동안 발생한 사건이지만 해당기간 후 에 보고된다면 어떻게 처리할
것인가 이다. 특히, 손해보험의 배상책임보험에서 항상 발생하는 상황인데
예를 들어, 2020년에 당해 년도 계약으로부터 발생한 지급보험금을 산출하려
고 한다. 그런데 어느 한 계약은 2020년 5월에 가입했고 2020년 10월에 사고
가 발생하였으나 2021년 3월에 보고가 되었고 2021년 6월에 보험금이 지급되

었다고 하자. 이 문제를 해결하는 방법 중 하나는 모든 사고가 보고 될 수 있도록 충분한 시간을 갖고 분석을 연기하는 것이다. 그러나 얼마 동안 기다려야 하는지 답이 없다. 사고가 늦게 보고되는 것도 문제이지만 많은 경우 보험금 지급은 한 번에 이뤄지지 않고 시간적으로 여러 차례에 걸쳐 이뤄질 수가 있다. 예를 들어 5년을 기다린 후 2025년에 2020년도 지급보험금을 산출한다면 활용 면에서 아무런 쓸모가 없는 것이 된다. 그래서 IBNR준비금이라는 것을 산출해 특별한 충당금을 허용해 준다.

☞ IBNR(Incurred But Not Reported): 이미 사고가 발생하였으나 보험회사에 아직까지 사고 보고가 안된 사고를 말한다. IBNR등 준비금 관련 내용은 제6장 책임준비금 산정에서 자세히 기술될 것이다.

기대 값은 일반적으로 가장 최근에 반복된 특정한 문제에 적용된 가정을 이용하여 가장 최근 데이터를 활용해서 산출하는 것이 보편적이다. 어떠한 특정 구성 요소(variable)의 연도별 또는 분기별 추세를 살펴보기 위해서는 분기별 연속적인 데이터를 추출하여 일관성 있는 분포(distribution)를 이용해서 산출하는 것도 계리사의 역할이다.

계리사가 분석하고자 하는 상품 구성요소의 특성도 분석 결과를 해석하는 데에 영향을 미친다. 손해보험 상품의 구성에서 항상 나타나는 것으로 손해액 데이터를 분석하는데 있어서 두 가지 중요한 특성이 존재한다. 보험사고 발생률, 즉 사고빈도와 최종지급보험금이다. 손해액 분석 결과에 대한 적절한 해석도 역시 두 가지 특성에 의존한다. 예를 들어, 손해액의 악화현상이 빈도의 증가 때문인지 최종지급보험금의 증가 또는 심도의 증가 때문인지에 따라 분석결과의 해석은 달라지게 된다. 손해보험에서 보험금 관련 데이터는 여러 날짜들(예: 사고발생일, 보고일, 평가일, 지급일, 종결일 등)에 따라 달라지므로 날짜단위 자체에 중요한 의미를 담고 있다. 손해액에 관련된 내용은 뒤에 요율산정과 책임준비금에서 자세히 설명하도록 한다.

경험위험율에 영향을 미치는 구성요소 또는 변수(variable)가 많은 상품에서는 각각의 변수가 끼치는 상관관계를 평가하기 위해 일반화된 GLM(선형모델, Generalized linear model)을 사용할 수 있다. 이 방법은 상품의 변수(variables)가 많은 자동차보험에서 특히 유용하다.

  ☞ 자동차보험을 판매하는 거의 모든 미국 손해보험회사들은 요율산정 및 분석에 GLM기법을 이용한다. 심지어, 몇몇 주(州)들은 감독당국에서 요율조정시 GLM을 이용하도록 규정하고 있다.

### 2.3.2 비용요소 분석

보험회사에서 비용분석은 손익분석의 중요한 부분이므로 비용분석도 매우 중요하다. 비용은 회사가 매우 엄격하게 통제하고 있는 항목 중에 하나다. 비용 외의 다른 항목들은 많은 경우 회사의 직접적인 통제에서 벗어나는 것들이다. 그래서 비용 분석은 더욱 중요하다. 비용에 대한 계리분석은 비용의 근원을 파악하는 것에 집중 할 필요가 있다. 현재 진행되는 비용 패턴을 이용하여 미래의 비용에 대한 현금흐름을 추정할 수 있게 하는 것이다. 보험회사의 비용 항목은 종업원들의 급여나 사무실 임대료처럼 어느 특정 영역 또는 상품에 국한되지 않고 회사 전체에 포괄적인 개념으로 발생되는 것들이 많기 때문에 비용 분석에서 영역 또는 상품별로 비용을 할당하는 것, 비용 항목별로 할당하는 것, 그리고 비교하고 결론을 도출하는 세가지 단계를 거치게 된다.

(1) 영역 또는 상품별 비용 할당: 비용분석의 첫 번째 작업은 비용을 영역 또는 상품별로 할당하는 것이다. 비용을 영역별로 나눌 때 상품에 직접적으로 연관된 영역, 즉 마케팅, 판매, 계약심사와 관리, 보상과 같은 영역이 있고, 다른 부분은 간접비용에 관련된 영역, 즉 상품과 직접적으로 연관되지 않는 영역이 있다. 이 시점에서 주의해야 할 사항은 비용의 발생이 특정상품과 다른 상품간에 얼마만큼 차이가 있느냐는 것이다. 연관성 측면에서 차이가 별로 없다면 그런 상품들을 한 그룹으로 묶어서 분석하는 것이 적절할 것이다. 한편, IT나 인사팀(HR)과 같은

조직에서의 비용은 회사 내 다른 조직에게 서비스를 제공하지만 어느 상품에도 직접적인 연관성이 없음을 알게 된다. 이런 경우, 각 조직의 보수 원가에 비례하여 HR조직의 비용이 배분되었을 지도 모른다. 이러한 회사 내 조직간의 비용 할당에 대해서 잘 이해하고 있어야 한다.

(2) 비용 항목별 할당: 영역별로 상품별로 비용을 할당하는 작업을 마친 후, 비용분석의 두 번째 단계는 이러한 결과들을 적절한 영업통계와 연관시키는 것이다. 이 과정은 표준화된 방식을 제시할 수 는 없으나 회사의 경영방침에 적합하도록 가장 객관적이고 합리적인 수준에서 항목별로 할당하는 것이 바람직하다. 여기서는 대표적인 몇 가지 비용항목만을 상품별로 또는 영역별로 어떻게 할당하는지를 보여줄 것이다.

- 수수료(commissions): 수수료는 가장 쉽고 간단한 비용통계 항목이다. 수수료의 세부항목은 최초 신계약 수수료, 갱신수수료, 실적보너스, 계약유지보너스 등이 있는데 특정 판매조직에 의해 판매된 모든 영업실적에 기초한다. 최초 신계약 수수료나 갱신수수료는 특정 영역(판매조직)과 특정 상품에 국한되어 있으므로 배분할 필요가 없다. 그러나 실적보너스는 어느 특정 상품에 국한된 것이 아니며, 상품과도 직접적인 연관성이 없으므로 간접비용으로 할당한다.

- 계약관리비용(policy administration expenses): 일반적으로 계약관리비용은 보험료의 크기보다는 취급하는 계약건수와 밀접하게 연관된다고 가정할 수 있다. 해당상품의 신계약에 연계된 건당 계약관리비용은 해당상품의 신계약 관리비용에 신계약 건수를 나눈 것이다. 갱신계약 할당액도 마찬가지 방식에 의해 갱신계약 관리비용에 갱신계약 수를 나눈 값이 된다.

- 신계약 심사비용(new business underwriting expenses): 신계약 심사비용은 대부분 신계약 심사를 필요로 하는 생명보험 이나 건강보험 상품 같은 계약의 특성에 의해 발생한다. 이러한 특성은 특정상품에 따라 다를 수 있다. 이러한 상품에서 보험가입금액은 핵심적인 특성에 해당된다. 즉, 가입금액이 큰 계약일수록 심사시간은 길어지고 심사절차도 세

밀해 진다는 상식적인 가정을 가질 수 있다. 그러므로 보험가입금액이 상품별, 영역별 신계약 심사비용의 할당액을 계산하는데 주요 변수로 사용할 수 있는 것이다.

- 판매관리비용(sales management expenses): 판매채널별 개수, 판매채널별 개별판매조직의 수와 크기 등은 판매관리비용을 상품별, 영역별로 할당할 때 사용될 수 있는 요소일 수도 있다. 그러나, 판매관리비용을 발생시키는 가장 직접적인 요인은 수수료로 볼 수 있다. 이러한 점은 회사의 경영진과 함께 판단할 부분이다. 물론 계리사는 경영진의 판단에 참고가 될 자료를 준비함에 소홀함이 있어서는 안 된다. 경우에 따라서, 가능하다면, 즉 데이터가 지원할 수 있다면 항목들을 더 세분화해서 할당하는 것이 바람직할 수 있다.

(3) 비교와 결론: 앞의 절차들을 거쳐 영역 또는 상품별, 그리고 항목별로 실제 비용을 할당하는 비율을 구할 수 있다. 그 결과 실제의 비용과 예상하는 비용의 차이에 대한 합리적인 설명을 도출할 수 있게 된다.

## 2.4 데이터의 고려사항

앞에서도 수 차례 언급했듯이 계리분석업무의 시작은 데이터이고 분석의 질(quality)은 데이터의 질에 달려있다. 비용분석이나 감독당국에 제출되는 보고서의 기초가 되는 통계라면 이런 데이터는 매우 높은 질의 데이터라고 볼 수 있다. 데이터의 질이 좋지 않은 이유는 대체로 두 가지 원인에서 찾아볼 수 있다. 첫째로는 항목 자체의 본질과 내용이 분석에서 차지하는 비중이 없을 정도로 중요하지 않은 항목이다. 예를 들어 건강보험을 위한 데이터 항목 중에 하나가 '월평균 걸음 수'라 하고 그 내용을 집적하여 입력해 놓았다고 치자. 먼저 수집된 정보는 객관적이지 않을 수 있다. 고객에게 묻고 그 답을 입력했다면 더더욱 그렇다. 만일 객관적인 정보라는 게 증명이 되어도 그 항목이 분석에 전혀 이용이 안되거나 할 수도 없다면 시스템 유지비용만 나가게 되고 이 항목은 차라리 시스템 안에서 제거되는 게 나을 수 있다. 그러나 AI기술의 발전으로 미래에는 현재 전혀 쓰임이 없었던 항목이 중요한 항목으로 대두될 수도 있음을 상기해야 한다. 두 번째 원인은 정보 오류에서 나타나는데 이는 데이터의 질을 판가름할 수 있는 거의 대부분을 차지한다. 정보오류의 원인은 피보험자가 잘 못된 정보를 고지할 수도 입력과정에서 전산요원의 실수에 의해서도 시스템 안의 기계적인 오류에 의해서도 또한 데이터를 추출할 때 잘못된 작동에 의해 데이터가 잘 못 출력될 경우 등 다양하다. 만일 정보오류를 발견한다면 그 이유를 밝혀내야 한다. 오류를 수정하여 다시 사용하는 것도 중요하지만 사용 하지 않을 경우라도 그 원인을 찾아 향후에 유사한 오류가 발생하지 않도록 사전조치를 취하는 것이 무엇보다도 중요하다.

☞ 과거 미국의 자동차보험은 차량 운행 목적에 따라 요율차등을 두었다.(예: Pleasure 0.95, Work 1.00, Business 1.10 등.) 그래서 회사에 출퇴근하는 용도가 아닌 가정용으로만 운행한다면 조금의 할인을 제공하였으나 정보는 소비자에 의한 답에 의존하여 객관성이 떨어졌고 이 후 이러한 변수는 요율산정에서 제외되었다.

데이터의 근본적인 사용목적이 경험분석과 유사하지 않다면 부수적인 데이터 점검이 이루어졌는지 확인하는 것은 필수적이다. 경험분석 과정 자체에서도 분석 도중 자연스럽게 사용하는 경험 데이터의 검증은 이루어진다. 그러나, 독자적인 데이터의 근원(예: 생성된 장소 또는 시간)을 조사하여 데이터를 검증하는 것 또한 중요한 테스트일 수 있다. 예를 들어, 데이터 안에 있는 보유계약의 보험료 부분과 회계계정에 있는 보험료 수입 부분을 비교하는 것도 잠재적인 문제에 대한 사전 경보장치 일 수도 있다.

데이터를 이용하여 계리업무를 하다 보면 필요하고 정확한 자료를 구할 수 없어 근사값을 이용해야 하는 경우가 있다. 이런 점들은 대체로 데이터집합(grouping)의 형태나 실제 통계의 대체 형태로 제시된다. 분석에서 근사값에 의해 발생한 오차는 무시할 수 없다. 가능하면 실제 통계와 근사 값을 비교하여 수행해야 하며 전문적인 판단에 의한 수정이 필요하다. 이 경우에도 오차와 이에 따른 수정의 내용은 분석결과에 적시되어야 한다.

처음 시스템으로 데이터를 수집할 때 추천하는 방법은 현재는 당장 필요하지는 않더라도 얻을 수 있는 모든 자료를 모으는 것이다. 다른 데이터를 수집하는 과정에서 나중에 추가로 항목을 정해 해당하는 정보를 수집하는 것은 어렵고 대단히 불편하기 때문이다. 일반적으로 얻을 수 있는 자료는 처음부터 수집하는 것이 좋다. 특히 IT기술의 혁신으로 데이터 보관 관리비용이 획기적으로 줄었기 때문에 가능한 많은 자료를 수집한다면 조만간 다가올 AI의 보편화 시대에 유용한 자료로 사용될 가능성도 배제할 수 없다.

데이터의 주기적인 수집도 고려해야 한다. 매일 수집하는 것이 가장 좋을 수 있으나 항목의 성격에 따라 효율적으로 수집하는 것이 현명하다. 예를 들어, 투자내역이 중요한 보험상품인 경우는 매일 단위가격을 입력하는 것이 필요하지만 그렇지 않을 경우 대체로 월 단위로 수집하는 편이다.

# 3. 모델링

수집한 데이터를 이용하여 분석하는 방법에는 위에서 언급했듯이 여러 가지가 있다. 사용하는 변수의 개수에 의해 한 개의 변수에 의한 단변량 분석, 여러 개의 변수들을 종합적으로 사용하는 다변량 분석으로도 분리할 수 있다. 특히 IT 기술의 혁신적인 발전으로 인해 광범위한 데이터의 사용을 가능하게 하여 현대 금융산업에서 분석기법은 모델링이 대표한다고 해도 과언이 아니다.

☞ 단변량 분석(one-way analysis): 전통적으로 사용해 온 단변량 분석은 개별 요율 변수안에 여러 계층(level)의 손해경험을 독립적으로 분석하는 것이다. 단변량 분석은 다른 요율 변수간의 효과, 즉 상관관계를 고려하지 않고 개별 변수의 통계를 독립적으로 분석하여 나온 결과를 활용한디는 단점이 있다.

모델(model)은 실제 현상을 수학적으로 표현한 것이고 이러한 작업을 모델링(modeling)이라 한다. 모델은 분석자들이 복잡한 문제와 해석을 다루기 쉽게 간편하고 단순하게 만들어 준다. 그러므로 분석자, 즉 모델러(modeler)들은 모델을 잘 이해하고 지식을 가지고 모델링에 임해야 한다. 모델에서는 복잡한 문제들을 단순화 시키기 위한 가정(assumptions)수립이 반드시 선행되어야 한다. 모델링은 복잡하고 어려운 과정을 거침으로 컴퓨터 소프트웨어 프로그램에 의해 실행된다. 이러한 소프트웨어 프로그램은 입력된 데이터를 통해 결과를 산출하고 이를 수학적이고 통계적인 공식으로 계량화하여 표현해준다.

여기서는 모델이 왜 유용하고 보험세계에서 실제로 실행되는 예시와 함께 대표적인 모델인 GLM의 작업 단계를 설명하도록 하겠다.

## 3.1 보험산업에서의 모델(예시)

### 3.1.1 자동차보험

자동차보험은 보험상품 중에서 의무보험인 이유도 있으나 가입자수가 많고 상품에 직접적으로 연관되는 정보(또는 변수)도 다양하게 많아서 모델링의 대표적인 상품이라 할 수 있다. 이러한 다양한 변수를 이용하여 보험요율에 직접적으로 관련이 있는 변수를 찾아내어 이러한 변수들의 조합으로 보험료를 산출하는 모델을 개발할 수도 있다. 또한 어느 특정변수들간(예: 운전자 특성과 보험가입금액 간의 관계 등)의 상관관계를 파악하여 보험심사에서 활용할 수 있는 모델을 개발할 수도 있다. 또한 보상의 처리시간을 예측하여 보상업무의 효율성을 올리기 위해 보상모델을 개발할 수 있듯이 개발할 수 있는 분야는 무궁무진하다. 다만 고려해야 할 사항은 데이터의 질과 결과물의 효용성이다.

### 3.1.2 저축성상품

보험회사 저축성보험에서 보험료 중에 투자부분의 원금이 보장되는 조건이 있는 상품이 있다고 가정한다. 이러한 보장조건은 채권가격의 하락 시 회사의 비용부담이 심각한 수준일 것으로 예상하고 있다. 이런 경우, 보험회사는 다른 투자상황에 대한 각각의 미래수익을 제시하는 모델을 개발하여 예상되는 손실을 보전할 수 있도록 할 수 있다.

### 3.1.3 연금급부 가치평가

퇴직연금은 가입자가 퇴직연령에 도달하면 연금을 지급하도록 약속한다. 만일 가입자가 퇴직연령에 도달하기 전에 퇴사를 하게 되는 경우, 연금 수급자격을 상실할 것을 대신하여 일정액의 현금이 지급되게 되는데 이러한 현금수준이 적정한지를 판단해 볼 필요가 있을 때 이를 설명해 줄 수 있는 모델을 개발하는 것이다.

### 3.1.4 사망률 분석

연금을 주로 취급하는 보험회사는 생활패턴의 변화와 의료기술의 발전에 기인해 연금수령자의 고령화 현상과 이에 따른 연금지급기간이 길어지고 이에 상품의 수익성이 악화되는 것을 고민할 것이다. 이에 보험회사는 과거 데이터를 통해 사망률 개선효과를 수치화하는 연금수금자의 사망률 모델을 개발할 수 있다. 이 모델을 통해 사망률 개선이 가입초기 또는 청년시절의 변화에 의한 것인지 가입 중반 이후 또는 중년 이후의 변화된 생활패턴에 의한 것인지를 파악할 수 있게 된다. 이는 가격결정과 심사정책 결정에 중요한 자료가 될 것이다.

## 3.2 GLM(Generalized Linear Model)

여기서는 보험업계의 대표적인 모델인 GLM에 대한 간단한 이해와 GLM를 이용하여 자동차보험의 요율분석 모델을 개발하는 과정을 대략적으로 살펴보도록 하겠다.

### 3.2.1 GLM의 수학적 기초

선진보험시장에서 여러 보종의 요율산정을 위한 기본 방법으로 사용하는 다변량(multivariate) 기법은 GLM이다. GLM은 선형모델의 일반화된 형태로서 손해율 또는 순보험료와 같은 기대종속변수(Y)와 연령, 차종, 차령, 담보한도 금액과 같은 독립 변수(X)들의 선형조합과의 관계를 정의하는 연결함수(link function)을 가진다. 다른 방법론 보다 상대적으로 매우 투명한 GLM 기법은 전형적인 단변량 방식에 익숙한 요율 전문가에게는 GLM의 정확한 통계적 기초를 이해하는 데 어려움이 있을 수 있다. GLM을 제대로 이해하기 위해서 선형모형(LM: linear models)에 대한 이해가 선행될 필요가 있다. LM이나 GLM 모두 의존변수 또는 종속변수(response variable or dependent variable)와 다수의 설명변수 또는 독립변수 또는 예측변수(explanatory variable, independent variable, or predictor variable)와의 관계를 표현한다. 선형모델은 평균값(μ)과 오차項으로 알려지는 임의 변수(ε)의 합을 종속변수(Y)로 표현한 것으로 수식은 아래와 같다.

$$Y = \mu + \varepsilon$$

여기서 평균값은 설명변수들의 1차함수 또는 선형 조합으로 표현할 수 있다.

$$Y = (\beta_1 X_1 + \beta_2 X_2 + \beta_3 X_3 + \cdots + \beta_n X_n) + \varepsilon$$

$X_1, X_2, X_3 \cdots X_n$: 각 설명변수

$\beta_1, \beta_2, \beta_3, \ldots \beta_n$: 선형모델에 의해 유도된 각 설명변수의 계수 또는 가중치 (parameter estimate)

선형모델은 임의 변수(ε)가 평균값 0과 상수 분산, $\sigma^2$에 의해 정규 분포된다고 가정한다. 선형모델의 목표는 변수의 계수(β) 값을 알아내는 데에 있다. 변수의 계수를 구하기 위한 함수는 일반적으로 우도함수(likelihood function) 또는 로그우도함수(log-likelihood function)를 사용한다. 최대우도(maximum likelihood)는 등식을 풀기 위한 선형대수(linear algebra)에 의존한다. 우도함수는 실제값과 결과값 사이의 오차자승(squared error)의 합을 최소화 시키는 것과 동일하다.

☞ 우도함수(likelihood function): 어떤 표본에서 특정한 값의 집합인 확률변수 $Z_i$(i =1, 2, ⋯, n)를 고정된 모집단 모수 θ의 결합확률밀도함수(joint probability density function)로 표현한 것이다. 가능함수는 모수추정을 하기 위해 사용되는 것으로 기호로 는 L 또는 L(θ)로 표시된다. L(θ; $Z_1$, $Z_2$, ⋯, $Z_n$) = L(θ; $Z_1$) L(θ; $Z_2$) ⋯ L(θ; $Z_n$). 이 가 능함수에서 확률변수 Z는 특정한 표본에서 관찰된 표본 값이기 때문에 고정된 값이다. 그리고 이 가능함수의 크기는 고정된 모집단 모수인 θ의 함수이다. 표본에서 도출된 관찰변수의 값은 어떤 고정된 상수라는 전제 하에서 미지수인 모집단 모수 θ를 추정 하기 위해 θ의 함수로 표현한 것이 가능함수이다. 실제에서 모집단 모수인 θ의 값을 알 수 없다. 따라서 모집단 모수 θ의 값을 모르기 때문에 θ의 값을 이런 저런 값을 주 어 변화시키면서 가능함수가 어떻게 변화하는지를 알아보게 된다. 모수추정은 가능함 수를 이용해 이루어진다. 그러나 실제에서는 가능함수를 그대로 사용하는 것은 아니며 가능함수에다 상용로그를 취한 것을 사용한다. 상용로그를 취하는 이유는 계산을 보다 간편하게 하기 위해서이다.

☞ 최대우도추정(maximum likelihood estimation): 확률변수 $X_1$, $X_2$, $X_3$, ⋯, $X_n$의 관측값 $x_1$, $x_2$, ⋯, $x_n$에 대하여 우도함수 $L(θ;x) = f(x_1, x_2, ⋯, X_n|θ)$를 최대가 되게 하 는 모수 θ를 추정하는 방법이다.

GLM 작업을 하는 모델러들은 다음 몇가지 사항을 숙지하고 있어야 한다. 첫째, 종속변수와 연관된 독립변수들의 적합한 양의 관측치를 포함하는 데이 터(dataset)을 준비하여야 하며, 둘째, 시스템적인 요소와 임의적인 요소들의 관계를 정의하기 위한 연결함수를 선택해야 한다. 마지막으로 모델의 기초적 과정인 분포함수(예: 정규분포, 갬마분포, 포아송분포 등.)를 명시해야 한다. 그런 후에, 최대우도(maximum likelihood)는 우도함수의 대수를 극대화하여 각 요율변수의 예측값을 계산한다.

## 3.2.2 모델 데이터

GLM 모델을 위해 준비된 데이터가 모든 다른 모델에 적용될 수 있는 것은 아니다. 대인 담보를 위한 빈도나 심도 모델에는 데이터에 있는 대인담보 데이터만 추출하여 모델링을 하는 것이 더 효과적이다. 오차項(error term)인 임의 변수 또한 추출된 데이터에 의해 영향을 받을 수 있기 때문이다.

GLM의 사전 필수 준비 단계인 사고 분석은 어느 정도 데이터 양이 필요한데, 빈도와 분석되는 변수들의 양에 의해 개인 보험 상품인 경우, 최소 약 100,000 익스포저가 신뢰성 높은 결과의 도출을 위해 일반적으로 필요하다. 과거 2년간의 데이터를 사용한다면 년간 50,000 익스포저도 가능하다. 이보다 적은 수의 데이터에도 의미있는 GLM 결과를 도출할 수는 있으나 보편적이지는 않다. 전체적으로 최소 100,000에서 200,000의 익스포저 데이터가 최상의 결과를 보일 가능성이 높다. 또한, 특정 한 해에 발생된 예외의 사고들, 즉 대형 사고들에 의해 모델의 결과가 심각하게 왜곡될 수 있기 때문에 2-3년치 경험데이터를 사용하는 것이 이상적이다.

다른 형태의 사고가 요율변수들에 다르게 영향을 끼친다면 사고의 형태에 맞게 분리하여 모델링을 할 필요가 있다. 예를 들어, 책임배상담보 사고와 재물손해담보 사고는 손해액과 성격이 확연히 다르기 때문에 두 형태의 사고를 혼합해서 개발한 모델의 결과는 변동폭이 심할 수 밖에 없다. 즉, 자동차보험인 경우, 대인과 대물담보는 독립적으로 모델링을 하는 것이 바람직하다. 심지어 궁극적으로 하나의 보험상품에 한 개의 GLM 모델을 원할 경우에도 사고데이터를 분리하여 담보별 독립모델을 각각 개발한 후, 이들 독립모델 결과를 합친 후 적합(fitted)하게 단독 모델을 만드는 것이 더욱 바람직하다.

GLM 데이터의 전체적인 구조는 계약자(또는 피보험자) 기준에 의해 계약과 사고 정보가 연결된 데이터로 구성된다. 즉, 집합개념이 아닌 개별개념의 데이터로 준비되어야 한다. 전형적인 데이터에는 기본적으로 다음과 같은 필드(field)가 포함된다.

- 설명변수(독립변수)
- 시간적 효과 또는 제도적 효과등을 표준화하기 위한 가변수(dummy

variables)

- 유사한 사고 성격을 가진 담보의 경과 익스포저
- 유사한 사고 성격을 가진 담보의 발생 사고수
- 유사한 사고 성격을 가진 담보의 발생 손해액
- 유사한 사고 성격을 가진 담보의 보험료

만일 GLM으로 계약의 갱신(renewal or retention) 또는 신계약율(new business or conversion)을 분석하려 한다면, 다른 속성을 지닌 데이터가 필요한데 기본적인 필드외에 요율변수, 판매채널, 과거 갱신시 보험료 변화, 과거 계약 중 배서 내용등을 포함한 설명변수들과 갱신여부 등이 포함될 수 있다.

계약 하나에 여러 피보험자가 존재하는 경우(예: 장기 통합보험), 갱신은 계약 단위 또는 피보험자 단위로 정의될 수 있다. 모델이 어떻게 사용될 지에 따라 이에 맞는 데이터가 준비되어야 한다.

### 3.2.3 사전 데이터 분석

일반적으로 모델링 전에 모델에 사용될 데이터 분석이 필요하다. 이러한 분석은 마이너스 익스포저나 손해액을 검사하기 위해서, 또는 통계 필드에 공란 또는 다른 내용이 기록되어 있는지에 대한 조사를 위해서 필요하다.

(1) 분포도 분석: 사전 데이터 분석에서 가장 중요한 요소 중 하나는 핵심적인 변수들의 분포도를 보는 것이다. 이는 모델링 전, 데이터에 이례적인 내용이 있는지를 확인하려는데 목적이 있다. 데이터의 이례적인 내용은 주로 손해액의 분포도에서 보이는데, 예외적인 대형사고에 의한 클레임이나 평균 사고금액 크기별 이례적인 사고건수 등이 포함된다.

<그림 4-1>은 어느 핵심변수의 일반적인 사고금액 분포도를 보여준다. 이런 분포도는 오른 쪽 꼬리부분을 이해하는데 도움이 된다. 특히, 심도 모델링에서 대형사고의 기준점을 정하기 위해 유용할 수 있다. 이례적인 사고에 의한 분포도에서 왜곡이 의심될 경우, 모델링 개발 전에 이런 사고데이터를

수정하거나 또는 데이터의 왜곡이 모델 결과를 제대로 해석할 수 있도록 수
정하여야 한다.

〈그림 4-1〉 사고금액 분포도

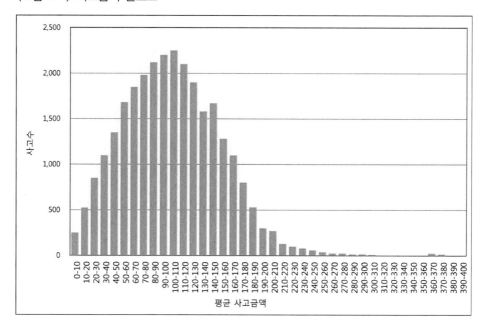

(2) 단변량과 이변량 분석: GLM은 다변량 분석이지만, 모델링 전에 기초
    데이터에 의한 단변량과 이변량(two-way analysis) 분석이 필요하다.
    단변량 분석은 변수안에 충분한 데이터 정보가 포함되어 있는지를 파
    악할 수 있는데, 예를 들어 변수안의 익스포저 분포가 어느 특정 계층
    안에 집중되어 있을 경우, 이러한 변수는 모델링에 적합하지 않을 수
    있기 때문이다. 예를 들어, 데이터 변수 중에 성별을 단변량으로 보니
    남성의 비율이 98%였다면 성별에 의한 상대도는 신뢰도가 낮을 수 밖
    에 없다. 이런 경우 성별은 모델링에서 제외시키는 것이 바람직하다.
    만일, 어느 특정 계층의 데이터가 매우 적은 상태에서 다른 이웃 계층
    과 합쳐지지 않는다면 GLM의 우도함수(maximum likelihood) 알고리즘
    은 컨버전스가 발생하지 않을 수 있다. 예를 들어, 데이터 변수 중에 연
    령변수를 연령별로 세분화해서 단변량의 결과를 보니 각 연령별로 데

이터 양의 차이가 많음을 볼 수 있다. 이런 경우 신뢰도를 향상시키기 위하여 연령을 20대, 30대, 40대, 그리고 50대 이상과 같이 집합단위로 묶어 클러스터(cluster)화 하는 것이 바람직하다. 단변량 분석의 결과는 클레임과 익스포저의 분포를 파악하는 것뿐만 아니라 빈도, 심도, 손해율, 그리고 순보험료 측면에서 상대도 효과의 사전 정보를 제공하여 준다.

(3) 상대도 범주화(clustering): 모델링 작업 전, 설명변수가 연속변수(continuous)인 경우 어떻게 범주화(categorization) 할 것인지, 또는 범주화가 필요치 않은 변수는 어떤 것인지를 파악해 두어야 한다. 연속변수의 범주화는 모델링을 위해 변수안의 계층간 간격을 정하는 것으로 주택담보 한도 금액의 경우 5천만원 미만, 5천만원 이상~1억 미만 등으로 계층을 정할 수 있다. 또한, 위의 연령변수를 집합단위로 묶은 것도 범주화에 해당된다.

☞ 마스(MARS: multivariate adaptive regression spline) 알고리즘은 변수의 범주화를 위한 기법이다.

모델링의 시작은 모든 변수안의 계층간 간격을 좁게 시작하는 것이 바람직하다. 단, 계층간 간격에는 충분한 데이터를 포함하고 있어야 한다. 예를 들어, 건강보험에서 피보험자의 연령별로 충분한 사고 데이터가 있다면 연령변수의 범주화는 각 연령으로 세분화 하여 모델링을 시작할 수 있다. 그러나, 실제로 이런 경우는 드물기 때문에 불충분한 익스포저를 가진 어떤 계층은 충분한 익스포저를 가진 다른 이웃 계층과 합하여 진다. 범주화 작업은 GLM의 자동 단계화(stepwise) 알고리즘을 사용할 수 도 있으나, 요율구조나 환경 등을 감안하여 수정하는 것이 더 적합할 수 있다.

(4) 상관관계 분석: 상대도의 범주화가 이루어 지면, 설명변수 계층별 상대도가 다른 변수들과 얼마만큼 상관관계가 있는 지에 대한 분석이 필요하다. 가장 일반적으로 사용되는 상관관계 분석 기법은 크래이머의 V

통계법(Cramer's V statistic)이다. 다른 분석 기법으로는 피어슨 콰이스 케어(Pearson chi-square)등이 있는데, 이에 대한 자세한 분석 기법은 여기에서 다루지는 않을 것이다. 상관관계를 이해하는 것은 GLM의 결과를 해석할 때 도움이 되는데, 변수의 다변량 분석 결과가 단변량 결과와 어떻게 다른 지를 알 수 있으므로 GLM 분석에서 어떤 변수를 포함하거나 제외할 지에 영향을 미칠 수 있다.

### 3.2.4 GLM의 결과물

전형적으로 손해율 또는 순보험료에 의해 손해분석을 하는 단변량 방식과 달리, GLM은 주로 빈도와 심도를 분리한 순보험료 데이터로 실행한다. 되도록 순보험료 데이터를 이용하는 통계적이며 실질적인 이유는 다음과 같다. 첫째, 손해율로 모델링을 한다면 계약마다 보험료를 현재 요율수준으로 수정해야 하는데, 실질적으로 정확히 실행하기가 어려울 수 있다. 둘째, 계리사들은 빈도와 심도의 사전 기대치를 알고 있다. 예를 들어, 젊은 연령의 운전자는 높은 빈도를 보인다던지 방재시스템이 갖추어져 있지 않은 건물의 심도는 높다라는 사전 기대치를 알고 있다. 반면에, 손해율의 형태는 현재 요율수준에 크게 의존한다. 셋째, 손해율에 의한 모델은 요율이나 요율구조가 변경될 때 마다 모델의 적합성이 확연히 떨어지게 된다. 마지막으로 손해율만을 위해 일반적으로 채택될 수 있는 대표적인 분포함수(distribution function)가 없다는 점이다.

GLM을 더 정확히 이해하기 위해서는 도형를 통해 결과를 관찰하는 것이 효과적이다.

<그림 4-2>는 자동차보험 자차담보의 요율변수인 차령별 사고 빈도의 효과를 보여주는 것이다. 이 요율변수는 17가지의 세부 계층을 가지고 있으며, 각 계층별 익스포저는 막대그래프로 표시된다. 각 계층은 차량의 연령을 대표한다고 가정한다.

〈그림 4-2〉 자동차보험 자차담보 빈도의 차령별 효과

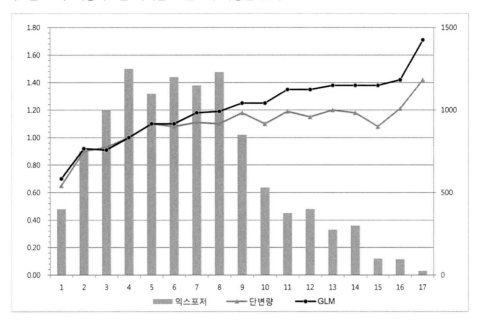

이 결과물은 곱셈방식의 모델이다. 기준이 되는 계층(base level)은 차령 4로 정하며 상대도는 1.00으로 모든 다른 계층은 기준 계층을 기준으로 상대도가 표시된다. 기준 계층은 일반적으로 익스포저수가 상대적으로 많은 계층을 선택하는게 보편적이다. 이것은 상대적으로 큰 수를 가진 계층이 통계 분석상 견고한 결과값을 보이며, 이에 따라 다른 계층의 상대도 계산시 정확성을 높일 수 있다는 논리에 따르는 것이다. 단변량에 의한 상대도와 GLM에 의한 상대도는 선그래프로 보여준다. GLM 상대도는 모든 다른 변수들을 고려한 차령변수의 통계적 효과를 보여준다. 예를 들어, 차령 12는 차령 4보다 다른 모든 요율변수와의 관계를 감안안 후 자차빈도가 약 35% 더 높다는 것을 지적한다. 반면에, 단변량에 의한 상대도는 다른 요율변수를 감안하지 않고 차령변수만으로 분석했기 때문에 차령 12는 차령 4보다 자차빈도가 약 15% 높다는 것을 지적한다. 이러한 단변량과 GLM 상대도의 불일치는, 차령은 모델안에 있는 다른 모든 요율 변수들(예: 운전자 연령, 차종등)과 매우 상관되어 있다는 것을 의미한다.

다변량 분석에서 다른 모든 요율변수를 감안한다는 말을 이해하는 것은 매우 중요하다. 변수 한 개의 GLM결과는 다른 모든 요율변수들의 결과를 동시에 감안했을 때에만 의미를 가진다. 만일 다른 핵심 변수들의 계수 변경 또는 제외가 생긴다면, 차령 12의 GLM 상대도는 더 이상 유효한 상대도라 할 수 없을 것이다. 그러므로, 변수 한 개의 GLM결과는 다른 모든 요율변수들의 결과를 동시에 감안했을 때에만 유효하기 때문에 차령 12의 상대도는 다른 상대도에 의존적이라 할 수 있다.

## 3.2.5 GLM 결과의 평가

GLM 결과의 확실성과 모델의 정합성을 이해하는 것은 매우 중요하다. 경우에 따라, 모델링은 변수들의 계층을 세분화해서 작업할 필요가 있다. 연결함수와 오차항의 가정 또한 모델에 영향을 미친다. GLM 결과에 대한 평가와 진단은 통계적 이론에 바탕을 둔다.

하나의 변수가 순보험료상에 시스템적인 효과를 가지고 있는지에 대한 결정을 위해 가장 일반적인 통계적 진단 방법은 표준오차(standard error)를 계산하는 것이다. 표준오차의 진단은 95%의 신뢰구간과 유사한 것으로 GLM 결과에 대해 95% 신뢰구간 범위를 보여주는 것이다. <그림 4-3>은 이전 자동차보험 자차담보 빈도의 차령별 효과와 동일한 그래프에 두개의 신뢰구간(+/-)을 더한 것이다. 일반적인 경우, 표준오차의 범위가 좁으면 이 변수가 통계적으로 중요하다는 것을 의미하게 된다. 반면에, 신뢰구간이 넓은 패턴을 보일 경우 이 변수는 데이터의 오류(noise)에 의해 정확성이 떨어질 수 있으므로 모델에서 제외되는 것이 바람직하다고 할 수 있다. 그림에서, 차령 17은 넓은 표준오차 범위를 보이는데 이는 주로 이 계층의 데이터 양이 적기 때문에 나타나는 일반적인 현상이라 하겠다. 그러나, 차령 1에서부터 14까지는 충분한 양의 데이터에 의한 결과와 오차범위가 작으므로 매우 중요한 의미를 가지는 변수와 계층이라 할 수 있다.

<그림 4-3> 자동차보험 자차담보 빈도 차령별 GLM 결과의 표준오차

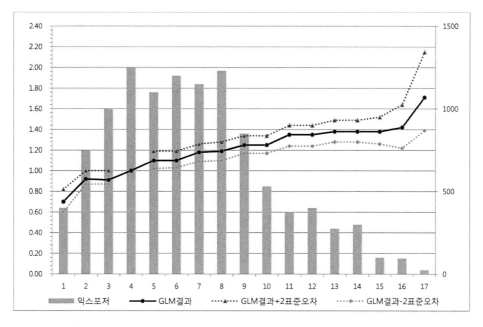

편차값(deviance)의 측정은 설명변수의 통계적 중요도를 측정하기 위한 부연의 진단방법이다. 일반적으로, 편차값은 모델에서 도출된 적합값(fitted value)이 얼마나 관측치와 다른지에 대한 평가라 할 수 있는데, 편차실험은 주로 모델안에 어느 변수를 첨가적으로 포함할 지를 판단하기 위해 사용된다. 그러므로, 매번 모델의 편차값은 구해지고 각 결과값은 비교된다. 편차실험에는 주로 콰이스퀘어(chi-square) 또는 F-test가 사용되는데, 이는 변수를 더 첨가함으로 얻어지는 장점과 더 첨가함으로 발생할 수 있는 단점 간의 비교를 통한 이론적인 타협점을 측정하기 위한 것이다.

모델의 정합성에 대한 진단과 평가는 년도별 GLM 결과의 지속성을 비교함으로 알 수 있다., <그림 4-4>는 모델에 사용되는 경험기간을 년도별로 분리하여 자동차보험 자차 담보 빈도의 차령별 효과를 보여주는 것이다. 그래프에서 보면 대체로 편차가 크지 않고 동일한 패턴을 가지고 있듯이 보인다. 그러므로, GLM 결과에 의한 모델은 안정적이라 할 수 있다.

년도별 GLM 예측값을 비교하는 평가 외에도, 모델의 정합성을 평가하는 가장 널리 알려진 방법은 모델 개발에 사용하지 않은 유사한 데이터를 개발된 모델에 적용하여 결과를 비교하는 것이다. 일반적으로, 모델링 처음에 추출한 데이터를 무작위로 반(또는 1/3)으로 나누어 모델 개발에 사용하고 나머지 모델에 사용하지 않은 데이터의 반은 개발된 모델의 정합성을 검증하기 위한 검증데이터로 이용하는 것이다. 개발된 모델의 GLM결과와 검증데이터를 이용한 경험 결과와의 차이 범위가 모델이 얼마만큼 정합한지를 설명해 주는 척도가 된다.

〈그림 4-4〉 자동차보험 자차담보 빈도의 GLM 결과 년도별 지속성 평가

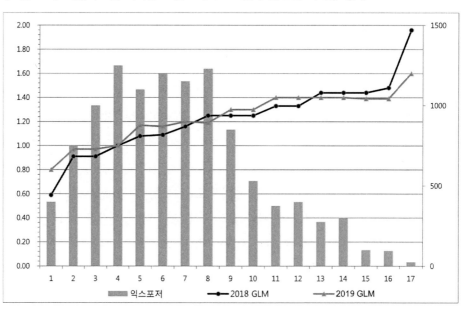

<그림 4-5>는 자동차보험 자차담보의 기대 빈도 범위 구간내 모델에 의한 빈도수와 검증데이터에 의한 구간내 빈도수를 비교한 것이다. 그래프에서 대체로 모델데이터에 의한 빈도와 검증데이터에 의한 빈도는 GLM의 제일 높은 기대빈도 구간을 제외하고는 매우 유사한 패턴을 지닌다. 또한, GLM의 제일 높은 기대빈도 구간에서 편차가 크게 보이는 것은 이 구간의 데이터가 너무 적기 때문으로 데이터에 의한 기대값의 변동성이 매우 크다. 만일, 두 결

과의 패턴이 너무 상이할 경우 모델은 정합성이 미흡하거나 과도한 것으로 해석할 수 있다. 만일, 모델에서 중요한 통계적 효과가 반영되지 않았다면 모델의 정합성은 미흡하게 되는데 이 경우 모델은 미래의 결과를 어느 정도 예측할 수는 있으나 정합성인 면에서 합리적인 설명은 어렵다. 반면에, 데이터의 오류가 있는 변수가 포함된 모델인 경우, 모델에서 오류가 있는 데이터가 재반복적으로 돌아감으로 그 결과값은 미래 기간에 반영될 결과를 예측하는데 정합성이 크게 떨어지게 된다.

〈그림 4-5〉 모델 검증

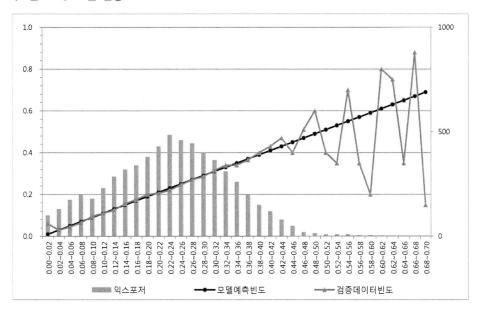

### 3.2.6 GLM의 고려사항

일반적으로 GLM을 위한 여러 소프트웨어가 개발되어 상업적으로 판매되고 있어서 GLM의 기본이 되는 공식과 개발 그리고 검증에 이르기 까지 복잡한 프로그래밍의 작업을 덜어주고 있다. 그러나, 모델을 실행하는 계리사들은 최소한 아래의 사항을 항상 주의깊게 고려해야 한다.

첫째, 모델 개발을 위한 데이터 추출시 필요한 데이터의 양, 사고의 정의,

변수의 정확한 이해, 데이터 집합 방법(예: 달력년도, 사고년도 등), 계약 배서 발생시 처리방법, 대형사고액의 처리, 손해액 진전등 모든 부분을 감안해야 한다. 데이터 추출시 IT에 관련된 내용, 마케팅 목적, 또는 금융당국의 현안등을 종합적으로 고려하여 모델을 통한 통계분석 작업이 이루어져야 한다.

둘째, 요율산정을 담당하는 계리사는 회사의 데이터에 대해 최소한 전반적인 견고한 지식을 가지고 있어야 한다. 이는 모델 개발에서 통계적 방법의 선택과 모델 검증시 합리적인 사고를 줄 수 있으며, 다른 모델 전문가와의 협업에 도움이 될 수 있기 때문이다.

마지막으로, 요율산정 계리사는 모델 결과가 회사에 효율적으로 반영될 수 있도록 여러 관련 전문가들과 적극적인 의견교환이 이루어져야 한다.

제 **5** 장

# 보험요율산정(PRICING)

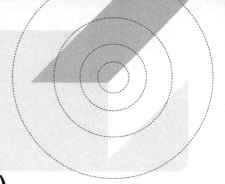

# 제5장

# 보험요율산정(PRICING)

보험계리사의 가장 전통적인 핵심업무는 보험요율산정(Ratemaking)과 책임준비금(Loss Reserves)의 예측과 산출 두 가지라 할 수 있다. 보험요율산정이란 보험에서 사용하는 보험료를 산정하는 과정을 말한다. 요율산정이나 가격책정(Pricing) 또는 보험료 산출은 쓰이는 용어만 다를 뿐 다 같은 의미이다. 보험상품에서 가격(price)이란 보험료(premium)를 의미한다. 보험상품마다 가격, 즉 보험료에 포함되는 내용은 조금씩 상이하다. 예를 들어, 저축성 상품인 경우에는 중도인출이나 조기상환 같은 특수한 상황에 대비하여 부과되는 추가수수료도 포함한다. 자동차보험의 보험료는 사고이력, 차량연식, 운전자 나이 등 모든 요소들을 감안하여 결정한다. 요율을 정하는 즉 가격을 책정하는 과정은 위험의 인수에 따르는 미래 비용의 예측에 영향을 끼치는 범위 내에서, 마케팅 목표, 시장경쟁, 법률적 제한 등을 포함한 많은 사항들이 같이 고려되어야 한다. 본서에서는 보험요율을 계산하는 과정은 구체적으로 다루지 않겠으나 계리리스크관리라는 범위 안에 있는 모든 내용을 포함할 것이다.

## 1. 요율산정의 원칙

보험요율은 보험계약자를 예기치 않은 사고로부터 보호하고 보험회사의 재무건전성을 유지하여 보험계약자와 보험회사간의 조화로운 유대관계를 통해 보험산업의 건전한 발전을 지속하는데 초점을 맞추어야 한다. 그러므로 보험요율은 금융당국의 감독과 규제를 받게 된다. 보험요율을 산정하기 위한 목표 또는 원칙은 일반적으로, 반드시 준수해야 하는 필수적인 원칙과 필수적이지는 않으나 이상적인 목표로 나누어 이해할 수 있다.

## 1.1 필수적 원칙

보험요율산정의 필수적인 원칙(principle)는 관련법규에 부합하여야 한다는 점이다. 또한, 한국은 보험업법(제129조)에 요율이 갖추어야 할 조건을 명시하고 있다. 아래의 세가지 목표는 세계보험선진국가들이 보편적으로 추구하는 요율산정의 공통적인 목표이다.

☞ 한국 보험업법 제129조 및 보험업감독규정 제7-73조에 "보험회사는 보험요율을 산출할 때 객관적이고 합리적인 통계자료를 기초로 대수의 법칙 및 통계신뢰도를 바탕으로 하여야 하며 일정한 산출원칙을 지켜야 한다."라고 명시하고 있다.

첫째, 보험요율은 과도하지 않아야 한다(not excessive). 즉, 보험요율은 보험금과 그 밖의 급부에 비하여 지나치게 높지 않아야 한다. 여기서 급부란 보험회사가 보험계약을 관리하고 운용하는데 필요한 제반 비용의 총액을 의미한다. 보험계약은 소비자가 해당 보험상품의 비용구조를 쉽게 이해하기 어려운 점이 있으므로, 보험회사가 이를 악용한다면 폭리를 취할 가능성이 상존한다. 따라서 각국의 보험감독기관은 선의의 보험소비자를 보호하기 위하여 보험회사의 요율에 대한 사전승인과 사후시정 명령의 권한을 가지게 된다. 또한 보험요율은 보험소비자가 실제로 납부할 수 있는 수준이어야 한다. 예를 들어, 자연재해에 의한 농작물피해보상보험의 경우 실제 위험에 부합하는 보험료가 산술적으로는 타당하다 할지라도 해당 농작물을 재배하는 농부들의 평균소득에서 부담할 수 있는 수준을 훨씬 초과한다면 적절한 보험요율이라고 하기 어렵다. 이런 경우에는 개별 보험소비자에 대한 요율산정에서 벗어나 지역이나 국가 단위의 단체가입 시에 적합한 요율산정 및 상품운영을 통하여 실질적으로 부담할 수 있는 수준의 보험요율을 고려해야 한다.

둘째, 보험요율은 위험수준에 적절해야 한다(adequate). 즉, 보험요율은 보험회사의 재무건전성을 크게 해칠 정도로 낮지 않아야 하며, 모든 예측 손해액과 비용을 감당할 수 있는 수준이어야 한다. 보험회사가 재무 건전성을 유지하려면 현재의 수입은 명백하게 미래에 예상되는 지출과 균형을 유지하여야 한다. 보험수입은 보험료와 투자수익을 포함하며, 지출은 모든 담보 손해액과 판매비용(예: 판매수수료 포함) 그리고 회사 운영을 위해 필요한 온갖 제반 비용을 포함하여야 하며, 불확실한 사건에 대한 예측도 포함하여야 한다. 즉, 통계적으로 예측이 가능한 사고에 대한 정확한 가격뿐만 아니라 10년 후에 발생할 지 모르는 재해와 같이 예측이 매우 어렵거나 피해금액이 불확실한 부분까지도 고려해야 한다. 치열한 보험산업의 경쟁 속에서 불확실성을 예측하는 건 결코 쉽지 않다. 가격이 높으면 회사는 다른 경쟁사보다 가격 경쟁력이 약화되어 매출이 감소될 가능성이 높으며, 반대로 가격이 낮다면 가격 경쟁력은 유지될 수 있으나 인수한 위험의 규모대비 보험료 수입이 작아 결국 영업손실에 시달릴 수도 있을 것이다. 계속적인 불충분한 가격은 보험회사의 지불능력(solvency)에 악영향을 끼칠 수도 있게 된다.

셋째, 보험요율은 보험계약자들 간에 부당한 차별이 없어야 한다(not unfairly discriminated). 실질적으로 요율산정 업무의 주요 기능은 세분화된 집단 별 위험의 차이에 따른 합리적인 차등요율 산출에 있다. '부당한' 차별 여부의 판단기준은 관련법률과 감독규정, 때로는 경제정책과 관습에 따른다. 나라에 따라서는 보험요율산정에 사용할 수 없는 항목을 관련감독규정에서 지정하기도 한다. 우리나라의 예로는, 자동차보험료에 지역구분을 사용할 수 있느냐의 논의가 장기간 지속되어왔다. 한편, 적절한 보험요율은 손해관리(loss control)의 목적과 효과를 합리적으로 반영해야 한다. 즉, 사고 빈도와 심도를 줄일 수 있는 장치에 대해서는 요율을 그 장치의 정도에 따라 낮게 산출해야 한다. 예를 들어, 무사고 운전자에게는 자동차 보험료 할인이, 가정에 도난방지 시스템이 갖추어져 있으면 주택보험료 할인이, 재난방지 시스템이 잘 갖추어진 회사에 대해서는 재물손해보험료 할인이 적용되어야 한다. 손해관리는 보험회사에게 적정한 가격을 제공하게 하는 도구일 뿐만 아니라 사고빈도의 감소로 얻을 수 있는 여러 혜택을 사회에 환원할 수 있도록 도와주는 중요한 도구일 수 있다.

결론적으로, 요율은 과도하지 않고 부족하지도 않으며 불공평한 차별요소를 배제하고 적절해야 함이 요율산정의 가장 중요한 필수적 목표이자 준수해야 하는 원칙이다. 그러기 위해서 기본적으로 요율산정 방식이 요율감독기관의 법과 기준에 부합하도록 해야 한다. 보험요율산출에 관련된 모든 방법은 객관성이 있어야 하고 사회적으로 수용 가능해야 하며 논리적이어야 한다. 위의 원칙들은 모두 중요하며 반드시 지켜야 하는 보험요율산정 시 필수 목표라 하겠다.

☞ 미국 보험요율 산정에는 네 가지 원칙이 있다.
　첫째, 보험요율은 미래의 손해액과 비용의 기대치에 대한 추정이다.
　둘째, 보험요율은 위험전가에 내재된 모든 비용을 감안해야 한다.
　셋째, 보험요율은 개별적인 위험전가에 내재된 비용을 감안해야 한다.
　넷째, 보험요율은 적절해야(reasonable) 하지만, 과도하지 않아야 하고(not excessive), 부당한 차별이 없어야 하며(not unfairly discriminated) 그리고 부족하지 않아야 한다(not inadequate).

요율산정 즉 보험가격책정에서는 산정된 보험료에 의해 적용된 계약의 예상 수익률이 목표 수익률에 도달할 수 있는지를 평가하는 과정이 포함된다. 즉, 요율산정은 미래의 기대 비용, 즉 손해액과 손해사정비 그리고 계약체결을 위해 행해지는 모든 비용들을 예측하기 위해 이들과 상관된 과거 경험치를 사용하는 작업을 포함한다. 과거 경험치를 사용한다는 의미는 계리사들이 과거 불확실성에 의해 발생했던 예상목표보다 초과한 손해액을 미래에 보충하고 변상 받도록 하기 위해 보험료를 산출해야 한다는 것으로 해석해서는 안 된다. 요율은 미래에 발생되는 비용들의 기대 값에 대한 사전 예측이지 과거의 부족분을 보충하는 사후대책이 아니라는 사실이다. 이는 요율산정의 필수적인 원칙과도 일치한다. 요율산정에서 사용되는 과거의 경험치도 미래의 기대 비용을 예측하는 범위 내에서만 사용되어야 한다. 미래의 손해에 영향을 끼칠 수 있는 여러 변수들 때문에 미래의 손해액과 손해추이는 과거 경험 데이터를 통해 알 수 있는 손해액과 손해추이와 다를 수도 있다는 사실을 이해하고 이런 경험 데이터에 대한 합리적이고 논리적인 조정과 관리가 반드시 필요하다. 이는 미래를 예측하는 첫 단계로서 과거 정보가 담긴 데이터를 사용하는데 가장 중요한 핵심요소가 된다. 그러므로, 대부분의 요율산정은 미래지향적이고 미래를 예측하는 수단이어야 한다. 과거 데이터에 의해 과거의 결과를 미래에 적용하기 위해서 과거지향적인 요율산정을 하는 경우는 매우 제한적으로 이럴 경우 과거지향적 요율산정의 이유를 요율감독당국에 분명히 밝혀야 한다.

## 1.2 이상적 목표

요율산정에서 필수적으로 지켜야 하는 원칙은 아니나, 적당하지만 과도하지 않은 보험요율이 되기 위한 세 가지의 이상적인 목표가 있다.

첫째, 보험요율은 합리적이고 견고해야 한다. 즉, 요율이 보험계약자가 이해할 수 없는 이유에 의해 변경돼서는 안되며 이는 공정성에 문제가 될 뿐만 아니라 다시 합리적인 요율로 변경될 때까지 많은 시간과 노력이 요구되기 때문이다. 그러므로 보험요율을 수정할 때에는 논리적이고 객관적인 이유가 따라야 한다.

둘째, 보험요율은 단순하고 이해하기 쉬워야 한다. 이해하기 어려운 요율 구조와 산출은 사회적으로 수용하기 어려우며 관리하는 비용 또한 추가로 발생할 수 있다. 보험요율의 복잡한 구조는 민원의 원인이 될 수도 있다. 그러나, IT의 급속한 발전과 혁신적인 통계 프로그램 개발에 의해 오늘날의 보험요율은 계속해서 복잡해지고 있는 실정이다.

셋째, 보험요율은 시장과 환경의 변화에 합리적으로 부응하여야 한다. 예를 들어, 도로교통법이 새로이 개정된다면 관련 상품의 요율은 신속하게, 가능하면 개정내용을 전적으로 수용할 수 있도록 변경되어야 한다.

이들 세 가지 이상적인 목표는 비록 계리사가 필수적으로 준수해야 하는 목표는 아닐 지어도 보험요율을 더욱 선진화 시킬 수 있는 밑거름이라 생각할 수 있다.

## 2. 보험요율의 종류와 산정방법

보험상품의 기준요율(base rate)은 보험의 위험대상(standard risk)에 부과되는 표준이 되는 가격(standard rate)으로 보험계약에 단위당 공시된 금액이다. 예를 들어, 생명보험 남성 30세 기준 사망보험금 1억원당 년간 보험료가 62만원이라 한다면 62만원이 이 상품의 공시된 금액이다. 대부분의 경우, 기준요율(base rate)에 따라 다른 이웃계층의 요율이 정해진다. 개별요율(individual rate)은 위험대상 전체의 평균요율을 개별적인 경험의 일부 또는 전부를 반영하여 수정해서 기준요율을 보완하여 주는 요율이다. 기준요율을 정할 때 모든 위험대상은 보험의 관점에서 동질성(homogeneous)이 있는 대상이라는 가정을 전제로 한다. 그렇지만 현실에서 이러한 가정이 성취되는 것은 불가능하다. 개별요율을 정하는 방법은 이질적인 위험의 대상들과 신뢰성 있는 과거경험을 지닌 대상들이 조화롭게 더해질 때 적합하게 실행된다.

☞ 기준요율(base rate)을 미국 손해보험에서는 manual rate이라는 용어로도 표현한다.

보험회사의 요율에 대한 목표는 기준요율에 근거한 개별요율보다 더 정확한 가격을 책정하는 것이다. 그러므로 보험요율을 산정하는 작업은 매우 어렵고 신중해야 하며 보험회사의 업무 중에 특히 계리업무 중 가장 중요한 분야이다. 이러한 내용을 배경으로 보험계리사가 개별요율을 산정할 때 고려해야 할 점은 아래와 같다. 일부는 위에서 설명된 요율산정의 목표와 원칙과 유사하다.

- 요율이 적용될 대상의 니즈(needs)는 무엇인가?
- 리스크를 공유(sharing)하거나 부담(bearing)하는 것에 대한 균형이 적당한가?
- 내외적인 교묘한 수정(manipulation)은 없는가?
- 실행하고 관리하기가 단순한가?
- 이해하기 쉬운가?
- 위험대상은 비정상적이거나 대재해 같은 경험에 의해 매년 보험원가에 많은 변동이 야기되는가?

(1) 요율이 적용될 대상의 니즈(needs)는 무엇인가?

예를 들어, 신제품을 생산하는 공장에서는 신제품의 가격을 유지하기 위해 생산물배상책임보험의 보험료를 신제품과 기존제품으로 나누어 할당되기를 바란다. 이에 따라서, 보험회사는 배상책임보험을 신제품과 기존제품으로 분리해서 각각의 특성을 반영하여 요율산정을 할 필요가 있다. 예를 들어 기존상품인 경우 제조일에 따라 요율차등을 두지만 신제품인 경우는 제조일 자체를 요율산정에 반영하지 않는 방식을 취한다.

(2) 리스크를 공유(sharing)하거나 부담(bearing)하는 것에 대한 균형이 적당한가?

경험데이터가 많지 않은 작은 위험대상은 리스크 공유에 근거한 요율산정을, 신뢰도가 높은 많은 경험데이터를 가진 큰 위험대상은 리스크 부담에 근거한 요율산정을 하여 리스크 공유(sharing)와 부담(bearing)의 균형(balance)을 맞춰야 한다. 그래서 경험데이터가 많은 위험대상은 자체 과거 사고이력을 그 대상의 요율산정에 반영해야 하고, 작은 위험대상은 작은 위험대상들을 집단으로 묶어 사고이력을 공유하여 그

평균을 각각의 작은 위험대상에 반영하는 것이다.

(3) 내외적인 교묘한 수정(manipulation)은 없는가?

내외적인 교묘한 수정은 요율산정 과정 중에서도, 상품이 판매되는 접점에서도 발생하기 쉽다. 예를 들어, 내부적인 수정은 회사에서 요구하는 보험료의 범위에 맞추기 의해 의도적으로 최종요율에 적용되는 계수의 숫자를 통계 분석 결과와 상관없이 조금 수정하는 것이다. 외부적인 수정은 어느 대리점에서 판매수수료와 특별실적보너스를 위해 판매 시 리베이트(rebate)를 하는 경우이다. 이러한 방법을 적용해서는 안 된다는 의미이다.

(4) 실행하고 관리하기가 단순한가? 그리고 이해하기 쉬운가?

관리 시스템이 단순하면 이해하기도 쉬워진다. 손해관리(loss control)를 잘 하는 위험대상에게 단순하고 이해하기 쉬운 요율체계는 더 효과적이다. 이는 보험가입충동으로 이어질 수 있기 때문이다. 예를 들어, 무사고 운전자에게는 거두절미하고 '1년간 무사고 운전자 보험료 10% 할인'같은 단순한 시스템으로 자동차 보험료 할인혜택을 제공하는 것이다.

(5) 위험대상은 비정상적이거나 대재해 같은 경험에 의해 매년 보험원가에 많은 변동이 야기되는가?

비정상적이거나 대재해 같은 사고가 포함된 경험데이터의 신뢰도는 낮다. 실제 그대로 반영될 경우 매년 보험료는 과다인상과 과다인하를 반복하게 될 것이고 결국에는 보험료에 대한 보험계약자의 신뢰를 잃게 될 것이다. 이런 경우, 대형사고 기준금액을 정하고 기준금액을 초과한 손해액만을 데이터에서 제외(truncate)시키는 것이 일반적이다. 이때, 사고 초과지수를 계산하여 초과 손해액을 제외한 손해액에 초과지수(large loss factor)를 적용하여 요율을 산출한다.

때때로 보험요율을 산정하는 방법론에 대해 어떤 기준을 설정하여 분류하곤 한다. 예를 들어, 요율이 등급(class)으로 계산될 때 적용되는 방식에 따라 분류하기도 하고, 시장경쟁상황에 따라 나누기도 하고 감독당국의 개입 여부에 따라 분류하기도 한다. 그러나 본서에서는 그런 분류 방법을 제시하지 않을 것이다. 왜냐하면, 상품의 특성과 경험데이터에 의해 요율은 오직 한 가지 요율체계에만 적용되지 않으며 여러 요율체계에 중복이 되는 경우가 대부분이기 때문에 분류 방법의 타당성을 설명하기가 어렵다. 대신에 대표적인 보험요율 산정방식을 개별적으로 소개할 것이다.

## 2.1 스케줄요율방법(schedule rating)

스케줄요율방법은 과거경험데이터를 직접적으로 반영하지 않는 개별요율시스템이다. 이론적으로 경험데이터를 반영하지는 않으나 위험대상의 실제 경험에서는 물리적인 효과를 기대할 수 있다는 추론을 인정하는 요율방법이다. 예를 들어, 최근에 아파트에 수영장을 설치했다고 치자. 수영장에 의해 발생한 사고는 아직 발생하지 않았고 회사의 경험데이터에는 소수의 사고이력만이 있다고 하자. 그러나 우리는 수영장 안에서 상해나 배상책임과 같은 사고를 예감할 수 있다. 이런 상황인 경우, 스케줄요율이 적합하다. 또한, 스케줄요율방법은 경험요율방법(experience rating)이나 다른 요율방법을 적용하기에는 위험대상이 너무 작은 경우 이 방법을 적용한다.

☞ 대부분 보험요율들은 스케줄요율방법을 사용하는 것처럼 보인다. 기준요율과 이에 따른 상대도를 제시하여 최종 보험료를 도출해 내기 때문이다. 그러나 근본적인 차이점은 스케줄요율방법은 과거경험데이터를 거의 사용하지 않는 것이고 다른 대부분 보험요율들은 과거경험데이터에 전적으로 의존한다는 것이다.

스케줄요율방법은 대체로 할인과 할증의 %형태를 취한다. 이러한 할인과 할증의 %형태는 독자적으로 적용되기도 하고 간혹 경험요율방법의 앞뒤에 적용될 때도 있다. 일반적으로 스케줄요율방법은 할인과 할증에 의해 반영될 수 있는 최대할증%와 최대할인%를 정하기도 한다. 예를 들어, 모든 요율 항목을 적용한 후 최대20% 할증과 최대25% 할인의 범위를 정하는 것이다.

스케줄요율방법의 할인과 할증의 형태는 심사과정에 참고자료로 사용되기도 한다. 이러한 요율방법은 손해보험 상품 중에 특정업종의 소규모 기업이나 공장 대상의 상해보험, 재물보험 또는 일반배상책임보험에 적용되는 게 일반적이다. <표 5-1>은 종업원 5인이하의 소규모 제조물 공장 대상 일반배상책임보험의 스케줄요율표의 예이다.

〈표 5-1〉 일반배상책임보험 스케줄요율표 예

| 1. 위치 - 주변의 인구밀도 등 | -5% ~ +5% |
| 2. 제조물 - 상태, 관리 정도 등 | -10% ~ +10% |
| 3. 기계 설비 - 형태, 상태, 관리 정도 등 | -10% ~ +10% |
| 4. 종업원 - 채용, 훈련, 감독, 경험 등 | -6% ~ +6% |
| 5. 공장 내 안전시설 - 의료장비, 안전장치 등 | -3% ~ +3% |
| 6. 특이사항 | -8% ~ +8% |

## 2.2 경험요율방법(experience rating)

모든 개별요율은 위험대상의 실제 경험과 특성을 요율에 반영한다는 점에서 경험요율의 한 형태이다. 경험요율방법은 미래지향적(prospective)인 요율시스템의 특별한 형태를 취한다. 경험요율방법은 과거의 경험에 약간의 수정과 함께 미래를 예측할 수 있다고 믿을 때 사용하는 요율방법이다. 경험요율방법은 과거 경험데이터로부터 동일한 기간 동안의 보험료, 익스포저, 손해액 등을 추출함으로 시작한다. 데이터로부터 추출한 보험료와 손해액은 적합한 수정을 거친 후 손해율 또는 순보험료를 각 등급(class)마다 구하여 기준요율과 비교하여 등급에 맞는 요율을 산정하는 방법이다. 보험료를 수정할 때는 과거 요율변경 내역, 경제적인 변화에 의해 변경된 보험료 내용, 기본약관의 수정에 따른 보험료 변화 등이 반영되어야 한다. 손해액의 경우, 손해사정비를 포함하여 최종적으로 지급될 보험금을 예상하여 수정하는 것이 일반적이다.

〈표 5-2〉는 일반배상책임보험의 가입한도별 요율

| 가입한도 | 수정보험료 | 수정손해액 | 신뢰도 | 손해율 | 요율 |
|---|---|---|---|---|---|
| 1천만원 | 8,500,000 | 6,823,000 | 1.000 | 0.803 | 1.000 |
| 2천만원 | 5,600,000 | 4,852,000 | 0.800 | 0.893 | 1.112 |
| 5천만원 | 4,900,000 | 4,152,000 | 0.500 | 0.924 | 1.151 |

이러한 수정에는 계리사의 전문적인 판단이 작용될 때가 많다. 또한, 경험요율방법은 과거 경험데이터로부터 계산하는 것이기 때문에 통계적인 신뢰도(credibility)를 반드시 반영해야 한다. <표 5-2>는 일반배상책임보험의 가입한도별 요율을 나타내는 표이다. 데이터가 부족하거나 산업적으로 규모가 작은 담보에 대해서는 요율산출기관에서 업계전체 통계를 이용하여 평균요율을 구하고 각 보험회사는 자사의 데이터 실적이나 경영적인 판단에 의해 평균요율을 일부 수정한 후 최종요율을 결정하기도 한다. 신뢰도를 반영하는 요율산정 방법은 후반부 보충주제 8에서 자세히 다룰 것이다.

## 2.3 참조요율(reference rate)

과거 경험데이터가 전혀 없는 새로운 위험대상의 보험상품이나 데이터가 있지만 사고내역이 너무 적어 신뢰성 있는 경험요율을 산정하는데 한계가 있을 때, 데이터의 pooling을 통해 경험데이터의 양을 늘려 위험대상의 평균요율을 구하게 되는데 이러한 평균요율을 참조요율이라 한다. 또는, 데이터 양에 상관없이 해당상품의 보험업계 평균요율을 의미하기도 한다. 한국의 경우, 보험요율산출기관인 보험개발원이 보험 분야별로 업계 전체의 통계자료에 근거해 관련 통계를 체계적으로 통합, 연구해서 보험종목별, 해당위험별 특성에 따른 위험률을 산출 또는 조정하여 금융위원회에 신고한 업계 평균요율 또는 순보험요율을 말한다. 예를 들어, 생명보험인 경우 참조요율 또는 참조순보험요율은 생명보험 업계전체의 통계자료에 의한 해당위험별(예: 사망률, 암위험율 등) 평균요율이며, 개별보험회사는 순보험요율에 사업비 등 자사 실적 등을 반영하여 자율적으로 사용할 수 있도록 하고 있다. 보험회사가 참조요율에 자사 실적 등을 반영하여 요율을 산정한다면 비록 위의 일반적인 경험요율방법을 적용하지 않았어도 자사 실적에 의해 최종요율을 결정했으므로 경험요율에 속한다고 말 할 수 있다.

☞ 미국의 참조요율은 요율산출기관인 ISO나 NCCI에서 산출하는 평균요율이며 보험회사는 자사 데이터로부터 경험값을 감안하고 수정한 후 최종 보험료를 산출한다. 특히, 손해보험의 기업성보험(commercial line)에서 주로 사용한다.

☞ 한국의 경우, 보험요율에 대한 금융당국의 규제가 매우 엄격하기 때문에 대부분의 보험회사들은 참조요율을 바탕으로 각사의 손해율과 과거 5년간 손해율 추이 등을 반영해 매년 보험료 조정폭을 조정하고 있다.

## 2.4 비통계요율

손해보험에서 기업성상품(commercial line)인 경우, 대수의 법칙이 성립하지 않는 경우가 많이 있다. 예를 들어 원자력발전소의 사고위험을 담보하는 보험상품의 보험료를 산정하려면 과거의 사고통계를 확인하기가 어렵다. 예를 들어 발전소가 생긴 이후에 한번도 유사한 사례가 없었거나, 혹은 오직 한 번의 사고가 매우 큰 피해를 발생시켜 보험요율을 왜곡시킬 수 있는 것이다. 이렇게 통계적으로 보험료를 합리적으로 산출하기 어려운 경우에는 비통계적 요율을 사용할 수 있다. 비통계적 요율은 산출 주체에 따라 협의요율과 판단요율로 나뉜다.

☞ 대수의 법칙(law of large numbers): 표본의 관측대상 수가 많으면 통계적 추정의 정밀도가 향상된다는 법칙으로, 수지상등의 원칙과 함께 보험료 산출의 2대 원칙 중에 하나이다. 대수의 법칙과 수지상등의 원칙은 후반부 보충주제 9: 보험의 주요 기본원칙 정의에서 자세히 설명되어 질 것이다.

### 2.4.1 협의요율

감독기관에 신고수리의 인가절차 없이 재보험자로부터 받아서 사용하는 요율이다. 대부분의 경우 통계에 기초하지 않고 재보험자의 경험과 판단, 협상에 의해 결정되기 때문에 협의요율이라 표현을 쓴다. 통계에 기초해 감독기관에 신고수리의 인가절차를 밟아 사용하는 인가요율의 반대개념이다.

### 2.4.2 판단요율

비통계요율 중에 다른 하나는 원수보험회사가 자체적인 판단으로 요율을 결정하는 것으로 판단 하에 결정한다고 하여 판단요율이라 명명되었다. 과거에는 원수보험회사의 전문성 부족 및 인수능력 부족 등으로 인해 협의요율 이외에 별도의 요율체계를 인정하지 않았다. 그러나, 보험의 원칙인 대수의 법칙에서 벗어나기 때문에 금융당국에서는 비통계요율 사용을 손해보험의 기업성보험처럼 특수한 경우에 한하여 허용하였고, 최근 들어 금융당국은 원수보험회사의 판단요율 사용을 허용하고 있으며, 사용을 장려하고 있다. 왜냐하면 특히 해외물건인 경우, 협의요율에 너무 의존하기 때문에 보험회사의 자체적인 인수심사 능력이 상당히 부족하고 글로벌 경쟁력을 확보하기 어렵다는 판단이 있었던 것이다.

이러한 취지로 도입된 판단요율은 보험소비자 입장에서는 단기적으로는 무조건 유리해 보인다. 보험회사는 판단요율과 협의요율 중에 선택해서 보험요율을 제시할 수 있게 되는데 입찰과정에서 최저가 낙찰을 위해 두 가지 요율 중에 보다 낮은 요율을 사용할 수 밖에 없어 점차 보험료가 인하되는 효과가 있다. 그런데 이러한 효과가 긍정적인 측면만 있는 것은 아니다. 장기적으로는 보험사고가 발생할 경우 보험 갱신이 어렵거나 보험회사에서 인수를 거절하는 등 지속적으로 보험에 가입하기 어려운 상황이 될 수도 있다.

☞ 아직까지 판단요율이 활성화되지 않았지만 일부 기업성보험 계약에서는 판단요율을 적극적으로 사용하는 사례가 점차 늘고 있다. 우선 보험회사의 자체적인 요율산출 능력을 확보하는 것은 보험회사의 근본적인 경쟁력이기 때문에 금융당국에서 경쟁력 제고를 위해 판단요율을 허용한 것은 바람직해 보이나 과당경쟁 등을 통해 보험시장이 갈수록 어려워진다는 측면도 존재한다.

☞ 협의요율과 판단요율이라는 용어는 모두 한국식 용어임을 참조하기 바람.

## 2.5 소급요율방법(retrospective rating)

과거 경험데이터에 약간의 수정과 함께 미래를 예측할 수 있다고 믿을 때 사용하는 경험요율방법은 미래지향적(prospective)인 요율시스템인데 반해, 소급요율방법은 당해년도의 보험요율은 당해년도의 경험을 사용하는 소급지향적(retrospective)인 요율방식이다. 보험기간 중에 정기적인 감사(audit)를 통해 보험료의 환급 또는 추가징수가 이루어진다. 당해기간의 경험이 당해기간의 요율로 반영된다는 장점이 있다. 그러므로, 소급요율방식이 아닌 모든 요율방법은 미래지향적 요율시스템이라 할 수 있다. 소급요율방식은 미국의 산재보험(worker's compensation)에서 전통적으로 사용하는 요율방법이다. 그 배경은 산재보험이란 기업 내 근로자의 작업 혹은 업무와 관련되어 발생한 질병, 부상, 사망과 같은 재해를 보상하기 위한 보험인데 산재보험 요율에서 가장 중요한 요율변수는 종업원수가 된다. 종업원은 채용되기도 해고되기도 또는 이직하기도 하여 보험가입 시에 기준이었던 종업원수가 보험기간 동안 수시로 변하기 때문에 이에 따라 정기적인 감사(audit)를 통해 적정한 보험료를 책정하려고 했던 것이다.

# 3. 보험료 구성과 분류

보험료를 구성하고 분류하는 방식은 상품구성에 따라 매우 다르다. 상품자체의 위험특성이 보험료에 직접적으로 반영되어야 하기 때문에 사람이 위험대상인 인(人)보험상품과 사물이 위험대상인 물(物)보험 상품과는 다를 수밖에 없다. 본서에서는 현재 한국 보험시장에서 적용하고 있는 보험료 구성과 분류 체계를 설명하도록 하겠다.

## 3.1 생명보험

보험료 산출의 2대 원칙인 수지상등의 원칙과 대수의 법칙이 가장 많이 적용되는 분야이다. 생명보험에서는 소비자에게 청구하는 보험료를 영업보험료라 하며 순보험료와 부가보험료로 구성된다. 순보험료는 장래의 보험금을 지급하기 위한 재원이 되는 부분이고 부가보험료는 보험회사가 보험계약을 유지하고 관리하는데 필요한 경비로 쓰이는 부분이다. 순보험료는 다시 위험보험료와 저축보험료 부분으로 나누어진다. 위험보험료는 사망보험금, 입원, 수술, 장해 급여금 등의 지급재원이 되는 보험료를 말하며, 저축보험료는 만기보험금, 중도급부금의 지급 재원이 되는 보험료이다. 부가보험료는 신계약비, 유지비, 수금비로 구성되며 이는 예정사업 비율을 기초로 계산된다. 예정신계약비($\alpha$)는 신계약 체결에 필요한 설계사 수수료, 진단비, 판촉비, 전산비 등의 제반 경비의 예상금액이고 예정유지비($\beta$)는 회사 및 계약 유지 등에 필요한 인건비나 임차비와 같은 경비의 예상금액이며, 예정수금비($\gamma$)는 보험료 수금에 필요한 자동이체 수수료 등의 제반 경비의 예상액을 의미한다.

생명보험 보험료는 예정사업 비율을 기초로 계산되며, 생명보험 보험료를 산출하는 세가지 요소는 예정위험률, 예정이율, 그리고 예정사업비율이다.

- 예정위험률: 과거 일정기간 동안 일어난 보험사고의 발생 통계를 기초로 해서 앞으로 일어날 사고율을 예측한 것으로, 일반적으로 예정위험률이 올라가면 보험료는 올라가고, 낮아지면 보험료는 내려가는 형태이다. 예정위험률은 보험료 중에 위험보험료 산출 시 적용된다.
- 예정이율: 보험료를 납입하는 시점과 보험금 지급 사이에는 시차가 발생한다. 이 기간 동안 기대되는 수익을 미리 예상하여 일정한 비율로 보험료를 할인해 주는데, 이 할인율을 의미한다. 예정이율이 높아지면 수익이 높아질 것으로 예상되므로 보험료가 내려가고 예정이율이 낮아지면 수익이 낮아질 것으로 예상되므로 보험료가 올라가는 구조이다. 예정이율은 보험료 구성요소 중에 저축보험료 부분에 해당된다.
- 예정사업비율: 보험회사는 보험계약을 유지하고 관리하면서 여러 가지 비용이 발생하게 되는데 이러한 운영경비를 미리 예상하여 보험료에 포함시킬 때 사용하는 비용의 구성비율을 의미한다. 생명보험회사에서는 예정사업비율을 신계약비, 유지비, 그리고 수금비의 세 가지로 세분

하고 그 각각에 대해서 일정률을 설정한다. 예정사업비율이 낮으면 보험료는 낮아지게 되고 예정사업비율이 높으면 보험료는 올라가게 되는 형태이다. 예정사업비율은 보험료 구성요소 중에 부가보험료에 세분화되어 적용된다.

## 3.2 손해보험

한국 보험산업은 겸업을 허용하여 손해보험사에서 순수한 일반손해보험뿐만 아니라 생명보험 성격인 장기손해보험을 같이 취급하고 있다. 여기서는 손해보험의 보험료 구성체계를 순수한 일반손해보험에 국한한다. 장기손해보험상품은 인(人)보험이기 때문에 위의 생명보험 구성체계를 따르면 된다. 일반손해보험상품의 종류는 너무 다양하여 상품 하나씩 보험료 구성체계를 언급하는 것은 무리가 있다. 그러나 대부분 상품의 공통적인 구성체계는 기본요율에 상품과 위험대상의 특성에 맞는 요율변수들을 곱하거나 더하여 계산하는 방식으로 구성체계 자체는 매우 단순하다고 볼 수 있다. <표 5-3>은 일반손해보험상품 중에 대표적인 상품들의 중요한 보험료 구성요소(요율변수)를 보여주는 사례이다.

〈표 5-3〉 일반손해보험의 보험료 구성요소(요율변수)

| 상품 | 구성요소(요율변수) |
|---|---|
| 자동차보험 | 기본보험료, 가입자특성요율(보험가입경력요율×교통법규위반경력), 우량할인, 불량할증 요율, 특별요율, 물적사고 할증기준 요율, 사고건수 등. |
| 화재보험 | 위치(location), 건물구조(construction type), 용도(occupancy), 방화시설(protection facilities), 유지관리(maintenance) 등 |
| 배상책임보험 | 가입한도(책임한도), 자기부담금, 특별요율 등. |

손해보험회사 또는 감독당국은 보험료의 적합성을 평가하거나 검증하기 위해 손해율이나 사업비율과 같은 여러 지표들을 사용하는데 이러한 지표를 구하기 위해 손해보험상품은 보험료를 다음과 같은 네 가지 형태로 분류한다. 이러한 형태는 요율산정과 책임준비금 산정을 위해서도 반드시 분류해야

하는 중요한 사항이다.

- 수입보험료(written premium): 수입보험료는 특정기간 동안 체결된 계약으로부터 발생하는 총 보험료를 뜻한다. 즉, 2020년의 수입보험료 총액은 2020년에 책임개시일을 가진 모든 계약들의 보험료 합계를 뜻한다. 수입보험료는 다음에 설명되어질 경과보험료와 달리 단 하나의 년도에 배정된다. 즉, 보험료가 경과보험료처럼 여러 해에 걸쳐 분리되어 기록되지 않는다. 그러나, 계약기간 도중 계약내용이 변경되어 보험료의 변화가 생길 때, 특히 계약의 변경일자 년도가 원계약 개시년도와 다를 때 수입보험료는 두 해의 년도에 나타날 경우도 있다.

- 경과보험료(earned premium): 경과보험료는 특정기간 동안 경과된 (earned) 보험료이다. 즉, 어느 시점에서 특정기간 동안 경과된 수입보험료의 일부를 의미한다. 경과보험료는 계약이 유효개시 시점으로부터 경과된 수입보험료의 일부분을 뜻하며 다른 의미로는 그 때 까지 제공된 담보에 대한 보험료를 의미한다. 예를 들어 2020년 4월1일에 년보험료 100만원에 체결한 계약은 2020년 12월31일자에서 평가할 때, 9개월만 경과되었기 때문에 경과보험료는 75만원만 기록되어 요율산정에 반영되며, 나머지 3개월치 보험료 25만원은 미경과보험료로 기록된다. 여기에는 1년 보험료는 1년동안 매일 균등하게 배분된다는 가정이 필수적이다. 즉, 1년 보험료는 매일 일납으로 납입되고 있다고 생각할 수도 있다. 일년간의 위험을 담보로 일년간의 보험료를 미리 수급했지만 손해보험회사는 담보가 제공된 기간 만큼 보험료를 분할해서 수익으로 인식하고 기록한다. 이는 손해보험상품의 손해율 계산시 반드시 적용하는 규칙으로 매우 중요한 개념이다.

- 미경과보험료(unearned premium): 미경과보험료는 어느 시점에서 볼 때 계약 유효기간이 완전히 경과되지는 않았으나 만기시까지 경과되어질 수입보험료의 나머지 부분을 의미한다. 일반적으로, 미경과보험료는 수입보험료에서 경과보험료를 차감한 금액과 동일하다.

- 보유보험료(in-force premium): 보유보험료는 어느 특정 시점에 유효

한 모든 계약들의 계약기간 전체 보험료, 즉 수입보험료의 총액을 의미한다.

손해보험의 요율산정에서 특징적인 부분 중에 하나는 위에서 분류된 경과보험료를 현재 요율 수준 일명 온레벨(on-level)화 시키는 것이다. 요율산정을 위해서 추출한 계약 데이터는 계약마다 각각 다른 보험책임 개시일을 가지고 있고 이들 계약 모두를 집합하여 요율을 산정한다. 그러나 이들 계약들은 요율산정을 하는 시점에서 봤을 때 그 기간 동안 발생한 요율조정에 의해 요율수준이 각각 다를 것이다. 예를 들어, 요율산정을 위해 사용할 경험 보험료 데이터 안에 있는 일부 계약은 익스포저당 10만원의 요율이 적용된 계약들이라 가정하자. 그러나 이 후 10%의 요율인상이 있었다면 이 후 계약은 보험료 11만원의 계약일 것이다. 요율산정은 이러한 계약들을 합해서 최종요율을 결정하는 작업이다. 즉, 동일한 조건의 동일한 계약이지만 요율조정에 의해 과거에는 10만원의 보험료가 현재시점에서는 실제 유효한 요율 수준이 11만원이어야 한다는 의미이다. 이와 같이 요율산정을 위한 계약들을 같은 보험요율 수준으로 맞추는 작업을 현재 요율 수준 또는 온레벨이라 하며 이렇게 수정된 보험료를 현재 요율 수준 또는 온레벨보험료로 불려진다.

# 4. 사업비와 목표이익

요율산정, 즉 보험가격을 책정하는 작업에서 중요한 점의 하나는 비용을 어떻게 보험요율에 적용할 것인가 이다. 생명보험 상품인 경우에는 위에서 언급되었다. 여기서는 선진보험업계에서 순수손해보험 상품에 일반적으로 적용되는 보편화된 방식을 설명할 것이다.

## 4.1 사업비의 이해

보험료 산출의 원칙인 수지상등의 원칙을 공식으로 나타내면 다음과 같다.

- 보험료 = 손해액 + 손해사정비 + UW 비용 + UW 손익

  요율산정(Ratemaking)은 위의 공식이 항상 적합하고 균형있게 만드는 작업 과정이라고 말할 수 있다. 위의 공식에서 보험사고와 연계된 손해사정비 외에도 보험회사는 계약의 운영과 일반사무 등에 따르는 여러 비용이 발생하게 되는데 이를 언더라이팅(UW) 비용 또는 사업비라 한다. 우리나라의 보험업 감독업무 시행세칙에 따르면, 사업비는 영업비, 손해조사비, 일반관리비의 3대 유형으로 구분되며, 다시 판매유형별, 보험상품별로 배분기준에 의하여 배분된다. 다른 기준의 구분으로는, 보험료에 비례하여 발생하는 변동사업비와 그렇지 않는 고정사업비로 구분된다. 변동사업비는 보험모집인 또는 보험대리점의 사용인에게 계약 체결시 지급하는 수수료(commission and brokerage fee)가 대표적이다. 사업비를 변동사업비와 고정사업비로 구분해야 하는 이유는, 위험보험료의 변경이 변동사업비의 변경을 수반하기 때문에 영업보험료 계산에서 이 영향을 감안한 수식을 적용하기 위해서이다. 요율산정 목적으로는 전체사업비율뿐 아니라 보험종목별 담보별 변동사업비율을 산출하는 것이 필요하다.

  요율산정 모델은 손해율 방식과 순보험료 방식, 두가지가 있는데 과거에는 손해율 방식에 의한 요율산정이 보편적이었다. 손해율 방식을 이용할 경우, 경험 데이터를 통한 새로운 요율을 창출하기 위해서 목표 손해율의 계산이 선행되어야 한다. 목표 손해율이라 함은 이 수치보다 실제 손해율이 높다면 회사는 영업손실을 입게 되는 것으로 손해율의 최대 수용 가능한 수준이라 할 수 있다. 아래의 목표 손해율 계산 방식은 현재 선진 보험시장에서 보편적으로 적용하는 방식이다.

  목표 손해율 계산 공식은 아래와 같다.

$$T = \frac{1 - V - Q}{1 + G}$$

T = 목표 손해율

V = 보험료 비례사업비 계수

Q = 목표 손익계수

G = 간접 손해사정비율

목표 손해율 계산을 위해서 보험료 비례사업비 계수, 목표 손익계수, 그리고 간접 손해사정비율이 필요하다. 전형적인 손해율 방식에서 간접 손해사정비는 보험료와 비례하지 않는 사업비로 가정하며 간접 손해사정비율은 간접 손해사정비에서 직접 손해사정비를 포함한 발생손해액으로 나눈 것으로 공식의 G에 해당한다.

변수 V는 보험료에 비례한 사업비의 비율을 의미하는 것으로, 각 사업비는 수입보험료 또는 경과보험료의 비율에 의해 계산된다. 예를 들어, 보험료 비례사업비가 0.305이며, 목표 손익계수를 0.00, 간접 손해사정비율을 0.05라 하면, 목표 손해율(T)은 66.2%가 된다.

$$T = \frac{1 - V - Q}{1 + G} = \frac{1 - 0.305 - 0}{1 + 0.05} = 0.662$$

일반적으로 각 사업비율을 계산할 때, 직전 몇 년간의 사업비율을 각각 계산하여 평균값 또는 가중치 평균에 의해 구할 수 있다. 최종적인 사업비율은 최근 사업비 추세, 경영환경, 그리고 몇 년간의 평균과 추이를 고려하여 정해야 한다. 또한, 요율산정 과정은 미래의 적정한 비용을 예측하는 작업이기 때문에 경험데이터를 통한 사업비율과 요율의 유효기간 동안 예측되는 사업비율과 연관성을 유지해야만 한다.

위에서 설명되어진 목표손해율 계산은 선진사에서 일반적으로 사용하는 방식임을 사전에 일러두었다. 목표 손익계수는 보험의 상업적 거래, 예를 들어 자산운용상 발생할 수 있는 투자이익이나 요율산정시 잘못 선택한 손해액 진전계수에 따른 위험 등에 연관되는 기본적인 요소를 반영하는 것이다. 이

것은 회사의 주주가 자금을 제공할 의향을 가지도록 하기 위해 필요로 하는 이익규모를 나타내는 척도를 말하기도 한다. 목표손익계수를 계산하는 방법들과 이를 목표 손해율에 반영하는 것에 대한 타당성은 수익성 테스트를 통과함에도 불구하고 보험 선진국에서 조차 여전히 논란이 끊이지 않는 사항으로 여기서는 더 이상 다루지 않을 것이며, 이는 향후에도 감독당국과 보험업계 사이에 많은 토론이 필요한 사항이라 볼 수 있다. 또한, 간접 손해사정비율의 계산과 목표손해율에 반영하는 방법도 여전히 논란이 있다. 일부에서는 간접 손해사정비율을 전체 손해사정비가 포함된 발생손해액 대비 간접 손해사정비가 차지하는 비중으로 계산하기도 한다.

마지막으로 가장 간단한 목표손해액의 계산은 모든 보험료에서 모든 언더라이팅 비용 또는 사업비를 뺀 것으로 이해할 수 있다. 상품과 담보에 따라 다른 특성이 있으므로 목표 손해율 계산시 세밀한 검토가 필요하다.

## 4.2 고정비와 변동비

요율산정에서 순보험료 방식은 요율산정 목적을 위해 사업비를 고정사업비와 변동사업비의 두가지 형태로 구분한다. 고정비는 보험료의 규모에 상관없이 본사업무와 관련된 간접비(overhead costs)처럼 모든 계약에 동일하게 추정되는 사업비이며, 변동비는 보험료의 규모에 따라 변동되는 사업비, 즉 보험료에 정해진 비율에 의해 계산되는 수수료가 이에 해당된다.

☞ 본서 중반부 부채평가에서 IFRS17에 대한 설명이 있는데 IFRS17의 핵심내용 중 하나가 IFRS17제도에 의하여 직접사업비와 간접사업비에 따라 수익이 달리 계산되므로 보험회사는 고정비와 변동비를 구분할 필요가 있게 된다. IFRS17과 Solvency II의 영향으로 향후 요율산정 체계도 선진보험국가 체계로 변경될 가능성이 있다.

고정사업비와 변동사업비의 개념에 의해 예측 보험료는 예측 손해액과 손해사정비, 사업비 그리고 예측손익의 합과 동일하다는 것과 어떻게 사업비와 예측손익이 보험료 공식과 요율산정 과정에서 작용하는 지를 예시와 함께 살펴보자.

예를 들어, 계약 건당 평균 예측 손해액과 손해사정비는 20만원이라 가정하자. 보험회사는 계약 건당 3만원의 고정비가 보험료 규모와 상관없이 발생한다. 수수료를 포함해 보험료의 16%는 변동사업비로 지출되며, 회사는 보험료 대비 4%의 영업이익을 목표로 정했을 때 수지상등원칙에 따라 가장 적정한 보험료의 계산은 아래와 같다.

보험료 = 손해액 + 손해사정비 + UW 비용 + UW 손익
　　　 = 손해액＋손해사정비 + (고정비＋변동비율 × 보험료)
　　　　 + (목표손익율 × 보험료)
⇒ 보험료－(변동비율×보험료) － (목표손익율×보험료)
　　 = 손해액 + 손해사정비 + 고정비

즉, 보험료(1－변동비율－목표손익율) = 손해액 + 손해사정비 + 고정비

그러므로,

$$보험료 = \frac{손해액＋손해사정비＋고정비}{1－변동비율－목표손익율} = \frac{200,000＋30,000}{1－0.16－0.04} = 287,500$$

이를 말로서 표현한다면, 보험회사는 계약당 287,500원을 보험료로 책정해야만 예측 손해액과 손해사정비 200,000원, 고정비 30,000원, 변동비 46,000원, 그리고 목표손익 11,500원을 기대할 수 있다는 뜻이다.

사업비의 규모와 배분은 상품이나 판매 채널에 따라 많은 차이를 보인다. 수수료율은 상품마다 다르며, 온라인 직판사의 경우 광고비등의 사업비가 많은 비중을 차지할 수 있고, 대리점 위주의 판매채널을 가지고 있는 회사는 높은 수수료를 지불하기도 한다.

# 5. 민감도 테스트

민감도 테스트는 가격산출 프로세스의 전반적인 테스트를 의미한다. 이는 요율산정 시 적용했던 가정(assumptions)들을 변경했을 때 영향도(impact)를 조사하는 것이다. 요율산정에서 보험료, 사업비, 보험금 등 산출 가정들을 다양한 수준에서 실험했고 해당 결과를 산출하였다. 예를 들어, 민감도 테스트는 목표이익을 충족시키지 못 할 경우 발생할 수 있는 가정들의 변화를 결정하기 위해 이루어지는 것이다. 즉, 무엇을 변화시키면 그 요율에서 수익이 발생할 수 있을까를 결정하는 것도 민감도 테스트의 일부이다. 만일, 미래의 결과를 예측하기가 불가능한 어떤 변수의 가정을 설정하고자 한다면 그 가정에 대해 몇 개의 서로 다른 값으로 테스트하여 그 결과의 범위가 수용가능한지를 평가해야 한다. 결과가 어느 범위에 있던지 상관없이 회사가 과연 리스크를 감수할 수 있을지에 대한 판단은 반드시 필요하다. 만일 어느 가정을 변경하여 문제점을 해결했다 하더라도 요율이 예상 수익보다 높도록 만들 수 있는 가정들의 구체적인 변경을 파악하는 것도 유용하다. 다음은 민감도 테스트를 진행할 때 고려해야 할 점들이다.

- 가정의 변경은 과거의 경험을 반영하여 결정한다. 예를 들어, 어느 가정은 평균값을 중심으로 95%의 신뢰구간(confidence interval)을 설정한다. 즉, 발생가능한 사고를 가정하도록 허용하는 것이다.
- 서로 다른 결과에 대해 왜 그 가정이 변화됐는지를 이해하는 것이다.

민감도 테스트의 특별한 형태로 시나리오 테스트가 있는데 이는 가정들의 특정한 조합을 이용하여 요율의 수익성을 검증하는 것이다. 예를 들면, 주식시장의 붕괴나 불황 같은 과거 경험에 근거하여 발생 가능한 시나리오들을 테스트하는 일반적인 방법이다. 시나리오 테스트에 관련된 설명은 본서 후반부에서 계속 이어질 것이다.

# 제6장

# 책임준비금 산정
# (LOSS RESERVING)

# 제6장

# 책임준비금 산정(LOSS RESERVING)

본서의 전반부에서는 계리업무의 포괄적인 내용을 다루었다면 중반부 부터는 핵심적인 계리업무에 대해 구체적으로 다룰 것이다. 그 중 하나가 바로 직전에 이해한 요율산정과 다른 하나는 여기서 다룰 책임준비금의 산정이다.

보험계리사의 중요한 업무 중 하나는 보험회사의 재무 건전성을 위해 적절한 책임준비금을 예측하고 산출하는 것이라 할 수 있다. 책임준비금이란 장래의 보험금과 환급금 등 지급사유에 의한 청구에 대비해서 보험계약자가 지불하는 수입보험료의 일부를 유보하고 적립하는 보험계약 준비금의 일종이다. 이것은 장래에 있을 채무에 대하여 보험계약자를 위해 보험회사가 적립하는 보증금이란 측면에서 보험회사의 부채에 속한다. 보험계약에 의해 담보된 내용을 보장하기 위해 지불하는 손해액과 손해사정비, 그리고 환급금 등은 보험회사의 법적인 책임사항으로, 지불되는 내용을 금액으로 표현하는 전반적인 계리적 과정을 책임준비금 산정(loss reserving)이라 표현할 수 있다. 생명보험상품인 경우는 대체로 보험금이 정액이기 때문에 사고발생시기만 불확실하지만 손해보험상품인 경우는 손해액, 발생일, 사고내용 모두가 다 불확실하다. 즉, 책임준비금은 미래를 예측하는 작업이기 때문에 한치의 오차도 존재하지 않는 정확한 책임준비금을 책정하기 위한 방법(methodology)이나 공식이 지금까지 없다는 점에서 책임준비금의 산정은 과거서부터 보험회사의 가장 큰 부담일 수 밖에 없다. 또한, 현재까지 알려지지 않은 미래의 사고에 대해 책임준비금을 예측하고 산정하는 것은 여러 객관적인 판단과 복잡한 산출과정에 의해 보험계리사에게는 매우 큰 도전과제라 할 수 있다.

책임준비금을 예측하고 산정하는 보험계리사는 보험계약에 의한 보험계약자의 권리, 즉 보험금 또는 해약환급금을 보장받을 수 있는 권리를 보호해 주는 부분과, 보험회사의 지급 건전성을 관측하고 예측, 관리하는 업무에서 모두 중요한 역할을 해야 한다. 계리사는 보험계약자의 예기치 못한 사고에 대해 보험회사가 언제든지 보험금을 지불할 수 있고 계약을 중도에 해지하였을 경우 환급급을 지불할 수 있는 충분한 기금을 보유할 수 있도록 하여 보험계약자에게 신뢰를 주어야 한다. 또한, 보험회사의 지급 건전성을 수시로 검토하고 영업이익에 대한 올바른 판단으로 보험회사의 건전성 유지에 이바지해야 한다.

책임준비금을 산정할 때 적용하는 가장 일반적인 가정은 보험회사의 과거 보험금 지급 내용이 미래의 지급을 예측하는데 적절하다고 보는 것이다. 그러나, 사회의 급속한 변화로 인해 보험회사의 운영시스템 역시 빈번히 변화되고 있는 실정에서 책임준비금을 산정하는 보험계리사는 이러한 변화를 항상 인식하고 필요한 경우 변화를 반영할 수 있는 전문적인 지식과 경험을 갖출 필요가 있다. 또한, 책임준비금을 책정하는데 사용하는 여러 산출방법들에 의해 나온 결과값을 정확하게 해석할 수 있는 능력을 갖추어야 한다. 그러기 위해서, 먼저 책임준비금 산정을 위한 데이터의 정확한 이해가 필요하다. 사실 계리적 전문성이 요구되는 요율산정을 포함한 모든 업무들의 시작점은 데이터의 정확한 이해이다. 책임준비금 산정에서 특히 생명보험은 보험료 적립금, 그리고 손해보험에서는 발생손해액과 지급준비금의 이해는 더욱 중요한 요소가 된다.

여기 책임준비금 산정에서는 책임준비금의 이해와 구성내용에 대해 세분화하여 다루도록 하겠다.

# 1. 책임준비금의 구성과 정의

책임준비금을 산정하는 여러 방법론을 살펴보기 전에 책임준비금에 관련된 여러 용어들에 대한 정의를 이해할 필요가 있다. 현행 보험업 감독규정에 의하면, 책임준비금은 보험료 적립금, 미경과보험료 준비금, 지급준비금, 계약자배당 준비금, 계약자이익배당 준비금 및 배당보험손실보전 준비금으로 세분화 되어 있다. 보험업 감독규정과 보험개발원의 보험용어사전에 의한 정의를 바탕으로 각각을 아래와 같이 요약할 수 있다.

- 보험료 적립금: 모든 생명보험회사가 적립하여야 할 책임준비금의 하나로서 보험회사는 매년 납입되는 보험료 가운데 순보험료에 편입되어 있는 저축보험료를 원금으로 해서, 그것을 예정이율로 증액시킨 원리합계금을 누계하여 적립하고 있다. 이 적립부분을 보험료 적립금이라 한다. 즉, 대차대조표일 현재 유지되고 있는 계약에 한하여 미래의 보험금 등의 지급을 목적으로 보험회사가 적립해야 하는 금액을 말한다. 예를 들어, 양로 생존보험인 경우, 보험료 적립금은 0에서 차차 늘어나 만기 직전에 보험금 상당액에 이르게 되는 반면, 정기생명보험에서는 0에서 시작되어 증가하다가 어느 시점 감소하면서 계약기간 말미에는 최종적으로 0이 되는 구조가 된다. 보험료 적립금은 생명보험회사 책임준비금의 대부분을 차지한다.

☞ 보험료 적립금은 장기손해보험을 판매하는 손해보험회사에도 해당된다.

- 미경과보험료 준비금: 개별 보험계약의 보험기간은 대부분 2개 사업연도 이상에 걸치게 되는 경우가 일반적이다. 따라서, 보험회사는 연 1회 결산 시에 그 연도 중의 수입보험료 전부를 이익으로 간주할 수 없으며, 보험료 가운데 차기로 이월되는 미경과분을 준비금으로 적립해 둘 필요가 있는데, 이 준비금을 미경과보험료 준비금이라고 한다. 즉, 어느 시점에서 아직 부보 되지 않은 수입보험료의 일부로서 위험에 대한

일정한 가정을 전제로 계산된 금액이다.

☞ 미경과보험료 준비금은 요율산정에서 언급된 미경과보험료와 같은 의미이며 계약 기간이 상대적으로 짧은 손해보험상품에서 매우 중요한 개념이다.

- 지급준비금: 대차대조표일 현재 보험금 등의 지급사유가 발생한 계약에 대하여 소송 중이거나 또는 보험금 지급액이 확정되지 않은 경우 등으로 인해 현재까지 지급되지 못 한 최종발생손해액의 일부이다. 지급준비금은 특히 손해보험에서 매우 중요한 부분을 차지한다.
- 계약자배당 준비금과 계약자이익배당 준비금: 계약자배당은 이자율차배당, 위험률차배당, 사업비차배당으로 구분되며, 계약자배당 관련 준비금은 계약자배당 준비금과 계약자이익배당 준비금 등으로 구분한다.

생명보험상품이나 손해보험의 장기보험상품은 계약이 중도 해지될 경우 보험회사는 순보험료식 보험료적립금에서 해약공제액을 공제하여 산출한 해약환급금에 미경과보험료적립금을 더한 금액을 보험계약자에게 지급해야 한다. 보험상품의 책임준비금에 표준이율을 적용하지 않는 전통적인 손해보험 (property and casualty insurance) 상품에서는 미경과보험료 준비금과 지급준비금이 매우 중요한 요소를 차지한다. 미경과보험료 준비금의 산출방식은 납입된 수입보험료 중에서 아직 부보 되지 않은 부분을 비율에 의해 구한다는 측면에서 간단하며 정확성도 매우 높다. 반면에, 지급준비금의 산출방식은 지급사유가 발생한 이후 최종적으로 사고가 종결될 때까지 보상과정에 수많은 변화가 일어남으로써 계산하기가 복잡해진다. 수많은 산출방식이 현재 선진 보험산업에서 인정받고 사용되고 있으나, 여전히 지급준비금을 예측하고 산정하는 것은 보험계리사의 영원한 도전과제라고 할 수 있다. 여기서는 지금까지 요약된 책임준비금을 세분화하여 살펴보도록 하겠다.

# 2. 보험료 적립금

보험료 적립금이란 생명보험 및 장기손해보험계약에서 대차대조표일 현재 유지되고 있는 계약, 즉 보험약관 상의 보험금 지급사유가 발생하지 않은 유효한 계약에 대하여 장래에 있을 보험금 및 제지급금의 지급을 위해 순보험료를 예정이율로 증식, 적립한 것을 말한다. 즉 보험료적립금은 생명보험 및 장기손해보험계약의 장기(long‒term)계약 특성에 따라 수입보험료에서 이미 지급한 보험금과 사업비를 제외한 장래에 지급될 보험금의 상당액이다. 그 적립대상 및 한도는 매 사업연도 말 현재 보험금 등의 지급사유가 발생하지 아니한 계약이 해약되는 경우, 계약자 또는 수익자에게 지급하여야 할 해약환급금의 범위 내로 되어 있다.

☞ 보험료 적립금은 생명보험회사 책임준비금의 대부분을 차지하고 있기 때문에 생명보험에서 책임준비금이라 하면 보험료 적립금을 의미하고 있다.

## 2.1 보험료 적립금 산정

생명보험의 보험료 적립금 계산방법은 보험업법 감독규정에 준해서 행해져야 한다. 보험회사는 책임준비금 산출방법서에 따라 책임준비금을 지급하도록 되어 있는데 다음 두 가지 사항으로 되어 있다.

- 보험료적립금 산출 시에 적용한 이율, 위험률 등에 관한 사항
- 해약환급금 계산시에 적용한 이율, 위험률 및 해약공제액 등에 관한 사항

생명보험과 장기손해보험을 취급하는 보험회사가 보험료 적립금을 산출, 적립하려는 경우, 아래의 사항에 따르도록 감독규정에 명시되어 있다.

☞ 연금저축손해보험 및 퇴직보험을 포함한 장기손해보험은 인(人)보험으로서 보험료 적립금에 관련한 사항은 아래의 생명보험에 적용되는 감독규정을 준용하도록 하고 있다.

(1) 보험료적립금은 순보험료식준비금으로 적립하며 회계연도 말 보험료적립금은 월별 기간 경과에 따라 산출한다.

- $_{t\,+\,(m/12)}V = {}_tV + {}_{(m/12)}({}_{t+1}V - {}_tV)$

단, m: 납입경과월수, $_tV$: 보험연도 말 순보험료식 보험료적립금

다만, 보험료납입이 완료된 계약의 경우, 회계연도 말 보험료적립금은 일 별 기간경과에 따라 산출한다.

- $_{t+d/365}V = {}_tV + {}_{(d/365)}({}_{t+1}V - {}_tV)$

단, d: 납입경과일수, $_tV$: 보험연도 말 순보험료식 보험료적립금

(2) 연생보험의 보험료적립금은 주피보험자와 종피보험자의 생존여부에 따라 구분하여 적립한다. 다만, 보험금 지급사유 발생여부에 따라 잔여보장 내용과 달라지는 경우에는 발생여부에 따라 구분하여 적립할 수 있도록 한다.

☞ 연생보험(joint life insurance): 2인 이상의 피보험자가 생명을 결합하여 그 생사에 관련된 일정한 조건을 정하고, 이를 보험금 지급사유로 하는 보험계약이다. 한국에서 판매되고 있는 연생보험의 형태로는 부부의 생존과 관련하여 생존연금이 지급되는 부부연금보험과, 어린이를 대상으로 하여 교육자금을 마련하는 데 있어 부모의 생사와 결합하여 보험금이 지급되는 연생교육보험이 있다.

(3) 보험료적립금은 연납보험료를 기준으로 하여 산출한다. 다만, 생존 시 이미 납입한 보험료를 지급하는 보험의 경우에는 보험료의 납입주기별로 산출한다.

(4) 미경과보험료적립금 산출방법은 아래와 같다.

- 미경과보험료적립금 $= \dfrac{m' - t}{m'} \cdot P'$

단, m´: 납입주기(2,3,6,12), t: 납입경과 월수, P´: 납입주기 별 영업보험료

단, 사업방법서에 따라 회사가 보험료를 할인한 경우 할인금액은 차감한다.

(5) 보험료 납입이 면제된 계약의 경우 보험료 납입예정 월의 계약일자에 보험료가 납입된 것으로 간주하여 책임준비금 등을 계산한다.

## 2.2 해약환급금

해약환급금은 생명보험 및 장기손해보험에 가입한 보험계약자가 계약기간 중에 계약을 해지하였을 경우 그 시점까지 보험료를 납입한 정도에 따라 보험회사가 지급할 의무가 있는 금액이다. 즉, 해약환급금은 보험계약자에게 지급해야 할 보험회사의 부채이다. 계약이 해지될 때 보험료적립금에서 해약공제액을 뺀 해약환급금에 미경과보험료 적립금을 더 한 액수가 보험회사에서 계약을 해지한 계약자에게 지급하는 금액이 된다.

### 2.2.1 해약환급금의 계산

해약환급금을 산출, 적립하려는 경우 보험회사는 아래의 사항에 따르도록 감독규정에 명시하고 있다.

(1) 해약환급금은 순보험료식 보험료적립금에서 표준해약공제액을 뺀 금액 이상으로 한다.

• $_tW_{x:n} = {}_tV_{x:n} - (1 - t/12m) \times \alpha$

$_tW_{x:n}$: 나이 x세인 가입자가 보험기간 n년중에서 납입경과 월인 t시점에서 해약할 경우의 해약환급금

$_tV_{x:n}$: 순보험료식 보험료적립금, m: 해약공제기간 년수(최대7년),

t: 납입경과 월수, α: 표준해약공제액

다만, 순보험료식 보험료적립금에서 해약공제액을 공제한 금액이

음(陰)의 값인 경우에는 이를 0으로 처리한다.

(2) 해약공제기간은 보험료 납입기간 또는 신계약비 부가기간으로 하되, 보험료 납입기간 또는 신계약비 부가기간이 7년 이상일 때에는 7년으로 한다.

(3) 보험회사는 보험계약이 해지되는 경우 위의 규정에 의한 해약환급금에 미경과보험료적립금 등을 가산한 금액을 보험계약자에게 지급하여야 한다.

(4) 금리연동형보험에서 계약일로부터 5년 이내에 해지될 경우에는 별도 이율을 적용할 수 있다.

## 2.2.1.1 해약공제액을 공제하는 이유

해약공제액은 미상각 신계약비를 의미하는데 계약이 해지될 때 해약공제액만큼 적게 보험회사가 계약자에게 지급하게 된다. 이 금액을 공제해야 하는 이유는 생명보험 상품은 계약초기에 많은 수수료를 판매채널에 지급한다. 이는 계약이 만기까지 유지될 것이란 가정하에 판매촉진을 위해 시행되고 있는 제도이다. 그러므로, 중도 해약 시에는 그 시점까지 비용으로 처리되지 못한 미상각분을 공제해야 한다. 또한, 중도 해약 시 보험회사는 해약에 따른 업무비용이 들게 되는데 이 비용은 해지하는 주체가 부담하는 것이 타당하다. 그리고, 이러한 비용을 공제하지 않는다면 이러한 비용 부담은 계약을 유지하는 다른 계약자에게 해지에 따른 비용을 전가하게 되어 공정성의 문제가 발생할 수 있다.

## 2.2.1.2 해약 시 불리한 점

어떠한 이유든지 간에 계약을 중도에 해지하는 것은 보험회사나 보험계약자 모두가 불리하다. 보험회사 입장에서 본다면, 보험료가 몇 개월 밖에 납입이 안되고 조기에 해약이 될 경우, 초기에 과다한 수수료를 포함한 계약과 관련된 판매비용을 회수하지 못하여 사업비 손실이 발생할 수 있으며, 해약환급금 금액이 클 경우에는 장기적으로 안정적인 자산운용 계획에 문제가 생길 수 있게 된다. 특히, 보험회사에서 판매촉진 캠페인을 실시할 경우 보험소비자는 자발적인 가입보다는 보험판매인의 권유에 의해 가입할 경우가 많이 생기는데 이때 보험계약은 계약초기에 해약하는 일이 많이 발생하게 된다. 보험계약자 입장에서도 해약공제액이 차감되므로 해약 시까지 보장받는 부분에 대한 해약환급금이 발생하지 않을 수 있게 된다. 또한, 계약자배당이 있는 상품인 경우는 계약자배당금이 발생하지 않을 수도 있게 된다.

### 2.2.1.3 보험계약의 유지를 위한 제도

앞에서 설명됐듯이 계약을 중도 해지하는 것은 보험회사나 보험계약자 모두에게 손해가 발생하게 된다. 그래서 현행 보험시장에서는 보험료 납입이 어려운 상황에서도 계약을 유지시킬 수 있는 다양한 제도를 실시하고 있다.

- 보험계약대출: 이미 납부한 보험료를 담보로 해약 환급금의 범위 내에서 보험 회사가 보험 가입자에게 제공하는 대출 서비스 제도이다.

- 보험료자동대출납입: 보험료 납입지체로 인한 계약의 효력이 상실되는 문제의 해결책으로 보험료납입유예기간이 끝나는 날 미납입한 보험료가 해약환급금 내에서 약관 대출 형식으로 인출되고 자동으로 납입되어 계약이 지속되도록 하는 제도이다.

- 보험료감액: 보험기간과 납입기간은 동일하게 하고 납입할 보험료를 감액하여 보장금액도 감액하는 것으로 감액된 부분만큼 만 해약된 것으로 처리하여 그 부분은 해약환급금으로 지급하고 계약은 그대로 유지하게 하는 것이다.

- 연장정기보험제도: 보험료를 납입하지 않고 보장금액도 그대로 유지하면서 보장기간만 줄여 마치 정기보험 형태로 변형시키는 제도이다.

### 2.2.2 표준해약환급금

보험계약을 초기에 해약할 경우 해약공제액이 상대적으로 커서 해약환급금이 없거나 적게 산출되는 문제가 발생하게 된다. 표준해약환급금제도는 이러한 문제점을 제도적으로 방지하여 해약환급금을 보험료 산출 시 예정신계약 비율과 상관없이 순보험료식 보험료적립금에서 표준해약환급금을 공제하도록 하여 보험계약 해지 시 보험계약자에게 최저한도의 해약환급금을 보장해주는 소비자를 위한 제도이다.

이 제도는 가격자유화에 의해 보험회사들 간 예정신계약비의 과다한 부과로 인한 보험료의 상승 그리고 과다한 수수료 경쟁을 방지하며, 보험계약자를 보호하고 민원을 감소시키며 판매(모집)질서를 바로 확립하고자 하는 취지였다.

### 2.2.3 신계약비 이연·상각

보험의 회계처리에 관련한 신계약비의 이연·상각 제도는 실제로 발생하는 비용인 모집과 판매에 대한 보수로 지급되는 신계약비의 지출이 계약 초년도에 대부분 발생하는 것에 반하여 납입되는 보험료는 균등(level)하게 들어오기 때문에 수입과 비용의 기간별 불균형이 발생하게 된다. 이에 회계 처리 상 초년도의 신계약비를 비용으로 바로 처리하지 않고 기타자산으로 이연 처리한 후 보험료 납입기간 동안 균등하게 상각하는 제도이다.

현재 우리나라의 신계약비 이연·상각 제도는 초년도 신계약비를 기타자산으로 이연한 다음 최장 7년 동안 보험료 납입기간에 걸쳐서 상각하고 있다. 실제 신계약비 지출 시 회계장부 차변에 기타 이연자산으로 일종의 선급 자산으로 잡고 대변에는 현금으로 놓는다. 그리고 기말마다 차변에는 신계약비, 대변에는 기타이연자산으로 상각하는 것이다. 그러나, 최대 7년의 상각기간은 보험료 납입 기간이 7년을 넘는 경우 수익과 비용의 불균형은 여전히 남게 된다. 또한, 이연신계약비는 모든 계약이 그때까지 유지될 것이라는 가정 하에 운영이 되나 그렇지 못 한 상황이 많이 발생하여 신계약비가 과다 계상될 여지가 여전히 남게 된다.

보험계약이 초기에 해약될 경우 보험료 납입기간이 7년보다 긴 계약의 해약공제액은 적게 기록되어 보험회사는 계약체결비용을 회수하지 못하게 된다. 그래서 계약기간이 7년이 넘는 계약은 초기해약 시 해약공제액이 줄어들어 해약환급금이 많이 지급되므로 보험회사 입장에서는 손실이 발생하게 된다.

그러나, 2022년 1월 1일부터 시행되는 신국제회계제도(IFRS17) 도입에 의해 신계약비 7년인 이연·상각기간이 IFRS17 도입 이후엔 보험기간 전체로 확대될 예정이다. 상각기간이 길어진다는 건 매년 상각하는 금액이 줄어든다는 의미다. 이에 보험료는 평준보험료로 산출돼 납입기간 동안 균등하게 들어오기 때문에 보험회사의 입장에서는 사업비 부담이 줄어들게 될 것으로 예상하고 있다.

## 3. 미경과보험료 준비금

미경과보험료 준비금은 계약기간이 단기인 순수 손해보험상품(property and casualty insurance)의 개념이다. 예를 들어, 보험계약자가 1년만기 자동차보험을 7월 1일 계약과 동시에 50만원의 1년치 보험료를 납입했을 경우, 12월 31일자 현재 25만원의 보험료는 위험보장을 위해 경과되었으나 나머지 25만원은 미경과 상태로 보험계약자에게 속해 있다. 만일, 그 시점에서 보험계약자가 계약을 해지할 경우, 일정부분의 해지 수수료를 차감한 미경과 보험료는 보험회사가 보험계약자에게 환불해줘야 한다. 이에 보험회사는 환불할 수 있는 기금을 관리하고 유지해야 하는데, 이러한 기금을 미경과보험료 준비금이라 한다.

손해보험 선임계리사 검증 실무표준에 의하면, 수익과 비용에 대한 가정으로 보험계약 개시 후 보험료는 계약체결 시점 혹은 분납대상기간의 개시시점에 납입하게 되는데, 이에 수익으로 인식할 부분과 해당 보험료로 충당할 잔여기간을 위한 충당액, 즉 부채로 구분할 필요가 있다고 본다. 납입되거나 회수된 보험료가 보험기간에 따라 단위기간별 위험의 정도가 동일하다는 가정 하에 미경과보험료를 계산하는 것이 일반화되고 있다. 그래서, 단위기간당 위험의 정도가 같다는 전제하에서 보험기간 중 경과한 단위기간에 해당하는 비율로 수입보험료를 인식하고 적용한 보험료 중 잔여분에 해당되는 부분을 미경과보험료 준비금으로 정하여 부채로 인식하는 것이다. 이를 수식으로 표현하면 아래와 같다. 수식의 적용보험료는 수입보험료와 같은 개념으로 쓰여졌다.

- 경과보험료(수익) = 적용보험료 × $\dfrac{\text{경과된 기간}}{\text{보험기간}}$

- 미경과보험료(부채) = 적용보험료 × $\left(1 - \dfrac{\text{경과된 기간}}{\text{보험기간}}\right)$

어느 시점에서 경과된 기간의 보험료 중 일부가 미납입 되었을 경우, 미경과보험료는 해당 미납입액을 차감하여 계산하도록 한다.

- 미경과보험료(부채) = 적용보험료 × $\left(1 - \dfrac{\text{경과된 기간}}{\text{보험기간}}\right)$ - 미납입보험료

현재, 우리나라에서 허용하고 있는 미경과보험료 계산방법은 다음 몇가지로 집약할 수 있다.

첫째, 보험계약 기간을 일(日)단위로 쪼개서 미경과보험료를 계산하는 방법으로 가장 정확한 계산법이라 할 수 있다. 예를 들어, 1년 만기 상품의 수입보험료를 50만원이라 가정하자. 2월1일 계약개시 이후 12월31일자 미경과보험료는 2월1일부터 12월31일까지 경과된 기간이 334일이므로 미경과된 기간, 즉 다음 해 1월1일부터 1월31일까지인 31일에 해당하는 42,466원이 된다.

- 미경과보험료 = $500,000 \times \left(1 - \dfrac{334}{365}\right) = 42,466$원

이런 일별 계산법은 정확하다는 장점이 있으나 모든 계약의 보험개시일이 다르기 때문에 모든 계약을 개별적으로 산출해야 한다.

두번째 방법은 보험계약 기간을 월(月)단위로 쪼개서 미경과보험료를 계산하는 방법이다. 보험기간은 12개월로 보험개시일이 해당하는 월의 어느 일자이던지 그 계약은 해당월로 집적된다. 이러한 계약은 계약당 보험료의 규모가 유사하고 보험료 규모 역시 1년 내내 균등하게 분포되었다는 가정하에 계산된다. 위의 예를 월별 계산법에 적용한다면, 미경과보험료는 41,667원이 된다.

- 미경과보험료 $= 500,000 \times \left(1 - \dfrac{11}{12}\right) = 41,667$원

월별 계산법은 개별계약에 의한 계산이 불필요하므로, 일별 계산법에 비해 신속히 산출 할 수 있다는 장점이 있다. 전통적인 손해보험 상품의 요율산정 시, 과거 요율변경을 감안한 수정된 경과보험료, 즉 온레벨(on-level)화 된 경과보험료를 계산하게 되는데 개별계약을 일일이 계산하는 것은 많은 시간을 요구했으므로 월별로 데이터 집합의 개념에 의해 집적하는 것이 일반화되었다. 그러나, 최근에는 컴퓨터의 급속한 기술적 발전에 의해 시간적인 제약은 거의 문제가 되고 있지 않다. 또한, 월별 계약내용이 매우 다르거나 보험료수준에 일관성이 없을 경우 월별에 의한 산출방법이 적절한 지는 검토할 부분으로 남아 있다.

세번째 방법은 비율법으로 보험료 납입에 대해 통계적인 가정을 적용하여 미경과보험료를 계산하는 것인데, 현행규정에서는 그 의미와 적용범위가 축소되어 있으므로 여기서는 다루지 않도록 한다.

마지막으로 보험계약의 개시와 종료가 시간이 아닌 장소 또는 행위에 의해 정해지는 해상보험 중 적하보험과 같은 구간보험에서 미경과보험료를 계산하는 경과기간법이 있다. 적하보험인 경우, 다른 손해보험 상품과 달리 보험

위험은 수출업자의 창고지에서부터 수입업자의 창고지까지가 위험보장의 대상이 되므로 보험 계약의 책임개시일과 종료일이 시간으로 정해져 있지 않게 된다. 예를 들어, 현행 손해보험 선임계리사 검증 실무표준에 의하면 수출은 적하 직전 3개월간, 수입의 경우는 적하 직전 2개월간의 보험료를 적하보험에선 미경과보험료로 간주하고 있다.

# 4. 지급 준비금

손해보험에서 일반적으로 언급하는 책임준비금은 지급준비금(loss reserve)과 유사한 의미로 해석되는 경우가 많다. 보험료 적립금이 생명보험에서 책임준비금의 대부분을 차지하는 반면, 손해보험에서는 지급준비금이 책임준비금의 중요한 부분을 차지하고 있다.

보험회사가 보험계약자와 보험계약을 체결한 후 담보된 사고가 발생했을 경우, 보험회사에게 사고에 대한 보고 또는 통보 여부와 상관없이 보험회사는 손해에 대한 부채가 발생하게 된다. 사고가 발생한 시점부터 보고(reported)가 되고 보상액이 지급(paid)되는 기간까지 자동차 대물사고인 경우는 기간이 짧지만, 환경오염에 의한 배상책임인 경우에는 오랜 시간이 걸릴 수 있다. 이러한 보상과정 속에서 손해액은 보험 회계상 여러 형태의 모습으로 아래와 같이 나타나게 된다. 이는 손해보험회사의 여러 지표와 요율산정, 그리고 책임준비금 산정을 위해서 반드시 구분해야 하는 중요한 사항이다.

- 지급보험금(paid losses): 보상청구자에게 실제로 지불되어진 손해액
- 개별추산액(case reserve): 보상이 최종적으로 종결될 때까지 추가적으로 지급될 것으로 예상되는 평가금액
- 발생손해액(case incurred losses or reported losses): 지급보험금과 개별추산액의 합
- 최종발생손해액(ultimate incurred losses): 발생손해액에 IBNR준비금

(incurred but not reported), IBNER준비금(Incurred but not enough reported), 그리고 보고된 손해액의 진전에 따른 차액 등이 포함된 최종 보상금액.

또한, 보상절차 과정 중 클레임을 종결하거나 또는 방어하려는 과정에서 수반되는 손해사정비가 발생하게 된다. 어떤 사고는 보상이 종결된 후에도 새로운 사실의 발견 또는 추가로 인해 다시 보상과정 중인 상태로 클레임이 변경(reopen)될 수 도 있다.

보상절차가 진행되는 과정에서 보험금의 일부가 지급되는 등의 사유로 개별추산액은 증가되거나 감소되는 손해액의 진전(loss development) 현상이 나타난다. 자동차보험의 대인사고와 같은 배상책임담보(liability coverage)인 경우, 대체로 손해액은 최종 종결 시까지 증가하는 경향을 보이는 반면, 재물보험(property insurance)인 경우 보상 종결 시 손해액은 감소하는 현상이 나타나기도 한다. 예를 들면, 회수재산 처분대금과 구상에 의한 손해배상 청구액은 둘 다 보험회사의 손해액을 감소시키는 역할을 한다.

☞ 회수재산 처분대금(salvage cost): 침수로 인해 사고차량이 전손(全損)으로 평가되어 보험회사가 해당 보험금을 지불한 후 담보물건에 대한 소유권을 얻고, 일부 사용 가능한 부품을 다시 중고가격으로 파는 경우가 있는데, 이러한 잔존물 처리에 의한 회수재산으로 취득한 금액은 회수재산 처분대금으로 회계상 마이너스 손해액, 즉 최종손해액에서 그 만큼 차감하는 것으로 처리된다.

☞ 구상(求償, subrogation): 보험회사가 피보험자에게 손해보상을 한 후, 보험회사는 지급한 보험금을 한도로 피보험자가 사고에 책임이 있는 제3자에 대해 지닐 수 있는 법률상 권리를 취득하는 것으로, 보험회사는 이 권리에 의거하여 손해발생을 야기시킨 책임이 있는 제3자에게 손해배상청구를 하게 되는 절차를 의미하며, 보험회사가 제3자에게 일정금액을 받게 되면 그 금액만큼 보상 종결 시 손해액은 차감되는 현상이 나타난다. 구상권을 행사하는 취지는 피보험자가 사고를 당했을 때 과실책임여부의 불분명

에 의해 보상이 늦어질 경우 피보험자의 신체적 피해는 더 악화될 수 있는 가능성을 방지하는데 있다. 피해가 더 악화될 때까지 보상이 이루어 지지 않는다면 피해액은 더 커지게 됨으로 보험회사 입장에서도 구상의 권리는 혜택이다.

## 4.1 지급준비금 정의

지급보험금은 크게 두 가지 형태, 즉 기보고사고 지급준비금과 미보고사고 지급준비금으로 구분될 수 있다.

〈표 6-1〉 지급보험금의 구분

| 기보고사고 지급준비금 | 개별추산액 |
|---|---|
| | 재평가 준비금 |
| | 재개 준비금 |
| 미보고사고 지급준비금 | 미접수준비금 |
| | 추산미입력 준비금 |

### 4.1.1 기보고사고(known claims) 지급준비금

말 그대로 사고가 보험회사에 이미 보고되어 있는 클레임에 대한 향후 보험금 지급을 위해 요구되는 준비금을 의미하며, 이에는 3가지 준비금 형태로 구성된다.

- 개별추산액(Case reserve): 이미 보고된 사고에 대하여 보상이 최종적으로 종결될 때까지 현재 잔존해 있어 향후 지급될 것이 예상되는 금액을 말한다.
- 재평가준비금(A provision for future development on known claims): 개별추산액의 추정 시 발생할 수 있는 오차에 따른 금액으로 개별추산액의 적립수준에 의해 부족액 또는 잉여액으로 산정되는 금액을 의미한다.
- 재개준비금(A provision for re-opened claims after closed): 손해액 평가일 기준 현재 종결상태인 건이 향후 추가적인 재청구 등에 의해 재개

될 경우, 추가적으로 지급될 것으로 예상하는 금액을 의미한다.

### 4.1.2 미보고사고(unknown claims) 지급준비금

미보고사고(unknown claims) 지급준비금은 지급의무가 있는 사고가 발생하였으나 보험회사에 사고발생 접수가 되어 있지 않은 클레임에 대해 향후 보험금 지급을 위해 요구되는 준비금으로서 일반적으로 IBNR 준비금으로도 표현되며 이에는 2가지 준비금 형태로 구성된다.

- 미접수준비금(A provision for occurred claims but have not yet been reported): 지급의무가 있는 사고가 발생하였으나 보험회사에 사고발생 접수가 되어 있지 않은 클레임에 대해 향후 보험금 지급을 위해 요구되는 준비금으로서 미접수사고는 순수한 의미의 IBNR(incurred but not reported) 클레임이다.
- 추산미입력 준비금(A provision for reported claims but have not yet been recorded): 보험회사에 사고 접수는 됐으나 기초적인 사고조사가 이루어지지 않는 등의 이유로 아직까지 회계상 기록되지 않은 건에 대해 보험금 지급이 예상되는 준비금을 의미한다.

미접수준비금과 추산미입력 준비금은 통상적으로 대부분의 경우 합해서 IBNR 준비금으로 불리어진다. 그러나, 실제 보험산업에서는 개별추산액을 제외한 4종류의 준비금들, 즉 재평가준비금, 재개준비금, 미접수준비금, 그리고 추산미입력 준비금을 합산하여 IBNR 준비금이라 부르며, IBNR 준비금 산정 시 이 논리를 따르는 게 일반화되어 있다.

## 4.2 지급준비금 평가일

지급의무가 있는 사고가 발생한 후, 손해액은 보상절차 과정에 따라 진전되며 현재까지 미보고 된 사고는 향후 보고된 사고로 변경된다. 사고가 발생한 시점과 보험회사에 신고된 시점, 그리고 보상과정을 거쳐 최종적으로 종결된 시점까지 보험상품마다 시간적 간격이 발생한다. 이와 같이, 사고를 바라보는 시점에 따라 손해액의 규모와 내용은 수시로 변하게 되는 바, 이러한 데이터는 지급보험금 산정과정에 매우 중요한 요소가 된다. 이렇게 구분하는 이유는 손해보험은 단기(short term)계약이며 정액보험금이 아니기 때문이다. 손해보험에서 일반적으로 사용하는 손해액의 평가일은 아래와 같다.

- 사고일(accident date): 사고가 발생한 날.
- 보고(신고)일(reported ate): 사고가 처음 보험회사에 보고(신고)된 날.
- 추산입력일(recorded date): 사고가 처음 보험회사의 통계시스템 안에 입력된 날.
- 회계일(accounting date): 지급준비금은 회계일자 기준 미지급된 보상에 대한 평가액으로, 재무보고서가 준비되는 월말, 분기말, 반기말, 또는 회계년도말의 날이 일반적이다.
- 손해평가일(valuation date): 현재까지 진행된 모든 보상절차 과정의 내용이 포함된 시점에서 손해액을 평가하는 날을 의미한다.

## 4.3 지급준비금 항목

지급준비금은 미래에 지급될 예측 금액으로 손해평가일자에 따라 금액은 계속해서 변경된다. 그러므로, 지급준비금 산정 결과에 따라 지급준비금은 다음과 같은 여러 형태로 해석될 필요가 있다.

- 필수(required) 지급준비금: 지급의무가 있는 모든 보상건들이 최종적으로 종결될 때 지급해야 할 의무가 있는 총 손해액으로 다른 손해평가일자에도 변하지 않는 고정된 최종 금액이다. 그러므로, 필수 지급준비금은 매우 오랜 기간 동안 정확한 금액을 산출하기 어렵게 된다.
- 계리적(actuarial) 지급준비금: 어느 손해평가일자에 계리적 기법과 분석을 통해 계산된 회계일자 기준 지급준비금으로, 필수 지급준비금을 예측하기 위해 계리적인 분석에 의해 계산된 가상 지급준비금이다. 이 금액은 손해평가일에 따라 계속적으로 수정되어 오랜 시간이 흐른 후, 결국에는 필수 지급준비금과 수렴하게 될 것이다.

- 미지급 준비금: 재무재표에 기록 될 현재까지 실제로 미지급된 손해액이다.

미지급된 준비금은 실제로 미지급된 손해액인 반면, 계리적 지급준비금은 계리적인 분석에 의해 현재까지 지급되지 않았으나 향후 지급되리라 예측하는 손해액으로, 그 차액은 계리적 지급준비금 마진(margin)으로 정의할 수 있다. 동일한 개념에 의해, 미지급된 준비금과 필수 지급준비금과의 차액은 지급준비금 마진(margin)이라 할 수 있다.

## 4.4 지급준비금 산출

현재까지 가장 널리 보편적으로 사용하는 지급준비금 산출방법은 삼각형(triangular method) 형태에 의한 방법이다. 이는 오래 전 미국의 계리학자인 로널드 와이저(Ronald Wiser)가 미국손해보험 계리사협회에서 발간하는 Foundation에 발표한 이후 전 세계적으로 사용하게 되었다. 이는 손해액 진전 방법 중 요율산정 모델에서 가장 널리 오랫동안 사용되고 있는 진전추이방식(chain ladder method)을 현재 시점 이후의 미래에 확장시키는 연장 선상으로 이해할 수 있으며, 진전추이방식을 이해하였다면 삼각형 형태의 산출방법은 상대적으로 쉬울 것이다.

손해액의 진전추이방식과 유사하게 매년 손해액의 진전 형태는 이전 년도의 진전 형태와 유사하게 형성될 것이라는 가정하에서, 진전되지 않은 손해액을 최종적으로 종결될 손해액으로 예측하는 과정을 따르게 된다. 이러한 방식에 의해 아래와 같이 서로 다른 경험통계에 의해 지급준비금을 예측하게 된다.

- 지급보험금에 의한 진전추이방식(Paid Loss Development)
- 발생손해액에 의한 진전추이방식(Incurred Loss Development)
- 사고건수에 의한 진전추이방식(Claim Count Development)

- 평균 지급보험금을 이용한 예측방식(Average Paid Loss Development)
- 평균 발생손해액을 이용한 예측방식(Average Incurred Loss Development)

본서에서는 지급보험금에 의한 진전추이방식(Paid Loss Development)만 대표적으로 다룰 것이나 다른 방식들도 절차는 매우 유사하다. 다만 사용하는 데이터가 다를 뿐이다.

- 발생손해액에 의한 진전추이방식(Incurred Loss Development)은 지급보험금에 개별추산액을 합한 발생손해액을 이용한다는 점이다. 개별추산액은 건별로 보상시스템에 의해 결정되거나 평균값의 개념으로 추정될 수 있다. 발생손해액의 진전추이방식을 통한 지급준비금의 산정은 손해액을 인식하는 추이가 일반적으로 일관성이 있을 것이라는 가정을 전제로 한다.
- 사고건수에 의한 진전추이방식(Claim Count Development)은 지급준비금을 평가하는 직접적인 방법은 아니지만, 계리사가 최종적인 지급준비금을 산정하는데 있어서 중요한 참고자료로 활용할 수 있다는 측면에서 분석의 의미가 있다. 처음에 사고가 보험회사에 보고될 때에는 지급보험금의 규모와는 무관하게 신고되고 기록된다. 그러나 어느 사고는 지급보험금의 발생 없이 종결 처리될 수 있다. 사고가 접수되어 손해사정사의 보상과정에서 면책으로 종결되거나, 보상액이 자기부담금 내에 있을 경우, 사고는 지급보험금이 없는 상태로 종결되지만 여전히 사고통계에 기록이 남게 된다. 여기서 지급보험금이 없는 상태로 종결된 사고를 제외한 실제 지급보험금이 발생한 사고만으로 IBNR 사고수를 예측할 수 있기 때문에 사고건수에 의한 진전추이분석은 필요하다. 사고건수에 의한 진전추이방식 또한 계산방법과 절차에서 몇 가지 추가적인 분석과정이 필요하다는 점을 제외하고는 지급보험금이나 발생손해액을 이용하는 것과 동일한 방식을 유지한다.
- 평균 지급보험금(Average paid claim)에 의한 지급준비금 산정은 건당 지급보험금 추이가 일관성 있고 처음에 추산하는 보고된 사고건수의

추이 또한 일관성 있다는 가정으로부터 시작한다.

- 평균 발생손해액(Average incurred claim) 예측방식은 평균 지급보험금이 아닌 평균 발생손해액의 진전에 의해 지급준비금을 평가한다는 점을 제외하고는 평균 지급보험금 예측방식과 동일하다. 평균 발생손해액에 의한 지급준비금 산정 또한 건당 평균 발생손해액의 추이가 일관성 있고 보고된 사고건수의 추이 또한 일관성 있다는 가정이 필요하다.

이상의 여러 진전추이방식들에 의해 평가한 지급준비금의 규모는 상이하다. 가장 핵심적인 이유는 서로 다른 손해액 통계로부터 진전계수를 계산했기 때문이다. 어느 방식이 가장 정확하고 우수하다고 말 할 수는 없다. 그러므로, 계리사는 손해액 통계에 대한 정확한 이해와 보상체계의 변화가 손해액 진전에 어떠한 영향을 미쳤는지 등, 여러 각도로 조사하여 최종적인 준비금을 평가할 필요가 있다.

여기서는 지급보험금에 의한 진전추이방식 외에 IBNR준비금의 예측에 적합한 본휴더－퍼거슨(Bornhuetter－Ferguson)이 개발한 BF방법만을 소개할 것이다.

☞ 본서에서는 계리리스크관리의 영역 내에서만 지급준비금 산출을 간략히 설명한다. 지급보험금 진전추이방식에 대해서는 산출방법을 간단한 예제와 함께 제시하고 본휴더－퍼거슨 방법은 산출방법의 예제 없이 전체적인 설명으로 대체한다. 자세한 계산과정은 계리모형론 제2판(박영사 刊)의 책임준비금 산정을 참고하기 바란다.

## 4.4.1 지급보험금 진전추이방식

지급보험금 진전추이방식(Paid loss development)은 지급된 보험금의 차월별 추이가 큰 변동 없이 안정된 추이를 유지한다는 가정이 필요하다. 이 방식에 의한 지급준비금의 산출을 <표 6-2>의 삼각형 형태의 누적 지급보험금 통계표와 함께 시작하도록 하겠다.

〈표 6-2〉 Step1: 사고년도 차월별 누적지급보험금 진전

| 사고년도 | 12 | 24 | 36 | 48 |
|---|---|---|---|---|
| 2016 | 100 | 150 | 180 | 198 |
| 2017 | 120 | 180 | 220 | |
| 2018 | 130 | 190 | | |
| 2019 | 140 | | | |

삼각형(triangle)형태의 손해액 추이에서 수직선에 있는 금액은 차월별 각 사고년도의 손해액을 의미하고 평행선으로 보여지는 금액은 사고년도의 각 차월별 손해액의 진전금액을 나타낸다. 한편, 사선에 있는 손해액들은 사고년도 손해액의 평가일자를 의미함과 동시에 현재까지 또는 가장 최근까지 평가된 금액으로 이해할 수 있다. 예를 들어, <표 6-2>에서 2016년 당해년도에 발생한 사고들의 지급된 보험금은 100이었고 이런 지급보험금이 1년 동안 진전되어, 즉 2017년 12월31일자에 평가했을 때 2016년에 발생한 사고들로 인해 2017년 12월31일까지 지급된 보험금의 총액은 150이 된다. 이런 논리에 의해 2019년 12월31일자 2016년에 발생한 사고들을 평가했을 때 2019년 12월31일까지 지급된 보험금의 누적총액은 198이라는 의미이다.

앞의 사고년도 차월별 누적지급보험금 진전통계를 이용하여 차월별 진전계수(loss development factor) 또는 연결율(link ratio)을 계산한다. 예를 들어, 사고년도 2016년의 12-24차월 진전계수는 1.50 = 150/100이 된다. 이렇게 사고년도별 차월간 진전계수를 계산한 후, 차월별 대표 평균 진전계수를 여러 방식과 객관적인 판단으로 선택한다. 일반적으로 대표 진전계수를 계산하는 방식은 차월별 전체평균, 최근 직전 3년간 평균, 최高低 계수를 제외한 평균, 또는 가중치 평균이라 할 수 있다.

〈표 6-3〉 Step 2: 차월별 진전계수 또는 연결율

| 사고년도 | 12-24 | 24-36 | 36-48 |
|---|---|---|---|
| 2016 | 1.500 | 1.200 | 1.100 |
| 2017 | 1.500 | 1.222 | |
| 2018 | 1.462 | | |
| 대표 진전계수 | 1.490 | 1.211 | 1.100 |

〈표 6-4〉 Step 2: 차월별 진전계수 확장

| 사고년도 | 12-24 | 24-36 | 36-48 | 48-종결 |
|---|---|---|---|---|
| 2016 | 1.500 | 1.200 | 1.100 | 1.000 |
| 2017 | 1.500 | 1.222 | 1.100 | 1.000 |
| 2018 | 1.462 | 1.211 | 1.100 | 1.000 |
| 2019 | 1.490 | 1.211 | 1.100 | 1.000 |

〈표 6-5〉 차월별 예측 누적지급보험금 진전

| 사고년도 | 12 | 24 | 36 | 48 |
|---|---|---|---|---|
| 2016 | 100 | 150 | 180 | 198 |
| 2017 | 120 | 180 | 220 | 242 |
| 2018 | 130 | 190 | 230 | 253 |
| 2019 | 140 | 209 | 253 | 278 |

<표 6-4>는 최종적으로 선택한 대표 진전계수를 차월 구간별로 확장한 표이다. 여기서 모든 사고는 48차월에서 종결된다고 가정한다. 가장 최근 평가일자에 의한 사고년도 별 누적 지급보험금에 이 진전계수들을 연속적으로 곱한 값은 <표 6-5>에 나타난다. <표 6-4>를 해석한다면, 2019년에 발생한 사고들의 지급보험금은 12차월에서 24차월 사이 1.490만큼 진전될 것이라는 의미이고 또한 24차월에서 36차월은 1.211만큼 진전될 것이라 보여준다. <표 6-5>는 선택한 진전계수를 이용하여 예상되는 년도별/차월별 누적지급보험금을 계산한 것이다.

2019년에 발생한 사고들의 누적 지급보험금은 2019년12월31일자에는 이미 주어진 데로 140이다. 그런데 이 지급보험금이 다음 12개월 동안 진전하면, 즉 2020년 12월31일자 2019년에 발생한 사고들의 지급보험금의 합은 $209 = 140 \times 1.490$가 될 것이라 예상하는 것이다. 같은 논리로 12개월 더 진전하면 즉 2021년 12월31일자 2019년에 발생한 사고들의 지급보험금의 합은 $253 = 140 \times 1.490 \times 1.211$이 될 것이라 예상하는 것이다. 모든 사고는 48차월에서 종결된다고 가정했기 때문에 2019년에 발생한 사고들은 2022년 12월31일자에는 전부 종결되는 걸로 인정하고 최종 지급보험금은 $278 = 140 \times 1.490 \times 1.211 \times 1.100$이라 예측하는 것이다.

〈표 6-6〉 사고년도 별 예측 지급준비금

| 사고년도 | 예측지급보험금 | 실제지급보험금 | 예측지급준비금 |
|---|---|---|---|
| 2016 | 198 | 198 | 0 |
| 2017 | 242 | 220 | 22 |
| 2018 | 253 | 190 | 63 |
| 2019 | 278 | 140 | 138 |
| 합계 | 971 | 748 | 223 |

<표 6-6>는 <표 6-5>로부터 구한 최종적으로 지급될 보험금의 예측값과 <표 6-2>에서 주어진 현재 시점에서 현재까지 실제로 지급된 보험금, 그리고 그 차액인 종결 시까지 향후 지급될 것으로 예상하는 금액, 즉 지급준비금을 사고년도별로 나타낸 표이다. 이러한 지급보험금의 진전통계에 의한 분석에 따르면 어느 특정 보험상품의 판매로 2016년 이후 지금까지 발생한 사고들로부터 971의 지급보험금을 예측 평가하고 있는데 그 중 748은 현재까지 지급되었고 차액인 223은 향후에 추가적으로 지급되도록 보험회사는 준비해야 한다고 해석할 수 있다.

지급보험금 진전추이방식에 의한 지급준비금 산정은 이미 지급된 보험금의 차월별 추이가 큰 변동 없는 일정한 추이를 유지한다는 가정이 있지만, 보

상건수나 개별추산액 등의 추이를 통해 얻을 수 있는 정보를 활용하지 않았다는 미비점이 남아 있다. 이는 다른 통계정보를 이용한 지급준비금 산정을 통해 부족한 부분을 충족해야 한다. 앞서 언급했듯이, 한치의 오차도 없는 완벽한 지급준비금을 산정하는 방법이나 공식이 없다는 점에서 지급준비금의 산정은 여러 방식에 의해 산출하여 더욱 객관성을 향상시킬 필요가 있다.

### 4.4.2 본휴더-퍼거슨 방법

사고가 발생했으나 보험회사에 아직 접수되지 않은 사고건(IBNR: incurred but not reported)의 손해액을 어떻게 정의 내리며 어떠한 절차로 예측 값을 계산할 것인가는 기존의 다른 지급준비금 계산방법으로 해석하기에는 많은 논란이 있을 수 밖에 없다. 특히, 경험통계가 충분하지 않거나 또는 매우 드물게 발생하는 초대형 사고에 의해 경험통계에서 보여지는 손해액 통계의 일관성에 심각한 문제가 발생하는 경우, 그리고 사고일자와 사고접수일자와의 시간 간격이 긴 경우, 기존 삼각형태의 진전방식으로는 신뢰할 수 있는 결과를 기대하기가 어려울 수 있다. 본휴더-퍼거슨(Bornhuetter-Ferguson)이 개발한 BF방법은 예측 발생손해액의 진전과 실제로 보고된 사고를 합산하는 방식으로 최종 발생손해액을 평가하고 있다.

본휴더-퍼거슨법(이하 BF법)은 삼각형 형태의 진전방식처럼 손해액의 진전상태를 파악하여 지급준비금을 예측하려는 목적보다는 기대손해율을 이용하여 특정시기에 미보고된 또는 미인식된 사고손해액(IBNR)을 계산하고 그 결과로 최종 발생손해액을 예측하는데 목적을 둔다.

최종 발생손해액은 현재까지 진행된 발생손해액에 미보고 사고손해액 또는 IBNR준비금을 포함한다. 발생손해액과 최종 발생손해액은 두 가지 면에서 차이가 있다. 먼저 미보고된 클레임의 궁극적인 예상 최종손해액이 최종발생손해액에 포함된다. 다른 하나는, 지급준비금은 개별추산액이 설정될 당시에 알려진 정보에만 의존하기 때문에 현재 진행중인 클레임은 계속적으로 발생손해액 규모가 변경되고, 그리고 보고된 클레임의 진전에 따라 발생손해액의 변경된 부분 즉, IBNER준비금(Incurred but not enough reported)이 최종 발생손해액에 포함된다.

IBNR준비금을 정확히 계산하는 것은 계리사들의 가장 중요한 임무 중에 하나이다. 상품특성, 보상프로세스와 전략, 통계 정합성, 손해액 진전형태 등 모든 요소를 고려한 후, 여러 IBNR계산법 중에서 가장 적합한 계산법을 선택해야 한다. BF법은 IBNR을 예측하는 계산법 중에서 가장 신뢰할 수 있는 방법으로 널리 알려져 있으며 많은 대형 선진사들이 이 방법을 이용하여 IBNR 예측과 함께 최종 발생손해액을 계산하고 있다.

BF법은 실제 발생손해액에 기대손해율을 적용하여 IBNR준비금을 예측하고 최종 발생손해액을 계산하는 것으로 예기치 않은 거대 손해액에 의해 통계의 왜곡으로부터 산출될 수 있는 과도한 예측값을 사전에 방지할 수 있다는 장점이 있다. 그러므로, 개인보험 상품(personal line of business) 보다는 기업성보험 상품(commercial line of business)에서 주로 선호하는 방식이라 할 수 있다.

지급준비금 산정 시, 정확성을 위해 사용할 데이터를 어떻게 준비할 지는 제일 먼저 고려해야 할 사항이다. 이에 대해 본휴더와 퍼거슨은 일반적으로 고려해야 할 세가지 사항을 지적하였다. 첫째, 통계량은 충분해야 한다. 이는 산출의 신뢰도를 높일 수 있다. 둘째, 통계 안의 상품은 유사한 성장률을 보여야 한다. 예를 들어, 개인용 자동차의 성장률은 3%인 반면, 영업용 자동차는 15%라 한다면 두 상품의 손해진전은 다를 것이다. 그러므로 이 담보들은 개별적으로 지급준비금을 산정해야 한다. 셋째, 유사한 진전추이를 보이는 상품 또는 담보들의 통계로 산출하는 것이 바람직하다고 말하고 있다.

# 보험과 리스크관리
# (INSURANCE & RISK MANAGEMENT)

1. 보험상품, 담보, 가격과 관련된 리스크 요소
2. 보험회사의 리스크 관리 해법

# 제7장
# 보험과 리스크관리
# (INSURANCE & RISK MANAGEMENT)

본서의 처음은 리스크에 대한 이해와 관리프로세스에 대한 기본개념으로부터 시작하였다. 그리고 보험계리사의 역할과 그에 따른 주요 계리업무에 대해 다루었고 보험상품에 대한 전반적인 이해와 프로세스를 이해하였다. 한편, 계리업무의 시작점이라 할 수 있는 보험데이터에 관해 살펴보았으며, 전통적으로 보험계리의 핵심적인 업무인 요율산정과 책임준비금 산정에 관한 주요 내용을 이해함으로 지금까지 보험회사의 대차대조표에 관련한 사항과 경영에 직접적으로 관련 있는 계리업무의 영역을 제외하고는 거의 다 다루었다. 대차대조표에 관련한 사항 등은 본서의 후반부에서 하나씩 다룰 것이다. 이번 Chapter에서는 지금까지 살펴 본 보험과 관련된 상품, 요율, 또는 책임준비금 등과 같은 주제와 리스크를 연관시켜 어떠한 리스크에 노출되며 보험회사의 입장에서 그리고 보험상품 가격을 책정하는 보험계리사의 입장에서 어떻게 이러한 리스크들을 관리해야 하는지를 다루도록 하겠다. 이러한 작업 또는 영역의 공식적인 용어는 없다. 한국에서는 보험리스크(Insurance risk)라는 용어를 사용하는 경우가 많은데 보험리스크란 용어자체는 해석하기가 너무 광범위해서 언뜻 어느 분야의 어느 행위를 언급하는지 매우 불분명하다. 또한 이는 영문의 원 뜻과도 전혀 다르게 쓰여지고 있다. 그럼에도 불구하고 보험리스크로 쓰이는 경우가 많으므로 해당 내용에 대한 정확한 해석과 이해를 통해 해당리스크를 파악해야 한다.

☞ Insurance risk: "coverage for exposures that exhibit a probability of financial loss"로 정의되며, 해외에서 이해하는 Insurance risk는 '손실이 발생할 수 있는 위험대상에

대한 담보 또는 보장'이 된다.

여러 이유에 의해, 본서에서는 보험리스크라는 용어를 사용하지 않을 것이다. 대신에 보험상품에 관련된 리스크, 보험가격에 내재된 리스크, 또는 보험경영에서 노출되는 리스크 처럼 좀 더 명확하고 구체적으로 표현함으로 독자들의 이해를 돕고자 한다. 이 chapter에서는 보험상품과 담보 그리고 가격에 관련된 리스크로만 국한 할 것이다. 보험경영에서 전반적으로 노출되는 리스크는 보험회사의 대차대조표에서 노출되는 것이므로 본 서의 후반부에서 집중적으로 다룰 것이다.

# 1. 보험상품, 담보, 가격과 관련된 리스크 요소

보험상품(product)의 특성, 보장하는 담보(coverage)의 내용, 그리고 보험가격(price)을 통해 보험계약을 인수하는 과정과 보험금 지급에 관련되어 발생할 수 있는 리스크들은 상품의 특성에 매우 의존한다. 특히 이들은 인(人)보험과 물(物)보험으로 구분하여 이해할 필요가 있다. 생명보험과 손해보험으로 구분할 수도 있으나, 한국의 손해보험은 장기손해보험이라는 인보험 영역도 취급하기 때문에 혼동을 일으킬 수 있어 이 점을 명확히 하고자 한다.

인(人)보험상품과 관련된 리스크요소들은 대표적으로 사망, 장수, 상해 및 질병, 해약, 사업비 등이며, 물(物)보험상품에서 항상 주의 깊게 살펴보는 대표적인 리스크요소들은 보험료, 준비금, 빈도, 심도, 대재해 등이다. 위의 요소들은 모든 상품마다 어느 정도는 내재되어 있을 수도 있다. 다음은 각각 리스크요소가 무엇이며 어떻게 리스크에 연결되는지를 이해하도록 하겠다.

(1) 조기사망(death in early period): 피보험자의 생명을 담보하는 대부분의 생명보험상품은 조기사망이라는 리스크요소에 직접적으로 노출되어 있다. 여기서 말하는 조기사망은 어린 나이의 사망(premature death)이 아닌 보험료 납입기간이 많이 남아있는 계약초기의 사망(death in early

period)을 의미한다. 생명보험회사는 사망담보의 보험료를 산정할 때 통계에 의한 예정사망률(expected mortality rate)을 근거로 작업한다. 그러나, 조기사망사고가 다수 발생하여 실제사망률(actual mortality rate)이 예정사망률보다 높다면 보험금 지급 시기가 앞당겨 짐으로 보험료적립금이 일찍 소진될 수 있는 리스크에 직면하게 된다.

(2) 상해 및 질병: 위의 조기사망과 마찬가지로 질병보험담보에서 피보험자의 상해 및 질병의 발생률(actual morbidity rate)이 예정상해율(expected morbidity rate)보다 높을 경우 또는 상해 및 질병에 의한 보험청구금액이 예정보험금액보다 많을 경우 보험회사는 상품과 가격에 의한 리스크에 노출된다.

(3) 장수(Longevity): 사람이 기대수명 이상으로 오래 살 경우 노후생활자금의 부족 등으로 재정적인 어려움이 있을 수 있다. 정부도 노령인구의 비중이 증가하면 사회복지서비스의 확대 등으로 재정적인 부담이 늘어날 것으로 예상한다. 연금보험을 판매하는 보험회사에서는 보험가입자의 장수에 의해 실제연금지급횟수와 연금지급액이 예상했던 지표보다 커질 때 발생할 수 있는 적절하지 못 한 보험가격의 리스크와 지급여력에 대한 부담을 안게 된다.

(4) 해약(Lapse): 계약초기에 판매수수료가 많이 지급되는 계약기간이 긴 생명보험상품들은 특히 계약초기에 계약 해지가 되면 보험회사는 손실을 입을 위험이 더 커진다. 계약초기의 해약이 아니더라도 심사 비용, 수수료 등의 제반 비용이 보험료로부터 충당되기 전에 해약이 되면 보험회사는 재원 부족으로 인해 기존에 유지되고 있는 위험집단의 평균 위험률도 높아지는 상황으로 악화될 수 있다. 이는 요율인상의 결과로 이어질 수 있는데 이러한 현상이 계속해서 발생한다면 그 원인을 즉시 찾아야 할 것이다. 특히 조기해약의 원인이 회사의 판매촉진 캠페인에 의한 보험가입자의 비자발적인 구매에서 비롯됐다면 그러한 캠페인은 즉시 중단해야 할 것이다. 또한 상품과 가격의 수정에 대해서도 검토해

야 할 일이다.

(5) 사업비: 사업비에 관련된 리스크는 보험기간이 긴 생명보험상품에서 더 심각할 것이다. 사업비 지출이 예정보다 많을 경우 또는 예정보다 빠를 경우 위험에 노출될 수 있는데 특히 이는 조기해약에서 많이 발생한다.

(6) 보험료: 상품가격이 부적당하게 산출되거나 시장의 가격경쟁에 의해 과도하게 보험료를 낮게 책정했거나, 적정한 보험료 책정에도 불구하고 보험금 지급이 늘어남에 따라 보험회사는 목표손해율을 초과하는 실적을 남길 경우가 있다. 이와 같은 부족한 보험료는 결국 손해율의 상승으로 이어지며 이를 회복하기 위해 요율을 인상하게 되면 시장에서 경쟁력이 떨어질 수 있는 사업의 연결고리가 계속 이어진다. 즉, 부족한 보험료는 경영전략 리스크, 가격리스크, 또는 경쟁력 리스크에 노출된다. 반면에 과도한 보험료도 시장경쟁력에서 치명적일 수 있으므로 보험료는 앞에서 설명된 보험료 산출원칙에 따라 적절해야 한다.

(7) 준비금: 보험회사는 보험금의 지급사유가 발생하는 경우 보험금을 지급해야 하는 의무가 있다. 그래서 이러한 금액을 지불할 수 있는 충분한 기금을 보유할 수 있도록 하여 보험계약자에게 신뢰를 주어야 한다. 만일, 준비금이 부족하게 되면 심각한 부채리스크에 직면하게 되고 이는 지급여력에도 영향을 미쳐 경영전반에 위협이 될 수 있다. 반대로 과다한 준비금의 적립은 회사의 여러 수익창출의 기회를 놓칠 수가 있게 된다. 그래서, 준비금도 보험료와 마찬가지로 적절한 수준을 유지하는 것이 중요하며 그래서 준비금의 산정은 그 만큼 어려운 것이다.

(8) 사고빈도: 손해보험상품에서 사고빈도의 분석은 매우 중요하다. 실제 사고가 발생하여 보험회사에 보고가 되면 그 순간부터 보험회사는 보험금 지급 여부와 상관없이 보상에 관련된 기본적인 비용(예: 사고접수비용, 보상인력 출장비용 등)이 발생하게 된다. 특히, 소액의 보험금이 예상되는 사고인 경우에는 발생하는 비용의 비중이 더 커진다. 이러

한 비용의 증가는 결국 손해율의 악화로 이어지게 되는 악순환의 고리에 빠져들 수 있게 된다.

(9) 사고심도 및 대재해: 사고심도 역시 손해보험에서 주의 깊게 검토하는 지표중의 하나이다. 특히 재물손해담보인 경우 대재해를 포함한 예기치 않은 대형사고는 보험상품자체의 실적뿐만 아니라 회사에도 막대한 손실을 가져다 준다. 1992년 미국 플로리다州를 포함한 동남부를 강타한 허리케인 앤드류의 보상피해액은 당시 역대 최고였다. 이로 인해 몇몇 손해보험 회사는 파산하게 되었는데 이런 일련의 사례들이 보여주는 시사점은 매우 크다. 결국 이를 계기로 보험회사의 거대재해 위험을 자본시장으로 전가하는 캣본드(Catastrophe Bond)가 출현하면서 보험의 영역이 변화하는 대변혁을 맞이하게 되었다.

# 2. 보험회사의 리스크 관리 해법

위에서 보험상품, 담보, 그리고 가격과 관련된 대표적인 리스크 요소들을 살펴보았다면 여기서는 이러한 위험요소들을 보험회사는 어떻게 처리하는지를 이해할 것이다. 제1장에서 설명되었듯이 리스크를 관리하는 방법은 크게 네 가지로 대표된다.

- 위험회피(Avoidance)
- 손해방지와 조정(Loss prevention and control)
- 위험감수(Retention)
- 위험전가(Risk Transfer)

모든 위험요소들은 하나 또는 하나 이상의 관리방법을 이용하여 리스크를 관리하게 된다. 그러나, 어떠한 요소들도 위험회피(Avoidance) 전략은 최후의 경우가 아니면 쓰지 않는다. 예를 들어, 조기사망이라는 잠재적인 위험요소를 회피한다는 것은 보험회사 입장에서는 사망담보를 판매하지 않겠다는 것인데 그렇다면 보험회사의 존재 이유가 사라지게 된다. 그러나, 손실이 너무 커서 회사의 재정상태에 치명적일 경우 회사는 해당 상품의 판매중지를 결정할 지 모른다. 그럼에도 불구하고, 여전히 유지되고 있는 계약들은 동일한 위험요소를 가지고 있기 때문에 완전한 위험회피라 할 수는 없다. 지금부터는 다양한 위험요소들을 보험회사는 어떻게 관리하고 있는지 살펴보겠다.

## 2.1 재보험

보험상품, 담보, 그리고 가격과 관련된 대표적인 리스크 요소들을 관리하는 방법 중에 가장 널리 광범위하게 사용되는 방법이 재보험의 활용이다. 재보험의 형태는 매우 다양하여 보험회사는 노출되어 있는 리스크를 손해액 감소와 조정(loss reduction), 일부 보유(partial retention), 그리고 위험전가(risk transfer)를 통해 복합적으로 관리하고 있다. 먼저 재보험에 대해 이해하도록 하겠다.

### 2.1.1 재보험의 특성

재보험(Reinsurance)은 보험회사(Primary insurer or Ceded insurer)가 인수한 보험계약에 대한 위험의 일부 또는 전부를 다른 보험회사에게 전가하는 행위이다.

재보험은 특정보험사고의 잠재적인 발생으로부터 보험회사의 재정적인 부담을 경감시켜줄 수 있는 수단으로 이를 통해 보험시장의 효율성을 향상시키는데 이바지한다. 이외에도 원수보험사의 입장에서 재보험의 필요성은 아래의 세가지로 요약할 수 있다.

- 경영 안정성(Stabilization): 사고빈도는 매우 낮으나 사고심도가 매우 큰 사고인 경우 보험회사는 경영안정성에 심각한 타격을 입게 된다. 특히, 대재해에 의한 손실이 발생할 경우는 치명적일 수 있다. 이에 따라 보험회사는 부담할 수 있는 책임한도를 정하고 그 한도를 초과하는 부

분은 재보험을 통하여 위험전가 함으로써 경영의 안정성을 유지할 수 있다. 즉, 위험의 분산을 통한 경영의 안정성을 도모하여 지급여력을 유지할 수 있게 된다.

- 인수능력(Capacity) 향상: 자사의 제한된 담보능력으로 인하여 특정위험에 대한 보험계약 인수가 불가능할 때 보험영업에 많은 지장을 받게 된다. 특히 손해보험의 기업성물건(commercial line of business)들의 담보요구조건은 매우 높다. 이런 경우, 보유여력을 초과한 위험일지라도 인수하여 초과된 부분은 재보험을 통해 위험을 분산함으로 인수능력을 확대시키고 더불어 마케팅 능력 또한 향상시킬 수 있게 된다.

- 계약자 보호(Customer protection): 보험회사가 지급 불능 상태가 되면 보험계약자는 큰 피해를 입게 되며 사회적인 문제로 번지게 된다. 그러나, 재보험은 재보험자가 인수한 책임에 대해서는 보험금을 지급한다. 그러므로 이런 사태에서 계약자가 납입한 보험료 중 재보험으로 쓰여진 부분은 보호받을 수 있다. 그러나 계약자 보호는 제한적일 수 밖에 없는 게 현실이다.

재보험 영업과 관련 있는 용어는 일반 보험영업에서의 용어와 다소 차이가 있다.

- 원수보험사(Primary insurer or Cedent insurer): 보험계약자와 원보험계약 체결을 통해 위험을 인수하고, 인수한 위험의 일부를 재보험을 통해 출재함으로써 위험을 전가하는 주체이다. 재보험거래에서는 출재회사(Cedent)라고 부른다.

- 재보험사(Assumed insurer or reinsurer): 전가한 보험위험을 인수하여 재보험과 재보험 관련서비스를 취급하는 주체이다. 이러한 재보험자 중에는 감독기관이 요구하는 면허를 취득한 전업재보험자(Admitted professional reinsurer)와, 면허를 취득하지 않고 재보험사업을 영위하는 재보험자(Non−admitted reinsurer)가 있다.

- 재보험 중개사(Reinsurance broker or Intermediary): 출재회사와 재보험

사 사이에서 재보험 중개업무를 수행하는 역할을 한다. 중개사의 업무에는 보험료와 보험금 송금 등도 포함된다. 일반적으로 이와 같은 업무에 대한 대가로 재보험자로부터 재보험 중개수수료(Reinsurance brokerage fee)를 받는다.

## 2.1.2 재보험의 일반원칙

(1) 독립적인 계약: 재보험은 원수보험사와 재보험사 간의 합법적이고 독립된 계약으로 원수보험사와 보험계약자간의 보험계약과는 아무런 연관이 없다. 즉, 원수보험사는 보험계약자로부터 보험료 미납입이 재보험사에 재보험료 미지급 사유가 될 수 없으며, 재보험사는 재보험료 수입이 없다는 이유로 보험계약자에게 직접 납입을 청구할 수 없다.

(2) 최대선의 원칙(Utmost Good Faith): 보험인수 여부나 보험료 산정에 영향을 줄 수 있는 중요한 사실들을 원수보험사는 재보험사에게 재보험사는 원수보험사에게 성실히 고지할 의무가 있다. 고지의무 위반은 보통의 보험계약과 마찬가지로 재보험계약의 효력정지인 무효가 될 수 있다.

(3) 실제손해액 배상의 원칙(Principle of indemnity): 일반적인 손해보험계약이 준수해야 하는 원칙과 동일한 원칙이다. 일반적인 보험계약에서 보험회사는 보상한도 내에서 피보험자가 실제 입은 피해만을 보상하는 것이고 재보험계약에서는 재보험계약의 보상한도 내에서 출재회사가 실제 부담하는 손해만을 재보험사가 배상하는 것이다.

☞ 실제손해액 배상의 원칙(Principle of indemnity)의 원래 취지는 보험사고로 경제적 손실이 발생한 경우 이러한 손실을 보장하여 사고 이전의 상태로 회복시키려는 것으로 보상에 의해 사고 이전보다 경제적으로 더 좋아지는 혜택이 되어서는 안 된다는 의미가 내포되어 있다. 그러므로, 실제손해액 배상의 원칙은 손해보험상품에 더 중요한 원칙이다. 실제손해액 배상의 원칙은 후반부 보충주제의 9: 보험의 주요 기본원칙 정의에서 자세히 다루어 질 것이다.

(4) 공동운명조항(Follow the Fortunes): 재보험사는 해당 재보험계약서에 의해 출재회사가 부담하는 책임과 동일한 책임을 가지고 있으며 출재회사가 처리하는 조치를 따라야 한다는 원칙이다. 그러므로 예를 들어, 재보험사는 출재회사의 보험금 지급에 관련된 결정에 반대하여 소송을 제기한다던 지, 재보험금 지급을 거절할 수 없다.

(5) 피보험이익(Insurable interest): 실제손해액 배상원칙과 매우 유사한 원칙으로 재보험사는 보험계약 조건에 따라 원보험사가 부담하는 책임과 동일한 조건으로 책임을 부담한다. 또한, 원보험계약이 해지되면, 재보험계약도 자동 해지된다.

(6) 대위변제(求償, Subrogation): 원수보험사가 구상권을 행사하여 과실이 있는 당사자로부터 보험금의 일부 혹은 전부를 회수하여 손해액이 감소될 경우, 재보험사도 그만큼 혜택을 받을 수 있다.

## 2.1.3 재보험의 종류

재보험은 계약유형에 따라 크게 임의재보험(Facultative Reinsurance)과 특약재보험(Treaty Reinsurance)으로 구분된다.

〈표 7-1〉 재보험의 구분

| 임의재보험(Facultative Reinsurance) | | |
|---|---|---|
| 특약재보험<br>(Treaty Reinsurance) | 비례재보험특약<br>(Proportional<br>Reinsurance) | 비례배분 재보험특약<br>(Quota Share Treaty) |
| | | 보유초과액 재보험특약<br>(Surplus Reinsurance Treaty) |
| | 비비례재보험<br>(Non-Proportional<br>Reinsurance) | 초과손해액 재보험특약<br>(Excess of loss reinsurance) |
| | | 초과손해율 재보험특약<br>(Excess of loss ratio reinsurance) |

### 2.1.3.1 임의재보험(Facultative Reinsurance, Facultative Certificate)

임의(Facultative)재보험은 원보험회사(출재보험사, Primary, Ceded)가 인수한 위험을 개별계약마다 자유로이 재보험사에게 인수를 제의하고, 재보험사 (수재보험사, Reinsurer, Assumed)는 개별 재보험 청약마다 그 위험물건을 검토하여 인수여부를 결정하는 재보험 거래형태를 말한다. 출재사와 재보험사는 어떤 규약에 얽매이지 않고 개별 협상에 따라 출재방식을 결정하게 된다. 보통 큰 위험의 일부나 평범하지 않은 위험을 취급하는 것이 일반적인데 원수보험사가 특히 위험물건들만 재보험에 넘기려는 역선택 가능성이 있기 때문에 재보험사(수재보험사)는 이를 파악할 필요가 있다. 임의재보험의 특성상 주로 전례가 없어 예상 손해액의 파악이 어려운 새로운 담보 또는 특별한 담보를 재보험하는 경우가 많다. 재물담보인 경우는 대체로 비례재보험 (proportional basis)방식을 취하고 상해담보인 경우는 초과재보험(excess basis) 방식을 따른다.

### 2.1.3.2 특약재보험(Treaty Reinsurance, Treaty)

특약(Treaty)재보험은 의무재보험이며, 출재보험사와 재보험사가 미리 교섭하여 거래조건(예: 담보기간, 손실담보범위, 담보조건 등)을 사전에 정하고 재보험특약을 체결하는 거래방식이다. 의무재보험이기 때문에 사전 합의가 되면 자동적으로 재보험 청약과 인수가 이루어진다. 특히, 원보험사가 재보험사의 재무상태, 신용도, 또는 인수정책 등을 사전에 잘 파악해 볼 필요가 있다. 특약재보험은 비례재보험과 비비례재보험으로 구분된다.

(1) 비례재보험특약(Proportional Reinsurance or Treaty Proportional Covers)
원수보험사와 재보험사가 각각 인수한 계약금액(보험가입금액)을 기준으로 재보험사가 원보험계약에 의하여 인수된 위험을 일정한 비율에 따라 재보험계약으로 체결하는 거래방식이다. 계약이 체결되면 자동으로 출재가 된다. 일정한 비율이란 보험료와 보험금에 대한 책임을 정한 비율이다. 이에는 비례배분 재보험특약(Quota share Treaty), 보유초과액 재보험특약(surplus Treaty), 그리고 비례배분과 보유초과액 재보험특약 (Quota Share & Surplus Treaty) 등으로 구분된다.

• 비례배분 재보험특약(Quota Share Treaty): 모든 계약들을 일정 비율

(fixed percentage)만큼 재보험으로 출재하는 방법이다. 이에 따라 재보험사는 대체로 보험금과 같은 비율로 보험료를 받는다. 원수보험사 입장에서는 정해진 비율에 의해 자동 출재되므로 재보험 절차가 간편하다. 재보험사 입장에서는 원수보험사의 역선택 가능성이 적고, 소액인 경우 편하게 거래가 가능하다. 예를 들어, 20% quota share treaty라 하면, 원수보험사는 계약된 모든 담보(계약)의 보험료(책임의무 포함)의 20%를 재보험사에 지불하고, 재보험사는 원수보험사의 해당 담보에 대한 클레임의 20%를 재보험금으로 지불해야 한다.

- 보유초과액 재보험특약(Surplus Reinsurance Treaty): 원수보험사가 인수하여 보유할 수 있는 최대금액을 정하고, 결정된 보유금액을 초과하는 부분을 출재하는 방법이다. 일반적으로 출재한도액 내에서 보유금액의 일정 배수(line)를 수재한다. 예를 들어, 원수보험사가 어느 특정 담보에 대하여 100억원 한도의 계약에서 10억원은 보유하고 나머지 90억원을 출재할 경우 이는 9 line surplus로서 원수보험사는 해당보험료의 1/10을 취하고 나머지 9/10은 재보험사에 지불하며, 보험금도 같은 비율(1:9)에 따라 나누는 것이다. 예를 들어, 만일 원수보험사의 실제 손해액이 50억원이었다면 원수보험사가 5억원, 재보험사가 45억원을 부담하는 것이다. 원수보험사의 경우, 일반적으로 경험통계가 부족한 대형사고의 가능성이 높은 담보에 활용하는 편이다.

☞ Line: 출재보험회사의 보유한도액을 말한다. 따라서 보유초과액 재보험특약에서 재보험 한도금액은 출재보험회사의 보유한도액을 기준으로 하여 일정배수로 표시하는 것이 관례로 되어 있다.

(2) 비비례재보험(Non – Proportional Reinsurance)

비비례재보험(Non – Proportional Reinsurance) 인수한 계약금액을 기준으로 하지 않고 발생된 손해액을 기준으로 원수보험사와 재보험사가 보험료와 손해액을 분담하는 형태의 재보험이다. 재보험사는 일정 손해액(attachment point = 원수보험사의 보유한도액)을 초과하는 금액만 책임이 있다. 일반적으로 XOL(Excess of Loss)로 불리어 진다. 이에는 크게 초과손해액 재보험특약(Excess of loss reinsurance)과 초과손해율 재보험특약(Excess of loss ratio reinsurance)으로 구분된다.

- 초과손해액 재보험특약(Treaty Excess Cover or Excess of loss reinsurance): 손해액이 일정한 기준(attachment point)을 초과할 경우, 초과손해액에 대하여 재보험자의 특약한도액 범위 내에서 재보험으로 처리하는 방법이다. 이 때 손해액을 어떤 기준으로 하는지에 따라 대표적으로 Per-risk excess treaty와 Per-occurrence excess treaty등으로 구분된다.

  ① Per-risk excess treaty: 해당손해액은 한 계약(per-risk)에 의해 보장된 한 사고로부터 발생한 모든 claim들의 손해액 합계를 기준으로 한다. 여기서 Per-risk는 계약당 기준으로 한다는 의미이다. 이 특약은 주로 재물담보에 많이 사용된다.

  ② Per-occurrence excess treaty: 해당손해액은 모든 계약으로 부터 보장된 한 사고(per-occurrence)로부터 발생한 모든 claim들의 손해액 합계를 기준으로 한다. 이 특약은 주로 상해담보에 많이 사용된다.

- 초과손해율 재보험특약(Excess of loss ratio reinsurance): 일정기간 실제손해율이 예정손해율을 초과하게 될 경우, 그 초과액 또는 초과율을 재보험으로 보상받는 방법이다.

### 2.1.3.3 기타 재보험

(1) 누적손해초과 재보험특약(Aggregate Excess or Stop Loss Cover): 이 특약에서 기준이 되는 손해액은 정해진 기간(보통 1년) 동안 해당된 모든 손해액의 합계를 의미한다. 일명 Stop-Loss로 더 잘 알려져 있는 재보험 특약으로 재보험사는 원수보험사에게 원수보험사의 특정기간 동안 발생된 누적보유손해액을 초과한 손해액의 합을 특정금액까지 보상해

주는 특약이다. 예를 들면, 원수보험사의 보유손해액 한도는 10억원이고 재보험사는 5억원의 초과손해를 담보한다고 가정하자. 만일, 특정기간 동안 총손해액이 16억원이었다면 16억원 중 처음 10억원은 원수보험사가 부담하고 다음 5억원은 재보험사가 부담하며 마지막 1억원은 재보험의 특정한도를 초과한 금액이니까 원수보험사가 다시 부담하게 된다. 그래서 Stop-Loss라는 표현을 쓴다.

(2) 재해재보험(Catastrophe Reinsurance): 초과손해액 재보험특약의 일종으로, 자연재해와 같은 위험으로부터 발생하는 거대 손실에 대비해 대재해로 인한 누적손실에 대해 원수보험사가 보유하고 있는 일정액의 손해액을 초과한 부분을 담보하는 재보험 형태이다.

### 2.1.4 금융재보험(Finite Reinsurance)

비전통적인 재보험의 한 형태로 일반적인 재보험과는 개념이 다르다. 금융재보험은 재보험사의 손실책임을 제한하고 보험기간이 장기간이며 보험료수입에 이자를 감안하여 가격을 산정하는 형태의 재보험이다. 계약형태가 정형화되어 있지 않아 출재자의 요구에 따라 계약형태를 취할 수 있다. 일반재보험과 금융재보험의 다른 특징은 아래와 같다.

- 일반재보험은 거대사고발생시 재보험사가 손해율 악화의 영향으로 인한 지급불능 상태도 가능하고, 반대로 사고가 없을 때는 재보험료의 수입으로 이익이 발생할 수도 있다. 그러나, 금융재보험은 재보험사의 책임부담을 제한한다. 즉, 재보험사의 책임인 총한도금액을 사전에 제한하여 재보험사의 수익만큼 책임도 작아지는 구조로 손익이 안정적인 형태를 취하게 된다. 가능한 최소한 이익과 동시에 재보험사의 부담을 제한하는 책임제한 재보험의 형태이다. 그래서 Finite라고 불리어진다.
- 일반재보험은 대부분 1년 계약인데 반하여, 금융재보험은 보험기간이 보통 3년에서 10년 사이의 장기계약이다. 그러므로, 원수보험사와 재보험사간의 신뢰가 중요하다.

- 금융재보험은 장기계약이므로 장래 재보험금 지급의무에서 재보험료의 투자수익을 할인한 금액, 즉 장래 지급할 재보험금의 현재가치를 재보험료의 산출기준으로 한다. 즉, 재보험료 산정에 보험료에 의한 투자수익을 반영한다. 이에 따라, 미래의 투자수익만큼 재보험료가 할인되므로 재보험료가 저렴하다. 일반재보험료는 투자수익을 반영하지 않는다.
- 금융재보험은 손해율 변동에 의해 원수보험사와 재보험사 중에 한 쪽이 손실 또는 이익이 발생하면 그 손실 또는 이익을 분담하는 형태를 취한다. 일반재보험 중에 비례재보험인 경우 profit commission이란 형태로 손익을 돌려주지만, 금융재보험에서는 재보험자가 이익이 발생할 때 상당부분을 출재보험회사에게 돌려주므로 금융적인 성격이 강하다.
- 일반재보험은 원수보험사가 다수의 재보험사와 재보험 계약이 가능하여 재보험 계약조건이나 내용이 표준화 되어 있으나, 금융재보험은 원수보험사와 재보험사간의 일대일 계약이므로 당사자간 합의에 의해 계약조건을 광범위하게 조정할 수 있어 계약조건이 정형화되어 있지 않다.

## 2.2 보험연계증권(ILS, Insurance-Linked Securities)

### 2.2.1 보험연계증권의 역사

보험연계증권은 보험회사가 지닌 전통적인 재보험의 수용능력으로는 거대 자연재해에 의한 손해배상금액을 감당하기 어렵다는 판단에서 탄생하였다. 보험연계증권은 보험회사가 인수한 보험 리스크를 자본시장으로 전가하는 유가증권을 뜻한다. 즉, 보험회사가 보험연계증권을 통해 보험 리스크를 투자자에게 전가하는 대신 보험료 수익을 보험연계증권 투자자에게 제공하는 구조다. 자본시장 투자자의 입장에서는 금융파생상품의 역할을 하며 보험회사 입장에서는 위험전가 수단의 역할을 한다고 보면 된다.

최초의 보험연계증권은 보험회사들이 지진, 홍수, 태풍 등 자연재해가 발생할 경우에 대비해 만든 캣본드(Catastrophe Bond) 즉 대재난채권이다. 이

후, 자연재해, 장수(Longevity)위험, 생명보험 사망률과 같은 위험요소들도 포함하는 개념으로 발전하였다.

☞ 캣본드의 탄생: 1992년 8월 미국은 허리케인 앤드류가 플로리다를 덮쳤을 때 재보험시장의 담보능력을 뛰어 넘는 당시 250억달러(당시 한화 약 28조원)의 보험손실이 발생하면서 보험사 10여곳이 파산되었다. 이에 재보험사, 은행, 학계가 발벗고 나서 대재해 위험을 이전시킬 수 있는 방법으로 1994년 보험연계증권이란 신종파생금융상품을 출시하게 되었다.

### 2.2.2 캣본드(Catastrophe Bond)

보험회사는 자본시장에 일정 보험료를 지급하는 대가로 재해 발생시 보험금을 지급 받아 피보험자 보상에 활용하고, 투자자는 보험금 지급조건 충족 여부에 따라 투자수익이 발생하는 구조이다. 캣본드는 보통 재보험의 대안으로 활용되며, 보험회사가 자본시장을 통해 투자자로부터 재보험 서비스를 제공받는 구조이다. 따라서 재해 발생시 특정 지급조건(trigger)이 충족되면 자본시장이 보험회사에게 보험금을 지급하는 구조이다. 손해보험회사에서는 극단적인 보험금 지급 부담을 헷지하는 위험전가 수단으로 활용하며 재보험 회사의 지급불능 가능성에 대한 신용리스크를 제거하는 역할도 겸할 수 있다.

☞ 캣본드 별로 지급조건은 차이가 있으나, 일반적으로 대재해로 인한 보험회사의 손해액, 산업 전체의 손해액, 또는 재해의 정도 등이 일정 수치를 초과하여야 지급조건이 충족된다고 본다.

### 2.2.3 보험연계증권의 장·단점

#### 2.2.3.1 장점

- 보험회사는 거대재해위험의 인수능력을 향상시키고 위험이 투자자에게 전가되므로 재보험사에 대한 신용리스크의 가능성도 감소된다.
- 재보험의 대체상품이므로 재보험시장의 경쟁력을 촉진시키는 계기가 되며, 거대재해위험으로 인한 재보험사의 파산 가능성은 줄어들 수

있다.

## 2.2.3.2 단점

- 다른 금융파생상품처럼 보험연계증권 발행에 관련된 발행비용, 유통비용 등 운영비용(commissions)이 발생한다.
- 거대재해위험에 대한 충분한 헷지를 위해 자본시장에서 이런 위험에 투자할 투자자를 찾기가 어려울 수 있다.
- 보험연계증권은 증권(security)이므로 증권시장에서만 거래된다.

## 2.2.4 보험연계증권의 미래

보험연계증권은 출현 이 후 꾸준히 성장하였다. 예를 들어, 1990년대 중반 이후 발행된 280건 이상의 캣본드 중에 투자자 손실이 발생한 경우는 10건 (약 3.5%) 내외로 기록될 만큼 높은 수익률이 실현되었다. 그러다가 글로벌금융위기 때 투자자들이 부채상환과 자산의 리밸런싱(rebalancing)을 위해 대재해채권의 투자금을 회수하였고 대재해채권 거래의 주관사 역할을 하던 리먼브라더스가 파산하면서 한때 신규 발행금액이 크게 줄어든 바 있었다. 그럼에도 불구하고 불안정한 금융시장에서 대체투자 수단으로 부각되면서 2009년부터 지금까지 꾸준히 성장하는 추세다.

지구온난화 등 기후의 변화에 따른 대재해 사고가 끊임없이 발생하는 현대 사회에서 보험연계증권의 관심은 더욱 커지고 있다. 담보 또한 대재난뿐만 아니라 장수(Longevity)위험이나 사망률과 같은 위험요소들까지도 확대되는 방향으로 진행되고 있어서 향후에 더욱 성장할 가능성이 매우 높다. 또한, 증권 투자자 입장에서도 현재까지 수익성 측면에서 만족하고 있으므로 발전 가능성은 여전히 매우 많다. 아직 한국은 대재해 채권이 도입되지 않았으나 이에 대한 논의가 보다 활성화되어야 할 것으로 보인다.

## 2.3 장수위험 관리

연금보험계약의 피보험자가 기대수명보다 오래 살 경우 보험회사는 실제 연금지급액이 연금보험료 산정의 기준이었던 예상연금지급액보다 커지게 되는데 이런 현상이 발생하면 이는 생존율과 연계되어 있기 때문에 오래 동안 그 상태가 유지되는 특성이 있게 된다. 이런 현상은 데이터의 오류에 의한 또는 사망률의 부적절한 분석이 원인일 수 도 있다. 보험회사는 차후에도 발생할 지 모르는 동일한 리스크를 방지할 수 있도록 손해감소와 조정(Loss reduction and control) 또는 위험전가(Risk transfer) 방법으로 리스크를 관리하고 있다

손해조정 방법으로는 상품의 내용을 조정하는 것이다. 예를 들면, 연금지급이 계약자의 생사와 관계없이 확정된 일정한 기간 동안만 지급되는 확정연금(Annuity certain)을 개발하는 것이다. 종신토록 연금을 지급하는 종신연금이나 어느 특정기간 동안만 지급하는 정기생명연금 등은 예정이율과 예정사망률에 의해 연금이 계산되지만 확정연금은 예정이율만을 가지고 계산할 수 있다. 확정연금의 종류도 연금지급시기나 방법을 다르게 하여 다양한 상품 개발이 가능하다. 물론, 이 상품은 사망률에 의해 발생하는 리스크를 처리했으나 이자율리스크에 더 크게 노출되어 있다는 상반된 현상이 나타난다.

장수채권이나 장수스왑 같은 파생상품은 생존을 담보로 보험회사의 위험을 자본시장으로 전가하는 수단이며 보험연계증권 상품의 일종이다. 장수채권은 채권 수익률을 평균기대수명에 연동시켜 수명이 증가하면 이자 등을 추가로 지급해 수익률이 높아지게 하는 채권이다. 보험회사는 이를 통해 생존율이 증가해서 더 지급되는 연금부분을 채권의 이자(쿠폰) 증가로 상쇄하여 장수로 인한 리스크를 감소시킬 수 있다.

## 2.4 해약 리스크 관리

앞의 책임준비금 부분에서 언급되었듯이 계약을 중도 해지하는 것은 보험

회사나 보험계약자 모두에게 손해가 발생하게 된다. 보험계약자도 해약공제금에 의해 손해를 보기 때문에 다른 위험요소들보다 해약리스크는 상대적으로 관리하기가 쉬운 편이다. 보험회사는 보험시장에서 계약을 유지시킬 수 있도록 보험계약대출, 보험료자동대출납입, 또는 보험료감액 같은 다양한 서비스제도를 운영하여 해약리스크를 관리하고 있다.

## 2.5 자기부담금 제도(Deductible)

사고빈도에 따른 리스크를 감소시킬 수 있는 가장 대표적인 방법이 자기부담금 제도이다. 자기부담금(Deductible)은 보험사고가 발생하였을 때 보험가입자로 하여금 일정금액까지 손실의 일부를 부담하도록 하는 조항으로 면책금액 또는 기초공제와 유사한 뜻으로 사용된다.

### 2.5.1 자기부담금의 필요성 및 효과

#### 2.5.1.1 보험당사자 측면:

- 보험회사: 보험회사에서 자기부담금제도의 효과는 사고빈도의 감소이다. 이외에도 소액사고의 미청구로 인한 보험금 미지급과 이로 인한 손해사정비용의 절감으로도 이어진다. 이는 손해율의 안정성과 보험의 효용을 증가시키는 효과와 연결된다. 또한 보험가입자의 도덕적 해이(moral & morale hazard)에 의한 리스크를 감소시킬 수 있다.

- 보험가입자: 보험가입자는 자기부담금 제도로 인해 보험료 절감 효과와 더불어 소액사고의 미지급으로 보험가입자 스스로 손실을 예방하고 절감하는 노력을 하게 된다.

#### 2.5.1.2 보험상품 측면:

- 생명보험 상품: 사람은 생명의 연장을 바라기 때문에 도덕적위험이 발생하지 않으므로 자기부담금의 효과는 없다. 또한 사망은 전손(total loss)에 해당되므로 자기부담금을 적용하지 않는다.

- 책임보험(personal liability)상품: 책임보험사고는 소액이건 고액사고이

건 대체로 손해사정 과정이 발생한다. 그러나, 책임보험상품에서는 자기부담금이 그다지 일반적인 제도는 아니다.

- 재산(property)보험, 건강(health)보험, 자동차(automobile)보험상품에 주로 적용된다.

### 2.5.2 자기부담금의 종류

(1) 직접 자기부담금(Straight deductible): 한 사고당 발생한 손해액이 일정금액 또는 보험가입금액의 일정비율에 미달하면 보험계약자가 전액 부담하고, 그 기준을 초과하면 초과금액에 대해서만 보험회사가 부담한다. 자기부담금은 금액 또는 비율로 정해진다.

- 예: 재산보험의 자기부담금이 50만원인 경우, 재산손해가 30만원이었다면, 손해액이 자기부담금보다 작기 때문에 가입자가 30만원 전부를 부담해야 하고 보험회사가 지급할 금액은 없다.

- 예: 실손의료비의 비급여부분이 20%, 급여부분이 10%로 자기부담금이 적용되는 경우, 의료비가 총50만원(비급여 30만원, 급여 20만원)이 발생하였다면, 가입자가 부담할 금액은 비급여부분의 6만원($=30 \times 20\%$)과 급여부분의 2만원($=20 \times 10\%$)하여 총8만원이며 나머지 42만원을 보험회사가 지급한다.

(2) 합산 자기부담금(Aggregate deductible): 직접 자기부담금은 한 사고당 적용되는데 반해, 합산 자기부담금은 정해진 일정기간 동안 모든 손해액의 누적으로 적용한다.

- 예: 2019년 1년동안 건강보험의 합산 자기부담금이 1백만원인 경우, 2019년 1월에 70만원과 9월에 120만원의 의료비가 발생하였다면, 보험가입자는 전체 의료비 190만원 중에 처음 100만원을 부담하고 나머지 90만원을 보험회사가 지급한다.

(3) 프랜차이즈 자기부담금(Franchise deductible): 소손 면책으로 일정금액 또는 보험가입금액의 일정비율 미만의 적은 손해액은 보험계약자가 전액 부담하지만, 자기부담금을 초과하는 손해가 발생하면 직접 자기부담금과 달리 손해액 전액을 보험회사가 보상한다. 자기부담금은 금액 또는 비율로 정해진다.

- 예: 해상적하보험에서 대상화물에 대해 1억원당 프랜차이즈 자기부담금이 5%인 경우, 손해액이 300만원이면, 1억원의 5%인 500만원이 자기부담금이므로 손해액 300만원 전액을 보험가입자가 부담하고 보험회사가 지급할 것은 없다. 그러나, 손해액이 1,000만원인 경우, 손해액이 자기부담금을 초과하므로 가입자가 부담할 금액은 없고 전액 보험회사가 지급한다.

- 프랜차이즈 자기부담금은 손해액이 자기부담금 한도에 못 미칠 경우, 가입자는 손실액을 자기부담금 한도 이상으로 올리게끔 무의식적으로 자극할 수 있는 도덕적 해이의 가능성이 존재하며, 분쟁의 소지도 발생할 가능성이 많다. 그래서 일반적으로 보험상품에 활용하지 않는 자기부담금 형태이다. 다만, 해상적하보험처럼 가입자가 손해액을 조정할 수 없는 보험상품에만 제한적으로 적용하고 있다.

(4) 소멸성 자기부담금(Disappearing deductible): 프랜차이즈 자기부담금을 일부 수정한 것으로 일정액의 자기부담금 한도를 정하고 손실규모가 일정금액 이하일 때는 보험회사는 보상책임이 없고, 일정금액을 초과할 경우에는 자기부담금이 점차 감소되다가 손실규모가 아주 크게 되면 자기부담금 금액이 완전 소멸되는 것이다.

- 예: 소멸성 자기부담금의 한도가 500이며 111%의 보험금조정계수가 적용된 경우,

| 만일 손해액이, | 보험금(보험회사 부담) | 자기부담금(가입자부담) |
|---|---|---|
| 500 | 0 | 500 |
| 1,000 | 555=(1,000−500)×111% | 445 |
| 2,000 | 1,665=(2,000−500)×111% | 335 |
| 6,000 | 6,000≤(6,000−500)×111% | 0 |

- 현재 미국의 홍수(flood)보험에만 적용하고 있다. Franchise deductible
  과 유사한 이유로 적용에 제약이 있으며, 과거 미국 주택보험에 적용했
  으나 현재는 폐지되어 있다.

(5) 대기기간 조항(Waiting period deductible or elimination period): 보험사
  고가 발생한 경우, 유예기간까지 보험금은 미지급되며, 이후부터 보험
  금이 지급된다. 대표적으로 질병소득(disability income)보험과 재산보험
  등에 적용되고 있다. 대체로 보험사고빈도가 상대적으로 높은 보험에
  적용한다.

## 2.6 의료보험 일부분담 조항(Coinsurance clause)

의료비 상승에 따른 의료보험의 보험금 상승, 즉 사고심도와 이에 따른 손
해율 상승을 억제하고자 건강보험회사가 취하는 대표적인 방법 중의 하나가
의료보험 일부분담 조항이다. 이는 보험사고로 인해 발생된 손해액의 일정 비
율을 피보험자에게 부담시키는 방법이다. 일반적으로 피보험자는 자기부담금
(deductible)을 부담하고 자기부담금을 초과한 금액의 일정비율(coinsurance)
을 다시 추가로 부담하도록 한다. 일정비율은 대체로 20%~30%가 보편적이
다. 의료보험 일부분담은 일반적으로 말하는 공동보험과 혼동해서는 안 된다.
일반적으로 말하는 공동보험은 중복보험(other insurance provision)의 개념에
더 가깝다. 중복보험은 밑에서 자세한 설명이 있겠다.

☞ 의료보험 일부분담 조항의 정확한 영어 용어는 Coinsurance clause 또는 미국의료
보험 약관에는 Participation clause로도 표현한다. 의료보험 일부분담 조항은 미국의

의료비 상승에 따른 보험회사의 보험금 상승을 제어하고자 미국생명보험회사들이 도입한 제도이다. 한국에서는 위의 개념을 "의료보험 일부분담"이란 표현보다는 "공동보험"이란 표현에 익숙해 있지만 공동보험은 포괄적인 개념으로 이해해야 한다. 일부 혼동되는 보험용어들을 독자들부터 바로잡아 주기를 바랍니다.

의료보험 일부분담 조항은 보험가입자가 의료비 일부를 분담함으로써 의료비 절감을 위한 자체적인 노력과 자기부담금을 초과한 손해액의 일부를 분담하기 때문에 불필요한 의료서비스를 억지할 수 있는 효과도 기대할 수 있다. 예를 들면, 건강보험 계약서의 의료보험 일부분담 조항에 자기부담금 $500과 20%의 의료보험 일부분담 조항이 있다고 가정하자. 만일, 전체의료비가 $2,500이 발생했다면 가입자가 부담해야 할 총 금액은 자기부담금 $500과 초과분의 20%인 $400(=(2500-500)×20%)로 합$900이 된다. 보험회사는 나머지 $1,600(=(2500-500)×80%)을 지급하는 것이다.

## 2.7 재물보험 일부분담 조항(Coinsurance clause)

재물보험에서 사고심도 상승과 이에 따른 손해율 상승을 억제하고자 손해보험회사가 취하는 조항이다. 일반적으로 재물보험 가입자는 해당 재물담보를 필요한 한도보다 낮게 가입하려는 경향이 있다. 이에 보험회사가 해당재물의 현시가(actual cash value)만큼 가입할 경우, 보험료를 할인해주어 참여를 유도하는 제도이다. 즉, 해당재물 현시가의 일부(partial)만 보험에 가입하는 것을 방지하는 효과가 있다. 그러나 이를 반대로 해석한다면, 해당재물은 현시가 만큼만 보장해주고 이상의 손해액은 보험회사가 책임지지 않겠다는 벌칙조항에 가깝다.

예를 들어, 어느 특정 재물의 현시가가 120,000인데 보험가입금액은 80,000이며, 보험상품에 80%의 재물보험 일부분담 조항(coinsurance clause)이 있을 경우, 만일 해당재물에 10,000의 손해가 발생했다고 가정하자. 재물보험 일부분담 조항(coinsurance clause)에 의해 보험회사가 요구하는 최소가입금액은 96,000(=120,000×80%)이다. 즉, 보험회사에서 해당재물은 96,000 한도로 가입할 것을 요구하는 가이드라인인 것이다. 그러나 보험가입자의 실제 가입금액은 80,000이므로 비율에 따라 피해액 10,000중에서 8,333.33만 보험회사에서 지급하고 나머지 1,666.67은 보험가입자가 분담하게 하는 것이다.

- 보험금(보험회사 분담) = (실제 가입금액/요구 가입금액)×손해액
$$= [80,000/(120,000×80\%)]×10,000 = 8,333.33$$

만일 해당 재물 손해가 120,000으로 전손인 경우, 위의 산식에 따라

보험금(보험회사지급액) = $[80,000/(120,000×80\%)]×120,000 = 99,999.96$
이 되지만 해당보험에 가입한도로 80,000만 가입했으므로 보험가입금액만큼만 보험회사가 지급하게 된다. 즉, 보험회사는 80,000만 지급하고 손해액의 나머지 40,000은 보험가입자가 부담하는 것이다.

## 2.8 중복보상 조항(기타보험 조항, Other insurance provision)

동일 손해에 대해 다른 보험과 함께 중복보상으로 보험가입자에게 이익이 발생하는 것을 방지하기 위한 조항이다. 손해보험의 기본원칙 중에 하나인 실제손해액 배상의 원칙(Principle of Indemnity)에 가장 잘 부합하는 제도이다. 이 조항은 네 가지의 다른 형태로 운영된다.

### 2.8.1 비례분할 분담조항(Pro rata liability)

동일한 담보내용을 가진 보험계약이 여러 개 체결되었을 경우, 각 보험계약의 보험가입금액에 따라 비율로 손해액을 분담시키는 조항이다. 예를 들어, 보험계약자가 동일한 담보내용으로 A사에 1,000만원의 한도금액으로 가입하였고 B사에는 2,000만원의 한도금액으로 중복 가입했을 경우, 500만원의 손해가 발생했다고 하면, A보험회사는 가입금액의 비율에 따라 500×(1,000/3,000)인 166.67만원을 부담하고, B보험회사는 500×(2,000/3,000)인 333.33만원을 부담하는 것이다. 즉, 보험가입자는 보험계약이 몇 개이든 상관없이 실제 발생한 손해 500만원만을 보험금으로 지급받고 실제 손해액 이상으로 중복계약을 통해 받을 수 없게 된다.

## 2.8.2 독립책임액 분담조항

비례분할 분담조항은 각 보험회사의 보험가입금액에 따른 비율로 분담했으나 각 보험회사에서 수입한 보험료는 다르기 때문에 상대적으로 적은 보험료를 받고 높은 가입금액으로 체결한 보험회사의 경우 분담액이 더 클 수 있는 비합리적인 경우가 발생한다. 이러한 문제를 해결하고자 적용하는 경우이다. 독립책임액 분담조항은 각 보험회사가 중복보험이 없다는 가정하에 독립적으로 보험금을 책정하고 각각의 보상책임 한도를 반영하여 독립적으로 책정된 보험금의 비율에 따라 손해액을 비례 분담하는 제도이다. 합리적인 취지에 의해 실행되고 있는 제도이나 각 보험회사가 독립적으로 보험금을 책정해야 하는데 보험금 분담액을 줄이기 위해 독립적으로 책정할 보험금을 의도적으로 줄이는 경우가 있으므로 해당 보험회사들의 신의가 매우 중요하다고 볼 수 있다.

## 2.8.3 동일비례 분담조항(Contribution by equal share)

동일한 손해에 대해 담보를 제공하는 각 보험회사들 중에서 가장 낮은 보험가입금액까지는 모든 보험회사가 균등분담하고, 그 다음 보험가입금액까지는 나머지 보험회사들이 균등하게 분담하는 제도이다. 예를 들어, A 보험회사의 보험가입금액은 100만원, B 보험회사의 보험가입금액은 300만원, C 보험회사의 보험가입금액은 500만원으로 어느 특정 피보험자가 3건의 중복보험을 가입하였을 경우, 만일 800만원의 손해가 발생했다면, 가장 낮은 보험가입금액이 100만원이므로 모든 보험회사는 100만원씩 먼저 지급하고 그 다음 낮은 보험가입금액은 300만원이므로 나머지 보험회사 B와 C가 200만원씩을 각각 지급하는 방식이다. 그래서 결국, A 보험회사가 지급하는 총 보험금은 100만원이며, B 보험회사가 지급하는 총 보험금은 300만원, 그리고 C 보험회사는 400만원의 보험금을 지급하게 된다.

## 2.8.4 우선순위 분담조항(Primary and excess clause)

보험금에 대해 우선적으로 책임이 있는 1차 보험회사(primary insurer)가 가입금액한도까지 손해액을 부담하고, 여전히 손해액이 남아 있으면 2차 보험자(excess insurer)가 나머지를 부담하는 형식이다. 예를 들어 자동차를 렌트할 경우, 렌터카 책임보험의 가입한도가 1,000만원이고 본인차량 책임보험 가입한도가 1,000만원일 경우, 만일 1,500만원의 본인과실에 의한 책임손해사고가 발생했다면, 렌터카 책임보험이 1차 보험회사(primary)이므로 가입한도까지인 손해액의 처음 1,000만원까지를 지급하고 나머지 5백만원은 본인차량 책임보험(excess)에서 지급하는 형식이다.

### 2.8.5 단체건강보험의 우선순위 분담조항(COB, Coordination of Benefit)

☞ Coordination of Benefit의 일반적인 한국식 표기는 없다. 많은 조항들이 미국의 보험산업 여건에 따라 만들어 졌고 한국은 상황이 일치할 때 이러한 제도를 수용하고 있다. 그래서 한국식 표현을 만들게 되는데 의미전달이 애매모호한 경우가 많이 있다. 그러므로 저자는 이런 경우에 그냥 원어식 표현인 COB로 하는 게 어떨까 생각한다. 실제로 미국에서 이 조항을 COB라고 부른다.

단체건강보험의 우선순위 분담조항, COB는 위의 우선순위 분담조항(Primary and excess clause)과 단체건강보험에서 적용된다는 점을 제외하고는 동일한 방식을 따른다. 직장단체건강보험에서는 그 직장에 다니는 종업원이 우선순위(primary)인 주(主)피보험자가 되고 그 종업원의 배우자는 다음순위(excess or secondary)인 종(從)피보험자가 된다. 예를 들면, 남편과 아내 모두 직장에 다니고 각각 다른 직장단체건강보험에 가입되어 있다고 가정하자. 만일 남편에게 의료비가 발생했다면 남편의 직장단체건강보험에서 먼저 의료비를 가입한도 내에서 지급하고 의료비가 남편 직장단체건강보험 가입한도를 초과하면 초과 분은 아내의 직장단체건강보험에서 지급하는 방식이다. 즉, 의료비의 중복지급이나 초과지급은 발생하지 않는다.

## 2.9 공동인수제도(Risk Pooling)

다수의 보험회사가 공동으로 위험을 분담하여 동시에 인수하는 형태이다. 사고발생 가능성은 낮으나 위험가능성이 높고 예상사고금액이 너무 커서 한 보험회사에서 독자적으로 인수하기에는 위험도 따르고 또는 그 위험대상에 대한 심사나 보상능력에 한계가 있을 때, 다수의 보험회사가 한 계약으로 손실보상을 공동으로 책임 짐으로써, 위험대상 인수능력을 높일 수 있다. 대체로 참여하는 보험회사 중에 간사보험회사를 정해 간사보험회사가 보험인수와 보상의 운영을 맡는다. 보험가입자의 입장에서는 원자력배상책임 같은 높은 위험을 전가할 수 있고 자동차보험의 공동물건 같이 보험회사로부터 인수 거절당하는 불량계약(예: 사고유발자 등)등이 전가될 수 있다.

## 2.10 리스크전가의 대체방법(ART, Alternative Risk Transfer)

☞ Alternative Risk Transfer 또한 일반화 된 한국식 표기는 없으나 리스크전가의 전통적 방식이 아닌 다른 방법 또는 대체적 위험전가로 표현하는 게 가장 의미를 제대로 전달할 것 같다. 그러나, 띄어쓰기의 잘 못으로 대체리스크 전가는 전혀 다른 의미가 되니 주의하기 바란다. 이 경우에도 COB처럼 ART로 표기하기를 권한다.

전통적으로 보험회사의 리스크 전가는 재보험을 통한 보험계약을 통해 위험을 전가하는 것을 말한다. 그러므로 보험이란 영역 안에서 전가가 이루어진다. 그러나, 부족한 통계로는 예측하기 힘든 자연재해, 기후, 테러 등의 손실규모를 예측하기 힘들거나 거대할 것으로 예상되는 위험은 보험회사 자체에서 관리하는 것은 거의 불가능하고 재보험을 통한 방법도 1992년 미국 허리케인 앤드류의 사례에서 봤듯이 해결방안이 못 되어 이러한 위험을 보험이 아닌 다른 수단으로 전가하는 것을 광범위한 의미로 ART라 표현한다. 현재 보험이 아닌 다른 수단은 대부분 자본시장의 파생상품을 활용하고 있는데 그래서 ART를 보험과 자본의 융합(collaboration)이라 말하는 경우도 있다.

ART의 특성은 보험시장보다 더 거대한 자본시장으로 거대 손실의 위험이나 비통계적인 위험을 전가할 수 있고, 보험전가에 비해 파산에 따른 지급불능의 가능성이 낮다는 점이다. 자본시장을 활용함으로 위험전가의 과정 안에 증권투자자와 증권발행 업무를 담당하는 SPV(Special Purpose Vehicle)라는 새로운 기관도 참여한다. ART의 여러 형태들은 처음에 열거한 리스크를 유발하는 다양한 위험요소들을 보험이 아닌 다른 방법에 의해 종합적으로 관리하는 수단이라 하겠다. ART의 가장 대표적인 것이 앞에서 설명된 보험연계증권, 그 중에서도 캣본드라 하겠다. 캣본드에 대한 이해는 앞의 설명을 다시 참조하기 바란다.

## 2.10.1 ART의 종류

(1) 리스크 스왑(Risk Swap): 서로 상관관계가 낮은 서로 다른 대재해 위험에 노출된 기관들이 그들의 위험을 서로 교환하여 손실을 분산시키는 방법이다. 금융에서 말하는 스왑(swap)거래는 서로 다른 기초상품의 교환(예: 한화와 미화$의 환율교환)을 통해 차익을 얻는 것이라면, 리스크 스왑에서의 기초상품은 서로 다른 대재해 리스크이다. 한편 이러한 거대리스크를 인수한 서로 다른 보험회사끼리 그들의 리스크를 교환하여 손실을 분산하게 한다면 이 또한 리스크스왑이며 경우에 따라서 Insurance Swap이란 표현을 쓰기도 한다.

(2) 조건부 차입(Contingent Debt): 손해 발생시, 미리 정한 대출계약에 의해 자금을 빌려와 보험금을 지급하는 형태이다. 손해가 발생할 경우 차입금을 일정기간에 걸쳐 상환하므로 손해액을 기간으로 헷지하는 방법이다. 주로 소액사고가 많은 담보위주로 활용된다. 개별계약들은 사고금액이 크건 작건 간에 기본적인 보상비용이 든다. 사고 건이 많아지면 이러한 비용은 커지게 되고 이는 회사에 재무적으로 영향을 끼칠 수 있게 된다. 렌터카의 차량손해등과 같은 담보에 적용될 수 있는 방법이다.

(3) Captive(Captive Insurance): 기업을 경영하면 제조물배상책임이나 재물손해보험 등 다양한 기업성보험 등의 보험가입이 필요하다. 통상적으로 이러한 담보들은 보험회사를 통하게 되고 보험회사는 다시 재보험사와 계약하여 리스크를 분산한다. 그러나 거대위험인 경우는 보험가입이 거절될 수도 있게 된다. 이 경우 기업(母)은 자체적으로 보험자(子)회사를 설립하여 자체의 담보를 보장하게 하는데 이렇게 모회사가

자회사에 자체보험을 가입하는 경우를 말한다. 미국에서 출현한 Captive는 보험자(子)회사에 납부하는 보험료가 보험자(子)회사 소득세에서 면세가 되게 하는 세금절감의 목적이 있다. 이러한 세금절감뿐만 아니라 리스크를 관리하는 비용도 절감할 수 있으며 보험외적인 면에서는 캡티브를 통해 외환도 송금하는 장점이 있다. 반대로, 캡티브를 설립하고 보험운영을 해야 하기 위한 비용이 든다. 그러나 가장 큰 문제점은 이런 과정에서 이전가격조작을 통한 조세포탈 및 이익전가(profit shifting)가 발생한다는 점이다. 예를 들어, 모기업은 조세율 또는 무세율인 조세천국인 나라에 자회사를 설립한다. 만일 모회사가 자회사에 보험료로 $100만을 지급한다면, 모회사는 보험료 $100만은 법인세 공제가 되고 자회사는 보험료 소득으로 세금을 내는데 자회사가 저세율 국가에 있으므로 저세율로 법인세를 지출한다. 그러므로, 모회사는 저세율 국가에 있는 보험자(子)회사에게 과도한 보험료를 지급하여 세금절감은 물론이고 이익도 전가하는 문제가 발생할 수 있게 된다. 이는 실제로 캡티브의 실제 지역적인 위치가 조세천국이라고 알려진 버뮤다(Bermuda)나 케이먼제도(Cayman Islands)에 전체 35% 가까이 설립되어 있는 사실에서 알 수 있을 것이다.

이 밖에도 다양한 ART가 존재하고 있다. 서로 다른 위험으로부터 발생하는 총손실을 하나의 보험계약으로 보상하는 Multi-Line Insurance, 복수의 보험금 지급사건의 발생이 동시에 충족되어야 손실을 보상하는 Multi-trigger Insurance, 장기(long-term)계약을 통해 위험을 시간적으로 헷징하는 Long-term Arrangement등 다양하게 진화되고 있으며 향후 ART시장은 더 획기적인 형태로 확장되고 성장할 것으로 예상된다.

# 제8장

# 자산: 리스크와 관리
# (ASSET, RISK, MANAGEMENT)

# 제8장

# 자산: 리스크와 관리
# (ASSET, RISK, MANAGEMENT)

지금까지 본서의 전반부에서는 리스크에 대한 이해, 주요 계리업무와 함께 전통적인 보험계리의 핵심적인 업무인 요율산정과 책임준비금 산정에 관한 주요 내용을 이해하였다. 지금부터는 보험계리의 또 다른 매우 중요한 영역인 재무에 관련된 계리업무 내용을 다루도록 하겠다. 보험회사의 재무는 회사의 대차대조표 항목과 내용에 의해 대부분 파악할 수 가 있다. 먼저 여기서는 대차대조표의 좌변에 해당하는 자산에 대한 이해와 자산과 연계된 보험회사의 리스크를 살펴볼 것이고 많은 리스크들은 자산과 부채에 중복으로 연관이 있기 때문에 그러한 리스크를 관리하는 시스템을 이해할 것이다. 마지막으로는 이러한 리스크들을 가치로 표현하는 방법에 대해 알아볼 것이다.

## 1. 자산에 대한 이해

보험상품의 가격책정뿐만 아니라 계리사는 보험회사의 자산과 부채의 가치를 평가하는 업무에도 깊숙이 관여되어 있다. 먼저 자산에 대해서 이해하도록 하겠다. 회계상에서의 자산이란 '과거 거래나 사건의 결과로서 현재 기업에 의해 지배되고 미래에 경제적 가치를 창출할 것으로 기대되는 자원'으로 정의하고 있다. 회사의 재무제표나 회계계정에 자산과 부채의 관계는 아래의 그림처럼 보인다.

〈그림 8-1〉

| 자산(Assets) | 부채(Liabilities) |
| | 자본(Equity) |

자산의 가치를 평가하는데 기본적으로 사용하는 용어들을 먼저 이해하자.

- 취득원가(Cost): 자산 취득 시 최초 지급했던 가격이다.
- 장부가치(Book value): 회계학적으로는 자산, 부채 또는 자본의 각 항목에 관하여 일정한 회계처리 결과를 장부상에 기재하는 금액을 말하며, 일반적으로는 회사의 재무제표 계정에 나와 있는 장부상의 가액을 의미한다.
- 시장가치(Market value): 시장에서 판매 시 실제 거래되는 실현 가능한 금액이다. 시장가치는 항상 쉽게 파악할 수 있다. 심지어 부동산과 같은 자산에 대해서도 자산평가 전문가에 의해 시장가치를 측정할 수 있다.
- 공정가치(Fair value): 자산을 팔려는 사람으로부터 사려는 사람으로 이전되는 가격을 말하며, 구매자와 판매자 모두 합리적이며 관련된 사실에 대해 적당한 지식을 가지고 있음을 가정한다.

## 1.1 자산의 종류

자산은 회계기준에 의해 전통적으로 단기와 장기자산으로 구분하도록 요구한다. 이들은 또한 세부적인 항목으로 나뉘어진다.

### 1.1.1 단기자산

짧은 기간 안에 현금으로 바꿀 수 있는 자산을 말한다. 회계에선 1년 안에 현금으로 바꿀 수 있는 자산, 또는 1년 이내에 만기가 돌아오는 자산을 의미하며, 유동자산으로도 불리어 진다. 여기에 포함되는 항목들은 현금을 비롯한 현금으로 바꾸기 쉬운 자산, 즉, 예금, 외상 매출금, 자기앞수표, 타인발행수표, 송금수표, 여행자수표, 우편환증서, 재산권을 나타내는 유가증권 중에서 1년 내에 만기가 도래하거나 처분할 것이 거의 확실한 증권, 상품, 제품, 원재료, 저장물품 같은 재고자산 등이 포함된다. 재고자산은 판매가 목적이기 때문에 이익을 창출하는데 결정적인 역할을 한다.

## 1.1.2 장기자산

1년 이상의 장기간에 걸쳐 기업 안에 있는 자산으로 유동성의 반대 개념으로 비유동성 자산으로도 불리어 진다. 여기에 해당되는 항목들은 아래와 같다.

- 투자자산: 장기금융상품, 장기투자증권, 또는 투자부동산 같이 기업의 판매활동 이외의 장기간에 걸쳐 투자이익을 얻을 목적으로 보유하고 있는 자산을 말한다.
- 유형자산: 기업의 영업활동 과정에서 장기간에 걸쳐 사용되어 미래의 경제적 이익이 기대되는 유형의 자산으로는 컴퓨터와 주변 전자기기, 토지, 공장, 사무실 건물, 기계장치 등에 이르기 까지 다양하다. 이러한 자산들은 리모델링 같은 추가 비용이 들지 않는다면 시간의 흐름에 따라 감가상각이 된다. 만일 상당한 규모의 유형자산을 보유한 회사가 감가상각 후 원가(예: 장부가치)가 시장에서 실제 거래되는 실현 가능한 가치와 크게 다르다면 이는 재무적으로 심각한 부정적인 결과를 일으킬 수 있다.
- 무형자산: 기업의 영업활동 과정에서 장기간에 걸쳐 사용되어 미래의 경제적 이익이 기대되는 자산으로, 유형자산과의 차이점은 물리적 형태가 없는 비화폐성, 비실물성 자산을 가리킨다. 이에는 특허권, 영업권 등이 있다. 이러한 자산의 대부분의 가치는 기업의 지속적인 거래에 따라 달라지는 특성이 있다.
- 기타 비유동성자산: 위의 투자자산, 유형자산, 무형자산에 속하지 않는 비유동자산을 모두 기타 비유동자산이라고 한다.

## 1.2 자산의 가치 평가

자산의 가치는 단순히 그것으로부터 얻을 수 있는 경제적 기여에 대한 가치이다. 어떤 상황에서 동일한 미래현금흐름을 가진 두 개의 자산이 다른 가치를 가지고 있다면 차익거래가 존재하게 된다. 이것은 같은 장래기간에 같은 현금흐름은 같은 할인율로 할인되어야 차익이 발생하지 않는다는 것을 의미한다. 미래에 예상할 수 있는 현금흐름에 대해 리스크를 고려하여 이를 조정할 수 있다면 각각의 예상 현금흐름 기간에 적용하는 제로쿠폰(무이표채) 무위험할인율(zero-coupon risk-free interest rate)로 각각의 예상 현금흐름을 할인할 수 있다. 급격하게 변하는 시장환경 속에서 모든 자산에 대하여 정교한 가치평가를 하는 것은 불가능하다. 따라서 투자자들은 주로 대안적인 (proxy) 가치평가방법을 활용하게 된다. 아래는 대안적인(proxy) 가치평가방법의 몇 가지 기본적인 예를 나열하였다.

☞ 할인(discounting): 재무관련에서의 할인은 장래의 수입과 지출을 현재의 가치로 전환하여 결정하는 것을 말한다.

(1) 채권: 채권에서 기대되는 현금흐름은 장래의 이자지급(coupons)들과 만기 시 원금상환이다. 채권을 평가하는 전통적인 방법은 그 채권의 만기와 채권발행자의 신용도에 따른 시장이자율을 반영한 단일 할인율로 이러한 현금흐름들을 할인하는 것이다. 정부채권인 경우는 안전한 채권이므로 무위험수익률(risk-free interest rate)로 할인할 수 있으나, 비정부채권의 경우에는 신용도와 유동성 그리고 시장리스크 프리미엄 (risk premium)을 더 한 이자율로 할인하여 가치를 평가할 수 있다.

(2) 주식: 주식의 가장 본질적인 가치는 수익성이다. 주식으로부터의 현금흐름은 회사의 이익에 기반한 장래 배당금(dividend)으로 구성된다. 장래 배당금이 얼마가 될 지를 전망하기는 쉽지 않으나 주당(per share) 배당금(D)이 g%로 증가하고 i%로 할인된다고 가정하면 배당소득흐름들은 $\sum D_t (1+g)^t / (1+i)^t$로 예상가치가 평가될 수 있다. 여기서 g와 i에

의해 가치평가는 달라질 수 있다.

(3) 부동산: 부동산으로부터 기대할 수 있는 현금흐름은 임대료에서 세금과 부동산 유지에 필요한 관리비용을 뺀 금액이다. 단기적인 부동산 수익은 임대료가 계속 들어온다는 가정하에 어느 정도 예측 가능하다. 장기적으로 평가를 할 경우에는 임대수익과 보유비용에 대한 가정이 필요하다. 이런 상황은 유사한 조건의 다른 부동산 가치를 고려하면 합리적인 추정이 가능하다. 따라서 장단기 수익을 조합하여 종합적인 추정이 가능하고 현금흐름할인방식(DCF)에 의한 가치평가가 이루어질 수 있다.

☞ 현금흐름할인방식(DCF: Discounted Cash Flow): 이 방법은 현금흐름을 적정한 할인율로 할인하여 계산한 현재가치로서 기업가치를 측정하는 한 방법이다. 이 때의 기대되는 현금흐름이란 총 현금유입에서 총 현금유출을 차감한 순현금유입, 즉, 기업이 영업활동을 유지 또는 확대하면서도 자유롭게 사용이 가능한 현금을 의미한다. 따라서 기업의 가치는 미래에 실현될 잉여현금흐름을 자본의 기회비용으로 할인한 현재의 가치로 측정할 수 있는 것이다.

(4) 파생상품(derivatives): 선물(future) 및 선도(forward)계약은 단순히 특정일에 미리 결정된 가격으로 특정한 기초자산(underlying assets)을 인도 또는 매입하기 때문에 그 자산의 현재가치는 무위험이자율로 할인한 가격이다. 그러나 옵션(option)의 경우는 수익구조가 불균형해서 DCF 방식으로 가치평가를 하기는 어렵다. 이에 그 파생상품과 같은 현금흐름의 복제 포트폴리오(replicating portfolio)의 개념을 참조한 가치평가 등을 추천할 수 있다. 또는 블랙－숄즈(Black & Scholes)의 옵션 프라이싱 기법을 이용해 가치를 평가할 수도 있다.

# 2. 자산 리스크

어떠한 DCF방식을 사용해도 자산의 가치는 미래 현금흐름(future cash flow)의 변동과 이에 적용하는 할인율(discounting rate)의 변동 두 가지에 의존한다. 현금흐름의 경우 지급되는 금액이 달라지거나 지급이 지연되거나 지급불능이 발생할 수 있다. 앞에서 설명된 자산들이 어떠한 리스크를 가지고 있고 어떠한 관리방법이 있는지 살펴보도록 한다.

(1) 채권 및 기타 대출자산: 채권이나 다른 대출자산에서 가장 중요한 리스크는 채무불이행(default)이다. 채권에 투자하는 사람은 원금 상환이 안되거나 정해진 만기보다 늦게 또는 빨리 상환되는 것을 걱정할 것이다. 그래서 채무불이행 시 채무를 회수할 가능성을 가진 저당권과 같은 어떤 형태의 담보를 원한다. 확정금리부채증서(fixed interest debt)의 가치는 시장 이자율에 민감하다. 연동금리부채증서(floating rate debt)에서도 채무불이행 리스크는 존재하며 현금흐름 역시 이자율 변동에 따라 영향을 받는다. 채무불이행 리스크는 확정금리부채증서(fixed interest debt)나 연동금리부채증서(floating rate debt)의 가치에서 신용위험이라는 가격으로 반영되고 있다. 낮은 신용등급을 받은 부채증서는 높은 등급을 받은 동일한 부채증서에 비해 더 높은 할인율로 할인되어 가격이 책정되는 경향이 있다. 그러나, 신용등급은 채무불이행 리스크에 대한 하나의 대안일 뿐이다.

때때로 채무자는 부채를 조기상환 할 수 있는 옵션을 가지기도 한다. 이러한 조기상환은 시장금리가 쿠폰금리보다 낮아지는 즉, 채무자가 유리해지는 상황일 때 발생하게 된다. 따라서, 채무자에 의한 조기상환이 가능할 경우 투자자는 부채의 조기상환리스크에 직면하게 된다.

(2) 주식: 주식에서 가장 중요한 단어는 수익성이다. 투자가는 주식의 수익성에 의해 투자를 결심하게 된다. 따라서 주식을 발행한 기업의 수익전망에 영향을 주는 어떠한 사건에도 주식의 가치는 영향을 받게 된다. 주

식에서 가장 큰 리스크는 지급불능(insolvency or default)이다. 이는 주식의 가치를 0으로 만들 수 있기 때문이다. 개별주식의 수익성위험을 보완하기 위한 주식의 포트폴리오 가치도 개별주식 보다 변동성이 심하지는 않지만 여전히 시장에 영향을 받는다. 이론적으로 시장금리의 변동이 주식가격에 직접적이고 예측이 가능한 영향을 주는 것은 사실이다.

(3) 부동산: 부동산 현금흐름 가치의 리스크는 세입자를 구하지 못하거나 세입자 교체 시 발생할 수 있는 임대료의 공백이다. 대부분의 보험회사들은 많은 부동산을 소유하고 있다. 부동산은 가지고 다닐 수가 없고 금액이 크기 때문에 경제환경에 따라 매각 시간도 오래 걸리고 가격도 기대치와 크게 다를 수 있다. 특히, 급매인 경우에는 더욱 그렇다. 이에 따른 유동성 리스크도 부동산 같은 유형자산에서는 중요하다. 부동산 포트폴리오의 구입과 거래를 위해 계약형 투자신탁 같은 형태로 부동산을 보유할 수 있다.

(4) 파생상품: 파생상품의 특징 중에 하나는 기초자산 가격의 극히 일부로도 구입이 가능하기 때문에 해당 기초자산의 변동성에 크게 노출되어 있다. 파생상품 리스크 중의 하나는 투자수익이 예상보다 엄청나게 적거나 심지어는 손실이 발생할 수 있다는 사실이다. 즉, 파생상품은 가격리스크의 위험 정도나 범위가 다른 자산에 비해 크다. 파생상품의 또 다른 리스크들은 거래상대방이 청산시점에서 법적으로 돈을 지불할 필요가 없다고 주장할 때 발생하는 법적(legal)리스크와 지불능력이 없어 지급하지 않는 신용리스크이다. 이러한 리스크들은 거래 당사자들에게 정한 날짜에 청산할 수 있도록 충분한 자금과 마진을 예치하도록 등록된 거래소, 즉 청산거래소(clearing house)에서 거래할 경우 청산거래소가 증거금(margin)이 부족할 경우 마진콜(margin call)을 할 것 이기 때문에 위험은 크게 줄어 들 수 있다.

☞ 청산거래소(clearing house)는 파생상품의 거래이행을 보증하는 결제소를 의미한다. 증거금(margin)은 거래소 회원이 파생상품 거래이행의 보증을 위해 거래소에 납부해

야 하는 금액을 말한다. 마진콜(margin call)은 거래소에 납부한 증거금의 잔액이 거래소에서 정한 최소금액 미만으로 떨어질 때 추가로 증거금을 위탁하도록 하는 요청을 의미한다.

# 3. 시장리스크(Market risk)

위의 각 자산들의 리스크를 공통적으로 보면 지급불능에 대한 리스크와 시장가격의 변동으로 인하여 금융회사의 자산 가치가 변동될 가능성을 의미하는 시장리스크이다. 보험회사를 포함한 금융회사의 시장리스크는 매우 중요하다. 여기서는 시장리스크에 대한 개념과 특징, 측정방법 등에 대해 간략히 다루도록 하겠다.

## 3.1 시장리스크 개요

국제결제은행(BIS, Bank of International Settlements)에 따르면 시장리스크(market risk)란 대차대조표상의 자산과 부외자산의 주식가격, 금리, 환율, 상품가격의 불리한 움직임으로 발생하는 손실에 대한 위험으로 정의하고 있다. 즉, 시장리스크는 시장의 가격변동에 의해 보유하고 있는 자산이 입을 수 있는 손실가능성인 가격리스크(price risk)로서 통상 채권, 주식, 외환상품과 파생상품 등 투자자산의 시장가치 변동위험을 의미하는 포괄적인 개념이다. 한국 금융시장에서의 시장리스크는 단기매매나 시장가격의 변동으로부터 매매차익을 얻을 목적으로 취하는 트레이딩 포지션을 관리대상으로 하고 있다.

☞ 부외자산(asset out of books): 자산으로 관리할 가치가 있는 자산 중에서 대차대조표에 자산으로 계상되지 아니한 자산을 말한다. 즉, 실제로 기업이 소유하고 있으나 회계장부에 기록되어 있지 않은 자산을 말하는데, 본래 기업이 소유하고 있는 모든 자산은 회계장부에 기록되어야 하므로 부외자산이 회계상 인정받기 위해서는 정당한 이유가 있어야 한다. 따라서 부외자산은 소모품이나 가구, 비품처럼 중요성이 적고 매입 시 또는 출고 시 비용으로 처리하는 방법을 채택한 경우이다.

☞ 트레이딩 포지션(trading position): 단기매매 또는 금리, 주가, 환율 등의 가격변동에 따른 단기 매매차익 획득을 목적으로 하는 거래 포지션 등을 말한다. 트레이딩 포지션은 금리, 주식 및 외환포지션으로 구성되며, 트레이딩 포지션에 대해서 시장리스크를 산출하여야 한다. 단기매매의 목적으로 보유하거나 인수나 중개 등으로부터 발생된 거래, 또는 트레이딩 포지션을 헷지하기 위해 취득한 거래 등은 트레이딩 의도가 있는 것으로 간주하여 트레이딩 포지션으로 분류함을 원칙으로 한다.

## 3.2 전통적인 위험측정

전통적인 위험측정 방법을 보면, 베타($\beta$)는 주로 주식의 위험을 측정한다. 듀레이션(Duration)과 볼록성(Convexity)은 채권의 위험을 측정하는 변수이다. 그리고 델타($\Delta$), 감마($\Gamma$), 베가($\nu$), 세타($\theta$), 로우($\rho$)는 옵션의 위험을 측정하는 모수이다.

☞ 베타($\beta$): 미국의 Standard & Poor사 처럼 공신력 있는 기관에서 발표하는 주가지수의 수익성 대비 특정 자산이 어느 정도 수준으로 움직이는지를 측정하는 계수이다. 포트폴리오에서도 위험분산을 할 수 없는 체계적 리스크(systematic risk)를 측정한다.

☞ 듀레이션(Duration): 일반적으로 채권에서 발생하는 현금 흐름의 가중평균 만기로서 채권 가격의 이자율 변화에 대한 민감도를 측정하기 위한 척도이다. 요약하면, 투자자금의 평균회수기간을 말한다. 듀레이션과 볼록성에 대한 설명은 본서 후반부 '금리리스크'에서 자세히 다루어 질 것이다.

☞ 볼록성(Convexity): 채권의 볼록성은 채권 가격을 만기수익률로 주어지는 이자율의 함수로 보고 채권 가격을 이자율에 대하여 두 번 미분한 함수를 채권 가격으로 나눈 값을 말한다.

☞ 델타($\delta$): 기초자산 가격의 1단위 변화에 대한 옵션가격의 변화를 측정하는 그릭문자
감마($\gamma$): 기초자산 가격의 1단위 변화에 대한 델타($\delta$)의 변화를 측정하는 그릭문자
세타($\theta$): 잔존기간 변화에 대한 옵션가격의 변화를 측정하는 그릭문자
베가($\nu$): 변동성 변화에 대한 옵션가격의 변화를 측정하는 그릭문자

로우($\rho$): 무위험이자율 변화에 대한 옵션가격의 변화를 측정하는 그릭문자

전통적인 위험측정 방법으로 위험을 측정하면, 여러 자산들의 위험을 합해서 평가할 수 없는 가장 일반적인 문제점과 효과적으로 포지션의 한도를 적용하기 곤란하다는 점에 도달하게 된다. 일반적인 통계적 위험측정으로는 변동성(variability)이 있다. 이는 분포의 표준편차로서 통계학에서 말하는 평균값에서 분포가 어느 정도로 퍼져 있는지를 측정하는 것과 유사하다. 그러나, 변동성에 의한 측정은 한계가 있다. 표준편차로 위험을 측정하기 위해서는 분포도가 정규분포(normal distribution)라는 가정이 필요하다. 또한 정규분포에서는 상하의 분포를 모두 고려해야 하는데 상하의 분포가 발생할 확률이 같아서 자산의 위험을 판단하는데 한계가 있다. 또한 옵션 같은 자산은 상하의 분포처럼 대칭관계가 성립하지도 않는다.

# 4. 자산·부채 종합관리(ALM)

보험회사는 자산 그 자체의 관리도 중요하지만 자산과 부채가 결합됐을 때의 관리가 더욱 중요하다는 사실을 금융기관의 부적절한 관리에 의해 파산 또는 이에 버금가는 결과를 통해 알게 된다. 그래서 자산과 부채의 관계뿐만 아니라 자산·부채 리스크의 성격도 파악해야 한다.

## 4.1 자산과 부채의 관계

보험회사의 자산은 부채에 의해 발생하기도 한다. 예를 들어, 배상책임보험의 보험금 지급과 이를 관리하는 제반 비용을 충당하기 위해 보험료를 수입한다. 이러한 보험료에서 보험금과 사업비를 지급하고 남은 잔액은 미경과보험료와 같은 부채를 위해 예비되어 있다. 보험회사의 주요 전략 중 하나는 유동성 관리로서 일반적으로 자산은 현금화 할 수 있는 자산과 단기 확정금리 증권을 보유하여 금리리스크에도 대비하고 있다. 위의 배상책임보험 같은 경우는 사고가 발생하여 클레임이 종결할 때까지 오랜 시간(long tail claims)

이 걸리므로 손해액에 대한 불확실성이 매우 높다. 그래서 보험부채의 예상되는 기간과 상응하는 만기의 단기 확정금리 증권에 투자하기도 한다.

많은 경우 자산을 소유하고 그것을 통해 이익을 추구하고자 부채를 안게된다. 예를 들어, 자가 주택을 사기 위해 주택담보대출을 신청하는 것이다. 보험기간이 상대적으로 긴 상품을 주로 취급하는 생명보험회사는 부채를 감당할 자금을 위해 잠재적 계약자들로부터 투자자금을 조달 받게 되는데 이런 경우 자산과 부채의 관계는 계약자에게 제공하는 보험상품의 성격에 따라 좌우된다. 종신보험이나 양로보험 같은 생명보험상품들은 보험금과 할당된 계약자 배당금과 같은 자본보증부분과 보증되지 않는 장래배당금의 증액에 대한 기대로 구성된다. 일반적으로 생명보험회사는 주식이나 부동산을 통한 장기투자로 이러한 증액부분을 관리하고 있다.

## 4.2 자산·부채 리스크

자산과 부채의 관계에서 발생할 수 있는 기본적인 리스크는 다음과 같다.

- 부채의 만기가 다가올 때, 자산의 수입과 자본이득을 통한 수익이 불충분하여 발생하는 리스크로 부채와 자산 중에 하나 또는 둘 다의 변동성에 의해 불충분한 수익의 결과가 생기는 것이 일반적이다. 불충분한 수익에 의한 리스크에는 일정부분 예상한 자본소득이 기대했던 수치보다 적게 될 리스크도 포함된다.

- 현금흐름을 해결하기 위해 장기간에 걸쳐 기업 내에 있는 자산을 낮은 가격으로라도 매각해야만 하는 경우 유동성리스크가 발생한다. 예를 들어, 부동산과 같은 비유동성 자산을 급하게 매각하려고 하는 사실만으로도 가격은 떨어질 수 있다. 더군다나 시장가격이 떨어진 상황에서 자산을 매각할 경우에는 수익의 불충분으로 인한 리스크도 연관되어 있다.

- 위의 두 가지 잠재적인 리스크를 피하기 위해 투자자산으로부터 이자, 배당금, 매각할 때 매각금액, 또는 채권 같은 자산으로부터 만기상환액

등을 적기에 재투자하지 못 할 경우의 재투자리스크(reinvestment risk)가 존재한다. 반면에 재투자를 하려고 해도 당시의 이자율이 기대했던 것보다 낮을 경우 미래의 수익 또한 낮아질 리스크에 직면하게 된다. 또한 위의 자금으로부터 부채의 상환이 불충분할 경우 발생할 수 있는 차환리스크(refinancing risk)도 존재한다.

- 자산이 충분하다고 판단했으나 자산과 부채의 가치평가 시 결손이 발생하는 경우의 가치평가리스크(valuation risk)가 있다. 예를 들어, 부채가 채권의 형태로 운용 되는데 반해 이런 부채와 상충하는 자산은 주식의 형태로 운용된다면 이 들은 매우 다르게 움직일 것이고 심지어는 정반대 방향으로 움직일 수 있다. 이러한 리스크는 유동성리스크의 상황과도 연관된다.

## 4.3 ALM의 개요와 목적

자산·부채 종합관리(ALM, Asset and Liability Management)는 금융기관이 자금 중개 기능을 하면서 발생할 수 있는 유동성리스크(Liquidity risk)와 금리리스크(Interest rate risk)를 관리하기 위해 개발되었다. 지금은 환율변동과 신용에 따른 리스크 관리 등으로 더 확대되고 있다. ALM의 주목적은 금융기관의 재정적인 안전성, 자금의 유동성, 그리고 회사의 수익성과 같은 기관 목표를 통해 수익과 순자산 가치를 극대화하는 것이다.

현대사회의 보험회사를 비롯한 금융기관들은 자산으로부터 들어오는 수익과 부채에 기인한 순이자마진(net interest margin)을 효율적으로 관리하고 이와 관련한 리스크를 방지해야 한다. 또한 다양한 파생상품들의 출현으로 인해 금융상품에 대한 금리변동성이 확산되어 금리리스크의 중요성이 더욱 부각되고 있다.

금리리스크는 금리변동에 의해 회사가 가지고 있는 자산과 부채의 가치가 변동하여 원활한 현금흐름의 불확실성이 증대되는 현상으로 이는 다음과 같은 과정에 의해 현금흐름에 영향을 준다.

- 회사의 자산과 부채는 이들의 만기일자에 유효한 새로운 금리가 시장 금리의 변동에 따라 조정 됨으로 인해 이자수익이 떨어지거나 이자손실이 발생할 수 있다. 예를 들어, 금리에 민감한 자산의 경우 금리를 발표하는 날 금리가 떨어지게 되면 재투자를 통해 얻고자 했던 수익은 그만큼 감소하게 되는 재투자리스크(reinvestment risk)가 발생한다. 반대로 금리를 발표하는 날 금리가 올라가게 되면 부채를 갚을 조달비용이 많아지게 되는 차환리스크(refinancing risk)가 발생하게 된다. 즉, 재투자수익과 재조달비용의 변동을 통한 순이자수익(NII, net interest income)의 변동을 관리하는 것으로 금리개정 갭 분석이나 순이자수익 시뮬레이션 등을 통해 측정하고 관리한다.
- 시장금리의 변동에 의해 자산과 부채의 가치는 변동할 수 있는데 이에 따라 자기자본의 시장가치(market value at equity)도 변동하게 된다. 자산과 부채로부터 발생하는 미래 현금흐름의 현재가치가 금리변동에 따라 변동됨으로 회사의 순가치(net worth or net present value)도 변동하게 된다. 이에 금리변동의 장기적인 효과를 포괄적으로 예상하여 듀레이션 갭 분석, 순자산가치 시뮬레이션, 또는 VaR 등을 통하여 리스크량을 측정하고 관리한다.

☞ 금리변동에 의한 리스크를 측정하고 관리하는 방법들은 제10장 '금리리스크'에서 자세히 설명된다.

대부분의 금융기관은 회사 전반에 걸쳐 다양한 리스크에 노출되어 있다. 이와 같은 리스크를 관리해야 하는 이유는 다음과 같다.

- 기업의 안정성은 유지되어야 한다. 미래에 발생 가능한 리스크를 정확히 파악함으로써 기업의 가치가 예상하지 못할 수준까지 하락하는 상황에서도 기업의 안전한 경영을 위해 최소 요구자본의 보유여력은 확

보해야 한다.
- 자본이익률(ROE)와 자산이익률(ROA)에 의한 경영평가와 함께 리스크 요소에 대한 관리를 통해 위험조정 자기자본이익률(RAROC)을 개선할 수 있다.
- 리스크의 규모와 이에 따른 수익규모를 최적화하여, 즉 자본과 자원의 최선의 배분과 할당을 통해 경영의 합리화를 이룰 수 있다.

☞ 자본이익률(ROE, Return on Equity): 투자한 자기자본(주주자본)에서 얼마나 이익이 생겼는지를 나타내는 지표로 ROE가 높다는 말은 효율적인 영업을 의미할 수 있다. 주주입장에서는 ROE가 시중금리보다 높아야 기업에 투자하려고 할 것이다.

☞ 자산이익률(ROA, Return on Assets): 자산을 얼마나 효율적으로 운영했는지를 나타내는 회사의 수익성 평가 지표이다.

☞ 위험조정 자기자본이익률(RAROC, Risk Adjusted Return on Capital): 위험조정 기준에 따라 개별 자산의 위험을 계산한 것으로 각 사업부문에 자본을 배분하고 배분된 자본에 대한 수익률에 위험을 고려한 수익률을 산정하는 것이다.

다시 요약하자면, ALM의 목표는 자산과 부채의 구성을 최적화하여 리스크를 최소화하는 동시에 순이익을 최대화 하는 것이다. 따라서, 노출된 리스크의 최소화를 통해 자산과 부채를 재구성하여 위험조정 자기자본이익률(RAROC)을 극대화 시키는 것으로 의미할 수 있다. 이를 위하여 회사는 ALM 관리를 위한 조직과 시스템을 작동하게 되는데 이러한 조직과 시스템의 목표는 다음 네 가지로 정리할 수 있다.

- 순이자수익 극대화
- 정책범위 내 금리리스크 관리
- 적정한 유동성 유지
- 정책 허용 한도 내 자본적정성 유지

# 5. VaR(Value at Risk)

보험회사는 다양한 금융상품을 취급하고 있고 수시로 바뀌는 세계 경제상황 속에서 존재하고 있다. 이러한 환경 속에서 보험계리업무는 보험상품의 손실분포를 연구하여 위험을 측정하는 일도 포함하게 된다. 이러한 손실분포 분석은 정확한 보험료 계산에 자료로도 활용될 수 있으며 위험의 가치를 파악하여 경제적인 자본을 산출하는 도구로도 사용된다.

## 5.1 VaR의 개요

미국의 금리자유화 이후 자산과 부채의 시간적 불일치(mismatch)에 따른 리스크 관리의 필요성은 계속 이어졌으며, 급변하는 시장환경과 파생상품의 활발한 등장으로 인한 새로운 리스크의 출현은 이들 리스크를 정확히 측정하고 관리하는 일을 매우 중요하게 만들었다. 이는 기존의 금리위험에 대한 위험관리기법으로 유용한 ALM기법으로는 시가 평가하는 자산과 부채의 시장위험 요소들을 통합적이고 즉각적으로 관리하기에는 한계가 있었다. 한국의 경우, IMF 위기 이후 국내은행부터 시작하여 위험관리 능력에 심각한 우려를 표명하면서 VaR시스템 구축이 본격화 되었다.

☞ VaR은 1990년대 중반, J.P.모건체이스앤컴퍼니(JP모건)가 리스크 메트릭스(Risk Metrics)라는 VaR 시스템을 최초로 도입한 이후 금융시장의 대표적인 위험관리지표로 사용되기 시작하였다. 그 밖의 VaR 시스템으로는 뱅커스 트러스트 은행의 RAROC2020, 보스턴 은행의 프라임리스크(Prime Risk) 등이 있다.

VaR은 정상적인 시장(normal market) 여건하에서 금리, 환율 등의 위험요소들이 불리한 방향으로 움직일 때, 주어진 신뢰수준(confidential level)에서 목표기간(target period) 동안 발생될 수 있는 최대손실규모(maximum loss)라 정의할 수 있다. VaR은 통계적인 위험측정 방법이다. 예를 들어, 1년 동안 신뢰수준 95%로 계산된 VaR값이 10억원이라 한다면 이는 1년 동안 발생될 수 있는 최대손실액은 10억원이며 이의 신뢰수준은 95%라는 뜻이다. 이를 또 다르게 해석하면, 1년 동안 발생될 수 있는 최대손실액이 10억원 보다 많을 가능성은 5%이며, 10억원 보다 적을 가능성은 95%라는 의미이기도 하다.

VaR은 모든 잠재적인 리스크들을 통합하여 일정 신뢰수준 내에서 계산되는 최대손실금액이라는 공통의 위험측정방법을 제시하여 여러 자산에 대해 이용하기 쉽다는 장점이 있다. 반면에 VaR에는 몇 가지 한계를 가지고 있는 것도 사실이다. 먼저, 과거통계를 사용하는 다른 모델들처럼 과거자료가 얼마나 미래를 정확하게 예측할 수 있느냐는 점과 정규분포에 따른 신뢰구간에서 실제 분포가 두꺼운 꼬리부분(fat tail)을 보일 경우 추정오류가 생길 수 밖에 없다. 또한, 한 국가가 외환거래를 강제적으로 통제해서 발생하는 국가위험은 VaR에서는 전혀 측정할 수 없다.

〈그림 8-2〉 VaR

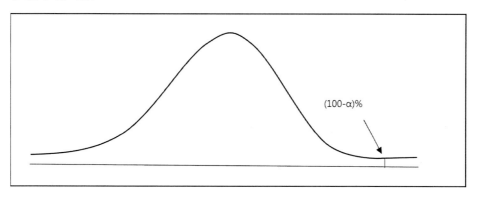

## 5.2 VaR의 측정

VaR의 계산을 위해 α%의 확신을 가지고 정상적인 시장여건하에서 어떤 개별 또는 포트폴리오의 포지션이 T기간 동안 발생할 최대손실금액을 X라고 가정하자. 여기서 최대손실금액 X가 VaR이며 T는 보유기간을, α는 신뢰수준을 가리킨다. 확률분포를 이용하여 VaR을 계산하는 방법은 정규분포로 추정하는 모수적인 방법과 실제분포를 이용하여 백분위수를 측정하는 비모수적인 방법, 두 가지가 있다.

### 5.2.1 모수적(Parametric) 방법

모수적 방법은 모든 자산의 수익률 분포를 정규분포로 가정하고 손실은 수익률에 선형적으로 비례한다는 가정이 있어야 한다. 모수적 방법에 의한 VaR 계산을 예와 함께 하도록 하겠다.

계산에 앞서, VaR에서의 변동성(Volatility)은 보통 하루 단위로 적용되는 것이 보편적이다. VaR 계산에서는, 1년을 252 거래일로 가정한다. 1년 변동성과 1일 변동성의 관계는 아래의 식과 같다.

- $\sigma_\text{년} = \sigma_\text{일} \times \sqrt{252}$

그래서 일변동성, $\sigma_\text{일}$은 년변동성, $\sigma_\text{년}$의 약 6.3%($1/\sqrt{252}$)이다.

### 5.2.1.1 단일 포트폴리오인 경우

트레이딩 포트폴리오의 시장가치가 10억원이고 일변동성이 2%라 할 때, 신뢰구간이 99%이며 거래일 10일 동안 발생될 수 있는 최대손실금액을 계산하여 보자.

- 포트폴리오 시장가치의 하루당 표준편차 = 2%×10억원 = 2천만원
- 거래일 10일동안의 표준편차 = $\sqrt{10}$ × 2천만원 = ₩63,245,553
- 거래일 10일동안의 최대손실금액 = 시장가치×$\sigma_\text{일}$×Z×$\sqrt{T}$
  = 10억원×0.02×2.33× $\sqrt{10}$ = ₩63,245,553×2.33 = ₩147,362,139
  (Z값 2.33은 누적정규분포에 의해 99%일 때의 값이다.)

### 5.2.1.2 포트폴리오가 2개인 경우

트레이딩 포트폴리오 A의 시장가치가 10억원이고 포트폴리오 B의 시장가치는 5억원이다. 두 포트폴리오의 수익률간 상관관계는 0.3이다. 포트폴리오 A의 일변동성이 2%이고 포트폴리오 B의 일변동성은 1%이다. 신뢰구간이 99%이고 거래일 10일 동안에 발생될 수 있는 최대손실금액을 계산하여 보자.

- 두 포트폴리오 시장가치의 하루당 표준편차

  $= \sigma_{A+B} = \sqrt{2천만원^2 + 5백만원^2 + 2 \times 0.3 \times 2천만원 \times 5백만원} = ₩22,022,716$

- 1일, 99% VaR $= 2.33 \times 22,022,716 = ₩51,312,927$

- 10일, 99% VaR $= \sqrt{10} \times ₩51,312,927 = ₩162,265,723$

- 투자분산(Diversification)의 효과

  포트폴리오 A의 10일, 99% VaR $= ₩147,362,139$

  포트폴리오 B의 10일, 99% VaR $= ₩36,840,535$

  포트폴리오 A&B의 10일, 99% VaR $= ₩162,265,723$

  투자분산(Diversification) 효과

  $= (₩147,362,139 + ₩36,840,535) - ₩162,265,723 = ₩21,936,950$

모수적 방법에 의한 계산은 정규분포를 가정하면 VaR을 쉽게 구할 수 있지만 위험을 과소평가하는 경향이 있을 수 있다. 이유는 다음과 같다.

- 실제 수익률 자료가 정규분포와 다른 경우
- 실제 분포가 정규분포와 비슷하지만 두꺼운 꼬리부분(fat tail)을 가질 경우

## 5.2.2 조건부 테일 기댓값(Conditional Tail Expectation)

정규분포에서 오른쪽 끝부분 꼬리부분이 두터운 경우, 잠재적인 손실이 클 가능성이 있다. 이러한 문제점을 해결하기 위한 방법 중 하나가 조건부 테일 기댓값(CTE, Conditional Tail Expectation)이다. VaR이 최대손실금액을 찾는 것이라면 CTE는 상황이 나쁘게 진행됐을 때 예상되는 기대손실을 제공하는 것이다. VaR과 마찬가지로 CTE를 구하기 위해서는 기간 T와 신뢰수준 α가 주어져야 한다.

일반적으로 VaR은 상대적으로 단기간 동안의 위험을 측정하는데 많이 사용된다. 반면에, CTE는 보험회사의 위험 정도를 측정하는 표준으로서 특히

위험자산과 관련하여 보험회사의 장기간 위험을 파악하기 위해 사용된다. 특히 정규분포처럼 보이나 꼬리부분이 두툼(fat tail)한 분포는 예측하기가 어렵다. 상품특성과 손실분포가 정규분포를 따른다면 VaR과 CTE 사이에서 규칙적으로 예측 가능한 접점을 찾을 수 있다. 그러나, 꼬리부분이 두툼(fat tail)한 분포는 확률이 급격히 증가할 수 있다. CTE는 어디서부터 시작하던지 간에 확률의 영향을 받는다.

손실 또는 이익이 정형화된 분포를 따르지 않는다면 VaR과 CTE 값의 차이는 예측하기가 어렵다. 이러한 상황에서 CTE가 VaR보다 더 좋은 정보를 제공할 수 있다. 한편, α를 결정할 때 가장 중요한 사항은 α에 대해서 VaR과 CTE를 구해서 두 값의 차이가 가장 크게 나오는 부분을 선택하는 것이 좋다. 그렇지 않는다면 극단적인 꼬리부분이 과소평가 될 수 있어 CTE의 장점이 사라지게 될 수 있다.

☞ CTE 측정의 자세한 계산법은 계리모형론 제2판(박영사 出版)의 '리스크측정과 VaR' 을 참조하기 바람.

### 5.2.3 비모수적(Non-Parametric) 방법

포트폴리오의 미래가치 확률분포를 f(x)라 하고, VaR의 신뢰수준이 α일 때 T기간 말 기준 포트폴리오의 가치 X가 X′보다 작을 확률이 (1−α)가 되는 X′ 을 찾는 방법이다. 이를 식으로 표시하면 아래와 같다.

- $\alpha = \int_{X'}^{\infty} f(x)dx$, $f(x)$는 X의 확률밀도함수

  또는 $1-\alpha = \int_{-\infty}^{X'} f(x)dx = 확률(X \leq X') = q$

  X′은 분포의 q퍼센타일(percentile)에 해당된다.

## 5.3 역사적 시뮬레이션(Historical Simulation)

역사적 시뮬레이션(Historical Simulation)은 과거 일정기간 동안 실현된 개

별자산의 수익률을 현재 포트폴리오의 수익률에 적용하여 n개의 시나리오를 생성한 후 VaR를 계산하는 방법이다. 즉, 특정확률분포를 가정하지 않고 시장변수(market variable)들의 과거 정보에 의거하여 시뮬레이션을 하는 것이다. 보통 과거 손익분포의 꼬리부분은 두텁기 때문에 정규분포를 가정하는 것과는 다른 결과가 나올 가능성이 대단히 높다. 또한, 위험요소의 분포를 개별적으로 고려하지 않고 한꺼번에 고려하여 상관성을 포함한다. 그래서 비정규성 또는 비선형성을 모두 허용한다.

예를 들어, 가장 최근 500일 동안의 자료를 이용하여 99% 신뢰수준의 1일 기간 VaR을 산출해 보기로 하자.

Step 1: 포트폴리오에 영향을 미치는 시장변수(market variable)들을 파악한다.
Step 2: 가장 최근 500일 동안의 선택된 시장변수(market variable)들의 자료를 얻는다.

〈표 8-1〉 역사적 시뮬레이션 계산을 위한 데이터

| Day | 시장변수 1 | 시장변수 2 | ········ | 시장변수 N |
|:---:|:---:|:---:|:---:|:---:|
| 0 | 20.33 | 0.1132 | ········ | 65.37 |
| 1 | 20.78 | 0.1159 | ········ | 64.91 |
| 2 | 21.44 | 0.1162 | ········ | 65.02 |
| ········ | ········ | ········ | ········ | ········ |
| 499 | 25.75 | 0.1323 | ········ | 61.99 |
| 500 | 25.85 | 0.1343 | ········ | 62.10 |

Step 3: 시나리오 생성

<표 8-2>는 오늘과 내일의 %변화가 d-1일과 d일의 %변화와 같다는 가정하에 시장변수의 내일가치를 산출한 것이다. $V_d$를 d일자 시장변수의 가치라 하고 오늘을 m일이라고 가정하면 시나리오에 의해 시장변수의 내일가치는 $V_m \times (V_d / V_{d-1})$이다.

〈표 8-2〉 위의 데이터를 이용하여 501일째(내일) 시나리오 산출

| 시나리오번호 | 시장변수 1 | 시장변수 2 | ········ | 시장변수 N | 포트폴리오 가치 |
|---|---|---|---|---|---|
| 1 | 26.42 | 0.1375 | ········ | 61.66 | 23.71 |
| 2 | 26.67 | 0.1346 | ········ | 62.21 | 23.12 |
| ········ | ········ | ········ | ········ | ········ | ········ |
| 499 | 25.88 | 0.1354 | ········ | 61.87 | 23.63 |
| 500 | 25.95 | 0.1363 | ········ | 62.21 | 22.87 |

예를 들어, 위의 표로부터 m=500이고, 시장변수 1의 오늘가치는 25.85이다. 또한, 시장변수 1의 0일과 1일의 가치는 $V_0$=20.33과 $V_1$=20.78이다.

그래서, 시나리오1에 의한 시장변수 1의 가치는 25.85×(20.78/20.33)=26.42 이다. 마찬가지로 시나리오2에 의한 시장변수 1의 가치는 25.85×(21.44/20.78) =26.67이 된다.

Step 4: 모든 시나리오를 통해 오늘과 내일 사이 포트폴리오 가치의 변동을 계산한다.

<표 8-2>의 마지막 열은 500개 시나리오 각각의 포트폴리오 내일가치를 보여준다. 예를 들어, 포트폴리오 오늘가치가 23.50이라고 가정하자. 그래서 오늘과 내일의 포트폴리오 가치는, 시나리오1에서는 +0.21(=23.71-23.5), 시나리오2에서는 -0.38(=23.12-23.50)로 변화된다. 여기서 +는 예상이익 을 -는 예상손실을 의미한다.

Step 5: 1일기간 VaR을 계산하기 위해서 Step 4의 포트폴리오 가치의 변화 를 나열한 후 99%의 신뢰수준이므로 최악의 5개 손실을 선택하는 것이다. 가장 최근 500일의 데이터를 이용하기 때문에 매일 매일 VaR의 평가는 업데이트된다. 그래서, 502일에는 2일부터 502일까지 의 데이터를 이용하여 VaR을 결정하는 것이다.

역사적 시뮬레이션은 실제 자료를 이용하므로 특정모형이나 시장리스크의 정규모형에 대한 가정이 필요하지 않다. 따라서 두터운 꼬리를 가진 비정규 모형을 이용할 수 있고 잘못된 모형설정에 의한 오류도 피할 수 있게 된다. 그러나, 역사적 시뮬레이션은 과거 자료만을 이용하기 때문에 만일 과거 기간 동안 극도의 손실이 발생한 날이 단 하루라도 있다면 그런 사실이 그대로 반영 된다는 문제를 안고 있다.

## 5.4 몬테카를로 시뮬레이션(Monte Carlo Simulation)

몬테카를로 시뮬레이션은 시나리오를 구성해서 포트폴리오의 가치를 재평가한다는 점에서 역사적 시뮬레이션과 이론 상 비슷하나, 과거 자료로 시나리오를 만드는 역사적 시뮬레이션 방법과는 달리 확률모형을 이용하여 시나리오를 만든다는 차이가 있다. 몬테카를로 시뮬레이션은 손실 분포를 분석하는 과정이 너무 복잡할 때 유용한 방법이다.

일반적인 몬테카를로 시뮬레이션에서는 많은 손실의 확률변수 $L$을 독립적인 시뮬레이션으로 생성한다. 만일, $N$개의 값이 생성됐다면 작은 수부터 나열한다. $L_{(j)}$를 생성된 $L$의 $j$번째 작은 수라 하면 $L_{(j)}$의 실증적 분포가 실제 손실 확률분포를 추정한다고 가정한다. 예를 들어 몬테카를로 시뮬레이션으로 1,000개의 손실 확률변수를 생성했다고 가정하고 손실의 95% VaR을 구하도록 하겠다. 손실분포의 95% VaR을 추정하면 몬테카를로 시뮬레이션에 의해 생성된 것 중에서 95% 분위수이기 때문에 $L_{(950)}$이 가능한데, 이는 생성된 변수들 중에서 95%가 $L_{(950)}$보다 작거나 같기 때문이다. 반면에 $L_{(951)}$은 생성된 것 중에서 5%가 같거나 커서 또 다른 가능한 추정치가 된다. 예를 들어, 선형보간법에 의해 95% 분위는 $0.05L_{(950)} + 0.95L_{(951)}$로 할 수 있다. $N$개의 생성된 손실분포에서 가능한 세가지 $\alpha$% VaR은 $L_{(N\alpha)}$, $L_{(N\alpha+1)}$ 또는 이 두 값의 선형보간한 것이다. 이 세가지 추정 값 중 어느 것이 우수하다고 검증된 적이 없다. 즉, 이 세 가지 추정 값들은 여전히 작은 편향성이라도 존재한다. 특히 이러한 편향성은 분포의 꼬리부분에서 더 크게 나타난다.

☞ 몬테카를로 시뮬레이션의 자세한 계산방법은 계리모형론 제2판(박영사 出版)의 시뮬레이션을 참조하기 바람.

# 6. 위기상황분석(Stress Test)

VaR의 모수적 방법이나 역사적 시뮬레이션도 최대 예상손실액을 추정하는 신뢰 있는 측정방법이나 1987년 미국 주식시장의 Black Monday의 수준까지는 아니더라도 극대의 손실이 발생한 적이 단 하루라도 이용하는 자료에 있을 경우 이러한 방법에 의한 결과를 제대로 설명하기가 어렵게 된다. 이를 해결하기 쉬운 방법 중에 하나는 신뢰수준을 매우 크게 설정하면 되지만 이 경우 VaR값은 더욱 커져 ROE가 낮아지는 문제가 생기게 된다.

☞ Black Monday: 검은 월요일은 보통 1987년 10월 19일 뉴욕 월 스트리트에서 하루 만에 주가가 22.6%나 하락한 사건을 말한다. 이 후, 주기적인 주식시장 폭락이 전 세계에서 반복되자 이 말은 시장의 과도한 쏠림이나 구조적인 문제로 나타나는 시장의 급락을 지칭하는 일반명사가 됐다. 실제로 지난 150년간 미국 주식시장의 주가추이를 보면 58년을 주기로 주식시장이 큰 폭으로 하락하는 현상이 나온다고 주장하는 분석가들도 있다. 공교롭게도 해당 날짜는 모두 월요일이었다. 1929년 대공황을 기준으로 58년 후인 1987년, 1942년을 기준으로 앞뒤 58년인 2000년에도 비슷한 현상이 나타난 바 있다.

위와 같은 문제를 고려하여 위기상황분석(Stress Test)이 보완적으로 이용된다. 위기상황분석은 어느 특정 리스크 요소나 자산가치의 변동에 의한 손실의 규모를 평가하며 극단적인 손실사고가 포트폴리오 가치에 미치는 영향도를 평가한다. 이러한 잠재적 위험을 평가하는 기법은 대표적으로 네 가지가 있다.

## 6.1 위기상황분석기법

(1) 민감도 테스트(Simple Sensitive Test): 다른 리스크 요소들은 고정시키고 가장 핵심적인 위험요소 하나만을 다양한 경우(예: 이자율을 ±1%, ±5%, ±10% 등으로 변경)로 변화시킬 때 이에 따른 포트폴리오 가치에 대한 변화를 평가하는 방법이다.

(2) 시나리오 분석(Scenario Analysis): 극단적이기는 하나 가능성이 있는 위기상황 시나리오를 역사적 사건이나 주관적 판단에 의해 가정하고 이에 따른 포트폴리오 가치에 대한 변화를 평가하는 방법이다.

〈표 8-3〉 민감도 테스트 vs. 시나리오 분석

| 구분 | 민감도 테스트 | 시나리오 분석 |
|---|---|---|
| 공통점 | 위험요소의 변화와 가격 변화를 평가한다. | |
| 차이점 (위험요인) | 평가자 마다 동일하고 객관적 | 전문적이고 주관적 위험요소들의 동시적 변화가 가능 |

〈표 8-4〉 위기상황분석기법 비교

| 구분 | 특성 | 장점 | 단점 |
|---|---|---|---|
| 민감도 테스트 | 핵심적인 위험요소 하나만의 변화에 의한 포트폴리오 가치변화 평가 | •방법이 단순함. •개발이 용이함. | •충격발생 가능성 존재 •시나리오 설정의 논리적 근거 미흡 |
| 역사적 시나리오 분석 | 과거 발생한 시나리오에 의한 포트폴리오 가치변화 평가 | •역사적 실제 사실이라 이해하기 쉽다. •분석이 용이함. | •과거사건이 미래의 위험을 설명하기엔 한계가 있음. |
| 주관적 시나리오 분석 | 가상의 시나리오에 의한 포트폴리오 가치변화 평가 | •역사적 시나리오 분석의 단점을 보완 | •개발자의 주관적 판단 •분석 시 임의적 요소 개입 가능성 |
| 최대손실 접근법 | 포트폴리오의 worst case scenario하에서 최대손실 분석 | •최대손실 발생 가능한 요소를 파악함. | •리스크 요소 설정 시 임의적일 가능성 •비용과 시간 소요 |
| 극단치 이론 | 극단적 손실의 확률분포 형태 분석 | •확률분포에 특별한 가정을 하지 않는 모수적 방법. | • 비용과 시간 소요 |

(3) 최대손실접근법(Maximum Loss Approach): 위의 분석방법과는 반대 개념으로 보유하고 있는 포트폴리오에 최대손실을 가져올 것으로 예상되는 위험요소들의 조합을 찾아내는 방법이다.

(4) 극단치 이론(Extreme Value Theory): 확률분포 꼬리부분의 분포, 움직임, 그리고 특성을 분석하여 극단의 이론으로 포트폴리오의 가치변화를 평가하는 방법이다.

## 6.2 위기상황분석의 활용범위

보험회사에서 사용하는 위기상황분석의 결과는 포트폴리오의 잠재적인 리스크 요소들을 파악할 수 있으므로 회사의 여러 분야에서 활용될 수 있다.

- 극단적인 손실을 감당할 재무적 안전성을 검증할 수 있으므로 유동성 리스크를 관리할 수 있다.
- 예외적인 위기상황에서 대규모 손실에 노출될 수 있는 위험의 대상을 파악하여 관리할 수 있다. 그래서 투자단위 별로 예상손실한도와 거래한도를 설정하여 과도한 리스크를 보유하지 않도록 정보를 제공한다.
- 리스크 측정모형의 기본적인 가정인 리스크들과의 상관관계와 변동성 등을 사전 점검할 수 있다.
- 통합리스크 관리와 위험자본의 적정성 평가수단으로 활용할 수 있다.

## 6.3 위기상황분석의 문제점

이러한 위기상황분석 방법들은 2008년 세계금융위기 이후 활용도, 방법론, 시나리오 선택 그리고 특정리스크에 대한 위기상황분석 등에서 다음과 같은 문제점이 발견되었다.

- 위기상황분석의 활용도: 위기상황분석을 담당하는 팀과 다름 팀들간의 상호교류 없이 독립적으로 실시하여 변화하는 영업환경을 충분히 반영하지 못했다.

- 위기상황분석방법론: 위기상황분석을 위해서 위험정보를 세분화할 필요가 있는데 이를 위한 IT 인프라가 불충분했고 과거 데이터에만 의존하였다.
- 시나리오 선택: 시나리오분석법은 주관적이라 극단적 시나리오를 계량화하기가 어려워 배제하는 성향이 있었다.
- 특정리스크에 대한 위기상황분석: 특정리스크들을 금융위기 이전에는 전혀 다루지 않았다. 금융위기 이후에 이러한 리스크를 다루기 시작했다.

# 7. 기타 자산리스크

자산과 관련하여 노출되는 시장리스크는 사실 광범위하고 포괄적인 리스크라 할 수 있다. 그래서, 유동성리스크 또는 신용리스크 등의 내용 중에는 시장리스크 안에 포함되는 것도 있고 시장리스크와 상호작용에 의해 직접적인 연관이 있는 것도 있으며, 서로 독립적으로 어느 정도 움직이는 부분도 있다. 또한 유동성리스크나 신용리스크 등은 오직 자산하고만 관련되어 있는 리스크가 아니라 부채와 자본에도 밀접한 관계가 있다. 이들 리스크에 대해 설명은 제1장에서 간단히 언급되었고 뒤에서도 여러 차례 부연설명이 있을 것이다.

## 7.1 유동성 리스크(Liquidity risk)

유동성(Liquidity)이란 포괄적인 의미로 평상시 경영을 유지할 수 있을 정도의 충분한 현금을 확보하는 것이고, 합리적인 비용으로 자금을 조달할 수 있는 능력을 의미하며, 또한 자금문제를 해결할 수 있는 시간을 벌 수 있는 능력이라 말 할 수 있다. 그러므로, 유동성리스크(Liquidity risk)는 자금의 운용과 조달 기간의 불일치 또는 예기치 않은 자금의 유출 등으로 자금부족 또는 지급불능 상태에 직면하거나, 자금의 과부족을 해소하기 위해 고금리의 조달 또는 보유자산의 불리한 매각 등으로 손실을 입게 될 리스크라 정의 내릴 수 있다. 이에 유동성의 중요성과 관리방안에 대해 간단히 살펴보겠다.

### 7.1.1 보험회사가 유동성을 확보해야 하는 이유

- 보험금 지급이 보험료 수입보다 많거나 또는 대출수요가 대출회수를 초과하게 되면 지급불능 상태가 될 수 있다.
- 자산과 부채의 시간적 불일치(mismatch)는 자본의 확충으로 까지 문제의 심각성이 번질 수 있다.
- 수익성이 좋은 투자대상을 파악하여 신속한 투자결정이 필요할 때 유동성이 확보되지 않으면 투자결정을 내릴 수 없게 된다.
- 금융당국의 유동성비율 규제에 적절히 대비해야 한다.

### 7.1.2 유동성리스크 측정방법

(1) 측정하는 방법에는 대차대조표의 정보를 활용하여 유동성자산에서 변동성부채를 차감한 순유동자산인 유동성 갭(Liquidity Gap)을 활용할 수 있다. 만기에 따라 자산과 부채를 분리해서 자산은 유동성자산과 비유동성자산으로 부채는 변동성부채와 안정적부채로 구분한다. 그 후 만기에 따라 순유동자산을 평가하는 것이다. 만일 유동성갭이 0보다 적으면, 즉 마이너스 순유동자산의 결과임으로 유동성 문제가 발생할 수 있다는 신호를 보내는 것이다.

(2) 또한, 유동성자산을 매각하여 현금을 획득할 수 있는 능력은 유동성자산 비율, 단기유동성 비율, 그리고 유동성자산 대 원화자산 비율로 측정할 수 있다.

이들 세 가지 비율의 식은 아래와 같다.

- 유동성자산 비율 $= \dfrac{\text{유동성자산}}{\text{예수금}}$
- 단기유동성 비율 $= \dfrac{\text{단기유동성자산}}{\text{단기유동성부채}}$

- 유동성자산 대 원화자산 비율 = $\dfrac{\text{유동성자산}}{\text{원화자산}}$

(3) 유동성리스크는 시나리오적인 성격이 강하다. 이에 위기상황분석은 유동성 리스크 측정에 적절하다고 할 수 있다. 위기상황분석에서 대상이 되는 유동성은 시장유동성, 자금유동성, 그리고 예비유동성 등이다.

- 시장유동성: 다량의 금융상품을 일시에 시장에서 거래할 수 있는 가능성
- 자금유동성: 지급의무 이행을 위해 현금을 모을 수 있는 능력
- 예비유동성: 비정상적이나 비상 조건하에서도 지급의무를 이행할 수 있는 능력

유동성리스크에 대한 위기상황분석 시 다른 리스크들(예: 시장, 신용, 운용 리스크 등)과 상호관계가 있는지는 고려해야 할 사항이다.

## 7.1.3 유동성리스크의 관리

(1) 유동성리스크의 모니터링: 초기 경고지표(trigger)는 유동성리스크의 가능성을 알려주는 지표로서 증가하는 자산, 만기이전 상환, 주가 하락, 또는 신용등급 하락 같은 정량적인 지표와 부정적인 여론, 거래상대방의 추가담보물 요구, 새로운 거래 거부 등의 정성적인 지표가 있다. 그래서 보험회사는 유동성 상태에 대한 정보를 파악하고, 유동성 상태를 계산하며, 유동성리스크의 원인과 정보를 제공할 수 있는 경영정보시스템을 운영해야 한다.

(2) 유동성위험 관리시스템: 유동성의 원천을 다양하게 즉시 자금이 제공될 수 있는 지의 관점에서 파악해야 한다. 유동성의 원천은 즉시 현금화할 수 있는 유동성 보유고(Liquidity reserve)와 영업을 통해 유입되는 현금흐름, 그리고 금융기관 또는 제3자에게 제공받을 수 있는 신용 등이 있다. 또한, 위험한도를 설정하고 기준에 따라 유동성에 영향을 주

는 요소들을 관리할 필요가 있다.

## 7.2 신용리스크(Credit risk)

미국의 금융위기 이후 신용리스크 관리의 중요성이 더욱 부각되었다. 이후에도, 날이 갈수록 신용파생상품 거래가 급증하고 있어 신용리스크는 더욱 중요하다. 신용리스크는 거래상대방이 계약의 이행을 거부하거나 이행할 수 없을 경우 발생하는 잠재적인 손실위험으로 채무불이행 리스크(counterparty risk, default risk)라고도 불리어진다.

이러한 신용리스크는 정보의 비대칭과 정보와 통계의 부족으로 인해 측정의 어려움이 있으며, 신용리스크가 전가되면 채무자에 대한 관리감독이 소홀해지는 도덕적 해이 현상이 일어날 수도 있다.

### 7.2.1 파생상품을 이용한 신용리스크 관리기법

여기서는 몇몇의 파생상품을 이용한 신용리스크의 관리기법만을 간단히 소개하도록 한다.

(1) 신용부도스왑(CDS, Credit Default Swap): 스왑매입자(Swap buyer, Protection buyer)가 수수료를 지급하고 도산, 지급실패, 기한 내 미지급, 채무불이행, 채무재조정, 지불유예, 또는 지급이행거절 등의 사유로 신용사건이 발생한 경우 스왑매도자(swap writer, Protection seller)로부터 약속한 손실액을 지급받는 조건의 계약이다.

(2) 신용연계증권(CLN, Credit Linked Note): 채권자(CLN 발행자)에게 신용위험 부담을 덜어주기 위해 신용위험 방지요소인 신용옵션을 결합시킨 채권으로 CDS를 채권 형태로 증권화한 것이다.

### 7.2.2 신용리스크 관리의 한계점

신용리스크는 2008년 금융위기 이후 주요관리 대상이 된 위험이지만 파급효과가 크다. 신용리스크에 대한 현재까지의 관리방법들은 다음과 같은 한계들을 갖는다.

- 신용리스크는 주로 신용 VaR로 평가하는데 원인의 다양성으로 인해 신뢰도가 낮은 편이다.
- 신용등급 평가능력과 신용등급의 예상부도율 관련 신뢰성이 낮다.

# 제9장

# 부채평가
# (LIABILITIES VALUATION)

# 제9장

# 부채평가
# (LIABILITIES VALUATION)

이번 chapter에서는 현재 보험경영에 핵심적인 이슈 중 하나인 보험회사의 부채를 어떻게 평가하는 지에 대한 이해가 목적이다. 앞에서 보험회사의 자산에 관련된 내용을 이해했다면 자산의 반대개념인 부채에 대한 이해를 하고 나서 다음 목적지이자 최종 목적지인 보험회사의 생존을 결정지을 수 있는 자본, 손익, 지급여력 등의 분야로 이동할 수 있을 것이다. 여기서는 먼저 부채에 대한 이해를 먼저 다루고 나서 본 주제인 부채평가로 넘어 갈 것이다. 현재 보험회사의 부채평가 방식은 IFRS의 도입에 의해 획기적으로 바뀌어지는 상태이기 때문에 IFRS제도에 대한 확실한 이해가 필요할 것이다. 그리고 보험회사 부채의 핵심인 책임준비금이 부족하지 않는지 그 적정성 여부를 평가하는 부채적정성평가(LAT)를 다룬 후 IFRS와 연관이 있고 최근 기업들의 중요 키워드 중 하나인 내재가치에 대해 살펴볼 것이다.

## 1. 부채에 대한 이해

자산과 달리 부채는 대부분이 불확실하다. 부채는 내 소유가 아니기 때문이다. 보험부채는 더욱 그렇다. 보험계약자와 보험회사간의 약속인 보험계약에 의해 미래에 언제 얼마가 보험금으로 지급될 지는 모두 불확실하다. 특히 손해보험에서는 더욱 그렇다. 예를 들어, 전문직배상책임보험에 가입한 회계사가 회계상 오류에 의해 고객으로부터 소송을 당한 경우, 담보를 제공한 보험회사는 사고가 접수된 시점에서 최종 배상금액이 얼마가 될 지 또한 언제 지급해야 하는지에 대해 전부 불확실하다. 이런 불확실성은 보험계리사에게 는 예전부터 풀어야 할 숙제이면서 도전과제였었다. 보험산업의 초창기 시대 에는 비록 축적해 놓은 데이터가 분석하기에 부족했어도 보험산업과 경영이 매우 단순하여 부채를 합리적이고 공정하게 평가할 수 있는 몇몇 공식을 고 안하여 적용하였다. 이 후 더 많은 데이터가 축적됨과 동시에 보험산업도 넓 어지고 복잡해지는 상황에서 IT기술의 혁신과 계리적 기법의 정교함이 어우 러져 부채는 더욱 세분화되어 평가하게 되었다.

보험계리사는 보험회사의 부채가치를 평가하는 업무에 깊숙이 관여되어 있다. 그래서 부채의 개념에 대해 먼저 이해하도록 하겠다. 미국에서 회계상 으로 부채를 '과거에 발생한 사건으로 인해 생겨난 어떤 경제주체의 현재의 빚(채무)이다'라 정의하고 있다. 이를 보험이란 영역에서 보자면 부채는 이미 발생한 사건들과 연관된다. 보험이란 어떤 사고를 담보로 보험료를 지불하고 사고가 발생하면 보상을 받는 합법적인 약속이다. 그러므로, 보험금 청구가 아직 발생하지 않았어도 또는 보험료가 아직 충분히 납입되지 않았더라도 보 험계약 체결 자체로 보험회사 입장에서는 부채가 발생한다. 여기서 '과거에 발생한 사건'은 보험계약이다. 그러나 위의 정의에 '현재'라는 단어가 중요하 다. 즉, 부채는 반드시 현재의 채무로 표시할 수 있어야 한다는 것이다. 이는 현재 유지하고 있는 계약의 계약기간 동안 발생한 사고 또는 과거의 계약은 만료되었으나 그 계약기간 동안 발생된 사고 중에 보상처리가 끝마치지 못 한 사고만이 보험회사의 부채로 현재 인정하는 것이지 현재 계약이 만료된 이후 발생하는 사고에 대해서는 보험회사는 부채로 인정할 수 없다는 의미이 다. 위의 회계상의 정의를 보험영역으로 다시 재해석하자면 보험부채란 '보험 계약으로 인해 생겨난 보험회사의 그 보험계약에 대한 채무다'라고 풀이할 수 있다.

회사의 재무제표나 대차대조표의 모양은 아래의 그림처럼 보인다.

〈그림 9-1〉

| 자산(Assets) | 부채(Liabilities) |
| --- | --- |
|  | 자본(Equity) |

따라서, '자산 = 부채 + 자본' 또는 '자본 = 자산 - 부채'라는 등식이 성립된다. 위의 그림을 보면 자산의 증가와 부채의 증가는 자본의 증가와 연관성이 있다고 추론할 수 있다. 자본의 증가는 증자 등에 의해 변경되기도 하나, 자본의 증가는 순이익으로 귀결될 수 있게 된다. 그러므로 아래의 식이 성립되게 된다.

이익(Profit) = 수입(Income) - 지출(Outcome) - 부채의 증가(Increase in Liabilities)

부채와 자본은 그림에서 한 축에 위치되어 있어 부채와 비교한 자본의 크기는 대차대조표의 건전성을 나타내고 있는 바, 이는 곧바로 지급여력을 측정하는 자료로도 사용할 수 있다. 그러므로, 서두에서 언급한 것처럼 자산을 알고 부채를 알아야 자본을 알고 그래서 손익을 분석하고 지급여력을 판단할 수 있는 분석의 흐름(analysis-flow)이 있다.

현금흐름의 현재가치를 평가하는 보편적인 식은 채권의 가치를 평가하는 식과 같다:

$$현재가치 = \sum \frac{E(t\text{시 점 의 현금흐름})}{(1+i)^t}$$

일반적으로 이 공식에 의한 결과를 최적추정(Best estimate) 또는 최적가정이라 부른다. 즉, 미래현금흐름의 현재가치를 의미한다. 여기서 미래의 현금흐름은 안전한 채권의 쿠폰(이자)처럼 일정하게 들어올 것이라는 가정이 있다. 그러나, 보험의 부채는 다양하여 미래에 예측한 현금흐름이 실제 현금흐름과 다를 가능성이 매우 높다. 그래서 이러한 오차를 위해 보험부채의 최적추정에 마진(Margin)을 고려해야 한다. 결국, 보험부채의 측정은 측정하는 주체에 따라 마진에 의해 달라질 수 있게 된다. 그 의미는 부채평가의 목적에 따라 평가금액이 달라질 수 있다는 뜻이다. 보험부채를 측정하는 주 된 이유는 회사의 재무상태와 재무성과를 이해해야 한다는 것이라 하겠다.

회계기준에 의해 부채도 만기시점에 따라 단기부채와 장기부채로 구분된다. 일반적으로 재무제표 산출시점을 기준으로 1년 이내에 만기가 도래하는 부채를 단기부채라고 한다. 단기부채는 단기자산과 비교하여 회사가 단기자금을 얼마나 필요로 하고 있는지 파악하기 위한 목적이 있다. 반면에, 장기부채는 따로 구분되어 장기자산에 의해 충당되는 것으로 이해한다.

지금까지 부채에 대한 일반적인 기본 개념을 간략하게 이해하였다면 보험회사의 부채평가를 어떻게 할 것인가의 주제로 넘어갈 것이다. 그런데 부채평가 방식이 지금 획기적으로 바뀌어지는 시대에 접어 들었다. 그래서 지금부터는 부채평가가 향후에 어떻게 바뀌는지, 왜 바뀌는지, 그리고 평가방법의 변화가 보험산업에 어떤 영향을 미칠 것인지에 대한 부분을 중점적으로 다룰 것이다.

# 2. IFRS4

## 2.1 IFRS제도의 역사적 배경

보험회사의 부채평가 방식이 획기적으로 바뀌어지는 배경에는 IFRS라는 제도의 도입에 근거를 둔다.

☞ IFRS(국제회계기준, International Financial Reporting Standard): 각국의 기업이 회계처리 및 재무제표에 대한 국제적인 통일성을 증대하기 위해, 국제회계기준위원회(IASB, International Accounting Standard Board)가 제정하여 발표하는 회계기준이다. 국제 보험회계기준 명칭은 IFRS4에서 2022년부터 IFRS17으로 대체된다.

☞ IASB: 국제회계기준이사회 또는 국제회계기준위원회라고도 한다. 국제적으로 통일된 재무회계기준을 제정할 목적으로 세계 각국의 회계 전문단체들이 협력하여 1973년 6월 29일 영국 런던에서 설립된 국제 민간단체이다. IASB가 정한 국제회계기준은 법적 강제력은 없으나, 유럽연합(EU)의 거의 모든 나라를 포함하여 2018년 기준 전세계 약 87% 의 나라들이 이 기준에 동의하고 있다.

국제회계기준의 역사는 1970년대로부터 시작된다. 당시만 해도 세계의 각 나라는 자기 나라마다의 특수한 역사적 배경과 경제적 상황을 반영한 자국 특유의 일반적으로 인정된 회계원칙(GAAP, Generally Accepted Accounting Principle)을 사용하여 왔다. 하지만 자본시장이 국제화됨에 따라서 자기 나라의 일반적으로 인정된 회계원칙을 사용하는 것은 여러 가지 문제점과 추가적인 비용을 발생시켰다. 예를 들어, A국가의 투자자가 B국가의 기업에 투자를 하고 싶어도 B국가의 B−GAAP과 A국가의 A−GAAP이 많이 다르기 때문에 B−GAAP을 적용해 만든 재무제표를 이해할 수 없어 투자를 포기하거나 추가적인 비용을 들여서 재무제표를 그 나라의 일반적으로 인정된 회계원칙으로 바꾸지 않으면 안 되는 문제점이 생기게 되었다. 이처럼 각 국가마다 일반적으로 인정된 회계원칙이 달라 불편한 점이 부각되면서 국제적으로 통일된 회계기준의 필요성이 대두되었다. 그리하여 국제적으로 통일된 회계기준이 생겨나게 되는데, 1973년 영국을 주도로 하여 미국 및 유럽의 각 나라들이 참여하여 IASC(International Accounting Standards Committee)를 런던에 설립하고, 국제회계기준(IAS, International Accounting Standard)을 제정하였고 그 후 EU의 모든 회원국으로 하여금 모든 상장기업에게 국제회계기준(IAS)의 적용을 의무화하도록 하여, 2005년부터 전면적으로 도입하게 되었다.

그런데, IFRS란 용어가 세계적으로 국제회계기준의 대표적인 언어로 정착하게 된 결정적인 계기는 2001년 미국의 엔론(Enron) 사태 때문이었다. 엔론은 1985년 미국 텍사스에서 에너지 기업으로 설립되어, 2000년초에 미국 재계 서열 5위까지 급성장한 기업이었다. 그런데 엔론의 이런 급성장은 대규모 분식 회계에 의한 허구였음이 밝혀졌다. 엔론은 '랩터'(Raptor)로 불리는 특수

목적법인(SPE, Special Purpose Entity)을 설립해 대규모 분식회계를 저질렀던 것이다. 미국에서는 당시 모기업이 특수목적법인의 지분을 49% 미만으로 갖고 있으면 특수목적법인의 손익은 모기업 재무제표에 기재되지 않는 점을 엔론이 악용한 것이다. 이에 따라 엔론은 투자손실이 발생해도 자사 재무제표에 기재해야 할 손실을 파생상품의 발행 등을 통해 랩터에게 이전했다. 또한 랩터는 엔론의 부실자산을 비싼 값에 사주고 엔론이 이익을 보게 끔 이익을 부풀렸다. 만일 엔론과 랩터를 하나의 경제적 실체로 보고 재무제표를 작성하게 돼 있었다면 엔론은 이런 분식회계를 저지르기 어려웠을 것이다. 그런데 미국의 회계 원칙은 엔론이라는 단일 기업 기준으로 재무제표를 작성하는 것을 원칙으로 하는 GAAP 방식이었다. 뒤이어 다른 회사들도 유사한 방식으로 분식회계를 저지른 것으로 밝혀지면서 미국의 GAAP는 국제 사회에서 입지가 급속히 위축되었고, 그 대안으로 모기업과 종속회사를 하나의 실체로 간주하는 IFRS가 글로벌 회계기준으로 자리잡게 된 결정적인 이유가 되었다.

> ☞ 분식회계: 회사의 실적을 좋게 보이게 하기 위해 회사의 장부를 조작하는 것을 말한다. 예컨대 가공의 매출을 기록한다든지 비용을 적게 계상하거나 누락시키는 등 기업 경영자가 결산 재무제표상의 수치를 고의로 왜곡시키는 것이다. 특히 관계회사를 통한 매출액을 이중으로 계상하거나 위장계열사를 만들어 거래 내역을 조작하는 것 등이 포함된다.

## 2.2 IFRS 4

한국은 2007년 3월 '국제회계기준 도입 로드맵'을 발표해 전격적으로 IFRS 제도를 도입하기로 결정하였고, 2009년부터 순차적으로 국내 상장기업에 적용하여, 2011년 전면 도입되었다. 보험산업에 관련된 국제회계기준은 당시 IFRS4였으며 2011년부터 시행하였다.

### 2.2.1 IFRS4 도입배경

2011년부터 시행된 당시의 IFRS4의 도입은 미국의 엔론 사태 이후 유럽을 중심으로 국제회계기준을 단일화하려는 전세계적인 추세에 적극 대응하여 재무정보와 함께 회계의 투명성 및 국제적인 신뢰를 보여주기 위함이었다. 또한, 국제적으로 각국 기업들의 회계정보를 비교할 수 있고 이에 따른 국제 경쟁력을 확보할 수 있는 기회가 되었다. 한편으로는, 외국에 나가 있는 국내 기업들의 해외자회사가 당사국의 재무제표 작성 및 공시에 따른 어려움의 문제에 대한 해결책이 필요하였다.

### 2.2.2 IFRS4와 GAAP의 차이점 – IFRS4의 기본원칙

☞ 여기서 말하는 GAAP은 미국 일반회계기준(US-GAAP)을 말한다. 일반회계기준을 사용하는 국가들은 US-GAAP을 기준으로 각 나라의 경제적 여건을 반영해 수정하는 정도이다.

- 일반회계기준(GAAP)의 기본원칙이었던 규정중심기준(Rule-based standards)이 아닌 경제적 실질을 적용하는 원칙중심기준(Principle-based standards)을 회계기준으로 한다. IFRS4는 개별사안에 대해 구체적인 회계처리 방법을 제시하기 보다는 회계담당자가 경제적인 사실에 입각하여 합리적으로 회계처리를 할 수 있도록 하여 미국일반회계기준(US-GAAP)보다 양이 상당히 적다.

- GAAP은 모기업의 자회사 지분율이 30%이상인 경우에만 연결재무제표에 포함되나, IFRS4는 모든 자회사가 연결재무제표(Consolidated Financial Statements)를 작성하도록 의무화하고 실질적으로 지배력이 있는 모든 회사를 연결범위로 정한다. IFRS4에서는 자회사가 있는 경우 사업보고서를 포함한 모든 재무제표에 모회사와 자회사 모두를 포함한 연결재무제표를 기본으로 한다. 그래서 기업가치 평가도 개별기업 가치보다 연결기업의 가치가 중요한 기준이 된다.

- 자산, 부채평가에 있어서 GAAP은 취득원가를 적용하는 반면, IFRS4는 원칙적으로 공정가치(현재가치 또는 시장가격, Fair market value)로 평가하도록 하며, 브랜드가치도 재무제표에 반영할 수 있게 한다. IFRS4는 기업이 보유한 모든 자산과 부채 등의 가치를 공정가치로 평가하도

록 대부분의 경우 의무화하고 있다. 예를 들어, 10년전에 10억원주고 산 부동산의 가치가 지금 현재 20억원이라면 GAAP에서는 부동산을 팔아서 이익이 실현될 때 까지는 10억원 원가로 기재하나, IFRS4에서는 올라간 가치를 그대로 재무제표에 반영한다.

☞ 연결재무제표: 지배, 종속 관계에 있는 2개 이상의 회사를 단일 기업집단으로 보아 각 회사의 재무제표를 종합하여 작성하는 재무보고서이다. 지배기업과 종속기업의 자산, 부채, 당기손익 등을 합쳐서 하나의 재무제표를 작성하는 개념으로 법률적으로는 별개의 독립된 기업이라도 경제적으로 지배, 종속관계에 있는 기업집단이 존재할 때 그들을 하나의 조직체로 간주하여 재무제표를 작성하는 것이 경제적 실체로서의 기업 실태를 파악하는 데 유리하다. 뿐만 아니라 연결재무제표의 작성을 통해 지배회사가 종속회사를 이용하여 분식을 하는 등의 비리를 막는 효과가 있다.

<표 9-1>은 국제회계기준인 IFRS와 일반회계기준인 GAAP과의 차이점을 요약한 것이다.

〈표 9-1〉 IFRS4와 GAAP의 비교

| 구분 | IFRS4 | GAAP |
|------|-------|------|
| 회계기준 | 원칙중심회계<br>(개별지침없이 원칙에 따라 판단) | 규정중심회계<br>(개별사안마다 지침) |
| 자산, 부채평가 | 공정가액 평가<br>(예: 자산의 시장가격) | 장부가액 평가<br>(예: 매입원가) |
| 재무제표 | 연결재무제표 중심<br>(예: 자회사 실적 포함) | 개별회사 재무제표 중심<br>(예: 자회사 실적 별도 보고) |

### 2.2.3 IFRS4의 영향

IFRS4의 시행에 따른 한국 보험실무 및 감독규정의 주요 변경내용은 아래와 같다.

• 보험료 산출방식이 이전 3이원 방식에서 현금흐름방식(CFP, Cash-

Flow Pricing)으로 변경되었다. 즉 세 가지 예정기초율 외에 해지율, 투자수익률, 할인율 등 다양한 요소들을 감안해 요율산출을 한다.

☞ 3이원 방식: 생명보험료를 산출하는 전통적인 방식이었다. 예정위험률, 예정이율, 그리고 예정사업비율의 세 가지 예정기초율을 기반으로 actuarial commutation을 이용하여 산출하는 방식이다.

- 이전 포괄적 의미의 보험계약이 보험계약과 투자계약으로 분리되었다. 즉, 보험위험이 이전되는 계약만 보험계약으로 인정하고 보험위험이 이전되지 않으면 투자계약으로 인식한다. 그래서, 저축성보험료는 보험매출로 인정되지 않아서, 저축기능이 큰 연금보험상품 등은 보험수익이 대폭 감소하게 된다.
- IFRS 시행 전 원가방식의 보험부채 평가방법이 평가시점에서 보험계약의 미래 현금흐름에 대한 현재가치를 재산출하여 재무제표 상의 책임준비금이 부족하지 않는지 적정성 여부를 평가하는 보험부채 적정성 평가(LAT, Liability Adequacy Test)를 수행하도록 요구하였다.

☞ 보험부채 적정성 평가(LAT): 보험계약으로부터 발생할 미래 현금유입·유출액을 현재가치로 바꿔 책임준비금의 추가 적립이 필요한지 여부를 평가하는 제도이다. 뒤에 LAT에 관한 상세한 설명을 참조하기 바람.

- IFRS4 감독목적의 회계기준을 적용하여 몇몇 계정과목들이 변경 또는 신설되었다.

☞ 보험회사의 재무보고는 투자자가 경제적 의사결정을 하는데 필요한 정보를 제공하기 위한 목적인 일반회계(예: 미국의 GAAP)기준 또는 보험회사의 지급능력을 감독하기 위하여, 재무건전성 및 소비자보호 등 감독에 필요한 정보를 제공하기 위한 목적인 감독회계(예: 미국의 SAP)기준에 근거를 둔다. 한국의 회계기준은 일반회계와 감독회계를 일원화하여 앞의 2가지 목적을 결합하고 있다.

첫째, 비상위험준비금 계정항목이 이전에는 부채로 계상되어 손비로 인정됐으나, 부채가 아닌 자본계정의 이익잉여금으로 분류되어 법인세의 과세항목이 되었다. 둘째, 부채항목인 대손충당금이 이전에는 경험율에 기초한 충당금 또는 FLC(Forward Looking Criteria)에 의한 최소충당금 중 많은 쪽을 선택하여 산출되었는데 IFRS4에서는 과거의 발생손실 모델을 적용하여 산출함으로 대손충당금이 감소하게 되었다. 이에 따라, 경험율에 기초한 대손충당금을 적립하고, 차액은 자본계정의 이익잉여금 안의 대손준비금을 신설하여 적립하도록 하였다. 셋째, 손해조사비는 IFRS4 도입 전에는 사업비로 인정됐으나 도입 후에는 발생손해액으로 인정되었다. 또한 이미 지급사유가 발생한 사고에 대해 향후 지급할 손해조사비는 장래손해조사비란 항목으로 신설되었다. 넷째, IFRS4 도입 후 원수보험회사가 재보험 거래 시 재보험 자산의 계상조건을 모두 충족하더라도 재보험자가 국내외 감독기관의 재무건전성 기준에 충족하지 못하거나 또는 국제적 신용평가기관의 최근 3년 이내 투자부적격 신용평가를 받으면 재보험자산으로 인정받지 못해 재보험자산을 감액하여야 한다.

☞ 비상위험준비금: 예측할 수 없는 이례적이고 거대한 보험사고가 발생함으로써 예측사고율을 초과하는 경우에 그 보험금의 지급재원으로 적립하는 금액으로서 보통의 책임준비금으로 감당하기 어려운 비상위험에 대비하고자 적립한 금액을 말한다.

☞ 대손충당금: 회수불가능한 채권에 대하여 공제의 형식으로 회수불능 추산액(비용)을 처리하기 위해 설정하는 계정금액이다.

☞ FLC(Forward Looking Criteria): 자산건전성분류기준인 신용위험 관리와 부실채권 발생의 사전 예방을 목적으로 금융기관의 여신자산에 대하여 차주(debtor)의 채무상환능력에 대한 평가를 기초로 채무상환능력기준, 연체기간, 부도여부 등 금융거래 실적을 종합적으로 감안하여 건전성을 분류하는 제도이다.

# 3. IFRS17

IFRS17은 보험업에 적용하게 될 새로운 국제회계기준으로 이전에는 IFRS4 2단계(IFRS4 Phase II)로 불려왔으나 명칭이 2016년 11월에 IFRS17로 확정되었다. 기존 IFRS4를 대체하는 것으로 2022년 1월 1일부터 시행될 예정이다.

☞ IASB는 새로운 회계기준이 확정될 때마다 차례로 번호를 부과하는 방식으로 이름을 정하고 있다. 예를 들어, 2017년 1월1일 시행된 고객 계약을 통한 수익에 관한 국제회계기준은 IFRS15이다.

다음에서 IFRS17의 핵심 내용, 즉 IFRS도입에 따른 보험업 전체의 파급효과를 관점으로 다섯 가지의 핵심내용을 담을 것이다. 그러나 핵심 중에 핵심은 첫 번째 다룰 원칙인 보험부채 공정가치 평가이다. 다른 원칙은 모두 일부분 또는 전부 보험부채 공정가치 평가에 의해 파생된 원칙이라 표현할 수 있다.

## 3.1 보험부채 공정가치 평가

이 내용의 핵심은 보험부채의 평가를 현행 취득원가(Book value approach)에서 시가(공정가치, Fair market value)로 변경한다는 것이다. 보험부채 안에는 향후 보험금 지급 등을 대비해 미리 쌓아두는 책임준비금이 있는데 IFRS17에서 보험회사는 이러한 보험부채를 '공정가치'로 관리해야만 한다. 즉, 취득원가로 고정돼있던 책임준비금을 IFRS17 시행부터는 보험부채를 할인율 등을 적용해 매년 시가로 측정해야 하는 것이다. 이는 보험의 획기적인 변화이자 사건이며, 기존 보험회사에게는 엄청난 충격이다.

기존에는 보험회사가 보험가입자에게 돌려줘야 하는 보험금, 즉 보험 부채인 책임준비금을 가입시점의 예정이율로 평가하는 원가개념으로 적립하였으나, IFRS17에서는 보험회사가 평가하는 시점의 실제 위험률과 시장금리 등을 적용하여 회계 작성 시점의 시가로 재평가해야 한다. 다시 말해서, 가입자에게 돌려줘야 할 보험금 즉, 보험부채의 평가방식을 계약시점 기준의 원가가 아니라 매 결산 시 시장금리 등을 반영한 시가 또는 공정가치로 평가한다는 게 IFRS17의 첫 번째 핵심사항이며 가장 중요하고 보험회사에게 가장 파급력이 강한 IFRS17의 핵심 골자이다.

### 3.1.1 보험부채평가 방법 개요

IFRS17에서는 매 보험기간 말 당시 현행 할인율과 최적 가정 등을 사용하여 보험부채를 잔여보장부채(liabilities of the remaining coverages)와 발생손해부채(liabilities of the incurred claims)로 구분하여 측정한다. IASB는 잔여보장부채의 평가방법으로 PAA방법과 BBA방법을 제시하고 있다.

> ☞ 잔여보장부채: 잔여보장기간 동안 발생하지 않았으나 계약자에게 지급사유가 발생할 경우 지급할 의무가 있는 예상 부채금액으로 IBNR준비금 또는 만기 저축보험료 계정잔액 지급액 등이 포함된다.

PAA(Premium Allocation Approach)방법은 보험수익이 시간에 따라 경과(earned)와 미경과(unearned)로 나누어지는 형태로 기존의 미경과보험료를 계산하는 방법과 매우 유사하다. 다만, 발생된 직접신계약비는 바로 비용으로 인식한다는 점에서 차이가 있다. 이 방법은 일반손해보험(Property and Liability insurance)에 적용될 수 있는 방법이다.

BBA(Building Block Approach)방법은 보험기간이 장기계약인 생명보험 및 장기손해보험에 주로 적용되는 방법으로 보험부채를 BAA의 4개 Block으로 평가하는 방법이다. 이 방법은 보험부채를 이행현금흐름(fulfillment cash flow)과 계약서비스마진(contractual service margin)의 합으로 평가하는 것이다.

### 3.1.1.1 이행현금흐름(fulfillment cash flow)

이행현금흐름(fulfillment cash flow)은 평가시점에 보험회사의 보유계약으로부터 발생하는 모든 미래현금흐름(future cash flow)을 현재의 시점으로 조정하고 이에 현금흐름의 불확실성을 감안한 위험조정(risk adjustment)을 포함한 개념이다. 식으로 표현하면 다음과 같다.

- 이행현금흐름 = 미래현금유출 현가 - 미래현금유입 현가 + 위험조정

현금흐름은 보험회사로부터 유출되고 유입되는 모든 사항을 포함하는 개념이며, 편견 없는(unbiased) 가정하에서 생성되고 추정되는 확률적인 가중평균값을 사용한다. 이렇게 생성된 현금흐름은 화폐의 시간가치를 고려해야 하는데 이러한 현금흐름을 평가하는 시점의 가치, 즉 현재가치(present value)로 할인(discounting)하는 것이다. 또한 미래의 현금흐름은 미래에 발생하는 것이기 때문에 발생할 현금규모와 발생시점의 불확실성이 존재하게 되어 이를 보완하기 위한 보상으로 위험조정을 포함한다. 위험조정은 신뢰수준기법에 의해 계산해야 하며, 그렇지 않으면 그 결과를 신뢰수준(confidence level)으로 변환하여 공시해야 한다.

### 3.1.1.2 계약서비스마진(contractual service margin)

계약서비스마진은 자체적으로 계산되지 않으며 미래현금유출과 유입의 현재가치와 위험조정의 합이 음수가 되지 않게 하는 값으로 설정하게 되는데, 이는 판매시점에서 보험계약으로부터 이익을 재무제표에 인식하지 않도록 하는 조정이며 이후 보험계약에서 제공하는 서비스에 따라 수익으로 인식된다. 계약서비스마진은 판매시점에서 미래현금흐름이 음수일 경우 이를 재무제표에 즉시 반영하지 않게 하지만, 계약서비스마진이 음수일 경우 결과적으로 이행현금흐름이 양수가 되는 즉 판매시점 이후 평가 시 손실로 나타났을 때에는 즉시 장부상 당기손익에 반영해야 한다.

위의 내용을 종합하면 IFRS17에 의한 부채평가액은 다음 공식과 같다는 것을 이해할 것이다.

〈표 9-2〉 보험부채 공식

---

보험부채 = 이행현금흐름 + 계약서비스마진
　　　　 = 미래현금유출 현가 - 미래현금유입 현가 + 위험조정 + 계약서비스마진

---

위의 항목 각각의 구체적인 해설이 다음 BBA의 각 Block에서 다시 다루어진다.

### 3.1.2 BBA(Building Block Approach)

### 3.1.2.1 Block 1: 미래현금흐름의 기대가치

BAA의 첫 번째 단계는 미래현금흐름의 기대가치를 구하는 것이다. 미래현금흐름이란 회사가 보유하고 있는 보험계약으로부터 계약을 이행하기 위해 발생하는 모든 현금흐름을 의미한다. 그래서, 미래현금흐름의 기대가치는 (Expected value of the future cash flow) 말 그대로 보험계약으로부터 발생될 것이라 기대(예상)하는 미래 현금유출입의 가치를 의미한다. 이를 수식으로 표현하면 다음과 같다:

- 미래현금흐름의 기대가치 = 미래현금유출 기댓값 - 미래현금유입 기댓값
$$= E(\text{future cash OUT}) - E(\text{future cash IN})$$

IFRS17에서의 미래현금흐름은 보험회사가 보유하고 있는 고유한 현금흐름(cash flow)이며, 이를 보험회사의 부채로 평가하라는 게 기본 개념이다. 따라서 평가모델에서는 보험회사가 가지고 있는 회사 고유의 데이터로 미래에 발생할 수 있는 현금흐름을 예측하기 때문에 보험회사의 특성을 반영하는 것이 가능하다.

〈표 9-3〉 현금흐름의 구성항목

| 구분 | 현금유출(cash OUT) | 현금유입(cash IN) |
|---|---|---|
| 포함되는 항목 | * 발생손해액<br>　(지급보험금, 개별추산액, IBNR 등)<br>* 손해사정비(보험금 처리비용)<br>* 직접사업비(보험계약 판매, 인수 비용)<br>* 계약 유지비(overhead cost 포함)<br>* 거래세<br>* 내재된 옵션과 보증에 따른 현금유출<br>* 투자수익 중 계약자 배당 부분<br>* 기타 | * 보험료(조정 및 분납 포함)<br>* 별도자산 불인정 구상채권<br>* 기타 |
| 포함되지 않는 항목 | * 재보험 지급금<br>* 간접신계약비<br>* 비정상적인 인건비<br>* 법인세 관련 비용<br>* 미래계약의 현금유출<br>* 보험계약으로부터 분리되고 다른<br>　기준서를 적용하는 요소로 인한 유출 | * 투자수익<br>* 재보험수령액<br>* 미래계약의 현금유입<br>* 보험계약으로부터 분리되고<br>　다른 기준서를 적용하는<br>　요소로 인한 유입 |

미래현금흐름의 기대가치를 측정할 때 다음 네 가지 조건을 만족해야 한다.

- 현금흐름은 명확히 보여야 한다.(Explicit cash flow)
- 적용된 경제적 가정들은 일관성 있게 시장가격과 일치해야 한다. (Consistent with market price)
- 미래현금흐름의 기댓값은 객관적인 평균값으로 편견 없이 추정해야 한다.(Unbiased estimate)
- 보유계약의 현금흐름을 반영한 현재의 추정 값이어야 한다.(Current estimate)

이러한 현금흐름에 포함될 수 있는 항목들은 <표 9-3>에서 보여진다.

사업비 중에 보험계약 판매, 인수에 직접적으로 관련이 있는 사업비는 현금흐름에 포함되어 준비금으로 적립되고 보험기간 동안 상각 되므로 이연 효과가 발생한다. 그러나, 계약이행행위와 직접적인 관련이 없는 전산비, 교육훈련비, 임대료 등의 간접사업비는 현금흐름에 포함되지 않으며 발생 즉시 당기 비용으로 인식한다.

### 3.1.2.2 Block 2: 화폐의 시간가치

보험회사는 Block1의 현금흐름에 할인율을 이용하여 화폐의 시간가치를 고려하고 조정해서 현재가치(present value)로 산출해야 한다. Block 2에서는 할인율의 선택이 제일 중요하다. IFRS17에서 요구하는 할인율은 시기(time), 환율(currency), 유동성(liquidity)을 반영하여 시장가격과 일관성을 유지해야 함이 핵심으로 다음 세 가지 조건을 만족해야 한다.

---

① 수익률곡선(yield curve)에 기반하여 만기 별로 다른 할인율을 사용한다.
② 현금흐름의 통화와 일치하는 환율을 사용한다.
③ 비유동성적인 특성을 반영하여 매 결산시점에 할인율을 재산출한다.

---

계약상 부채의 일부 또는 전체에 영향을 줄 수 있는 자산의 성과 같은 내부적인 요소나 물가상승율과 같은 외부적인 요소들도 일관성 있게 적용해야 한다. 즉, 특정 변액보험처럼 현금흐름이 특정자산의 성과에 의존하는 경우는 운용자산이익률 등과 함께 시기, 환율, 유동성의 관점에서 일관성이 있어야 한다. 반대로, 보험회사는 보험상품이 특정자산의 성과와 일부분이라도 의존하지 않는다면 보험부채 평가 시, 무위험수익률의 비유동성에 대한 조정을 감안하여 할인율을 결정해야 한다. 예를 들어, 일반 보장성 보험인 경우에는 시장정보를 반영하여 수익률곡선에 기반한 할인율을 산출한다.

보험부채는 시장에서 거래되는 일반 자산들과 다른 유동성을 가지고 있으므로 보험부채평가에 위와 같은 점을 반영해야 한다. 유동성 프리미엄(liquidity premium)은 해당 자산의 환율과 듀레이션에 따라 차이가 있으므로 이를 위해서 IFRS17은 Top-down approach나 Bottom-up approach를 권고하고 있다.

- Top-down approach는 회사의 투자수익률이나 해당 자산의 투자수익률에서 보험계약부채와 관련이 없는 투자위험과 신용위험에 대한 스프레드(spread)를 제거하는 방식이다. 신용위험이 배제되기 때문에 높은 할인율이 적용될 수 있으나 자산 별로 신용위험을 산출하는 작업이 복잡할 수 있고 경우에 따라 정보가 노출될 가능성도 있다. 회사의 특정 수익률(top)에서 스프레드(spread)를 제거(down)하는 방식(approach)이라 Top-down으로 명명된다.
- Bottom-up approach는 국고채수익율 같은 무위험수익률에 해당 회사의 비유동성 프리미엄을 조정하는 것으로 이 방식은 상대적으로 단순하고 비교가 가능하나 다른 비유동성 프리미엄이 있을 가능성을 배제할 수 없다. 국고채수익율 같은 무위험수익률(bottom)에 회사의 비유동성 프리미엄을 더하는(up) 방식(approach)이라 Bottom-up으로 명명된다.

### 3.1.2.3 Block 3: 위험조정(RA, Risk Adjustment)

위험조정은 보험부채 평가 시 보험회사가 보험계약의 이행으로부터 발생되는 미래현금흐름의 금액과 시점에 대한 불확실성을 가지고 있는 문제에 대한 보상 성격을 가진다. 위험조정을 측정하는 특정한 방법과 제한을 두지는 않았으나 신뢰수준기법이 아닌 다른 방법으로 위험조정을 할 경우 적용한 방법을 신뢰수준으로 전환시켜 공시하도록 요구한다.

일반적이고 보편적인 신뢰수준기법은 VaR에 의한 신뢰수준방식(confidence level), 조건부 테일 기댓값(Conditional Tail Expectation), 또는 자본비용(CoC, Cost of Capital)방식이 있는데 이들 각각에 대한 설명은 앞서 자산에서 이미 거론되었고 후반부에 설명이 추가될 것이므로 여기서는 생략하기로 한다. 다만, 세 가지 방식의 비교를 요약함으로 대신한다.

위험조정은 현금흐름이 예상보다 초과할 수 있는 위험을 제거하기 위해 필요한 최대 보상금액으로 모든 리스크를 반영한다. 그래서 위험조정은 측정할 때 마다 보유계약의 위험속성에 따라 재측정되며, 보유한 계약으로부터 발생되지 않는 위험들은 제외된다. 예를 들어, 투자위험이 계약자의 지급금에 영향을 주지 않는 경우의 투자위험과 금리리스크, 자산과 부채의 불균형 위험, 그리고 미래의 계약과 관련된 일반적인 운영리스크는 포함하지 않는다. 또한, 측정 시 같은 부류의 위험속성이 있는 요소들을 포트폴리오로 구성하여 평가하며, 포트폴리오 내의 요소들간의 상관관계를 반영한다.

〈표 9-4〉 신뢰수준기법 간편비교

|  | VaR | CTE | 자본비용 |
|---|---|---|---|
| 산출/적용 수준 | 쉽다 | 어렵다 | 재무보고를 위해 수행하는 이중 작업으로 다소 복잡. |
| 정규분포 가정 유무 | 필요 | 불필요 | 불필요 |
| 비정규분포 적용 유무 | 가능하나 왜도를(skewness)고려해서 실용성 하락. | 극단적인 손실을 반영하므로 가능. | 가능 |
| 위험합산 시 합리성 | 다소 비합리적 | 합리적 | 다소 합리적 |

### 3.1.2.4 Block 4: 계약서비스마진(CSM, Contractual Service Margin)

BBA의 마지막 Block인 계약서비스마진은 앞 선 세 개의 Block이 완성된 후에 진행하여 마지막 조각을 맞춤으로 보험부채 평가라는 완성품을 조립 완료하게 되는 것이다. 계약서비스마진은 보험회사가 서비스를 제공함에 따라 보험계약으로 발생될 것으로 예상하는 아직 실현되지 않은 장래 총 이익이다. 이는 보험계약의 판매시점에서 부채 평가 시에 발생하는 미래이익을 손익에 반영하지 않으려는 조정항목이며, 미래현금흐름유입의 현재가치가 미래현금흐름유출의 현재가치와 위험조정의 합 보다 많을 때 발생한다. 이 관계를 수식으로 표현하면 다음과 같다.

A = 미래현금흐름유입의 현재가치

B = 미래현금흐름유출의 현재가치 + 위험조정

계약시점에서, 만일 A > B이라면, 수익이 발생한 것으로 보고, 이 경우 계약서비스마진이 발생하며, 그 차액, 즉 A-B는 잔여마진으로 인식하여 보험부채(준비금)로 적립한 후 매 결산시점에서 단계적으로 상각하여 이익으로 인식한다. 반대의 경우, 즉 A < B이라면, 계약서비스마진은 0이고, 그 차액 B-A는 즉시 당기비용으로 처리하여 손실로 인식한다.

위에서처럼 계약서비스마진은 어떠한 기법들을 통해 계산되는 것이 아니고 보험부채요소들을 측정한 후 계산되는 항목이다. 계약서비스마진은 보험료에 포함되어 있는 계약이행을 위한 최적의 현금흐름과 이 현금흐름의 불확실성을 제외한 회사의 기대수익 현가이므로 판매시점에서 평가하고 이 후 계약보장기간 동안 수익인식패턴에 따라 손익에 반영되는 것이다. 즉, 계약서비스마진은 보장기간 동안 제공된 서비스에 따라 절차적인 방식에 의해 인식되는 것이다. 단, 평가할 때는 가입시점과 잔여 보장기간 등을 고려한 포트폴리오 수준에서 측정해야 한다. 재평가할 때에는 처음 사용한 할인율을 적용하여 계약서비스마진 계산에 이자를 고려하도록 한다.

지금까지 IFRS17에 의거한 보험부채를 구성하는 요소들을 BBA의 절차적인 방법을 통해 알아보았다. <표 9-2>의 보험부채 공식을 위의 사항들을 반영해 다시 식으로 표현한 것이 <표 9-5>이다.

〈표 9-5〉 보험부채 공식

보험부채 = 미래현금유출 현가 - 미래현금유입 현가 + 위험조정(RA, Risk Adjustments)
  + 계약서비스마진(CSM, Contractual Service Margin)
  = 미래현금흐름의 현재가치(BEL, Best Estimate Liability) + RA + CSM
  = BEL + RA + CSM = 이행현금흐름(fulfillment cash flow) + CSM

<표 9-5>를 다시 정리하면 보험부채는 미래현금흐름의 현재가치(최적추정부채), 위험조정, 그리고 계약서비스마진으로 구성된다. 이 중 미래현금흐름의 현재가치(최적추정부채)와 위험조정이 향후 보험금 지급을 위해 쌓아둔 준비금이다. 계약서비스마진은 보험회사가 가져갈 이익이다. 아직 실현되지 않은 이익을 부채로 잡은 것이다. 즉 보유한 계약으로부터 미래에 들어올 보험료와 지급될 보험금을 미리 예상해 현재의 가치로 할인하는 과정이다.

### 3.1.3 보험부채 공정가치 평가가 보험회사에 미치는 영향

"IFRS17의 보험부채 평가는 한국 보험산업에서 가장 큰 변화이다." 또는 "IFRS17 도입으로 한국의 보험산업은 재편될 것이다." 라는 언론이나 학술지의 제목이 뜻하는 의미는 무엇인가? 부정적인 의미로 들리는 이 뜻은 그렇다면, IFRS17는 한국 보험산업을 위기로 몰고 가는 것인가? 이에 대한 핵심적인 배경을 설명하겠다.

예전에는 보험회사가 보험계약자에게 돌려줘야 하는 보험금, 즉 보험 부채를 계약 당시의 예정이율로 책임준비금을 적립하는 원가로 평가하였으나, IFRS17이 도입되면 실제 위험률, 시장금리 등 보험회사가 평가하는 시점의 공정한 시장가격(Fair market value)으로 재평가해야 한다는 것은 이미 알고 있을 것이다. 보험계약자에게 돌려줘야 할 보험금, 즉 보험부채의 평가방식을 계약시점 기준의 원가가 아닌 매 결산시의 시장금리 등을 반영한 시가(공정가치)로 평가한다는 게 IFRS17의 핵심이다.

2010년대부터 시작된 저금리 기조 속에 꾸준히 하락한 금리 차이만큼 IFRS17의 도입으로 보험회사 부채도 크게 늘어난다. 저금리 기조의 지속으로 금리 하락분을 즉각 부채에 반영해야 하기 때문에 할인율이 하락해 책임준비금이 늘어나게 되는 것이다. 그래서, 과거 고금리 확정형(higher fixed interest rate) 상품에 주력했던 보험회사는 적립금이 급증하게 된다. 즉, 고금리확정 계약이 많을 수록 보험부채는 더욱 커진다. 이것이 보험회사들이 가장 걱정스러워 하는 부분이다. 손해보험업계도 적지 않은 영향을 받겠지만 고금리

확정형 보험계약에 주력했던 생명보험업계에는 매우 큰 타격일 것이다. 그 동안 보험회사들은 시장금리 하락을 예측하지 못하고 높은 금리를 보장하는 상품을 경쟁적으로 판매해 평가 손실을 봤어도 이것을 회계장부에 반영하지는 않았다. 그러나 IFRS17 도입은 고금리 상품 판매로 인한 손실을 한꺼번에 반영해야 함으로 보험회사의 부채가 갑자기 크게 늘어나게 될 것이다. 이로 인해 보험회사의 지급여력비율이 낮아질 경우 보험회사가 보험계약자에게 보험금을 지급하지 못할 수도 있는 최악의 상황을 예측할 수 있게 된다.

이러한 배경 속에 IFRS17에 의한 보험부채 공정가치 평가로 인해 보험회사가 예상하는 상황과 이에 따른 준비과제는 아래 다섯 가지로 예측할 수 있다.

- IFRS17에 의해 저축성보험상품은 보험계약으로 인정받지 못하고 금융계약으로 인식해 보험매출로 잡을 수가 없으므로 전체적인 보험매출은 감소되겠으며, 이에 따라 인(人)보험상품을 판매하는 생명보험회사와 손해보험회사 역시 보장성보험상품 중심으로 영업방향이 변화할 것이다.

- 보험부채의 시가평가제도는 특히 저금리 시대에는 보험부채의 증가로 나타난다. 이에 따라 손익은 감소되며 자본의 여유가 줄어들 수 있게된다. 그러므로 고금리상품이라도 보장기간을 단축해 위험가능성을 최소화 할 것이며, IFRS도입 초기에는 현재 금리상황에 적합한 현실지향적인 보험상품에 주력할 것이다.

- 위험조정이나 계약서비스마진 같은 새로운 개념의 부채평가 요소들을 감안하는 경영전략의 변화가 예상되며 리스크관리가 회사의 더욱 중요한 핵심분야가 될 것이다. 위험조정이나 계약서비스마진의 평가에 따라 부채의 총액이 결정될 수 있으며 결국에는 지급여력의 산출 시에도 일정부분 또는 그 이상의 영향을 끼치기 때문이다.

- 보험 판매시점에 미래의 현금흐름을 예측하는 능력이 매우 중요해지므로 이를 전담하는 계리, 재무, IT등의 전문인력 중심의 업무변화가 있을 것이다. 또한 미래의 현금흐름 예측이 중요한 만큼 그러한 불확실성을 헷지 할 수 있는 대안들이 전문인력들에 의해 고안될 것이다.

- 간접사업비는 즉시 비용처리 되므로 보험회사의 손익변동성이 커질 것이며, 계약유지 중심의 영업전략으로 변화하여 질적으로 향상될 것이다. 그러므로, 신계약 위주의 영업전략에서 계약고객서비스 확대와 판매채널의 관리를 통해 계약유지율이 중요한 지표가 될 수 있다.

## 3.2 신계약비 이연상각 기한연장

신계약비의 이연상각기간이 IFRS17 도입 이후엔 보험기간 전체로 기한이 연장된다. 신계약비 이연상각 제도는 보험계약이 이뤄진 시점에 발생하는 비용을 한 번에 회계 처리하지 않고 보험료 납입 기간에 따라 나눠 내는 것인데 현재는 최대 7년의 기간이 인정되고 있다. 상각기간의 연장은 매년 상각하는 금액이 줄어든다는 의미이고, 보험료는 평균보험료로 산출돼 납입기간 동안 균등하게 들어오기 때문에 보험회사 입장에선 사업비 부담이 감소하게 된다.

IFRS17은 현행 사업비 분류 체계인 '신계약비'와 '유지비'가 '직접비용'과 '간접비용'으로 교체된다. 이 가운데 간접비는 당해 연도에 당기비용으로 상각하는 것을 원칙으로 한다. 이로 인해 손익변동성이 커질 것이다. 반면, 직접비에 대해서는 이연이 인정된다. 이 때 이연기간이 보험기간 전체로 연장된다. 즉, 직접신계약비만 이연되고 보험기간 동안 상각이 이뤄진다. 이연기간의 연장은 그만큼 회계 장부에 인식되는 부채가 줄어들고 책임준비금 마련에 여유가 생길 수 있게 된다.

## 3.3 보험요소와 투자요소 구분(Unbundling)

IFRS17은 보험계약을 보험계약과 금융계약으로 분리한다. 즉, 보험위험이 내재된 계약은 보험계약이고 그렇지 않은 즉 투자요소가 있는 보험계약은 금융계약으로 분리하여 금융계약의 보험료는 보험매출로 인정하지 않고 예수금으로 처리한다. 여기서 투자요소란 보험사고가 발생하지 않아도 보험회사가 보험계약자에게 지급할 위무가 있는 실적배당금과 같은 것을 의미한다.

한편, 보험계약의 구분에 따른 예상되는 변화는 보험수익을 인식하는 기간이다. IFRS17 실행 전에는 보험료 납입기간 동안에만 수익으로 인식했는데 IFRS17은 보장기간 동안 수익을 균등화해서 인식하게 한다. 또한 보험수익에서 저축요소를 제외하기 때문에 저축기능이 큰 연금보험 등은 보험수익이 대폭 감소하게 될 것이다.

## 3.4 감독제도

IFRS17은 감독제도 전반에 걸쳐 영향을 끼칠 것이다. 보험부채의 공정가격(시장가격) 평가가 보험회사에서는 핵심적인 변화이므로 이를 반영한 감독제도의 변화가 예상된다. 먼저 재무건전성에 대한 공시가 강화될 것이다. 보험부채를 시장가격으로 평가해야 하므로 IFRS지침을 준수했는지를 중점적으로 감독할 것이다. 이와 더불어 현금흐름방식으로의 전환을 반영한 손익분석과 리스크평가에 대한 감독도 변화할 것이다. 또한, 지급여력제도도 현재 RBC제도에서 Solvency II를 반영한 새로운 지급여력제도로 변경될 것이다.

## 3.5 재보험계약

원수보험사의 자산과 재보험사의 재보험부채에 대해 모두 이행현금흐름을 측정하도록 하며, 재보험사는 원수보험사에서 보험계약의 부채평가에서 고려했던 현금흐름의 가정을 참고하여 재보험부채를 측정할 수 있다. 이 때 아래의 항목들을 고려하도록 요구한다.

- 출재보험 수수료
- 재보험 계약상에서 발생하는 현금흐름
- 원수보험사로부터 수재한 위험을 나타낼 수 있는 위험조정
- 재보험사의 비성과위험(non−performance risk)

재보험으로 측정된 자산은 미래에 발생할 것으로 예상되는 보험금의 현금흐름과 이미 발생한 사고에 대한 지급금의 현금흐름을 모두 포함한 발생손해

액의 개념으로 한다.

☞ 다음은 IFRS Foundation에서 공시한 IFRS17의 핵심원칙(Key Principles)의 본문이다.
The key principles in IFRS 17 are that an entity:

- identifies as insurance contracts those contracts under which the entity accepts significant insurance risk from another party(the policyholder) by agreeing to compensate the policyholder if a specified uncertain future event(the insured event) adversely affects the policyholder;
- separates specified embedded derivatives, distinct investment components and distinct performance obligations from the insurance contracts;
- divides the contracts into groups that it will recognise and measure;
- recognises and measures groups of insurance contracts at:
  i. a risk—adjusted present value of the future cash flows(the fulfilment cash flows) that incorporates all of the available information about the fulfilment cash flows in a way that is consistent with observable market information; plus(if this value is a liability) or minus(if this value is an asset)
  ii. an amount representing the unearned profit in the group of contracts(the contractual service margin);
- recognises the profit from a group of insurance contracts over the period the entity provides insurance cover, and as the entity is released from risk. If a group of contracts is or becomes loss—making, an entity recognises the loss immediately;
- presents separately insurance revenue(that excludes the receipt of any investment component), insurance service expenses(that excludes the repay—ment of any investment components) and insurance finance income or expenses; and
- discloses information to enable users of financial statements to assess the effect that contracts within the scope of IFRS 17 have on the financial position, financial performance and cash flows of an entity.

IFRS 17 includes an optional simplified measurement approach, or premium allocation approach, for simpler insurance contracts.

# 4. 부채적정성평가(LAT, Liability Adequacy Test)

보험회사는 보유하고 있는 보험계약으로부터 발생하는 보험금, 즉 책임준비금을 적립해 두어야 한다. 보험계약 판매시점의 공시이율 등과 같은 예정기초율이 평가시점의 현행 실제기초율과 차이가 있을 경우, 예정기초율에 의해 적립한 준비금은 부족할 수 있고 심각할 경우 향후 보험금 지급불능이라는 최악의 사태로 까지 번질 가능성도 배제할 수 없게 된다. 이에 준비금의 부족현상을 방지하고자 책임준비금의 상태를 사전에 미리 파악하여 예방 하겠다는 것이 부채적정성평가(LAT, Liability Adequacy Test)의 근본취지이다. 다시 말하면, 부채적정성평가란 보험계약으로부터 발생할 미래의 현금유입·유출액을 현재 가치로 바꿔 책임준비금의 추가 적립이 필요한지 여부를 지금 평가하는 사전적인 제도이다. 다른 의미로 표현하면, 재무제표상의 책임준비금을 평가시점에서 신용위험이 없는 안전채권 같은 수준의 추정치를 통하여 보험계약의 미래현금흐름에 대한 현재가치를 재산출하여 책임준비금이 부족하지 않는지 그 적정성 여부를 평가하는 책임준비금 적정성평가제도라 할 수 있다.

부채적정성평가(LAT)가 도입하게 된 배경에는 IFRS와 매우 밀접하게 연관되어 있다. 과거에도 보험료 결손제도라는 형태로 책임준비금을 관리하였다. 보험료 결손제도는 LAT와 유사하게 기초율 변동으로 인한 준비금(보험료적립금)의 부족액을 적립하도록 하는 제도이나, 미래현금흐름에 대해 현행 기초율이 아닌 과거 경험을 반영한 할인율을 이용하여 보험상품에 대한 미래현금흐름을 제대로 인식하지 못했다. 그러나, IFRS도입을 결정한 후, IFRS4에서 미래현금흐름에 대한 현행 할인율을 이용하여 부채적정성 평가를 하도록 하고 있으므로, 보험료 결손제도를 폐지하고 LAT를 도입하게 되었다. 그러므로 LAT는 IFRS에 기반을 둔 제도이다.

## 4.1 부채적정성평가의 주요 내용

- 변액보험을 포함한 보험계약으로 구분되는 계약과 계약자배당과 같은

임의배당요소가 포함된 보험상품이 책임준비금 적정성 평가의 대상이 된다. IFRS에서는 임의배당요소들을 부채로 인정하기 때문이다.

- 적정성 평가를 받는 책임준비금의 범위는 보험료적립금, 미경과보험료 적립금, 그리고 보증준비금 등이다. 보험료적립금에서 미상각신계약비와 보험약관대출은 제외한다. 미경과보험료 적립금이 필요하지 않는 보험상품은 평가대상에서 제외한다. 또한, 평가시점에서 보험금 지급이 확정된 미지급보험금이나 계약자배당준비금도 제외한다.

- 생명보험상품과 장기손해보험상품은 금리확정형, 금리연동형, 변액보험 별로 손해보험은 장기손해보험상품, 일반손해보험상품, 자동차보험 상품 별로 구분하여 적정성 평가를 한다. 이를 기준으로 세분화하여 평가할 수 있다. 예를 들어, 자동차보험인 경우에는 담보별(대인배상, 대물배상, 자손, 자차, 무보험 등)로 세분화한다.

- 책임준비금 적정성 평가 금액은 미래의 현금유입과 현금유출을 감안한 미래현금흐름의 현재가치인 순현금흐름이며 개별계약 기준으로 산출하는 것을 원칙으로 한다. 이 때, 현금흐름은 계약 만기까지 산출한다.

- 책임준비금 적정성 평가 금액의 최저한도는 무위험수익률(5년 만기)에 유동성프리미엄을 가산한 금리시나리오(예: 200개, 500개, 1000개)중 보험회사가 선택하고 적용한 금액의 가중평균에 해당하는 값으로 한다.

- 미래현금흐름은 위험율, 해약율, 사업비율, 할인율 등의 최적가정(best estimate)에 미래추세를 반영하여 현재추정치(current estimate)를 설정하고, 보험계약에 의한 모든 현금흐름을 계약 만기까지 산출하여 적용한다.

- 미래현금흐름 순유출액의 현재가치를 평가대상 단위 별로 각각 계산하고 책임준비금의 적정성 평가금액을 산출한다. 그런 다음 현재 적립하고 있는 책임준비금과 책임준비금 적정성 평가금액을 평가단위 별로 비교하여, 부족하면 결손금으로 남으면 잉여금으로 하여 회사전체개념으로 계상한다. 다만, 손해보험에서 장기손해보험, 일반손해보험, 그리고 자동차 보험은 독립적으로 계상한다.

- 회사전체로 계상한 후, 최종금액이 부족하면 결손금으로 해서 생명보험과 장기손해보험은 그 만큼 보험료적립금으로 추가 적립해야 하며 일반손해보험과 자동차보험은 미경과보험료적립금으로 추가 적립하여 당기손익에 반영한다. 최종금액이 남으면 잉여금 항목에 반영한다.

## 4.2 현재가치에 적용되는 가정

책임준비금의 미래현금흐름을 현재가치로 전환할 때 적용하는 가정들은 매 평가(회계연도)마다 일관되게 적용해야 한다. 보험회사가 보유하고 있는 계약의 규모와 담보에 따라 과거 경험과 미래추세를 반영하며, 예를 들어 생명보험상품인 경우 보험료 납입방법에 따라 추이가 다르다면 분리하여 적용한다. 즉, 추이에 차이가 있으면 연령, 판매채널 등으로 세분화하여 각각에 맞는 적절한 추이(trend)을 적용하여 현재가치를 산출한다. 추이를 결정하는 산출방법은 각 구분의 특성과 규모뿐만 아니라 과거의 추이를 감안하여 지수회귀(exponential regression)나 선형회귀(linear regression)와 같은 적합한 추이모델을 선택하여 실제와 회귀선을 비교한 후 선택하는 것이 가장 일반화되고 타당성 있는 계리방법이다.

☞ 추이를 선택하고 결정하는 구체적인 설명은 본서의 영역을 벗어나므로 본서에서는 다루지 않는다. 구체적인 설명은 "계리모형론"(2016, 박영사 刊)의 손해액 추이를 참조하기 바람.

- 위험률: 최소 5년 이상의 경험데이터를 이용하여 위험보험료 대비 지급보험금 비율에 의해 예측한다. 위험률은 상품별, 담보별, 또는 그 이상의 단위별로 적절하게 세분화하는 것을 원칙으로 한다. 다만, 각 추이의 차이와 데이터의 규모, 동질성 및 일관성 정도에 따라 세분화를 결정한다.
- 사업비율: 최소 1년 이상의 경험데이터를 이용하여 회사의 사업비 전략과 같은 내부요소와 물가상승률과 같은 외부요소를 모두 반영하여 결

정한다. 사업비는 신계약비와 유지비로 구분하여 산출한다. 단, 판매채널별 사업비 특성에 맞게 구분하는 것을 원칙으로 한다.

☞ IFRS17에서는 사업비 분류를 '신계약비'와 '유지비'에서 '직접비용'과 '간접비용'으로 변경한다. 그러므로 LAT의 사업비율 추이 방식도 변경될 가능성이 매우 크다.

- 해약율: 최소 5년 이상의 경험데이터를 이용하며 경과기간별로 구분하여 산출하고, 산출 시 해약과 관련 있는 요소들 즉 계약부활, 시중금리, 또는 판매채널의 영업환경 변화 등을 고려할 필요가 있다.
- 할인율: 무위험수익률(5년 만기)에 유동성프리미엄을 가산한 금리시나리오(예: 200개, 500개, 1000개)에서 회사가 가장 적합한 시나리오를 선택하고 감독기관이 제시하는 금리시나리오와 비교하여 최종 선택한다. 선택한 가정은 매 평가 시마다 일관성을 유지해야 하므로 선택하여 적용한 시나리오는 이 후에는 개수가 적은 시나리오로 변경하지 못한다.
- 공시이율: 금리연동형 상품의 공시이율은 금리시나리오에 의한 금융당국이 제시한 월단위 선도이자율에 조정률을 곱해서 산출한다. 조정률은 공시이율과 당해 공시이율의 산출에 적용된 운용자산이익률의 직전 1년간 월별 평균비율을 적용한다.

☞ 2019년말, 금융당국은 IFRS17 시행시기 연기에 맞춰 보험회사의 LAT 강화정책도 1년 연기하기로 했다. 급격한 금리 하락으로 인해 LAT에 따른 책임준비금이 급증하면서 보험회사의 당기 손실이 커진 이유가 크다. 이로 인해 보험회사들의 자본 확충을 유도하기 위한 재무건전성준비금을 신설한다고 발표하였다.

# 5. 내재가치(Embedded Value)

일반적인 내재가치의 정의는 현재의 순자산액을 나타내는 자산가치와 장래의 수익가치를 포함한 개념이다. 다시 부연하면, 기업의 대차대조표상 순자산가치와 현재 보유하고 있는 유효계약으로부터 발생하는 미래의 주주배당이 가능한 이익의 현재가치를 의미한다.

생명보험상품과 같은 장기(long-term)기간의 보험계약은 초기 신계약비에 의해 보험료와 보험금 간의 기간별 매칭(matching)이 불일치할 수 밖에 없다. IFRS시행에 따라 보험회사는 경영손익을 당기가 아닌 미래의 기대손익 관점으로 보는 인식의 전환, 그리고 이에 따른 원가중심에서 시가중심의 손익 분석과 리스크가 감안된 가치 평가가 필요하다. 이러한 시각에서 내재가치는 더욱 중요하게 다가온다. 다음은 내재가치의 산출방법에 대해 간략하게 다룰 것이다.

내재가치(EV, Embedded Value)는 현재 이미 실현된 실제자기자본인 조정순자산가치(ANW, Adjusted Net Worth)와 보유계약의 미래수익을 현재가치로 전환한 보유계약가치(VIF, Value of In-Force)를 합한 후 자본비용(CoC, Cost of Capital)을 뺀 금액으로 표시하며 식으로 표현하면 다음과 같다.

> 내재가치(EV) = 조정순자산가치(ANW) + 보유계약가치(VIF) − 자본비용(CoC)

- 조정순자산가치(ANW, Adjusted Net Worth or Adjusted Net Asset Value): 조정순자산가치는 주주에게 실제로 배분 가능한 실제적인 자기자본이다. 이는 평가시점 현재 투자한 자본과 보유계약에서 이미 실현된 주주이익 누계의 합이며, 요구자본(required capital)과 처분가능잉여금(free surplus)의 합으로도 표현한다.

> 조정순자산가치 = 자본총액 ± 순자산 조정액 - 당기 주주배당예상금

☞ 순자산 조정액: 비상위험 준비금이나 대손충당금의 일부 등 주주의 실제자본에 해당하는 금액이다.

- 보유계약가치(VIF, Value of In-Force): 회사가 현재 보유하고 있는 계약으로부터 발생할 것으로 예측하는 미래현금흐름을 적절한 할인율로 계산한 현재가치를 의미한다. 여기서 할인율은 일반적으로 주주요구수익율을 의미한다. 또한 평가 직전 1년간 판매된 신계약가치와 1년 이상 지난 계약가치로 구분하여 산출한다.

$$보유계약가치 = \sum_{t=1}^{n} \frac{순현금흐름}{(1 + 할인율)^t}$$

- 자본비용(CoC, Cost of Capital): 금융산업 전체의 의미로는 기업이 자본 조달에 관련해 부담해야 하는 비용을 말한다. 내재가치 측면에서 자본비용을 해석하면 보험회사가 경제적 위험자본을 충족하기 위해 지불하는 자본의 기회비용에 더 가깝다. 또한, 보험회사에서 RBC 지급여력 기준금액을 충족시키기 위하여 소요되는 자본의 기회비용 의미로도 사용된다. 위험자본을 산출하기 어려운 면에 의해서 Solvency II에서는 자본비용계수(CoC factor)로 6%를 적용하고 있다.

내재가치를 실질적인 기업의 가치라고 표현하는 경우가 많다. 그만큼 기업 내 내재가치의 중요성은 더해가고 있다. 기업내부의 종합적인 성과지표로도 쓰이고 있고 외부적으로도 기업의 성과, 즉 기업가치를 설명할 때도 중요한 지표로 자리잡고 있다. 그럼에도 불구하고 내재가치는 계산에 사용되는 데이터의 편차, 평가방법, 적용하는 가정설정, 또는 가장 중요한 내재가치를 산출하는 전문가의 주관적인 판단에 의해 결과가 상이하게 산출될 수 있는 문제

점을 안고 있다. 따라서, 내재가치의 결과값이 객관적으로 신뢰 받기 위해서는 데이터의 이해, 시스템 능력, 경영분석, 그리고 예측기법 등이 지속적으로 발전해 나가야 한다. 현재 이러한 문제를 보완하기 위해 본서 전반부에서 다루었던 것과 유사한 민감도 분석(Sensitive test)이나 과거와 현재의 가치 차이를 다양한 요소로 파악함으로 손익의 원천을 분석하는 Movement Analysis을 통해 객관성을 향상시키고 있다.

☞ 내재가치는 표면적이지 않은 실질적인 기업의 가치라고 표현하는 경우가 많다. 예를 들어, 어느 기업의 현재 주식거래 가격이 내재가치보다 낮다면 상대적으로 시장에서 기업의 주식이 저평가되어 있다고 판단할 수 있으며, 반대의 경우는 상대적으로 시장에서 고평가되어 있으므로 현재 주식가격이 향후에 하락할 가능성이 있다고 추측할 수 있는 것이다. 그러나 내재가치는 엄연히 하나의 경제적 지표에 불과하다. 저자는 내재가치에 관한 여러 다양한 해설들이 내재가치가 주식 매매의 척도를 의미하는 것으로 이해해서는 안 된다고 밝힌다. 내재가치(EV·Embedded Value)는 회사가 더 이상 고객을 받지 않고 지금까지 받은 고객만으로 영업을 한다고 가정했을 때 기업의 가치를 뜻하기 때문이다.

제**10**장

# 금리리스크
# (INTEREST RATE RISK)

# 제10장

# 금리리스크
# (INTEREST RATE RISK)

본서의 후반부부터 보험회사의 대차대조표에 있는 항목들 중에 자산과 부채에 관한 내용을 다루었다. 이들의 개념과 개별적으로 노출되는 독립적인 리스크 뿐만 아니라 자산과 부채에 같이 연계되어 나타나는 리스크에 대한 내용을 다루었다. 다음 장인 제11장에서는 대차대조표의 마지막 항목인 자본에 대한 이해와 자본과 리스크의 관계, 이에 따른 지급여력까지 다룰 것이다.

지금까지 우리는 보험회사를 비롯한 금융기관에서 발생할 수 있는 다양한 리스크에 대해 알아보았다. 대표적인 리스크들을 다시 요약해서 정리한다면 이들은 재무적인 리스크(financial risk)와 비재무적인 리스크(non-financial risk)로 구분할 수 있다. 재무적인 리스크는 다음과 같다.

- 금리리스크(interest rate risk): 예상하지 못한 금리변동에 의해 기업의 자산 및 부채가치가 변할 리스크를 의미한다.

- 유동성 리스크(liquidity risk): 자금운용과 자금조달 기간의 불일치 또는 예상하지 못 한 자금유출 등으로 유동성 부족이 발생하여 정상적인 시장상황보다 높은 금리를 지불하고도 충분한 자금조달이 어려워 질 상황이 생길 수 있는 리스크를 의미한다.

- 시장 리스크(market risk): 금리, 주가, 환율 등 시장요인의 변동에 따라 기업의 포트폴리오의 시장가치가 하락하게 될 위험을 말한다. 이는 금리변동리스크, 주가변동 리스크, 환율변동 리스크, 상품가격변동 리스

크 등이 포함되는 개념이다.

- 신용 리스크(credit risk): 거래 상대방이 금리변동이나 다른 여러 사정상의 이유로 계약의무 이행을 거부하거나 이행할 수 없을 경우에 발생하는 리스크를 의미한다.

대표적인 비재무적 리스크는 다음과 같다.

- 운영 리스크(operational risk): 부적절하거나 실패한 내부운영절차 또는 종업원 및 시스템 등으로 인해 회사에 직, 간접적인 손실이 발생하는 리스크를 의미한다.
- 전략 리스크(strategic risk): 부적절한 경영의사결정 및 실행과 시장상황의 변화에 적절히 대응하지 못하여 회사의 이익과 자본에 부정적인 영향을 줄 수 있는 지금 발생할 수 있고 앞으로도 발생할 수 있는 잠재적인 리스크를 의미한다.
- 평판 리스크(reputational risk): 회사에 대해 거래상대방인 잠재적인 고객을 포함한 소비자, 주주, 금융당국 등의 부정적인 인식에 의해 기업의 이익과 자본에 부정적인 영향을 줄 수 있는 지금 발생할 수 있고 앞으로도 발생할 수 있는 잠재적인 리스크를 의미한다.

재무적인 리스크의 경우 공통된 사실을 발견할 수 있을 것이다. 모든 리스크 안에는 금리변동이 일부 혹은 매우 중요한 요소로 자리잡고 있다. 현대 금융시장은 매우 복잡하고 다양하게 변하고 있다. 변하는 속도도 매우 빠르다. 만일 시장의 모든 거래에서 사용되는 금리가 영원히 동결된다고 가정해보자. 금리변동이 없으니 금리리스크는 발생하지 않을 것이고, 시장리스크에서도 금리변동 리스크는 발생하지 않을 것이다. 유동성 리스크나 신용 리스크는 여전히 발생할 수 있으나 그 위험의 크기가 현저히 줄어 들 것이다. 그래서, 기업의 재무적인 리스크는 더 이상 신속한 관리가 필요한 대상이 아닐 수 있다.

이에 지금부터는 보험회사를 비롯한 금융기관에서 매우 중요하게 다루어야 하는 금리리스크에 대한 이해와 금리리스크를 측정하는 기본적인 방법과 금리리스크 관리 전략에 대해서 알아보도록 하겠다.

# 1. 금리리스크의 이해

기업성보험을 판매하는 손해보험회사에서 보험료 1천만원에 보험금 1천만원을 지급하는 상품을 개발하였다고 가정하자. 보험판매에 따른 사업비는 없다고 가정한다. 보험회사는 납입된 보험료 1천만원을 6%의 이자율로 예금을 하고 보험금 1천만원에 대해서는 3%의 이자율로 대출을 받는다. 그렇다면 이 보험회사는 보험료와 보험금의 운용으로 30만원의 이익을 단순하게 예상할 것이다.

30만원 = 1천만원 × 6% − 1천만원 × 3%

그런데 이런 경우는 보험료와 보험금의 자금운용 기간이 일치할 때에만 성립된다. 예를 들어, 예금은 오직 6개월 동안 유효하고 대출은 1년을 유지하려고 한다면 상황은 달라지게 된다. 보험회사는 6개월이 지난 시점에서 원금 1천만원을 다시 예금해야 할 것이다. 그런데 그 시점의 예금금리가 6%보다 낮을 지 현재로서는 알 수가 없기 때문에 금리리스크에 노출하게 된다. 만일, 6개월 후 시장금리가 떨어진다면 예금금리도 떨어지게 될 것이므로 이익은 처음 예상했던 30만원보다 적어 질 것이다. 이렇게 시장금리의 변동에 의해 손익이 불리한 방향으로 가는 위험을 금리리스크라고 한다.

금리리스크는 크게 두 가지 형태로 구성된다. 하나는 가격변동 리스크(reprice risk or price risk)로서 금리의 변동에 의해 순자산가치가 변동하는 것이다. 이는 경제적인 가치의 관점에서 노출되는 리스크로서 투자위험이 수반된다. 기업의 금리민감형 부채(Risk Sensitive Liability)의 경우에는 금리가 상승하게 되면 조달비용도 상승하게 될 것이다. 다른 하나는 재투자 리스크(re－investment risk)이다. 위의 예시처럼 이자 즉 재투자의 수익이 변동하는 리스크이다. 이는 손익적인 관점의 리스크로 수익위험이 뒤따른다. 예를 들어, 금리민감형 자산(Risk Sensitive Asset)의 경우, 금리가 하락하게 되면 재투자 시 수익은 감소하게 될 것이다.


# 2. 금리 리스크의 근원

금융시장의 국제화 시대에서 금리자유화와 IFRS 17의 도입, K－ICS제도의 시행으로 금리변동에 따른 현금흐름의 불확실성은 더욱 중요하게 되었고 더욱 그럴 것이다. 보험회사는 자산수익뿐만 아니라 부채와 비용에 대한 리스크를 철저히 통제하고 관리할 의무가 생겼다. 이러한 시장환경 변화의 근원에는 금리변동이 항상 있다.

금융회사의 투자계획이 단기매매라면 그때의 금리리스크는 시장리스크로서 금리변동에 따른 자산의 가격변동 리스크(price risk)를 의미하며, 대출이나 예금 같은 금리리스크는 자산과 부채의 금리 적용 기간 불일치와 만기불일치에 의한 리스크이다.

국제결제은행(BIS, Bank of International Settlement)의 금리리스크 측정과 감독에 관한 원칙은 금리리스크를 측정할 때 가격변동 리스크(reprice risk), 수익률곡선 리스크(yield－ curve risk), 베이시스 리스크(basis risk), 그리고 옵션 리스크(option risk)를 고려하도록 명시하고 있다.

## 2.1 금리변경리스크(Reprice or Price risk)

금리변경리스크는 금리변동으로 인한 자산가치와 부채가치의 변동으로 인해 이자금액이 조정되어 발생하는 리스크로서 결국 금융회사의 순자산가치가 하락하게 되는 리스크이다. 고정금리로 거래가 되는 경우, 자산과 부채의 만기 차이로 인해 가격의 변동이 있으며, 변동금리인 경우에는 시장이자율의 변동에 의해 가격의 변동이 발생하게 된다. 예를 들어, 단기예금으로 조달된 자금으로 장기고정금리대출을 실행한다면 금리가 상승할 경우 받을 이자는 장기간 고정되어 있는 반면 재조달 비용의 증가로 결국 수익이 감소하는 상황에 이르게 된다. 보험회사는 자산 듀레이션과 부채 듀레이션이 일치하기를 원한다. 그러나 금리가 변동하게 되면 자산 듀레이션과 부채 듀레이션은 영원히 일치하지 않게 된다. 듀레이션에 대한 설명은 후반부에서 이어질 것이다.

## 2.2 수익률곡선 리스크(Yield-Curve Risk)

수익률곡선 리스크는 수익률곡선의 기울기가 변동함으로써 발생하는 금리 리스크로 수익률곡선의 형태가 일반적인 우상향(upward)곡선에서 평평한 (flat) 곡선이나 우하향(downward) 또는 가파른 우상향 기울기(steep upward slope)의 곡선으로 변동됨에 따라 발생하는 리스크이다. 예를 들어, 금융회사가 10년 국채 매입포지션에 대해 5년 국채 매도포지션으로 헷지하는 경우 수익률 곡선이 위, 아래로 수평적으로 변동한다면 양 포지션의 금리차가 변하지 않으므로 헷지가 되지만, 기울기가 크게 변한다면 10년 국채 매입포지션이 급격히 하락함으로 순자산가치는 하락하게 된다.

☞ 수익률곡선 리스크(Yield Curve): 채권의 만기 수익률과 만기와의 관계를 나타내는 곡선이다. 수익률곡선은 일반적으로 우상향 하는 모습을 보이나 우하향 또는 수평 (flat)의 형태를 보이기도 한다. 수익률 곡선은 금융시장의 향후 경기전망을 보여준다. 이자율과 시장은 같은 방향으로 움직이기 때문에 수익률곡선이 우상향의 기울기를 보인다면 이자율의 상승 즉 시장의 활성화를 예상할 수 있으며, 반대로 수익률곡선이 우하향 한다면 시장의 위축을 예상할 수 있다. 수익률 곡선은 다음의 이자율 기간구조이론에서 설명될 것이다.

## 2.3 베이시스 리스크(Basis Risk)

수입이자(운용금리)와 지급이자(조달금리)의 기준금리가 불완전한 상관관계(베이시스 차이)를 갖는 경우에 발생하는 리스크이다. 시장금리 움직임에 따른 다양한 금리의 민감도로부터 발생한다. 즉, 변동금리 자산과 변동금리 부채의 금리 차이에서 발생하는 것이다. 예를 들어, 기업이 다음과 같은 포트폴리오를 운영한다고 가정하자. 양도성 예금증서(CD)에 연동된 변동금리(1%)의 예금으로부터 자금을 조달하고 국채금리에 연동된 변동금리(3%)로 대출을 운용한다면 CD금리와 국채금리의 스프레드가 200bp가 되는데 만일 국채금리가 2%로 하락하면 스프레드는 100bp로 변동하여 100bp 만큼 수익이 감소하게 되는 것이다.

☞ 양도성 예금증서(CD, Certificate of Deposit): 은행이 정기예금에 대하여 발행하는 무기명 예금증서로 예금자는 이를 금융시장에서 자유로이 매매할 수 있다. 즉, 제3자에게 양도가 가능한 정기예금증서로서 신용리스크가 거의 없는 증권이나 수익률이 매우 낮다.

☞ 스프레드(spread): 기준금리에 신용도 등의 조건이 더해진 금리로 가산금리라는 표현을 쓰기도 한다.

## 2.4 옵션 리스크(Option Risk)

금융회사의 자산, 부채 및 부외거래 포지션에 내재된 옵션에서 발생하는 리스크이다. 예를 들어, 대출에 내재된 중도상환(prepayment), 예금의 중도인출과 같이 자금의 유출입에 따른 옵션 성격의 리스크로서, 금리변동으로 인해 이러한 조건을 행사하게 되면 발행기관은 불리한 영향을 받을 수 있게 된다.

☞ 부외거래(Off-Balance Sheet): 금융기관의 대차대조표 상에 자산이나 부채로 기록되지 않은 거래이다. 즉, 회계장부에 기재되지 않는 거래를 말한다

# 3. 이자율의 기간구조

 금리의 변동에 의해 직접 영향을 받는 대표적인 자산은 채권(Bond)일 것이다. 채권은 비교적 신용도가 높은 기관에서 발행하는 경우가 많기 때문에 국채 같은 경우는 시장금리의 기준으로서 역할을 한다. 채권은 안정적인 자산이기 때문에 많은 기업의 포트폴리오에 적절한 비중을 차지한다. 채권에 관련된 내용, 즉 계산방법 등은 본서에서 생략한다.

 이자율의 기간구조이론(Theories of the term structure)이란 채권의 만기구조(term structure)에 따라 이자율 수준이 달라지게 되는 구조를 말한다. 즉, 채권의 만기와 이자율 사이의 관계를 나타낸다. 또한, 만기가 다른 현금흐름의 할인율을 위한 근본을 설명하는 것이다. 여기서 궁금한 점은 어느 한 시점에서 수익률곡선의 형태는 어떻게 결정되는가? 그리고 다른 시점에 있어서 수익률 곡선의 형태는 어떻게 변화하는가? 이런 질문에 대한 답은 아래 네 가지 대표적인 이론에 의해 설명될 것이다.

## 3.1 불편기대가설(Unbiased Expectation Hypothesis or Expectation Hypothesis)

 불편기대가설은 선도이자율(forward interest rate)이 미래의 현물이자율을 결정한다는 이론이다. 수익률곡선이 미래의 시장이자율에 대한 투자자의 예상에 의해 결정되기 때문이라고 보는 것이다. 현재의 선도이자율은 미래의 현물이자율의 편견 없는 추정치(Unbiased predictor)라서 선도이자율이 상승하면 현물이자율도 상승할 것이고 선도이자율이 하락하면 현물이자율도 하락한다는 이자율 기간구조이론 중에 가장 단순한 이론이다.

## 3.2 유동성선호가설(Liquidity Preference Hypothesis)

 유동성선호가설의 원래 배경은 사람은 유동성(liquidity) 있는 자산을 선호(preferred) 한다는 가정에서 시작된다. 그래서 유동성 있는 화폐 대신에 다른 금융상품에 투자하게 되면 유동성이 가지고 있는 안전하고 편리함을 포기하는 대가로 이자가 지급되어야 한다는 의미이다. 즉, 장기채권 수익률은 단기채권 수익률에 유동성 상실에 대한 프리미엄이 포함되어 결정된다는 의미이다. 이를 식으로 표현하며 아래와 같다.

- 장기채권 수익률 = 단기채권 수익률 + 유동성 프리미엄

유동성선호가설을 달리 표현한다면 단기투자자가 시장을 지배한다는 이론이다.

## 3.3 시장분할가설(Market Segmentation Hypothesis)

시장분할가설은 장기채권 시장과 단기채권 시장은 서로 분리되어 독립적으로 작동하며 각각의 수익률은 특정 만기 기간에 대한 수요와 공급에 의해서 결정된다고 주장하는 이론이다. 장기채권과 단기채권은 상호대체하기가 어렵고 거래비용과 법률적인 제약에 의해 시장은 분리되어야 한다는 배경이 있다.

## 3.4 선호영역가설(Preferred Habitat Theory)

선호영역가설의 배경에는 투자자는 특정 만기를 선호한다는 가정을 전제로 한다. 그런데 선호하는 특정 만기가 아닌 다른 만기를 가진 채권이 더 좋은 수익률을 제공한다면 기꺼이 그 채권에 투자할 수 있다는 이론이다. 달리 표현하면, 다른 만기가 있는 시장도 충분한 보상이 주어지면 선호하는 만기 영역을 포기하고 다른 만기를 가진 채권에도 투자가 가능하다는 가설이다. 이는 불편기대가설과 시장분할가설의 절충된 가설이다.

# 4. 듀레이션(Duration)의 이해

 듀레이션(Duration)의 의미는 매우 포괄적이다. 그래서 단순히 한가지 정의만으로 이해하기 보다는 여러 의미를 폭 넓게 이해하는 것이 바람직하다. 첫째, 듀레이션은 자산가격 또는 부채가격의 금리 민감도(sensitivity)를 측정하는 척도이다. 즉, 듀레이션이 상승하면 금리 민감도도 상승한다고 본다. 듀레이션은 시장금리가 1% 변화할 때 채권가격은 얼마만큼 변화하는지를 측정한다. 가장 일반적인 듀레이션의 정의는 채권구매자가 현재가치를 기준으로 투자원금을 회수하는데 걸리는 가중평균시간(weighted average of the times)을 의미한다. 달리 표현하면, 채권에서 발생하는 현금흐름을 현재가치로 환산하여 산출한 만기이므로 채권 현금흐름의 가중평균만기로 볼 수 있다. 금융회사들의 금리리스크는 자산의 듀레이션이 짧고 부채의 듀레이션은 길어서 생기는, 시간적 불일치(mismatch)로 인한 이자율 변동에 따른 리스크가 발생하게 되는 원인이다.

## 4.1 맥컬레이 듀레이션(D, Macaulay Duration)

 1938년 캐나다 경제학자인 맥컬레이(Frederick Macaulay)에 의해 처음 알려졌으며, 그의 이름을 넣어 맥컬레이 듀레이션이라 부른다. 그러나 일반적으로 듀레이션이라고 하면 맥컬레이 듀레이션을 의미한다. 채권의 일반적인 만기기간은 해당 채권이 얼마나 자주 쿠폰(이자)을 지급하는지, 쿠폰의 시간가치는 어떻게 되는지를 전혀 반영하고 있지 않으나, 듀레이션은 최종 현금흐름의 만기 뿐만 아니라 그 이전에 발생하는 모든 현금흐름(쿠폰)과 시간가치를 반영하고 있기 때문에 다른 채권과의 비교가 가능하다는 장점이 있다. 일반적으로 채권의 만기는 정해져 있으나, 만기가 되기 전까지 쿠폰(이자)을 지급하기 때문에 투자원금을 회수하는데 걸리는 시간인 듀레이션은 만기보다 짧게 나타난다. 단, 쿠폰을 지급하지 않는 무이표채(zero-coupon bond)의 경우 듀레이션과 만기는 일치한다. 채권의 수익률이 높아 쿠폰지급액이 많을수록 듀레이션은 짧아지는 특성이 있다. 듀레이션을 계산하는 산식은 다음과 같다.

$$D = \sum_{t=1}^{T} [\frac{PV(CF_t)}{P} \times t]$$

$T$: 채권 만기, $CF_t$: $t$시점의 현금흐름,

$PV(CF_t)$: $t$시점 현금흐름의 현재가치, $P$: 채권가격

듀레이션은 포트폴리오의 실질적인 평균만기(effective average maturity)를 측정할 수 있고 금리리스크로부터 포트폴리오를 면역화(immunize)시켜 주기 때문에 포트폴리오 리스크관리의 중요한 개념이다.

## 4.2 수정듀레이션(MD, Modified Duration)

수정듀레이션은 맥컬레이 듀레이션의 부정확성을 보완하여 힉스(Hicks)에 의해 고안된 계산방법이다. 이는 수익률 변동에 따른 채권가격의 변동률로서 금리와 가격 곡선의 1차 미분 값이다. 수익률 변화에 따른 채권가격의 민감도를 측정하기 위해서 채권가격의 식을 수익률로 미분하는 것으로 다음과 같다.

$$\frac{dP}{P} = - \frac{D}{(1+r)} \times \Delta r = - MD \times \Delta r$$

수정듀레이션, $MD = D \times \frac{1}{1+r}$

수정듀레이션의 식에서 알 수 있듯이, 수정듀레이션은 맥컬레이 듀레이션보다 작다. 또한 금리가 클수록 맥컬레이 듀레이션과 수정듀레이션의 차이는 더욱 커진다. 금리변동폭이 크면 수정듀레이션은 오직 근사값(approximation)만을 제공하기 때문에 금리변동폭이 작을 때 수정듀레이션은 더 정확해진다.

## 4.3 유효듀레이션(ED, Effective Duration)

맥컬레이 듀레이션과 수정듀레이션은 수익률의 변화가 현금흐름에 영향을 미치지 않으나, 유효듀레이션은 수익률의 변화가 현금흐름에 영향을 미친다.

유효듀레이션, $ED = \dfrac{-\Delta P / P}{\Delta r}$

유효듀레이션은 금리의 단위 변화당 채권가격의 비례적인 변화를 보여주는 것으로 특히 부가된 옵션(embedded option)을 포함한 채권에서 사용되는 개념이다.

## 4.4 볼록성(Convexity)

듀레이션은 금리 변화에 대한 자산과 부채의 가격 변동을 선형으로 구하기 때문에 추정오차가 발생한다. 또한 듀레이션에 관련된 공식은 채권수익률이 작게 움직일 때 더 정확하게 작동된다. 채권수익률의 실제 시장가격은 원점에 대해 볼록하기 때문에 예측된 직선과 실제가격 사이만큼 추정오차가 발생하여 이를 위해 컨백서티(convexity, 볼록성)를 함께 고려하는 것이다. 금리변화에 따른 가격변화의 식으로 이해한다면 듀레이션은 1차 미분한 것이고 볼록성은 2차 미분한 것이다.

컨백서티, $C = \dfrac{1}{P(1+r)^2} \sum_{t=1}^{T} \dfrac{CF_t(t^2 + t)}{(1+r)^t}$

듀레이션과 컨백서티 모두를 고려한 금리변동에 따른 자산의 가격 변동은 다음과 같다.

$$\frac{dP}{P} = - MD \times \Delta r + (1/2) \times Convexity \times (\Delta r)^2$$

컨백서티는 가격/금리 곡선(price-yield curve)에서 기울기의 변화 정도를 측정하는 것으로 채권금리의 변동에 따른 듀레이션의 변화를 보는 수단으로, 듀레이션에 의해 측정하지 못한 채권가격의 추정오차를 줄이는 역할을 한다. 그러므로 컨백서티가 크다고 하면 채권가격이 높은 편이라고 이해할 수 있다.

〈그림 10-1〉 가격/금리 곡선(price-yield curve)

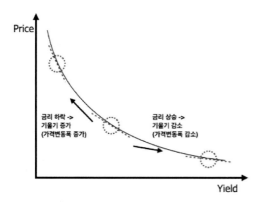

# 5. 금리리스크 관리전략

일반적으로 시장금리는 안정적으로 변화 하지 않고 항상 일정한 추세로 변화하다가 갑자기 사회, 경제, 정치적인 이유에 의해 예상하지 못 한 급격한 변동을 보일 때가 있다. 금리의 변동은 자산과 부채의 관리가 매우 중요한 보험회사에게는 더욱 민감하게 다가온다. 미래의 현금흐름 관리가 매우 중요한 보험회사들이 미래 현금흐름의 불확실성에 의해 단기 성과위주로 고수익전략을 취한다면 금리리스크는 더 증가하게 될 것이다. 그러므로 보험회사는 자산과 부채의 끊임없는 관리가 필요하며 그 근원인 금리리스크의 관리는 더욱 중요하다고 하겠다. 지금부터는 금리리스크를 관리하는 전략에 대해 살펴보겠는데 어떤 관리전략은 수익성의 위험을 관리하는데 목적이 있는 반면 어떤 전략은 투자계획에서 노출되는 금리리스크를 관리하는 것이 목적일 수 있다. 또한 파생상품인 경우는 관리전략이 다를 수 밖에 없다.

## 5.1 금리조정 갭 분석(Repricing gap analysis)

금리조정 갭 분석은 자금 갭 관리(Funding gap management)나 금리 갭 분석(Interest rate gap analysis)을 위한 모델로 금리변동에 따른 순이자수익(NII, Net interest income)의 민감도를 측정하는 분석이다. 금리조정 갭 분석을 일명 EaR(Earning at Risk)분석이라고 칭하기도 한다. 순이자수익의 변화는 아래의 식으로부터 갭에 비례하는지를 알 수 있다.

---

- 순이자수익(NII) = 수입이자 − 지급이자
- 순이자수익의 변동(△NII) = △수입이자 − △지급이자

---

자산과 부채가 같은 가치를 가진다고 하더라도, 듀레이션 차이로 인해 해당하는 금리민감도가 서로 다를 수 있다. 예를 들어, 금리 1% 상승 시 자산가치는 1% 상승, 그러나 부채가치는 0.5%만 상승할 수 있다는 것이다. 따라서, 이러한 금리민감도 차이에 의해 금리변동 시 자산과 부채의 만기불일치(maturity mismatch)가 발생할 수 있으며, 금리리스크는 본래 이러한 자산과 부채의 만기불일치 위험에서 비롯된다고 할 수 있다. 한편, 금리민감도는 자산과 부채의 분석대상인 만기(예: 장기채권 vs. 단기채권)에 따라 다르기 때문에 만기 별로 자산과 부채를 구분해야 한다. 이를 종합하면, 금리조정 갭 분석은 자산과 부채의 금리민감도가 서로 달라서 만기 별로 계산한 금리민감자산과 금리민감부채의 차액(Gap)을 통하여 금리리스크를 측정하는 것으로 순이자수익의 변화를 통해 금리리스크를 분석하는 방법이라 하겠다. 이를 식으로 나열하면 다음과 같다.

---

- 순이자수익의 변동(△NII) = △수입이자 − △지급이자
  $= \sum_m (RSA_m \times \Delta r_m - RSL_m \times \Delta r_m)$
- Gap = RSA − RSL

---

RSA(Rate Sensitive Asset)는 금리민감자산이며 RSL(Rate Sensitive Liability)은 금리민감부채이다. 이 둘 항목이 주로 금리조정 갭 분석의 대상이 된다.

금리민감자산(RSA)이 금리민감부채(RSL)보다 큰 금리조정 갭을 자산민감구조(asset sensitive structure)라 하며 양수의 갭(positive gap)이다. 이는 자산민감형이라서 금리가 상승하면 순이자수익도 증가를 기대할 수 있다. 반대로

금리민감부채(RSL)가 금리민감자산(RSA)보다 큰 금리조정 갭을 부채민감구조(liability sensitive structure)라 하며 음수의 갭(negative gap)을 갖는다. 이는 부채민감형이라 금리가 상승하면 순이자수익이 감소할 것이다.

---

- 금리민감도 갭 비율 = $\dfrac{RSA}{RSL}$

- 상대적 갭 비율 = $\dfrac{Gap \, 금액}{총자산}$

---

　금리조정 갭 분석은 순수익이 감소되는 리스크를 관리하는 것이다. 순수익 리스크를 관리하는 전략은 자산과 부채의 Gap을 어느 수준으로 유지하거나 축소하는 단순한 방법도 있으나 금리상황에 따라 유동적으로 Gap을 대폭 확대하거나 대폭 축소하는 적극적인 방법도 있다. 즉, 금리가 상승할 때는 금리민감자산(RSA)을 늘려 수입이자를 늘리고, 금리민감부채(RSL)는 줄여 Gap을 확대시켜 순수익을 증가시키거나, 금리가 하락할 경우에는 반대로 금리민감자산(RSA)를 줄이고, 금리민감부채(RSL)는 늘려 Gap을 축소시키는 것이다. 그러나 간혹 금리변동은 갑자기 변동할 때가 있기 때문에 세심한 주의가 필요하다. 위의 예를 그림으로 표현하면 아래와 같다.

- Gap = 0일 때, ⇔

| RSA | RSL |
|---|---|
| Non-RSA | Non-RSL |

　Gap Ratio = 1
　금리가 상승하면 ⇒ RSA의 수입이자 증가 = RSL의 지급이자 증가
　⇒ 이자마진의 변화는 없다.

- Gap > 0일 때, ⇔
　⇒ Gap Ratio > 1

| RSA | RSL |
|---|---|
| Non- RSA | Non-RSL |

　금리가 상승하면 ⇒ RSA의 수입이자 증가 > RSL의 지급이자 증가
　⇒ 이자마진의 변화 > 0

• Gap < 0일 때, ⇔

| RSA | RSL |
|-----|-----|
| Non-RSA | Non-RSL |

⇒ Gap Ratio < 1

금리가 상승하면 ⇒ RSA의 수입이자 증가 < RSL의 지급이자 증가

⇒ 이자마진의 변화 < 0

금리조정 갭 분석은 금리변동에 따른 순이자수익의 민감도를 측정하는 매우 중요한 관리전략인데 실행하기는 쉬워 보이지만 내부에는 어려움이 존재한다.

- 금리가 실제로 재조정하는 시점이 자산과 부채가 다를 수 있다. 예를 들어, 자산은 6개월 후 금리가 재설정되고 부채는 3개월 후에 재설정된다면 만기 갭이 0일지라도 순이자 변동을 정확히 추정할 수 없어 완전히 금리리스크를 제거할 수는 없다.
- 현실적으로 고객은 금리변동기에 회사의 금리조정 갭 전략과 같은 생각을 하지 않기 때문에 만기 갭 규모를 추정하기 어렵다.
- 금리조정 갭 분석은 자산과 부채의 금리민감도가 같다고 가정한다. 그러나 수입이자와 지급이자의 변동규모는 다르기 때문에 여전히 리스크는 남아 있다.
- 금리조정 갭 분석은 자산과 부채의 규모를 용이하게 변동할 수 있다는 가정이 있으나 실제로 이에 맞는 행위가 일어나기는 어렵다.

## 5.2 목표시기 면역전략(Target date immunization strategy)

일반적으로 보험회사는 금리가 상승할 때 순이자수익의 증가 폭보다 순자산가치의 감소폭이 더 크기 때문에 투자위험이 수익위험보다 더 크게 된다. 목표시기 면역전략은 투자자의 목표 투자기간과 동일한 듀레이션을 갖는 포트폴리오에 투자함으로써 포트폴리오의 듀레이션을 이용하여 목표시기의 이자율변동위험을 제거시키는 전략이다. 듀레이션이 일치하면, 수익위험인 투

자 리스크와 투자위험인 가격변동 리스크가 서로 상쇄하게 된다.

예를 들어, 어느 기업이 5년만기 년 5% 이자를 보장하는 무이표채(zero-coupon bond)를 발행할 경우, 5년 후 만기 시 액면가에 $(1.05)^5$를 곱한 금액을 지불해야 한다. 이 경우, 동일한 듀레이션을 가진 년 5% 쿠폰(이자)를 받는 채권(coupon bond)를 구입하여 리스크를 상쇄하는 것이다. 즉, 향 후 이자율이 5%로 지속한다면, 무이표채와 쿠폰채권은 자동으로 리스크가 상쇄된다. 만일, 이자율이 5%보다 높다면, 구입한 채권은 투자손실이지만 받은 coupon이 높은 이자율로 재투자되므로 투자손실이 상쇄되는 것이다. 그리하여, 투자 목표시기로 정한 기간 동안 금리변화와 상관없이 기업을 운영하는 것이다.

## 5.3 순자산가치 면역전략(Net worth immunizations strategy)

순자산가치 면역전략은 일명 자산부채 종합관리(ALM, Asset Liability Management)이기도 하다. 본서 제8장 자산: 리스크와 관리에서 ALM을 포괄적으로 일부 다루었다. 여기서는 듀레이션 관점으로만 다루고자 한다.

순자산가치 면역전략은 듀레이션 Gap이 0이 되도록 만드는 전략, 즉 자산 듀레이션과 부채 듀레이션을 일치시키는 전략이다. 자산과 부채의 듀레이션 매칭을 통하여, 이자율 변동에 따른 자산가치 변동과 부채가치 변동을 상쇄시키는 전략이다. 이는 가격변동 리스크 내에서 자산리스크와 부채리스크를 서로 상쇄하여 헷지하는 역할을 한다. 그러므로, 자산과 부채의 관리는 독립적이지 않고 서로를 반영하여 관리 전략을 수립하여야 한다. 즉, 부채 듀레이션을 반영한 자산포트폴리오의 듀레이션 조정을 통해 자산의 투자전략을 설정하는 것이다. 부채관리전략도 마찬가지로 최적의 상품포트폴리오 전략(product mix strategy)을 통해 상품, 금리, 상품별 듀레이션 등의 전략적인 관리로 자산과 부채의 듀레이션을 적절히 매칭시키는 것이다.

예를 들어, 금리가 상승하면 자산가치가 하락하고 그래서 자산듀레이션은 줄이고 또한 부채가치는 하락하므로 부채듀레이션을 늘려서 듀레이션 갭은 감소하게 된다. 만일 금리가 하락할 것으로 예상하면 만기채권의 가치는 상승할 것이고 이에 자산듀레이션은 늘리고 부채가치도 상승할 것이므로 부채듀레이션은 줄여서 듀레이션 갭을 극대화 하게 한다. 그 결과 자산과 부채의 가치 변동을 통해 순자산가치, 즉 자본의 가치를 유지하려고 하는 취지이다.

## 5.4 듀레이션 갭 관리전략

듀레이션 갭 관리전략은 앞에서 언급된 순자산가치 면역전략과 뒤에서 언급될 순자산가치 변동규모 일치 전략을 포함한 포괄적인 개념이다. 앞에서 언급된 것처럼 듀레이션 갭을 분석하는 것은 순이익의 변동보다 순자산가치가 어떻게 변동하는지를 파악하는데 목적이 있다. 즉, 금리의 변동에 따른 순자산가치의 변화를 측정하기 위한 분석을 위한 것이다.

〈표 10-1〉 순자산가치 면역전략 예시

| 자산포트폴리오 | 금액 | 듀레이션(년) | 부채포트폴리오 | 금액 | 듀레이션(년) |
|---|---|---|---|---|---|
| 자산 A | 100 | 0 | 부채 D | 600 | 1 |
| 자산 B | 400 | 2 | 부채 E | 300 | 5 |
| 자산 C | 500 | 6.4 | | | |

여기서는 순자산가치 면역전략의 듀레이션 Gap이 0이 되게 만드는 방법을 예와 함께 이해하도록 하겠다. <표 10−1>은 자산포트폴리오와 부채포트폴리오의 각 항목과 듀레이션을 보여주는 예시이다.

자산포트폴리오 듀레이션 $= 0 \times 100/1,000 + 2 \times 400/1,000 + 6.4 \times 500/1,000$
$= 4.0$년
부채포트폴리오 듀레이션 $= 1 \times 600/900 + 5 \times 300/900 = 2.33$년

듀레이션을 매칭시키는 조정방식의 공식은 다음과 같다.

- 매칭 듀레이션갭 $= D_A - D_L \times k$
- 레버리지 비율$(k) = L/A =$ 부채가치/자산가치

위의 식에 의해 변수 k는 $900/1,000 = 0.9$가 되며, 이에 따라 듀레이션갭은 $4 - 2.33 \times 0.9 = 1.9$가 된다.

만일, 금리가 2% 상승했다고 하고 자산 A는 현금이어서 금리변화의 영향을 받지 않는다고 가정하자. 단, 금리는 계산의 편의를 위해 단리(simple interest)방법을 적용한다. 이러한 경우 자산과 부채의 가치는 다음과 같이 변할 것이다.

자산포트폴리오 시장가치 $= 100 + 400(1 - 0.02 \times 2) + 500(1 - 0.02 \times 6.4) = 920$
부채포트폴리오 시장가치 $= 600(1 - 0.02) + 300(1 - 0.02 \times 5) = 858$

금리변동 전에 순자산가치, 즉 자본은 100이었다. 그러나 금리가 2% 상승하면 자본은 62가 되면서 전보다 38만큼 감소하게 될 것이다. 순자산가치 면역전략은 듀레이션 Gap을 0이 되게 하여 금리변동에 의한 기업의 순자산가치가 하락하는 위험을 면역(immunize)시키거나 또는 순자산가치에 전혀 영향을 주지 않게끔 하는 것이다.

듀레이션 갭 $= 0 = D_A - D_L \times k = 4 - 0.9 \times D_L^*$
$D_L^* = 4.44$년
1년$\times W + 5$년$\times (1 - W) = 4.44$, 그러므로 $W = 0.139$
이를 바탕으로,
부채 D는 $900 \times 0.139 \times (588/600) = 122.5$,
부채 F는 $900 \times 0.139 \times (270/300) = 697.5$가 되어 자본은 그대로 100을 유지하게 되어 순자산가치에는 변함이 없게 된다.

이러한 과정을 포괄적인 의미로 듀레이션 갭 관리 전략이라고 한다.

이 전략은 자산포트폴리오의 만기와 부채포트폴리오의 만기를 일치시키는
목표시기 면역전략보다 더 효과적인 헷징 방법이다.

## 5.5 순자산가치 변동규모 일치 전략

목표시기 면역전략은 투자기간을 고정하고 동일한 듀레이션을 갖는 복제
포트폴리오를 만들어 금리변동위험을 제거시키는 전략이었고, 순자산가치 면
역전략은 자산 가치가 변동하지 않도록 자산 듀레이션과 부채 듀레이션을 일
치시켜 자산리스크와 부채리스크를 서로 상쇄시키는 전략이었다. 순자산가치
변동규모 일치 전략은 말 그대로 금리변동에 따른 자산가치와 부채가치의 변
동액을 일치시켜 순자산가치를 계속 일정수준으로 유지하는 전략이다. 즉,
최초에 설정한 순자산가치를 금리변동에 상관없이 일정수준으로 지속시키는
것이다.

## 5.6 금리선물(선도) 헷지 전략

앞의 5.1부터 5.5까지는 기초자산을 기준으로 하는 금리리스크의 관리전략
을 다루었다면 지금부터는 모두 파생상품을 이용한 금리리스크의 관리전략
을 살펴보겠다.

☞ 기초자산(underlying assets)은 주식, 채권, 통화 등의 금융상품, 농, 수, 축산물 등의
일반상품 등을 말하며, 가격, 이자율, 지표, 단위의 산출이나 평가가 가능한 모든 것이
포함된다. 파생상품(derivatives)은 이러한 기초자산을 바탕으로 기초자산의 가치변동
에 따라 가격이 결정되는 금융상품을 말한다. 대표적인 파생상품으로는 선도거래, 선
물, 옵션, 스왑 등이 있다. 파생상품은 또한 파생상품을 기초자산으로 하는 파생상품
(옵션선물, 선물옵션, 스왑옵션 등)도 가능하다.

금리선물(interest rate futures)에서 헷지거래는 금리변동위험에 노출된 현
물의 가치를 보전하기 위해 선물시장에서 현물포지션과 반대의 선물포지션
을 취하는 것이다.

☞ 현물(spot)과 선물(future): 현물은 단순하게 현재의 상품이나 주식을 현물 또는 실물이라고 한다. 현물거래나 현물시세를 축약해서 간단히 현물이라고 하는 수도 있다. 선물은 품질, 수량, 규격 등이 표준화되어 있는 상품 또는 금융자산을 미리 결정된 가격으로 미래 일정시점에 인도·인수할 것을 약정한 거래를 말한다.

일반적으로 금리현물과 금리선물 사이에 완벽한 가격변동의 상관관계는 없다. 이러한 경우, 적절한 헷지비율을 산정하기 위해 현물가격과 선물가격 사이에 어떤 관계가 있는지를 알아야 한다. 금리리스크에 효과적으로 대처하기 위해 헷지대상 자산과 선물기초자산의 만기, 금리의 구조, 헷지기간, 금리위험구조, 수익률곡선의 모양 등을 고려할 필요가 있다. 금리선물의 헷지 전략은 두 가지로 접근할 수 있다.

## 5.6.1 단순 금리선물 헷지 전략

단순 금리선물 헷지 전략은 현물자산의 가치와 선물 기초자산의 가치를 단순하게 일치시키는 것으로 이를 위해 최적의 선물계약 수를 계산하여 필요한 만큼 선물포지션을 취하는 것이다.

- 최적 선물계약수(N) $= \dfrac{\text{현물의 총시장가치}}{\text{선물기초자산의 시장가치}}$

이 전략은 이용하기가 매우 단순한 반면 표면금리와 만기가 일치하는 기초상품의 선물계약을 선택할 뿐, 헷지기간 등을 고려하지 않아 헷지결과가 만족할 만한 수준은 아니다.

## 5.6.2 듀레이션에 의한 금리선물 헷지 전략

듀레이션에 의한 최적 선물계약수(N)는 아래와 같으며, 최적 선물계약수를 계산하여 필요한 만큼의 선물포지션을 취하는 것이다.

- $N = \dfrac{P \times D_P}{V \times D_F}$

$P$: 헷지대상 현물가치,    $D_P$: 헷지대상 현물의 헷지 만기 시 듀레이션

$V$: 금리선물 1계약 가치,  $D_F$: 금리선물 기초자산의 만기 시 듀레이션

## 5.7 금리옵션 헷지 전략

금리옵션(interest rate option)은 말 그대로 금리를 기초자산으로 하는 옵션으로 채권옵션(bond option), 채권선물옵션(bond futures option), 금리스왑옵션(interest rate swap option), 금리선물옵션(interest rate futures option) 등이 있다.

채권의 가격이 상승하면, 즉 금리가 하락하면 금리선물 가격은 상승하고, 반대로 채권 가격이 하락하면, 즉 금리가 상승하면 금리선물 가격은 하락한다. 금리선물옵션은 금리선물계약을 기초자산으로 하는 금리옵션이다. 만일 단기적으로 금리가 상승할 것이라고 예상한다면, 채권가격은 하락하고 금리선물가격도 하락하기 때문에 금리선물풋옵션의 매입포지션을 취하고 반대의 경우 단기금리가 하락할 것으로 예상하면 금리선물콜옵션의 매입포지션을 취할 수 있다.

☞ 콜옵션과 풋옵션: 콜옵션(call option)은 옵션거래에서 특정한 기초자산을 만기일이나 만기일 이전에 미리 정한 행사가격(exercise price)으로 살 수 있는 권리이고, 풋옵션(put option)은 반대로 옵션거래에서 특정한 기초자산을 만기일이나 만기일 이전에 미리 정한 행사가격(exercise price)으로 팔 수 있는 권리를 말한다.

일부 채권은 콜옵션과 풋옵션을 포함한 상품이 있다. 이는 일반적으로 채권으로 분류되지만 옵션의 성격이 포함되어 있어 옵션이 포함된 채권으로 이해할 수 있다.

### 5.7.1 수의상환채권(callable bond)

수의상환채권(callable bond)은 채권발행자가 미래의 특정 시점에 미리 약정된 가격에 채권을 다시 매입할 수 있는 권리가 포함된 채권을 말한다. 수의

상환채권의 소유자 또는 투자자는 발행자에게 콜옵션을 매도한 효과가 있고 수의상환채권 발행자는 콜옵션 매입자가 된다. 만일, 금리가 하락한다면 채권 가격은 상승하여 채권발행자는 낮은 행사가격에서 콜옵션 행사로 채권을 다시 매입하여 차익을 실현(손실을 방지)할 수 있다. 이는 금리하락에 대비한 리스크 헷지 전략이다.

### 5.7.2 상환요구채권(puttable bond)

상환요구채권(puttable bond)은 수의상환채권과 완전히 반대되는 개념이다. 상환요구채권은 채권소유자가 미래 특정 시점에 미리 약정된 가격에 채권발행자에게 채권의 상환을 요구할 수 있는 권리가 포함된 채권을 말한다. 상환요구채권의 소유자 또는 투자자는 발행자에게 풋옵션을 매입한 효과가 있고 상환요구채권 발행자는 풋옵션 매도자가 된다. 만일, 금리가 상승한다면 채권 가격은 하락하여 채권소유자는 높은 행사가격에서 풋옵션을 행사하여 차익을 실현(손실을 예방) 할 수 있다. 이는 금리상승에 대비한 리스크 헷지 전략상품이다.

## 5.8 금리캡, 금리플로어, 금리칼러 헷지 전략

### 5.8.1 금리캡

금리캡(interest rate cap)이란 변동이자율이 정해진 수준보다 높으면 변동금리와 캡금리 차이만큼의 이익이 발생하는 옵션이다. 여기서 정해진 수준, 즉 미래의 어느 시점에서 대출에 적용할 금리의 상한선이 캡(cap)이다. Cap 금리는 금리가 어느 수준이상으로 올라가는 것에 대한 보험기능을 수행함으로 캡금리는 옵션의 행사가격(strike price) 역할을 한다. 만일, 금리가 상승하면 콜옵션 행사로 손실을 제한하는 것과 동일하다. 예를 들어, 매년 변동이자로 돈을 빌릴 경우 동일한 만기기간의 캡금리로 계약을 한다고 가정하자. 만일, 변동이율이 캡금리보다 낮으면 행사를 안하고 그저 변동이율로 이자를 지불하면 된다. 단, 캡금리의 수수료가 있으므로 수수료만 손해 보는 정도이다. 반대로, 변동이율이 캡금리보다 높아지면, 캡금리를 행사하여 변동이율에서 캡금리의 차이만큼 캡금리 발행자로부터 받아서 실제변동이자(spot rate)

로 이자를 지불하는 것으로 실제로 캡금리 매입자의 실제이자율은 캡금리로 제한하는 것이다.

### 5.8.2 금리플로어

금리플로어(interest rate floor)는 말 그대로 금리캡과 반대 개념이다. 금리플로어는 변동이자율이 정해진 수준보다 낮으면 플로어금리와 변동금리(spot rate) 차이만큼 이자를 보장해주는 보험기능을 한다. 여기서 정해진 수준, 즉 미래의 어느 시점에서 적용할 금리의 하한선이 플로어(floor)이다. 위의 금리캡의 예와 반대로 이번에는 매년 변동이자로 돈을 빌려주는 상황에서 동일한 만기기간의 플로어금리로 계약 한다고 가정하자. 만일, 당시 변동이율이 플로어금리 보다 낮다면, 금리플로어를 행사하여 플로어금리와 해당 변동이율의 차이만큼 금리플로어 발행자로부터 보상받고 빌린 당사자한테는 변동이율로 이자를 받아 마치 풋옵션을 행사하는 것과 유사하게 손실을 제한하는 것이다. 반대로 변동이율이 플로어금리보다 높다면 금리플로어는 행사하지 않고 실제 변동이율 그대로 이자를 받으면 된다. 지급한 수수료 정도는 손실이다.

☞ 변동이율의 영문표기: 변동이율의 가장 일반적인 영문표기는 floating rate이다. 그러나 간혹 spot rate이라 표기하는 경우가 있다. Spot은 그 시점, 또는 그 당시의 의미가 있기 때문에 spot rate으로 표기된 변동이율은 해당되는 그 당시의 변동이율로 이해하면 된다. 변동이율은 자체가 항상 변동하는 것이기 때문에 그 상황에 맞게 여러 영문표기가 존재한다.

### 5.8.3 금리칼러

금리칼러(interest rate colour)는 금리캡과 금리플로어의 결합형태이다. 즉 금리의 상한선(cap)과 하한선(floor) 모두를 가지고 운영한다. 일반적으로 캡가격과 플로어가격이 일치하도록 책정하기 때문에 순비용(net cost)은 0이다. 금리칼러는 수익이 한정되어 있으나, 변동이율의 상승과 하락을 제한함으로써 리스크를 헷지하고 자 하는 전략이다.

예를 들어, 우리가 금리캡을 매입하고 동시에 금리플로어를 매도한다고 가정하자. 그리고 캡금리와 플로어금리가 같다고 하자. 만일, 변동금리가 캡금리 또는 플로어금리보다 낮다면, 금리캡은 행사하지 않고 변동금리로 이자를 지불하고 금리플로어의 매입자도 플로어금리를 행사하지 않고 변동이율로 이자를 지불할 것이다. 우리는 변동이자로 지급하고 변동이자로 받기 때문에 매매 전과 동일하다. 만일 변동금리가 캡금리 또는 플로어금리보다 높다면, 금리캡을 행사하여 캡금리 만큼만 이자를 지불하고 금리플로어 매입자도 행사하여 플로어금리로 이자를 지불하려 할 것이다. 캡금리와 플로어금리가 같다고 했기 때문에 같은 이자로 주고 받으므로 매매 전과 효과가 동일하게 된다. 그러므로 금리변동에 따른 손실을 예방할 수 있는 전략이다.

## 5.9 금리스왑 헷지 전략

스왑(swap)은 대표적인 파생상품의 하나로 미리 약정 한대로 미래에 일련의 현금흐름을 교환하는 두 당사자간의 계약이다. 금리스왑(interest rate swap)은 말 그대로 금리가 기초상품이 되는 스왑이다. 금리변동에 의해 기업의 자산 및 부채의 가치가 변하게 되는 리스크를 제거할 목적으로 많이 사용되며, 자산과 부채에 적용되는 금리가 불일치함에 의해 발생되는 리스크를 금리스왑을 통해 자산과 부채의 금리를 일치시켜 금리리스크를 헷지하는 것이다. 예를 들어, 어느 특정 보험회사가 자산의 대부분은 변동금리로 이루어지는 반면 부채의 대부분은 고정금리로 되어 있다면 자산과 부채의 현금흐름 차이로 금리리스크에 노출될 수 밖에 없다.

금리스왑을 이용하여 부채를 고정금리(fixed interest rate)에서 변동금리(floating interest rate)로 또는 변동금리에서 고정금리로 전환하는 방법을 아래의 예와 함께 이해하도록 하겠다. K보험회사는 투자자에게 LIBOR＋0.1%의 변동금리를 지불하는 변동금리 부채를 가지고 있고 다른 한편 고정금리 투자자산을 가지고 있다고 하자. 즉, 자산은 고정금리로 이자를 받는 것이고 부채는 변동금리로 이자를 지불하는 것이기 때문에 시장금리가 변동하면 자산과 부채의 현금흐름은 차이가 발생하여 금리리스크에 노출될 것이다. 그래서 K

사는 금리리스크를 헷지하는 전략으로 부채를 변동금리에서 고정금리로 전환하고 자산과 부채의 금리를 고정금리로 통일하여 금리리스크를 예방할 생각이다.

☞ LIBOR: LIBOR는 런던은행간 대출금리(London Inter–Bank Offer Rate)의 약자로서 런던의 금융시장에 있는 은행 중에서도 신뢰도가 높은 우량 은행(prime bank)들이 자기들끼리의 단기적인 자금 거래에 적용하는 대표적인 단기금리로서 금리스왑에서 기준금리로 이용되는 변동금리이다.

반면에 S보험회사는 현재 5.1%의 고정금리 부채를 가지고 있으며 변동금리의 투자자산을 가지고 있다고 하자. B사 역시 스왑거래를 통해 고정금리 부채를 변동금리 부채로 전환하여 자산과 부채를 변동금리로 통일하여 금리리스크를 효과적으로 헷지하기를 원한다.

〈그림 10-2〉 금리스왑에 의한 부채금리의 전환

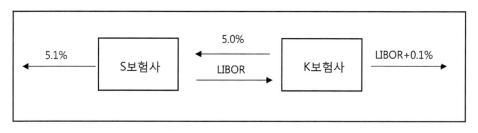

<그림 10-2>에서, K사와 S사의 부채와 스왑의 결합에 의해 구해지는 실제 금리는 다음과 같다.

K사 실제 금리 = (LIBOR+0.1%)+5.0%−LIBOR = 5.1%
S사 실제 금리 = (5.1%+LIBOR)−5.0% = LIBOR+0.1%

K사는 외부 투자자에게 부채로 LIBOR+0.1%의 이자를 지불하고 S사와의 스왑으로 고정금리 5%를 지불하고 LIBOR를 받으므로 결국 실제금리는 5.1%

의 고정금리부채가 되는 것이다. 마찬가지로 S사도 결국 LIBOR＋0.1%의 변동금리부채로 전환되어 두 회사 모두 자산과 부채의 금리형태가 통일하게 됨을 볼 수 있다. 그러므로, 금리스왑은 금리리스크 헷지를 위해 부채를 전환하는데 매우 유용하다. 자산의 금리를 전환하는 것도 부채를 전환한 것과 매우 유사하다.

금리스왑에서 비교우위를 이용하는 방법은 많이 거론된다. 아래의 예시와 함께 이해하도록 하자.

〈표 10-2〉 비교우위를 통한 금리스왑의 유용성 사례

| 구분 | A사 | B사 | 금리스프레드 |
|------|-----|-----|-------------|
| 고정금리 | 7.5% | 6.5% | 1% |
| 변동금리 | LIBOR + 0.5% | LIBOR + 0.25% | 0.25% |

<표 10-2>는 A사와 B사에게 제공될 수 있는 현재 금리의 현황이다. 즉, A사의 고정금리는 7.5% 그리고 변동금리를 이용하면 LIBOR＋0.5%의 이자율로 차입할 수 있다. 현재 A사의 경영진은 고정금리로 자금을 차입하기를 원하며, B사의 경영진은 반대로 변동금리에 의한 자금 차입을 희망한다. 현재, A사의 경우 변동금리가 상대적으로 우위에 있다. 왜냐하면, 고정금리는 B사보다 1% 더 높으나 변동금리는 0.25%만 높기 때문이다. B사의 경우는 고정금리가 상대적으로 비교우위에 있다. 고정금리는 A사보다 1.0% 낮으나 변동금리는 0.25%밖에 낮지 않기 때문이다. 그러므로, A사의 경우 상대적 비교우위에 있는 변동금리로 자금을 차입하는 것이 유리하지만 전체적으로는 경영진의 요구대로 고정금리로 차입하는 형태를 갖추어야 한다. B사의 경우도 상대적 비교우위에 있는 고정금리로 자금을 차입하는 것이 유리하나 경영진의 요구대로 변동금리로 차입하는 형태를 갖출 것이다.

〈그림 10-3〉 금리스왑에 의한 이자와 현금흐름

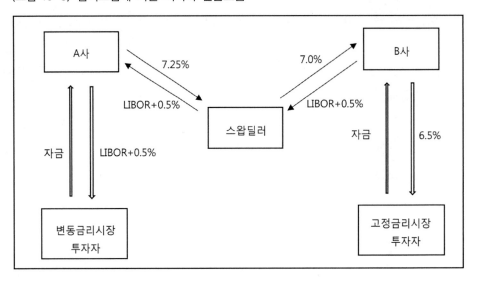

　　<그림 10-3>에서 보듯이 스왑거래를 통한, A사의 실제 이자지급의 흐름
은 다음과 같다.

　　이자지급 = (LIBOR+0.5%)+7.25%

　　이자수입 = LIBOR+0.5%

　　순이자(net payment) = 7.25%


　　B사의 실제 이자지급의 흐름은 아래와 같다.

　　이자지급 = 6.5%+(LIBOR+0.5%)

　　이자수입 = 7.0%

　　순이자(net payment) = LIBOR


　　스왑딜러의 순이자는 −0.25%, 즉 0.25% 이자수익을 수수료 형식으로 얻
는다.


　　스왑의 결과, A사는 스왑을 안했다면 경영진의 지시대로 고정금리 7.5%를
적용 받아야 하는데 스왑거래를 통해 결과적으로 7.25%만 적용 받게 되어

0.25%의 절감효과를 얻는다. B사의 경우는 스왑 전에는 LIBOR＋0.25%를 적용 받게 되는데 스왑거래를 통해 LIBOR만 적용 받으므로 0.25% 이자지급의 절감혜택을 받게 된다. 두 회사 모두 스왑을 통해 경영진이 원하는 이자형태를 취하면서 비용도 절감하는 혜택을 받을 수 있는 것이 금리스왑 비교우위 전략의 결론이다.

# 제11장

# 자본과 지급여력
# (CAPITAL & SOLVENCY)

# 제**11**장

# 자본과 지급여력
# (CAPITAL & SOLVENCY)

 본서의 후반부부터 보험회사의 대차대조표에 있는 항목들을 다루고 있다. 특히, 계리업무와 깊이 관련이 있는 사안들을 중심으로 대차대조표 항목들을 이해하고 있다. 지금까지 대차대조표 좌변에 해당하는 자산에 대한 이해와 자산으로부터 노출되는 리스크들, 그리고 이들을 관리하는 방법에 대해 이해하였고, 우변에 해당하는 부채에 대한 이해와 현재 보험업계의 가장 큰 이슈인 IFRS17에 의해 보험부채는 어떻게 평가될 것인지를 집중적으로 다루었다. 여기서는 자산과 부채의 계리적인 이해를 바탕으로 대차대조표의 마지막 조각인 자본에 대해 알아보도록 할 것이다. 그런 후, 적정한 자본은 무엇인지 어떻게 관리되는지에 대한 답을 지급여력제도를 통해 알아볼 것이다. 그리고 IFRS17과 함께 또 하나의 보험업계 이슈인 지급여력제도를 현재 제도인 RBC와 새로운 제도인 Solvency II를 구분하여 이해하도록 하겠다. 첨가로 한국의 신지급여력제도인 K-ICS에 대해서도 다룰 것이다. 그리고 지급여력을 평가하는 제도들에 대해 이해할 것이다.

## 1. 자본에 대한 이해

 모든 경제활동의 시작은 자본이다. 물론, 경우에 따라서는 자본 없이 부채만을 가지고 사업을 시작하는 예도 있다. 그러나 이런 경우는 소규모 가족단위 규모의 사업체일 가능성이 크다. 우리가 지금까지 집중하고 있는 보험회사뿐만 아니라 모든 금융기관은 자본 없이는 설립조차 어렵다. 심지어 소규모 기업조차도 설립 후 수익이 발행하기 전까지 인건비, 재료비, 시설비, 심지어 세금과 같은 비용을 충당하기 위해 초기 자본이 필요하게 된다. 사실 소규모 영세사업의 실패원인 중 하나가 바로 이러한 비용을 감당할 수 있는 자본이 부족해서 일어난다.

보험회사를 포함한 금융회사는 사업을 운영하면서 다양한 리스크에 노출되어 있음을 우리는 본서 전반부를 통해 알고 있다. 또한 이들 리스크를 관리하는 방법에 대해서도 이해하고 있다. 이러한 리스크를 적절히 관리하기 위해서는 이에 상응하는 건실한 자본적 기반을 가지고 있어야 할 것이다. 이를 위해서는 추가적인 자본도 요구될 것이다. 그렇다면 자본이란 무엇인지에 대한 기본적인 질문에 대한 답부터 정리하자.

- 자본이란 재화와 용역을 생산하거나 효용을 높이는 데 드는 밑천이다.
- 자본이란 재화의 집합이다.
- 자본이란 지금까지 축적한 부를 의미한다.

이외에도 자본에 대한 정의는 수없이 많을 것이다. 자본이라는 개념은 너무 광범위하여 한마디로 정의하기가 어려우며 입장이나 관점의 차이에 따라 그 개념이나 정의도 달라진다. 경제학에서 말하는 자본도 종류에 따라 개념의 차이가 있다. 생산요소로서 자본은 토지·노동 등의 생산요소와 결합하여 재생산을 가능하게 하는 생산재를 의미하며, 생산재로서의 자본에는 실물자본과 화폐자본으로 나눈다. 어떤 특정 연구 목적에 따라 자본을 유동자본과 고정자본, 또는 불변자본과 가변자본 등으로 구분하여 정의 내리기도 한다. 회계학에서 자본은 자산과 부채의 대조되는 개념으로, 기업의 총자산가치액에서 총부채액을 공제한 잔액으로 자본금과 잉여금을 의미한다.

<그림 11-1>

| 자산(Assets) | 부채(Liabilities) |
| | 자본(Equity) |

보험회사나 다른 금융회사에서 포괄적 의미의 자본은 일부가 사업초기에 생성되고, 사업을 운영하는 도중 자본시장을 통해 금융상품을 발행함으로써 자본을 확충시킨다.

보험회사들의 감독기관은 보험회사가 보험소비자에게 지급사유가 있는 사고가 발생했을 때 지급불능이 되지 않도록 보험회사의 지급여력과 장기적인 사업의 지속을 위해 신중하고 엄격하게 감독업무를 하고 있다. 이에 보험회사는 경제적 자본(economic capital), 즉 사업을 운영할 때 사업전반에 노출되어 있는 리스크의 성격과 불확실성을 반영한 이론적으로 필요한 기본적인 자본을 염두에 둔다. 이러한 경제적 자본과 지급여력도 후반부에서 다루어질 것이다.

## 1.1 자본의 필요성

보험회사에서 자본이 확충되고 유지되어야 하는 이유에 대해 먼저 알아 보도록 하겠다.

- 회사의 운영비용 지원: 보험사업에는 많은 인력이 요구된다. 계리뿐만 아니라, 심사, 보상, 판매, 홍보, IT등 다양한 분야의 인력에 대한 인건비와 다양한 운영비용뿐만 아니라 건물이나 시설물과 같은 제반 비용이 보험사업 운영을 위해 지속적으로 필요하다.

- 사업운영에 따른 리스크 피해 대비: 사업운영에 자연스럽게 노출되는 리스크들은 경영에 부정적인 영향을 끼치게 된다. 보험사업에서 이런 리스크는 매우 다양하다. 예를 들어, 가격경쟁에 의한 보험료 수입 감소 또는 신계약과 갱신계약의 감소(이들 모두 보험료수입 감소로 이어진다.), 인건비와 같은 회사내의 운영비용상승, 투자손실, 투자 예상수

익의 감소 또는 지연, 물가상승 등에 의한 보험금액 증가, 경기침체나 사회적 문제에 의한 사고 증가 등 수없이 많이 존재한다. 이러한 예상할 수 있는 리스크를 대비하여 회사는 사업을 영구히 지속할 수 있는 이용 가능한 자본이 필요하게 된다. 이에 상응하는 자본을 구하지 못한다면 회사의 재무상태에 심각한 영향을 끼치게 될 수 도 있다. 리스크의 발생 가능성과 규모에 따라 필요한 자본은 증가할 수 있다.

- 예외적인 리스크 피해 대비: 위에서처럼 회사 운영에서 자연스럽게 발생하는 예상할 수 있는 리스크도 있지만 예상하지 못 한 리스크도 발생한다. 이들 리스크는 예측하기도 어렵지만 피해규모는 더욱 치명적이라 최악의 경우는 회사를 파산시킬 수 있게 한다. 예를 들면, 1992년 미국동남부의 허리케인 앤드류, 2001년 미국 뉴욕의 911테러사건, 2008년 전세계적인 금융신용위기는 이를 잘 말해주고 있다. 그래서, 이러한 심각한 재정적인 상황에서도 회사가 유지되고 생존할 수 있게끔 보장하는 것이 자본의 중요한 기능이다.

- 보험소비자 신뢰: 위의 두 가지 보험운영에 따른 리스크들은 보험소비자의 신뢰로 이어진다. 보험계약자는 보험료를 지불하는 대가로 보험금 지급사유가 발생할 경우 보험금을 받을 수 있다는 합법적인 보험계약을 신뢰한다. 이런 소비자 신뢰는 보험산업을 포함한 거의 모든 금융서비스 분야에서 더욱 강력하게 다가온다. 소비자 신뢰의 정도가 전체 금융사업에 미치는 파급력은 상상 이상이다. 적절한 수준의 자본을 유지한다는 것은 이러한 소비자 신뢰의 중요한 지렛대가 될 수 있다. 또한, 보험소비자가 자본이 부족한 보험회사에 보험계약 하기를 주저할 것이라는 사실은 매우 보편적인 생각이다.

- 신용등급: 소비자 신뢰에 영향을 미치는 또 하나의 요소는 신용등급이다. 사실 소비자들은 보험회사의 재무상태에 대해 잘 모르거나 정보가 있어도 제대로 판단하기가 어렵다. 소비자에게 가장 쉬운 방법이 신용등급에 의한 보험회사의 재무상태를 이해하는 것이다. 대부분 보험회사는 Standard & Poor's나 Fitch등과 같은 세계적인 신용평가기관으로

부터 신용등급을 받는다. 이들 신용평가기관들은 리스크 평가를 신용등급 결정에 가장 중요한 핵심요소 중 하나로 본다. 일반적으로 B등급의 회사는 A등급 회사보다 상대적으로 높은 이자율을 적용 받는다. 즉, B등급의 회사가 더 위험하다고 평가하는 것이다. 이러한 신용등급은 소비자 신뢰뿐만 아니라 가격과 투자전략에도 영향을 미친다. 그래서 보험회사들은 신용등급을 올리기 위해 추가자본을 생각하기도 한다.

- 시장환경 대응: 보험산업은 경쟁 속에서 발전한다. 그 가운데서 새로운 상품도 개발될 수 있고 새로운 보험시장도 개척될 수 있다. 이러한 환경은 보험업계 자체에서도 만들 수 있고 금융당국의 정책에 의해서도 만들어 진다. 이럴 때 회사가 가용할 수 있는 자본이 있거나 또는 추가자본을 신속히 조달할 수 있다면, 이러한 상황에 신속히 대응할 수 있는 능력을 발휘하여 시장을 선점하거나 시장환경을 이끌어 갈 수 있는 기회가 될 수 있다.

- 금융규제: 금융당국에 의한 규제는 보험계약자를 보호하고 보험산업 전반에 걸쳐 안전성과 신뢰성을 유지하여 사회적이고 경제적인 혜택이 제공되도록 함에 초점이 맞춰져 있다. 그러므로, 금융당국은 보험회사에게 최소한 수준의 자본을 요구한다. 때때로 회사가 예상하는 것보다 더 많은 수준을 자본을 요구하기도 한다.

## 1.2 보험사업 리스크와 자본

보험사업의 운영에는 여러 리스크가 노출되어 있다는 점을 앞에서 이해하였다, 이런 리스크들을 여기서 다시 다룰 것이다. 그런데 이들 리스크가 자본에 어떻게 연결 되는지에 더 집중할 것이고 이에 따라 자본의 중요성을 알게 되는 것이 이 파트의 목적이다.

보험회사 운영에 의해 노출된 리스크를 크게 분류해서 보면 자산 리스크, 부채 리스크, 자산·부채 리스크, 그리고 보험사업 운영에 따른 리스크 이렇게 네 가지로 분류할 수 있다. 이러한 리스크들은 회사의 자본에 대한 중요성 그리고 이슈와 매우 관련이 깊다. 위의 네 가지 리스크가 각각 어떻게 자본에 영향을 미치는지의 관점에서 이 들 리스크를 다시 한 번 정리한다.

- 자산 리스크는 보험자산의 가치를 하락시킬 수 있는 사건이나 자산에 의해 발생되는 수익이 감소되는 사건 등을 말한다.
- 부채 리스크는 부채의 규모를 변동시키는 사건을 말한다.
- 자산·부채 리스크는 자산과 부채 모두 가치의 변동으로 그 결과 회사에게 불리한 방향으로 이끄는 사건을 의미한다.
- 운영 리스크는 부적절한 내부경영이나 외부요소 등에 의해 회사운영에 손실이 발생되는 사건을 의미한다.

지금부터는 이러한 네 가지 리스크 구분의 각각에 내재하는 세부적인 리스크에 대해 알아보고 자본과의 관계도 살펴보도록 하겠다.

## 1.2.1 자산 리스크(Asset Risks)

(1) 채무불이행 위험(Default risk): 보험회사가 대형사고로 인한 거대손해를 피하고자 보험연계증권(Insurance-linked securities)을 발행했으나 거래상대방이 채무변제를 이행하지 못 할 때 이런 위험은 발생한다. 재보험에 가입했으나 거래 재보험사가 재보험금을 지급하지 않을 때도 발생한다. 보험회사는 자산의 일부를 투자하여 재원을 확보하려고 한다. 그러나 국공채 이자율보다 낮은 수익을 얻거나 투자에 대한 원금손실이 발생하여 투자의 실패로 결론 지어질 때도 마찬가지로 위험에 노출되어 있다. 이러한 상황을 자본이란 관점에서 보면 위험이 큰 자산은 수익이 클 가능성도 존재하지만 반대로 채무불이행의 가능성도 높기 때문에 이러한 자산들에 대해서는 회사의 장기적인 운영을 위해서 더 많은 규모의 자본이 필요하게 된다.

(2) 시장 변동성(Market flexibility): 보험회사는 보유하고 있는 자산의 일부를 투자한다. 또한 판매하고 있는 보험상품들 중에는 수익률과 직접적

으로 연관되는 상품들이 많이 있다. 경제활동 시장에서 이자율과 주식시장은 매일 변한다. 이러한 변동성으로 인해 시장 변동성이 심한 금융상품에 더 많이 투자하고 있거나 그런 보험상품을 판매하고 있는 보험회사는 요구자본의 규모가 커질 것이다. 반대로, 만일 변동성이 전혀 없거나 조금 있는 투자나 상품인 경우에는 보험회사의 요구자본은 매우 작거나 없을 수도 있게 될 것이다.

(3) 위험분산을 안 할 경우의 위험: 자산을 투자할 경우, 어느 한 종목에만 집중 투자한다거나, 퇴직연금보험에서 투자를 일부 한 종목에만 할 경우 위험은 배가 된다. 자산과 관련된 행위에서 노출되는 위험을 분리하지 않고 통합해 버린다면 또 다른 새로운 리스크가 나타날 것이고 이는 추가자본의 요구로 이어질 것이다.

(4) 유동성(Liquidity): 금융회사뿐만 아니라 모든 기업 심지어 개인에게도 유동성은 중요한 요소이다. 경제적으로 어려운 상황에서는 보험회사가 보유하고 있는 부동산이나 토지와 같은 자산들은 쉽게 매각하기도 어렵고 매각하더라도 원하는 가격을 못 받을 가능성이 크다. 어떠한 시장 상황 또는 어떠한 상품에서도 유동성을 보장할 수는 없다. 또한, 과거나 현재의 유동성 수준이 미래에도 동일할 것이라고 가정해서도 안 된다. 유동성이 부족한 재정적인 상황에서 보험회사는 추가자본이 요구될 수도 있다.

(5) 자산의 제한된 가치: 대부분의 한국보험회사는 그룹의 자회사 또는 관계회사로 운영된다. 만일 그룹 내 다른 관계회사에게 대출을 해줬으나 그룹이 파산할 경우 대출의 가치는 사라지고 이에 의해 자산의 가치도 줄어들어 추가자본이 요구되는 경우도 발생한다.

## 1.2.2 부채 리스크

(1) 가격리스크(Price risk): 대부분 보험상품의 요율산정(pricing)분야는 미래의 불확실성을 가격으로 책정하기 때문에 미래의 불확실성에 의해

가격리스크는 항상 노출될 수 밖에 없다. 배상책임보험의 경우에는 보험금 지급시기와 규모가 일정하지 않을 경우가 거의 대부분이다. 과거 경험 데이터를 통해 미래의 불확실성을 예측하지만 엄연히 예측에 불과하다. 미래의 불확실성에 대한 부적절한 판단에 의해 비적당한 가격으로 보험요율을 책정했다면 이는 회사의 손실로 이어질 것이다. 그러나, 이러한 가격에 의한 손실을 만회하는 작업은 시간도 오래 걸리고 절차도 단순하지 않다. 만일 이런 가격에 의한 위험이 더 커지거나 보험료가 장기간으로 고정된 생명보험 상품의 경우에는 더 큰 손실을 이겨내기 위해 더 많은 자본을 확보해야 한다.

☞ 과거에 고금리 확정형 상품에 주력했던 보험회사는 IFRS17의 도입으로 저금리가 계속 지속될 경우 보험부채는 더욱 커지게 되고 회사의 장기적인 경영을 위해 자본을 확충해야 하는 문제가 발생할 것이다.

(2) 부채평가: 보험에서는 보험계약과 동시에 부채가 발생하게 되는데 보험회사는 보험부채를 위한 준비금을 부족하지 않게 적립해야 한다. 이러한 준비금에는 아래와 같은 여러 형태로 분리되어 존재한다.

- 보험료 적립금: 대차대조표일 현재 유지되고 있는 계약에 한하여 미래의 보험금 등의 지급을 목적으로 보험회사가 적립해야 하는 금액이다. 보험료 적립금은 생명보험상품의 책임준비금 대부분을 차지하고 있다.
- 미경과보험료 준비금: 어느 시점에서 아직 부보 되지 않은 수입보험료의 일부로서 위험에 대한 일정한 가정을 전제로 계산된 금액이다.
- 개별추산액(Case reserve): 대차대조표일 현재 보험금 등의 지급사유가 발생한 계약에 대하여 보상이 최종적으로 종결될 때까지 현재 잔존해 있어 향후 지급될 것이 예상되는 금액이다.
- 재개준비금: 손해액 평가일 기준 현재 종결상태인 건이 향후 추가적인 재청구 등에 의해 재개될 경우, 추가적으로 지급될 것으로 예상하는 금액이다.

- 미보고사고 지급준비금(IBNR): 지급의무가 있는 사고가 발생하였으나 보험회사에 사고발생 접수가 되어 있지 않은 클레임에 대해 향후 보험금 지급을 위해 요구되는 준비금이다.

이러한 부채들은 자체적으로도 변하지만 물가상승이나 사회적인 변화 등의 외부적인 요인에 의해서도 변하여 정확한 금액을 예측하는 것은 불가능하다. 예를 들어, 개별추산액이나 IBNR은 평가 때 마다 상당한 변화가 생길 가능성이 많다. 이와 같은 준비금이 어느 수준 이상으로 상승하게 되면 보험회사의 부채평가에는 상당히 문제가 될 수 밖에 없다. 이러한 준비금의 불확실성으로 인해 자본은 필요하며 불확실성의 강도가 더 높아 준비금이 더 상승하면 더 많은 자본이 필요하게 될 것 이다. 손해보험 배상책임담보의 경우에는 보상이 최종 종결될 때까지 시간도 오래 걸리고 미지급된 보험금에 대한 변동이 크다.

(3) 과거 경험 데이터: 보험회사의 요율산정에서는 과거 경험 데이터를 기준으로 실제 적용할 가격을 책정하게 되는데 경험데이터의 내용이 실제 적용할 지금과 항상 다를 것이다. 사고발생 빈도나 사망률 같은 위험율도 다를 것이고 평균 보험금인 사고 심도도 다를 것이다. 이러한 과거의 경험과 실제 적용하는 현재와의 차이는 단기간에 발생할 수도 있고 장기간에 걸쳐 발생할 수도 있다. 이와 같이 차이가 크면 클수록 보험회사의 재정적인 문제는 심각해지는데 이를 보완하고자 부족하지 않은 적절한 자본을 유지할 필요가 있게 된다.

(4) 예외적인 사고: 일반적으로 보험회사가 적립하는 준비금들은 과거 경험을 토대로 현실에 최대한 적합하도록 준비해둔다. 그러나 지금까지 사례들을 보더라고 때때로 지급보험금의 규모가 예상하는 범위에서 크게 벗어나 회사가 감당할 수 없을 정도로 증가되는 경우가 간혹 생긴다. 이러한 보험회사 자체로 감당하기 힘든 사례들은 보험규제의 변화, 테러의 발생, 대자연재해에 의한 사고 등 다양하다. 예를 들어, 1992년

미국의 허리케인 앤드류, 2001년 미국의 911테러, 2008년 금융신용위기 등은 예상하지 못했거나 예상했어도 규모 면에서 상당한 차이가 있는 사건들이므로 어느 수준의 자본이 얼마만큼 이러한 사고에 대비해 필요한지 합리적으로 고려해야 한다.

(5) 부채의 집중화 현상: 자산의 경우처럼, 부채도 어느 한 부분에만 집중될 수 있다. 예를 들어, 1992년 미국의 허리케인 앤드류 당시 파산한 보험회사들은 회사의 주택보험 매출의 반 이상을 허리케인이 발생한 플로리다 州와 사우스 캐롤라이나 州에 집중하였다. 보험대상을 어느 특정 한 지역이나 특정 대상으로 집중하게 되면 그 부분에서 발생하는 리스크에 심각하게 노출하게 된다. 이런 상황에서 보험회사는 추가자본의 지원이나 재보험 또는 보험연계증권 같은 파생보험상품 등을 이용해서 어느 한 부분에 집중되어 있는 부채의 쏠림 현상을 해소해야 한다.

## 1.2.3 자산·부채 리스크

(1) 유동성 리스크: 유동성 문제는 보험회사 같은 대기업뿐만 아니라 소규모 자영업에 이르기 까지 모든 영역의 사업에서 일어나는 가장 보편적인 리스크이며 중요한 리스크 중에 하나이다. 예를 들어, 부채의 만기가 다가올 때, 자산의 수입이나 자본이득을 통한 수익이 불충분하여 채무의 의무를 다하지 못할 때 부채와 자산 중에 하나 또는 둘 다의 변동성에 의해 문제가 생기는 것은 일반적이다. 보험회사 운영에서 유동성 리스크는 상품마다 원인은 다를지라도 정확한 시기와 규모만 모를 뿐 그 결과는 항상 동일하다. 결과적으로, 보험회사는 보험계약자나 투자자에 대한 보험 채무 의무를 다하기 위해 충분한 자금을 항상 보유하고 있어야 한다는 의미로 귀결된다. 보험회사의 유동성 리스크는 앞에서 언급된 여러 상황에 의해 발생하는 것이 일반적이나 어떤 경우에는 예상 밖의 사건이 유동성에 까지 영향을 끼칠 수 있다.

- 세계적으로 중대한 경제적 위기 상황이 도래하고 있다면 적립식 퇴직

연금 가입자는 보험료 납부를 중단하거나 투자된 금액을 현금으로 바꾸는 등의 행위에 의해 유동성 문제를 야기 시킬 수 있다.

- 보험회사나 해당 모기업에 대한 부정적인 언론보도 조차도 보험계약자는 자신의 계약을 실효 또는 환급을 요청할 지도 모른다. 또한 계약 갱신을 다른 보험회사로 이전할 수 도 있으며 미래 예비고객들은 보험계약을 다른 보험회사로 고려할 수 도 있게 된다. 그렇게 되면, 보험회사의 예상 수입보험료는 매우 줄어들게 될 것이다.

- 손해보험의 경우에는 자연재해 또는 사회, 정치적 변화에 매우 민감하다. 예를 들어, 대규모 태풍 이후 자동차 보험회사는 대규모 보험금 지급에 대응해야 한다.

유동성 리스크가 발생하게 되면 우선 단기 유동성 자산으로 유동성을 충족시키게 되는데 이마저도 부족하게 되면 건물 같은 장기(long-term) 자산을 불리한 가격으로 매각해야 하는 상황으로까지 번질 수 있게 된다. 즉, 재정적인 부담을 가중시키는 결과를 초래하게 될 수 도 있다.

(2) 시장 리스크: 보험회사뿐만 아니라 모든 금융회사들에 있어서 자산과 부채의 가치에 영향을 동시에 미치는 요소로 이자율과 시장가격이 대표적이다. 예를 들어 이자율이 떨어지면 장기간 담보하는 생명보험 상품의 부채의 현재가치는 증가하게 된다. 이러한 부채의 현재가치 증가를 뒷받침해줄 수 있는 자산의 가치가 비슷한 비율로 증가하지 않는다면 회사의 재정상황은 악화될 수 있다. 특히, IFRS17시행 후 저금리현상이 지속될 경우 보험회사의 재정적 부담은 심각해질 것이다. 이러한 시장의 움직임은 보험회사가 제어할 수 있는 사항도 아니다. 상품구조 특성 상 생명보험 상품들은 계약 초기에 부채의 의무를 더 많이 지기 때문에 이러한 부채의 움직임을 변경시키기 위한 이용 가능한 수단을 사전에 준비하는 일을 고려해야 한다.

## 1.2.4 운영 리스크

운영 리스크는 모든 기업에게 원인은 각각 다를지언정 노출되어 있다. 대부분의 원인은 기업내부에서 발단된다. 그러나 간혹 외부 사건에 의한 내부 프로세스의 부적절한 대응에서 비롯 될 수도 있다. 운영리스크의 기업 내부 원인의 예는 다음과 같다.

- 경영진에 의한 잘못 된 경영전략에 의해 발생하는 리스크와 손실이 운영리스크 중에서 제일 크다.
- IT를 포함한 시스템의 오류는 운영을 제한시킬 수 있으며 대외 신뢰도에도 영향을 끼칠 수 있다.
- 종업원의 사기, 실수, 도덕적 해이 등은 회사운영에 차질을 주어 직접적인 손실로 이어질 수 있다.
- 보험업법 법규나 감독당국 정책의 위반은 회사운영에 치명적일 수 있다.
- 업무관리, 상품관리, 요율관리, 보상관리 등 보험회사 내부의 관리 부족 또는 실수에 의한 리스크는 각각 다른 모습으로 회사운영에 부정적인 영향을 끼치는데 결과는 거의 동일하게 나타난다. 즉, 회사의 손실이다.

이러한 내부리스크의 일부는 적절한 관리시스템에 의해 예방할 수는 있어도 완전히 제거할 수 는 없다. 운영리스크는 회사가 운영되는 한 같이 동행하는 것이라 여겨야 한다.

한편, 한국의 보험회사들은 그룹의 일원인 경우가 대부분이기 때문에 그룹 또는 그룹 내 관계사의 위험이 부정적으로 전이될 수 도 있다. 운영리스크의 외부원인은 2008년 신용위기가 대표적이라 하겠다. 신용위기 사태의 직접적인 원인인 파생투자상품들과 보험회사에서 판매하고 있던 보험상품들과의 연관성이 없었어도 간접적인 영향은 무시하지 못 할 수준이었다. 이러한 사태는 회사의 운영시스템 전반에 대한 점검뿐만 아니라 심지어는 시스템 전체를 교체해야 하는 상황에 까지 이를 수 있게 된다. 이러한 외부요인에 의한 운영리스크의 발생은 경제, 사회적으로 불안정 할수록 일어 날 가능성도 높고 손실규모도 커지는 것이 일반적이다.

개별 운영리스크 사건들의 회사 손실 규모는 작다. 이러한 사건이 발생할 확률은 높을 수 있으나 개별 사건의 손실규모는 작은 편이다. 그러나 보험회사의 경영진은 어느 한 분야의 운영리스크 뿐만 아니라 이들 리스크를 종합해서 관찰함으로 회사 전반에 걸친 경영전략을 세우게 된다. 그러므로 소규모의 운영리스크라 할 지라도 회사 전체를 보면 크고 중요하게 될 수도 있다.

운영리스크를 사전에 파악하고 관리하기가 쉽지 않은 이유는 과거경험의 부족에서 찾을 수 있다. 과거에는 운영리스크라는 용어자체도 없었고 데이터의 축적은 비용도 많이 들고 능력도 부족하여 이를 중요하다고 여기지 않았다. 운영리스크라는 것이 회사의 중요한 리스크로 부각된 이 후부터 데이터를 집적하기 시작했기 때문에 각 분야에 걸친 운영리스크에 관한 포괄적인 자료나 통계가 절대적으로 부족하다는 것이 문제가 된다. 이것은 운영리스크에 대응하기 위한 필요자본을 산출하는 모델링이 개발되어야 한다는 보험계리사의 연구과제인 것이다.

## 1.3 전사적 리스크와 자본

여기에서 전사적 리스크는 제1장에서 다루었던 전사적 리스크(enterprise risk)와 같은 개념이다. 제1장에서 다루었던 전사적 리스크에서는 관리시스템에 대한 설명이었다면 여기서는 전사적 리스크가 어떻게 자본에 영향을 미치는 지에 대한 관점에서 바라 볼 것이다.

앞에서 보험회사의 경영상에 노출되는 리스크를 살펴보았는데 이러한 리스크는 회사 내 특정분야 내에서도 동일하게 적용된다. 전사적인 관점에서 이러한 리스크를 볼 때 다음의 고민을 하여야 할 것이다. 회사 내부 분야별로 요구되는 자본의 규모가 있을 경우 회사전체로 볼 때 필요한 자본의 크기는 이들 세부적인 자본들의 합인지에 대한 답이 필요할 것이다. 또한 회사에서 자체적인 분석을 통해 적절히 결정한 경제적 자본(economic capital)이 금융 당국에서 요구하는 규제 자본과 어떤 관계가 있고 그 차이를 어떻게 극복할지에 대한 고민도 필요하다. 더불어 규제자본을 얼마만큼 초과하여 자본을 축적하는 것이 타당한 지도 보험계리사가 연구해야 할 과제이다. 이러한 고민사항을 차례대로 자세히 살펴보도록 하겠다.

### 1.3.1 전사적 자본의 규모

보험회사 경영상에 노출되는 네 가지의 대표적인 리스크들은 분야 별로 필요한 자본의 크기가 결정될 것이다. 동일한 리스크 안에 분야별로 필요한 자본을 더하면 그 리스크에 필요한 총 자본의 크기가 되는데 이는 <그림 11-2>의 왼쪽에 있는 도형에 해당된다.

그러나 회사의 경영진은 전사적인 관점에서 리스크를 바라보고 필요한 자본의 규모를 알고 싶어한다. 전사적인 관점에서 본다면 어느 특정 리스크는 동일한 사건의 발생에 의해 다른 리스크들과 달리 반대방향 즉 긍정적으로 움직일 수 도 있을 것이다. 예를 들어, 이자율의 변동은 보유자산의 가치, 보험부채의 평가금액, 자산과 부채의 매칭 등에 복합적으로 영향을 미친다. 그 결과 전사적으로 요구되는 필요자본의 총액이 리스크별 필요자본의 합보다 적을 수 있게 된다. 반대로 전사적으로 요구되는 필요자본의 총액이 리스크별 필요자본의 합보다 많게 될 가능성은 없다. 그러므로 개별 분야의 리스크를 다른 리스크와 결합한다던 지 특정 리스크를 개별분야가 아닌 전사적으로 분석한다던 지 하면 리스크간의 상관관계(correlation)와 리스크 안의 분야간 상호작용(interaction)에 의해 필요한 자본의 총량은 감소할 수 있다. <그림 11-2>의 오른쪽에 있는 도형은 이를 보여주는 것이다. 이러한 분석은 본서 전반부에서 설명된 모델링 기법을 통해 구할 수 있다. 그러므로 이 또한 보험계리사의 중요한 업무영역이라고 하겠다.

<그림 11-2> 경제적 자본과 분산 효과

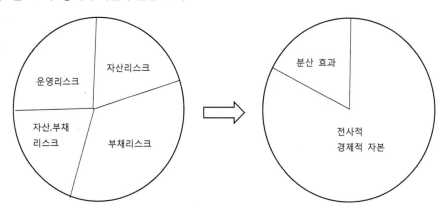

## 1.3.2 경제적 자본과 규제에 의한 요구자본

경제적 자본(economic capital)은 회사가 사업분야별로 리스크를 고려하고 회사의 위험선호도를 반영하여 회사 자체의 주관적인 분석에 의해 만일 손실이 발생한다면 이를 흡수할 수 있는 실제로 필요할 것으로 예상하는 자기자본규모를 말한다. 즉, 이 정도 사고라면 이 정도의 자본능력으로 충분히 손실을 이겨내리라고 예상하는 회사 자체적으로 적절하게 평가한 금액이다.

규제자본(required capital)은 동종산업을 감독하는 감독당국에서 바라보는 금융리스크에 대한 회사에 요구하는 최소자기자본의 규모이다. 금융당국의 시각은 보험계약자를 보호하고 보험산업의 안전성과 신뢰성을 유지하여 경제적인 혜택이 제공되는 방향에 맞춰져 있다. 그러므로 규제자본은 보수적인 수치일 수 밖에 없다.

그렇기 때문에 많은 경우 규제자본은 경제적 자본 보다 크다. 감독당국은 산업 내 어느 특정 보험회사의 파산이나 지급불능의 위험성을 줄이는 것이 매우 중요하기 때문에 보수적으로 계산하여 규제자본은 경제적 자본 보다 대부분 크다. 즉, 감독당국은 회사가 자체적으로 손실을 감당할 수 있다고 생각하는 자본의 크기보다 더 많은 자본을 유지하도록 요구하는 경향이 많다.

### 1.3.3 목표 잉여금

선진보험국가 대부분의 보험감독기관은 보험회사의 안전한 사업 영속을 위한 요구자본을 정한다. 이에 보험회사는 금융당국의 요구를 따르도록 한다. 보험회사는 어려운 경제 여건하에서도 금융당국의 주의대상이 되지 않게 하기 위해 감독규정상 요구하는 자본인 규제자본을 충족하여야 한다. 이것은 규제자본을 초과하는 자본의 초과 분을 보유하게 하는데 이를 목표 잉여금 (target surplus)이라 한다. 보험회사가, 주로 경영진이 결정하는 목표 잉여금의 크기는 회사내의 재무적인 상황과 여력 그리고 회사의 위험선호도를 고려하는 경향이 많다.

# 2. 지급여력

## 2.1 지급여력의 이해

우리가 주위의 지인한테 돈을 빌렸다고 가정하자. 그리고 언제까지 갚도록 약속했다. 그런데 우리에게 어떤 사정이 생겨 경제적으로 어려움을 겪게 될 때 빌린 돈을 정해진 날짜에 정확한 금액으로 갚지 못 할 수도 있다. 우리가 비상금으로 모아둔 돈이 있어 갚을 수 있다면 지급능력 또는 지급여력이 있다고 말할 것이며 갚기가 어려우면 지급여력이 없다고 얘기할 것이다. 위의 상황을 보험산업으로 옮겨보자. 보험회사는 보험계약을 통해 보험계약자에게 보험기간 동안 지급사유가 있는 사고에 대해 보험금을 지급하기로 약정했다. 보험회사가 대내외적으로 경제적 상황이 어려움에 처해 있을 경우에도 회사가 보유하고 있는 가용자금이 있어 보험금 지급에 문제가 없고 회사도 정상적으로 운영이 가능하다면 지급여력이 있다고 판단할 것이고 보험금 지급이 불가능하거나 연체가 될 수 있고 회사운영도 어려움에 처한다면 지급여력이 없거나 낮다고 평가할 것이다. 그러므로 보험회사의 지급여력이란 보험회사의 재정적인 건전성을 유지하기 위한 최소한 금액 또는 보험회사가 보험계약자에 대한 모든 채무를 감내할 수 있는 능력과 경우에 따라서는 추가적으로 보유한 능력을 말한다.

보험회사는 금융당국에서 제시하는 지급여력 기준을 준수해야 한다. 금융당국의 지급여력 기준은 금융당국이 요구하는 회사의 최소 자본 금액을 의미하기도 한다. 만일, 보험회사가 파산을 하여 보험계약자에게 지급불능의 사태가 벌어졌다고 상상해보자. 먼저, 보험계약자 모두에게 큰 피해가 돌아간다. 그들의 피해는 납입한 보험료를 환불 받지 못해서 뿐만 아니라 사고 시 보험금을 받을 수 없기 때문에 엄청난 피해를 주게 된다. 또한, 보험계약자뿐만 아니라 보험혜택의 대상이었던 피보험자에게는 더 큰 재난이 된다. 이 점이 보험회사가 금융당국의 지급여력 기준을 준수해야 하는 배경이다. 특히 2000년대에 들어와 다방면의 금융사고가 일어나면서 금융당국의 지급여력에 대한 기준은 더욱 강화되는 추세이다. 이로 인해 아주 작은 지급불능이 가능한 부분에서 조차 감독시스템은 더욱 세밀해지고 있다. 결과적으로 금융당국은 금융시장의 효율성을 저해하지 않는 범위 내에서 소비자 보호를 목표로 감독시스템을 운영하고 있다. 이러한 상황하에서 보험회사는 감독당국이 요구하는 지급여력 수준을 유지하기 위해 노력하게 된다. 이것은 항상 최소 요구 수준 이상으로 자본을 보유하는 것이 회사운영의 지속적인 안정을 위해 바람직하다는 것을 말해주는 것이다.

신용평가기관에서 보험회사의 신용등급을 결정하는 중요 요소는 보험회사의 경영능력, 위험관리 시스템, 회사의 자본수준, 즉 지급여력 등이 포함된다. 그러므로 보험회사는 높은 신용등급을 받기 위해서라도 금융당국의 요구자본 수준 이상으로 자본 수준을 유지하도록 노력해야 할 것이다.

지급여력은 회사 운영에서 노출되는 리스크를 흡수하기 위해 충분한 자본이 얼마나 가용가능한지를 설명해준다. 그래서 지급여력을 자체 평가하기 위해서는 보유하고 있는 자산과 부채의 속성, 규모를 이해해야 하며 해당 자산과 부채와의 관계 및 노출되는 리스크를 관리할 수 있는 능력까지도 파악할 필요가 있게 된다.

국제적으로 보편화되어 있는 지급여력에 대한 시각은 다음 세 가지로 요약할 수 있다.

- 적절한 자본을 확보하고 있는가?
- 효율적인 리스크 관리 시스템을 운영하고 있는가?
- 지급여력이 미흡하면 이에 따른 적절한 시장 제재가 가동되고 있는가?

## 2.2 지급여력의 형태

보험계약에 의해 지급사유가 발생하는 사고에 대해 지급의무를 이행할 수 있고 회사의 운영도 정상적이라 한다면 그 보험회사는 지급여력이 있다고 말한다. 이러한 지급여력을 판단하고 결정하기 위한 세 가지 핵심 형태를 정리하면 다음과 같다.

- 현재 사업의 지급여력
- 사업 중단 시 지급여력
- 계속 사업운영 시 지급여력

### 2.2.1 현재 사업의 지급여력(Cash Flow Solvency)

현재 보유하고 있는 계약에 대한 미래현금흐름의 지급여력은 곧 유동성의 수준을 의미한다. 다른 말로 표현하면, 현재 사업의 지급여력(Cash Flow Solvency)은 보험부채 만기 시에 부채를 상환할 수 있는지를 현금흐름이 만들어 내는 상황을 통해 파악하는 것이다. 이 문구에서 '부채를 상환할 수 있는지'는 지급여력을 의미하며, '현금흐름이 만들어 내는 상황'은 유동성을 표현한다.

#### 2.2.1.1 일반적인 상황에서의 지급여력

현재 보유하고 있는 계약에 대한 미래현금흐름을 관리하는 것은 보험업무에서 중요한 부분이다. 여기에는 많은 관련부서들이 경영계획에 의해 혼합적으로 관리업무에 참여하게 된다. 현금흐름에 대한 지급여력, 즉 유동성의 수준을 하향 평가했다면 부족한 만큼 자금을 구해야 할 것이며 이때 추가적인 이자도 발생하게 된다. 유동성 자산은 비유동성 자산에 비해 수익률이 더 낮기 때문에 가용자산 중에 유동성 자산이 얼마나 되는 지를 파악하는 것도 중요하다. 유동성비율은 짧은 기간 안에 현금으로 바꿀 수 있는 자산의 비율을 말하는데 유동성비율 관리도 금융회사의 유동성을 점검하는 하나의 수단으로 쓰인다.

> ☞ 유동성비율(Liquidity Ratio) = (유동성자산의 가치 / 특정시점 상환 부채의 가치): 주로 은행에서 예수금에 대한 짧은 기간 안에 현금으로 바꿀 수 있는 자산의 비율을 의미하며 전통적으로 은행의 경영 건전성을 나타내는 중요 지표로 쓰인다. 요즘은 보험업계에서도 유동성비율을 중요 지표로 삼고 있다.

현금흐름에 대한 지급여력을 관리하기 위해서는 먼저 현금흐름 내에 변동이 있는 원인을 파악하여 그런 원인의 다양한 시나리오를 구축하고 현재와 미래의 유동성 수준을 비교해야 한다. 이러한 현금흐름의 적정성 분석은 유동성 위험의 관리 수단으로 중요하다.

또한 현재 보유하고 있는 계약에 대한 지급여력을 파악할 때 과거 현금흐름을 참고하는 일도 중요하다. 이는 과거 현금흐름의 통계적인 분석에는 다양한 대내외적인 원인이 내재되어 있기 때문에 현금흐름의 방향성과 수준을 예측하는데 도움이 된다. 현금흐름에 관한 분석은 본서 전반부에서 언급된 확률론적인 모델링을 통해 미래의 현금흐름에 영향을 끼칠 수 있는 중요요소를 파악하고 그런 요소들의 영향도를 이해할 수 있을 것이다.

### 2.2.1.2 비상 상황에서의 지급여력

유동성위험은 재무건전성이 우수한 회사에게는 경제적으로 비상상황에 처해 있어도 그다지 큰 충격은 아닐 것이다. 문제는 재무건전성이 낮은 회사이다. 이런 보험회사가 만일 지급불능 혹은 지급연체의 상황에 빠질 수 있다는 언론 보도만 나와도 보험소비자는 보험료 납입중단, 계약해지, 미갱신, 또는 우수한 타 보험회사로의 이전 등과 같은 행동을 하게 될 것이다. 이런 상황은 유동성을 확보하는 일반적인 형태인 차입도 어렵게 된다. 즉 악순환이 악순환의 고리로 연결되는 순간이다. 이와 같은 지급여력의 문제는 유동성 문제를 유발하게 된다. 반대로 유동성 문제가 지급여력 문제를 유발시킬 수 도 있다. 그러므로 지급여력과 유동성은 같은 연장선성에서 이해할 필요가 있다. 비상 상황하에서 보험회사가 유동성 문제를 급하게 해결하려고 이용하는 방법에는 보통 두 가지가 있는데 일시적으로 유동성 문제를 완화시킬 수는 있어도 완전히 해결할 수 있는 것은 아니다.

- 하나는 높은 이자를 감수하더라도 급하게 대출을 할 것이다.
- 또 다른 하나는 자산을 매각할 것이다. 다만 부동산 같은 비유동성 자산은 정상적인 가격보다 할인된 가격에 의해 매각될 가능성이 높다.

주식시장의 붕괴에 의한 자산가치의 하락은 해당자산에 투자하고 있는 보험회사에게는 지급여력의 우려와 함께 자금이 빠져나가는 현상으로 번질 수 있다. 비정상적인 유동성 문제를 일으키는 경제침체 현상은 보험계약의 해지, 신규보험계약 중단, 보험계약의 미갱신의 원인이 된다. 유동성 문제는 그 자체로 끝나는 것이 아니라 다른 부분으로까지 번지는 파급효과가 상당하다. 만일 유동성 문제에 직면한 어느 보험회사가 파산을 한다면 그 보험회사의 고객에게는 혼란 이상의 고통을 줄 것이며 산업 전반적인 측면에서 보면 신용위기로 까지 확산될 수 도 있다. 예를 들어, 파산한 보험회사에서 주력적으로 판매한 보험상품과 유사한 상품을 판매하고 있은 다른 보험회사도 계약해지나 미갱신과 같은 일이 벌어질 가능성을 배제할 수 없게 된다.

손해보험회사는 보험상품의 특성 상 대재해 같은 거대사고에 의한 유동성 문제가 항상 우려된다. 이런 부분을 보완하고자 손해보험회사들은 재보험을 통해 유동성 문제를 완화하려고 한다. 그러나, 재보험사가 지급불능이 된다면 이는 해당 원수보험사의 유동성에도 직접적인 영향을 끼치게 되어 보험산업 전반에 엄청난 파장을 가져올 것이다. 그러므로 보험회사는 재보험사의 지급불능과 같은 위험도 반영하여 현금흐름의 지급여력을 평가해야 한다.

2008년의 신용위험에서 출발한 금융위기의 원인과 어떻게 문제를 풀었으며 그 기간 동안 어떠한 변화가 일어날 수 밖에 없었는지를 잘 이해해 볼 필요가 있다. 이와 같은 과거의 대형사고는 미래에 많은 교훈과 깨달음을 준다는 사실을 꼭 기억해야 할 것이다.

### 2.2.1.3 보험회사의 유동성위험 관리

보험회사의 유동성은 상품설계, 요율산정, 마케팅, 투자 및 자본관리에 이르기까지 회사 운영 전반에 걸쳐 관리되어야 한다.

(1) 상품설계: 생명보험상품 안에 확정이율에 의한 대출이나 해약환급금 보증 같은 특약조건이 있다면 상품구매력이 있어 소비자에게 긍정적인 반응을 얻을 수 있으나 유동성 위험은 그만큼 커진다. 보험회사가 재보험계약 안에 재보험사의 신용적격등급이 하락하면 재보험계약을 해지할 수 있는 조건을 특약으로 첨부한다면 원수보험사는 유동성 문제가 일부 완화되겠고 반면에 해당 재보험사는 유동성 위험이 커질 것이다. 이와 같이 상품설계 또는 계약서에서 유동성위험을 관리할 수 있는 방법은 많다. 계약초기 해약 시 해약환급금 미지급 또는 벌금부여 등은 계약초기에 해약함에 따른 유동성 위험을 줄이기 위한 방법일 수 있다. 그러나 이러한 유동성관리방법은 유동성 위험을 일부 또는 일시적으로 완화시킬 수는 있어도 완전히 제거할 수는 없다.

(2) 요율산정: 보험회사는 대재해나 금융위기 같은 예기치 않은 대형사고 시에 급박한 자금조달을 위해 비유동자산을 싼 가격에 매각할 수도 있게 된다. 특히 손해보험계리사는 이러한 손실에 따른 비용도 요율산정 시 반영할 필요가 있다.

(3) 마케팅: 어느 특정 보험상품에 대해 해약환급금 보증을 다른 보험회사보다 더 유리한 조건으로 마케팅을 하면 시장에서의 반응은 더 좋고 구매력도 올라가겠지만, 만일 계약해지가 예상보다 많이 발생하면 그 만큼 유동성위험은 증가하게 될 것이다. 판매채널을 다양하게 하면 채널

도입 초기 비용이 많이 들어가는 문제가 있으나 채널 다양화를 통해 회사의 유동성 위험은 분산될 수 있는 장점도 있다.

(4) 투자: 대부분의 보험회사는 언제나 보험금 지급이 가능하도록 유동자산을 적정수준으로 충분히 보유하고 있다. 비록 유동자산의 수익률이 낮기 때문에 적정수준의 유동자산 규모를 파악하는 것은 매우 중요한 일이다. 이러한 유동자산의 관리와 분석에는 다음 같은 질문에 답을 할 수 있도록 준비해야 한다.

- 각 자산 별로 단기간에 자산을 매각할 경우 시가에 비해 입을 손실 규모는?
- 유동자산을 담보로 활용할 때 얻을 수 있는 자금 규모는?
- 유동성에 영향이 큰 특정 자산의 보유량은 얼마인가?

위의 사항뿐만 아니라 보험회사의 유동성위험은 자산과 부채의 시간적 불일치(duration mismatching)에서도 다양한 부분에서 노출된다. 위에서도 언급됐지만 신용위험은 유동성위험과 매우 밀접한 관계에 있다. 가용자본의 부족으로 지급여력이 약화되면 유동성 위험이 커지게 되고 이는 신용위험으로까지 이어지는 사례를 우리는 많이 경험했을 것이다. 금융당국의 규제 자본은 회사에 요구되는 최소자기자본의 규모이자 회사로 하여금 적정한 규모의 자본수준을 정해주는 지렛대 같은 역할을 한다. 그러므로 보험회사는 이 지표를 준수하도록 보험업무 전반에 걸친 세심한 주의가 요구된다.

## 2.2.2 사업 중단 시 지급여력(Discontinuance Solvency)

보험회사가 보유하고 있는 계약의 미래현금흐름에 대한 지급여력이 현재 있다고 하여 앞으로도 보유계약의 지급여력이 있다고 판단할 수 는 없다. 예를 들어, 보험매출이 꾸준히 성장하고 있고 특히 신계약 비중이 높아서 지급여력에 문제가 없어 보이는 회사도 신계약 성장이 멈추거나 전반적인 보험산업의 침체기에는 지급여력에 문제가 생길 것이다. 보험계약의 시장흐름은 세계적인 금융시장, 국내의 사회적 변화 등 너무 많은 요소들에 의해 변동이 심하다. 게다가 포화상태인 보험시장에서 꾸준히 매출을 유지하는 것 조차 버겁게 느껴질 수도 있게 된다.

대체로 보험회사는 낙관적이고 긍정적인 미래만을 설계하기 때문에 회사가 사업중단을 할 경우에 대한 생각은 소홀히 하기 쉽다. 그러나, 금융당국 입장에서는 지금 당장 보험회사가 영업을 중단하면 보유자산으로 부채를 감당할 수 있는지, 또는 계속 영업을 지속할 경우 미래의 부채지급의무를 다 할 수 있는지가 우선적인 관심 대상이다. 즉, 금융당국은 사업중단 시 지급여력과 계속 사업운영 시 지급여력에 초점을 더 맞춘다. 즉, 지급여력은 유동적 자산과 부채의 현금흐름만으로 충분하지 못할 수가 있기 때문이다. 이에 사업 중단 시 지급여력(Discontinuance Solvency)은 회사가 오늘 시점에서 사업을 중지했을 때 현재 보유자산이 부채를 감당하기에 충분한지를 파악하는 것이라 하겠다. 사업중단 시 지급여력과 관련하여 먼저 이해해야 할 부분이 있다.

### 2.2.2.1 사업 중단 시 조치

회사가 사업 중단을 선언하게 되면 대표적으로 다음 세 가지 모습 중 하나 또는 복수로 조치를 취하게 된다.

- 청산(settlement): 청산은 단순히 말하자면 팔아서 깨끗이 정리한다는 뜻이다. 우선 자산매각이 시작되고 매각대금은 채권단에게 우선 배분된다. 매각대금도 청산이라는 말이 앞에 있기 때문에 일반 시장가격보다 훨씬 싼 가격으로 매각될 것이다. 청산절차는 시간도 오래 걸리고 청산자산의 우선 배분순위가 있어 보험계약자 또는 피보험자에게는 정신적으로나 재정적으로 부담과 고통을 안겨주는 과정이다. 청산자산의 우선 배분은 특히 보험소비자에게는 가장 큰 난제이다. 우선순위자는 청산자산의 매각금액이 많거나 적음보다는 자기들의 지분만 받으면 된다는 생각에 급하게 매각하려는 경향이 있기 때문이다. 매각대금의 비례배분이 허용된다면 이 문제는 일부 해소될 수는 있을 것이다.

- 영업중지(suspension): 영업중지는 신계약 판매나 보유계약의 갱신이 허락되지 않고 보유계약도 만기에 따라 순차적으로 정리를 해야 하는 절차이다. 이 절차는 청산보다 절차상 시간적인 여유가 있기 때문에 자산 매각에도 신중한 결정을 내려 좀 더 높은 가격에 매각할 수 있는 시간적인 기회가 있다. 그러나 영업중지 기간이 길어진다면 자산가치가 도리어 더 떨어질 수 있고 사업비의 계속적인 발생으로 역효과를 볼 수도 있게 된다.
- 계약이전(transfer of contract): 가능하다면 건실한 다른 보험회사가 그 회사의 자산과 부채를 함께 인수, 합병하는 것이다. 이 방법은 보험소비자나 금융당국 모두에게 최선의 방법일 것이다. 그러나 어려운 문제 중의 하나는 건실한 다른 보험회사가 자산과 부채의 손실을 안고 과연 인수할 것인가의 여부이다. 물론, 손실 없이 인수되는 경우도 간혹 있지만, 인수할 경우 그 유동성 문제가 그대로 전이될 수 있고 이는 곧바로 해당 보험회사의 유동성 문제와 직결되기 때문이다. 그래서 금융당국은 계약인수를 추진하기 위해 금융지원을 한다든지 해서 중개자 역할을 다할 것이다.

## 2.2.2.2 사업 중단 시 지급여력 평가

보험회사가 사업을 중단할 경우 지급여력을 측정하기 위해 다음과 같은 세부적인 내용을 파악할 필요가 있을 것이다.

- 보험금 지급의무를 충당할 수 있는 자산의 가치
- 사업 중단 상태에서의 부채 가치
- 부채가 자산보다 클 경우 추가적으로 요구되는 자본 규모
- 가용자본의 규모와 속성

일반적인 지급여력 평가는 유동성비율과 지급여력비율에 기초를 두고 보험회사의 재무건전성을 평가한다. 유동성비율은 유동성자산의 시장가치를 일정 기간 내에 도래하는 총부채의 가치로 나누어 계산한다. 지급여력비율

(solvency ratio)은 가용자본을 최소요구자본으로 나눈 값이다.

### 2.2.3 계속 사업운영 시 지급여력(Going-concern Solvency)

계속 사업운영 시 지급여력(Going-concern Solvency)은 보험회사가 지급불능이라는 상황하에서 사업에 손을 놓는 청산이나 영업정지가 아닌 그럼에도 불구하고 사업을 유지할 경우에 필요한 지급여력을 의미한다. 즉, 지급불능 같은 어려운 상황에서 계속해서 사업을 유지할 경우의 지급여력을 의미한다. 다시 말해, 회사가 위기상황에도 사업의 정지 없이 계속적으로 영업을 했을 경우 부채를 상환할 수 있는지를 파악하는 것이다. 계속해서 사업을 유지하려고 하는 회사는 자본요구량이 이전보다 배가될 것임은 자명하다. 이런 경우, 자본의 요구 규모는 사업 중단 시의 자본 요구 보다 더 많게 된다. 그 이유는 사업을 계속 지속하겠다는 의지 하에 신계약을 체결할 경우 신계약에는 이 전 보다 더 많은 비용이 필요할 수 있으며 이러한 상황 속에서 사업을 계속 유지하려고 하면 장기간에 걸친 지급여력까지 고려해야 하기 때문이다. 어려운 상황의 기간이 길면 길수록 외부의 우려 섞인 시선으로 인해 평상시와 다른 추가비용이 발생할 수 있으므로 자본요구량은 많아 질 수 밖에 없다.

계속 사업운영 시 지급여력 평가에는 미래의 뚜렷한 계획(예: 기간, 범위 등)이 반영되어야 하고 그 기간 동안 신계약에 의한 효과가 포함되어야 한다. 또한 여러 다양한 경우의 시나리오를 적용해 그 결과와 영향 등을 평가에 감안해야 한다.

## 2.3 지급여력의 평가

지급여력을 산출하기 위해서 회사는 자산, 부채, 감독당국이 제시하는 요구 자본 규모, 그리고 회사에서 활용할 수 있는 가용자본을 평가해야 한다. 이러한 항목들을 계산할 때 보험회사는 여러 실질적인 문제점에 직면하게 될 것이다. 여기서 이러한 점을 다룰 것이다. 특히 자산과 부채의 가치평가에서는 사업 중단 상태에서의 가치 평가를 고려할 것이다.

## 2.3.1 자산가치 평가

일반적인 재무제표에서 보이는 자산가치와 지급여력을 평가하기 위한 목적의 자산 가치는 다를 수 있다. 그러므로 재무제표에서 보이는 자산가치를 점검하고 아래와 같은 사항들을 반드시 고려해야 한다.

재무제표에서 보이는 자산가치가 원가기준으로 작성된 것이지 확인해야 한다. 사업 중단 상태에서는 더욱 자산을 즉시 매각할 필요가 있기 때문에 자산의 공정가치 평가가 당연한 것이다. 그러나, IFRS17이 시행되면 당연히 공정가치로 산출되기 때문에 더 이상 고려대상이 아닐 수 있다.

사업 중단 상태에서의 자산의 시장가치는 정상적인 상황에서의 자산의 시장가치 보다 적을 것이 분명하다. 사업 중단이라는 프레임에 의해 매각에서 불리한 조건이기 때문이다. 또한 감독당국은 이런 상황을 가정하여 특정 자산을 지급여력 평가에서 제외하거나 가치 축소를 요구할 것이다. 아니면 특정 자산이 지급여력 평가에 포함되기 위한 조건들을 세울 것이다. 특히 청산 절차를 밟고 있는 상황에서는 임직원 무담보 대출과 같은 지급불능 상태에서 회수하기 어려운 자산이나 영업권 같은 의미가 없어지는 무형자산들은 가치가 없거나 매우 작게 인정 받을 수 있게 된다.

특정 계약에 위험이 과하게 노출되어 있는 자산의 경우 지급여력 평가에서 제외하는 것이 일반적이다. 어느 수준 이상의 투자금액은 자산으로 인정되지 않는 것은 보편화 되어 있다. 또한, 어떤 특정 자산에 저당권이 설정되어 있다면 그런 자산은 대체로 지급여력 평가 시 자산에서 제외된다. 이외에도 모회사와 자회사인 경우에는 중복으로 동일한 자산이 평가 될 수 없다. 이 경우 모회사와 자회사의 지급여력 평가에 반영되는 특정 자산가치의 합이 그 자산의 시장가치와 같아야 하며 초과돼서는 안 된다.

금융위기나 시장상황이 안 좋을 때 회사는 그들의 자산가치를 낙관적으로 최대한 많게 평가하려고 하는 경향이 있다. 일반 개인에게도 나타날 수 있는 매우 일반적인 사고임에 분명하다. 그러나, 이와 같은 생각은 시장가치를 과도하게 부풀리는 조작이 될 수 있고 계열사간의 부당거래와 같은 자산가치의 속임수 행위로 이어질 수도 있게 된다. 그래서 자산가치는 외부 회계에 의한 검증을 받는 것이 필수적이다. 일부 부동산이나 사모펀드 같은 자산은 가격을 산정하기가 쉽지 않다. 가격을 산정할 때 객관적인 요소보다 주관적인 요소가 많이 개입되는 자산은 특히 가치 평가가 어렵고 힘들다.

위의 모든 고려사항들을 종합해 보면 결론적으로 지급여력 목적의 자산자치는 보수적인 평가가 되어야 한다는 점이다. 감독당국의 지급여력 규정을 준수하기 위해서도 자산가치는 보수적일 수 밖에 없다. 감독당국은 회사를 평가할 때 재정적 상황이 좋을 때 보다는 재정 상황이 악화될 때를 가정하여 회사를 평가하려는 경향이 강하기 때문이다. 이와 같은 업무를 담당하는 보험계리사는 회계감사와 밀접하게 업무협의를 하고 자산 가치 평가 시 야기되는 어떠한 이슈들도 확인하고 협의 하에 제시할 필요가 있다.

### 2.3.2 부채가치 평가

자산가치를 평가하는 절차와 유사하게, 일반적인 재무제표에서 보이는 부채가치와 지급여력을 평가하기 위한 목적의 부채가치는 다를 수 있다. 그러므로 재무제표에서 보이는 부채가치를 점검한 후 평가방법을 결정하고 그 방법에 의해 사업 중단 시 영향을 반영하여 아래와 같은 조정작업이 필요하다.

### 2.3.2.1 부채가치 평가방법

자산의 가치평가와 마찬가지로 부채평가도 공정가치로 산정하는 게 원칙이다. IFRS17이 시행되면 이러한 언급은 더 이상 의미가 없을 것이다. 보험회사에서 부채를 공정가치로 평가하는 것은 매우 어렵다. 특히 부채를 이용한 포트폴리오의 평가는 많은 고려사항을 반영해야 하기 때문이다. 중복위험이 포함된 포트폴리오 부채는 표준화 되어 있지도 않고 매매도 어렵다. 포트폴리오 부채 안에는 각각의 위험이 서로 상존하기도 또는 조합으로 나타나기도 한다. 부채의 적절한 시장가치를 평가하기 위한 자료나 정보가 거의 없는 것도 문제이다. 그래서 평가의 공정성과 합리성을 위해 여러 평가 방법이 제시 되어 있고 이들 중 하나 또는 여러 방법을 조합하고 수정하여 평가하는 것이 일반적이다. 여기서는 대표적인 평가방법만을 간략히 소개하도록 하겠다.

(1) 규제가치 기준(Statutory valuation method): 말 그대로 감독당국의 규제에 의해 명시한 평가절차에 기인하는 방법이다. 일반적으로 생명보험 상품에 적용하기 적당한 방법이다. 감독당국은 사망률 등을 객관적이고 회사에 따라 너무 민감하지 않을 수준으로 지표를 제시한다. 지급여력을 평가할 때 이러한 제시된 지표를 기준으로 산출하는 방법이다.

(2 역편차 마진(Margin for adverse deviation): 이 방법은 회사의 부채에 포함된 리스크의 차이를 반영하여 부채를 평가하는 것이다. 예를 들어, 생명보험상품의 사망률 가정을 설정할 때 먼저 과거 경험 데이터로부터 최선의 기댓값(best estimate)을 구한다. 이러한 기댓값을 바탕으로 연평균 계약건수와 사망보험금 청구건수 추세, 통계의 신뢰도 수준, 상품의 특성 및 변경 내역, 심사기준의 변경 등 상품 구성 내용의 변경을 감안하여 미래의 예측 기댓값 즉 최적값을 예측하는 것이다. 이 방법에서 주의해야 할 점은 일반적인 통계를 이용한 분석방법에서의 주의할 점과 유사하다. 먼저 과거 데이터의 신뢰수준을 확인하여 통계의 편차를 확률론적으로 확인하고 내부 변수의 변화가 결과에 미치는 영향도를 파악하여 산출 시 조정 가능하도록 한다.

(3) 충분성 확률(Probability of sufficiency approach): 이 방법은 보험금 지급의 모든 결과에 대한 분포를 모델링하여 부채를 평가하는 방법이다. 이는 VaR의 계산방법과 개념상 매우 유사하다. 예를 들어, 책임준비금의 예상금액을 확률적인 신뢰수준(confidential level)으로 제시하여 산출하는 것이다.

## 2.3.2.2 사업 중단 시 부채평가 조정

일반적인 부채가치의 평가는 안정적인 경제 환경하에서 사업이 계속 진행된다는 가정이 기본적으로 있다. 그러나 앞에서 언급됐듯이 사업 중단이라는 엄청난 사태에서는 부채의 속성이 변경될 수 있으므로 부채평가의 조정이 필요하게 된다.

사업 중단이 청산이란 형태로 진행된다면 계약의 해약은 엄청나게 발생할 수 있다. 이런 경우를 예측하여 지급여력 평가 시 모든 계약이 해지된다는 설정 하에 해약환급금과 가용자산을 비교할 필요가 있다. 사업 중단이 영업 정지라는 형태로 진행된다면 보험계약자들은 계약해지나 유지를 고민하게 될 것이다. 예를 들어, 어느 계약자는 자신의 계약을 해지하고 다른 우수회사의 그 위험을 담보하는 유사상품으로 이전 할 수 도 있고 그대로 해지하고 끝낼 수 도 있다. 그러나, 사고 발생 가능성이 높은 보험상품 가입자는 그대로 계약을 유지하게 되면 보험회사가 부담해야 하는 위험은 더 커지게 되어 결국 이러한 역선택이 계속 발생함으로 회사의 재정적인 상태는 더 악화될 수 있는 여지가 남는다. 또한 영업 정지 상태에서는 종업원이 퇴사나 이직을 하게 되는 경우가 훨씬 많아지므로 이에 따른 추가비용이 발생하게 된다.

위와 같이 부채평가는 회사의 경영상태에 따라 많은 변수가 작동하게 된다. 이런 변수들 중에는 무시해도 무관한 것이 있는가 하면 어떤 것은 평가에 직접적인 영향이 있는 것도 있으므로 경우에 따른 여러 시나리오를 적용하여 최선의 가치(best estimate)를 판단하는 것이 중요하다.

### 2.3.2.3 부채평가 검증

앞에서 언급됐듯이 금융위기나 시장상황이 안 좋을 때 회사는 그들의 자산가치를 낙관적으로 최대한 많게 평가하려고 하고 부채가치는 마찬가지로 낙관적인 가정을 이용하여 최소한 적게 하려는 경향이 있다. 모든 사람은 이와 비슷한 사고를 가지고 있을 것이다. 부채평가를 진행할 때 감독당국이 제시하는 가이드라인을 준수해야 함은 매우 중요하다. 그 가이드라인에 조금이라도 벗어나는 어떠한 시도도 해서는 안 될 것이다. 금융당국의 검증시스템이 산업전체에서 최고라는 생각을 가지고 평가작업에 임해야 한다.

자산과 마찬가지로 부채평가에서도 정확성과 적절성은 데이터 분석에 달려 있다고 해도 과언이 아니다. 그러므로 평가전에 데이터에 대한 철저한 검증이 출발점이라 생각해야 한다.

# 3. RBC(Risk-Based Capital)

본서의 RBC에 관련된 부분은 RBC에 대한 정확한 이해로부터 시작한다. RBC란 개념이 생겨나게 된 배경과 RBC와 관련 있는 용어들을 이해한 후 RBC에서 추구하고자 하는 취지들을 이해하게 되면 RBC 산출을 이해하는데 도움이 될 뿐만 아니라 다음 주제인 Solvency II를 이해하는데도 도움이 될 것이다. RBC 산출방법은 기술적인 부분이므로 마지막에서 다루고자 한다. RBC에 관련된 많은 내용들은 금융감독원의 '보험회사 RBC제도 해설서'에 의거하여 설명되어짐을 참고하기 바란다.

## 3.1 RBC에 대한 이해

### 3.1.1 RBC 이전의 세상

과거에 보험선진국가에서 지급여력을 평가할 때, 보유하고 있는 자산과 부채의 가치를 추정하고 이런 추정치의 불확실성은 리스크마진을 통해 보완하는 시스템이 기본이었다. 그리고, 산업의 재정적인 안전성과 경제의 균형을 위해 회사마다 보유하도록 권장하는 추가 자본 규모를 제시하였다. 예를 들어, 감독당국은 어느 보험회사에게 보험료의 몇%와 현재 보험금이 청구되었으나 미지급되어 있는 개별추산액(case reserve)을 감당하기에 충분한 자본을 보유하도록 요구하는 것이었다.

이러한 접근방식은 단순하면서도 이해하기 쉬운 면이 있었다. 그러나 위의 전제조건은 모든 보험회사가 유사한 상품을 팔고 있고 경영방식, 투자전략, 또는 리스크 관리 방법이 회사마다 서로 비슷하다면 최적의 방법일 수 있다. 그러나 금융시장은 확대되고 다양한 담보를 보장하는 다양한 방식의 보험상품이 회사마다 독자적으로 개발되면서 위의 접근방법은 더 이상 효력을 잃게 되었다. 특히, 전통적인 지급여력 계산법은 회사마다 노출되어 있는 각기 다른 리스크를 모두 다 반영하고 있지 못 한 치명적인 결함이 있었다. 이는 회사마다 재정적인 상태에 의해 자본요구금액을 많거나 작게 할 수 있는 주관적 판단이 많이 개입될 소지가 있었다.

이에 따라 회사가 안고 있는 리스크의 속성과 크기에 따라 회사가 보유해야만 하는 최소한의 자본금액을 계산할 수 있는 세부적인 기법을 개발하려는 분위기가 무르익게 되었다. 금융당국에서 제시하는 규제 지급여력제도에서 리스크를 반영한 자기자본 계산법, 일명 RBC(Risk-Based Capital)는 국제결제은행(BIS)의 후원 하에 은행권에서 먼저 개발되었고 그 기준을 대다수 선진은행감독당국에서 채택하였다.

보험회사도 동일한 개념이 적용되고 있다. 국제보험감독자협의회(IAIS)는 보험회사에 내재되어 있는 리스크를 반영하여 최소자본을 요구하는 방식을 제안하였고 현재 대부분의 보험선진국에서 채택하고 있다. 뒤에서 설명될 Solvency II는 Solvency I을 기본으로 수정, 보완한 것이지만 RBC도 Solvency II의 기초라 할 수 있다.

☞ 한국의 보험지급여력제도는 IMF 이전까지는 지급여력과 해약식 책임준비금을 비교하여 지급여력을 평가(생보사)하거나 보유위험료가 보험계약자 잉여금의 일정 비율을 초과하지 못하도록 규제하는 방식(손보사)으로 지급여력규제를 운용하여 왔다. IMF이후 IMF의 권고에 따라 유럽식 Solvency I을 도입하였고 이 후 여러 문제들이 제기되기 시작하였다. 2011년 4월, 이전 2년 동안은 2008년 금융위기의 여파를 최소화 하고자 EU식인 Solvency I과 미국식인 RBC를 병행 실시하였고 2011년 4월에 RBC제도를 본격적으로 도입하여 이후 확대 실행하고 있다. 그러나, 2022년 1월자로 IFRS17과 동일하게 Solvency II에 기반한 K-ICS를 도입할 예정이다.

## 3.1.2 RBC제도의 이해

### 3.1.2.1 자기자본 규제제도의 의의

금융회사에 있어 자기자본은 영업을 위한 기본적인 자금을 공급하는 기능과 함께 예상하지 못한 손실에 대한 최종적인 안전장치라는 중요한 기능을 수행한다. 손실위험에 대한 안전장치로서의 기능을 수행하는 것으로는 자기자본과 준비금으로 각각은 대응되는 위험의 종류에 있어 각기 다른 특성을 갖는다. 대출·유가증권 등 수익성 있는 자산은 기본적으로 어느 정도의 손실위험을 내재하고 있어, 이러한 예상되는 손실에 대해서 적립하는 예비자금이 준비금(충당금 등)이며, 자기자본은 급격한 경제위기 등 예상치 못한 손실에 대비한 최종적인 예비자금으로서의 성격을 가진다. 자기자본 규제제도란 금융회사에 예상하지 못한 손실이 발생하더라도 이를 충당할 수 있는 자기자본을 보유하도록 하는 제도이다.

오늘날 자기자본 규제제도는 손실흡수를 통해 개별 금융회사의 지급능력(Solvency)을 보장하고, 금융시스템의 안정성을 확보하기 위한 가장 중요한 규제수단이다. 자기자본 규제제도는 일정한 방식에 의해 산출한 금융회사의 총위험액 대비 일정비율을 자기자본으로 보유토록 의무화하고 있다. 일반적으로 자기자본비율이 높을수록 금융회사의 지급여력은 안전하다고 볼 수 있다. 회사가 증자 등으로 자기자본을 증가시킬 경우, 발행비용과 투자의 기회비용을 고려해야 한다. 또한 금융시스템의 측면에서도 자기자본을 과다하게 보유하는 경우에는 한정된 자원을 효율적으로 배분하지 못하는 측면이 있게 된다. 더욱이 금융회사의 주주는 자기자본의 투자규모가 과다한 경우에는 자본이익률(ROE)의 제고를 위해 고수익의 위험성이 높은 곳에 투자를 함으로써 오히려 당해 금융회사는 물론 금융시스템 전체를 위험에 빠뜨릴 우려가 있게 된다. 과거 금융위기의 과정에서 자본비율이 높았던 은행들이 급격히 부실화되었던 많은 사례들은 이러한 위험을 잘 설명해주고 있다. 이와 같이 금융회사는 자기자본 보유에 따른 손실흡수능력과 기회비용 등을 종합적으로 고려하여 적정 수준의 자기자본을 보유하는 것이 바람직하다. 그러나 이러한 적정 수준에 대한 의사결정을 개별 회사에 맡겨 두면 자기자본비율이 사회적으로 바람직한 수준보다 낮은 수준에서 결정될 가능성이 높다. 개별 금융회사는 공정성이나 안정성보다 수익성을 최우선적으로 고려하는 특성이 있기 때문이다. 이에 따라 금융당국은 금융회사가 총위험액에 대응하여 의무적으로 보유하여야 할 최소한의 자본비율 수준을 규제하고 있는 것이다. 그리고 개별 금융회사는 포트폴리오 특성, 자산 성장성 등을 고려하여 최소규제비율 보다 높은 수준에서 적정한 자본비율 수준을 결정하는 것이 일반적이다.

### 3.1.2.2 지급여력규제의 의의

보험회사에 있어 지급여력이란 지급능력(solvency), 즉 보험계약자에 대해 지급사유가 발생시 보험금지급 의무의 이행을 위해 필요한 자산 즉, 책임준비금 외에 추가로 보유하도록 한 순자산을 의미한다. 여기에서 책임준비금이란 보험계약자로부터 매년 받는 보험료 중에서 일부를 비용(예: 예정사업비 등)으로 지출하고 보험계약자에게 장래에 지급할 보험금, 환급금, 계약자배당금 등의 부채에 충당하기 위하여 적립한 금액을 말한다. 그리고 이러한 지급여력을 초과하여 적립하는 것이 바로 지급여력금액이 된다. 다시 말해서 지급여력금액이란 보험회사가 예측할 수 없는 리스크의 발생에 대비할 수 있는 일종의 충격흡수장치(buffer) 또는 잉여금(surplus)이라고 할 수 있다.

지급여력비율은 지급여력금액을 지급여력기준금액으로 나눈 비율로서 보험회사의 재무건전성을 측정하는 핵심지표이다. 관련 법규정은 지급여력금액이 지급여력기준금액을 초과하도록 규정하고 있다. 지급여력기준 100%가 뜻하는 바는 보험회사가 이를 충족하지 못할 때 바로 지불불능상태가 되는 건 아니지만, 각종 리스크에 종합적으로 대비하여 보험계약자를 보호할 장치가 필요하다는 의사 전달이 된다.

## 3.2 RBC제도의 특징과 구성

### 3.2.1 리스크중심(Risk-Based) 보험감독체계제도

보험회사가 내재하고 있는 리스크의 규모와 그 관리능력을 평가하여 리스크가 큰 부문을 집중적이고, 사전적이고, 예방적이며, 상시적으로 감독하는 체계적인 방식의 감독제도이다. 이러한 감독체계를 추진하는 목적은 아래와 같다.

- 보험회사의 재무건전성 및 자율성을 향상시키고,
- 보험회사의 경영실적 및 법규 중심에 기반한 감독체계의 한계를 벗어나,
- 보험산업의 국제경쟁력 및 금융시스템의 안전성을 높임과 동시에
- 감독, 검사업무의 효율화 및 부담을 경감시키는데 있다고 할 수 있다.

### 3.2.2 RBC제도의 특징

금융당국 시각에서 바라보는 RBC제도의 특징은 다음과 같다.

(1) 국제적 정합성: 재무건전성에 관한 선진제도를 참고하였고 국제보험감독자협의회(IAIS)에서 제시하는 국제적 정합성에 최대한 부합되도록 하였다.

(2) 리스크 세분화: 보험회사에 내재된 다양한 리스크를 효과적으로 반영할 수 있도록 리스크 구분을 세분화하여 체계적으로 반영하였다. <표 11-1>는 자산운용리스크를 세분화한 예이다.

〈표 11-1〉 RBC의 자산운용리스크 세분화

- 시장위험: 파생상품, 변액보험 최저보증리스크 반영
- 신용위험: 차주의 신용등급별 위험계수 차등화
- 금리위험: 자산과 부채에 대한 미스매칭(mismatching) 리스크를 반영

(3) 표준모형 도입: 보험회사 공통으로 적용할 수 있는 단순한 형태의 표준 모형을 도입하였다. 이에 보험회사간 비교가 가능하게 되었다.

☞ 각 회사만의 리스크요인을 차별화하여 전반적 리스크를 분석하고 그에 상응하는 경제적 자본을 더 적절히 산정하도록 지원하는 '내부모형(Internal Model)' 제도를 도입 중에 있다.

(4) 가용자본(Available Capital) 계층화: 가용자본은 보험회사에서 예상치 못한 손실 발생시 이를 보전하여 지급능력을 유지할 수 있도록 하는 리스크버퍼(risk buffer)로서 실제로 이용 가능한 자본금을 의미한다. 가용자본을 계층화한 산출기준은 별도 세션으로 아래에서 설명할 것 이다.

(5) 리스크 간 분산효과 반영: RBC비율 계산시 반드시 필요한 요구자본 (Required capital)은 해당 보험회사에 내재된 보험·금리·시장·신용· 운영위험액의 규모를 측정하여 산출된 필수 자기자본을 의미하는 것으 로 요구자본을 산출할 때 단순합산에 의해 총액을 구하는 것이 아니고 각 리스크의 분산효과를 고려해서 구하는 것이다. 이에 대한 구체적인 설명은 아래의 별도 세션에서 이어질 것이다.

(6) 연결 RBC 제도 적용: 보험회사의 자회사가 증가하고, 보험회사 및 보험 그룹의 형태가 다양화되면서 보험회사 자체의 재무제표로는 노출된 리 스크 전부를 반영하는데 한계가 있다. 2011년 4월 도입된 IFRS4에서도 연결재무제표를 기본 재무제표로 하였고 이는 세계적인 추세이며, RBC 제도도 이를 기준으로 한다. RBC 연결재무제표 적용 대상은 소재지, 업 종 등을 고려하여 국내·해외 종속 보험회사, 종속보험업관련회사, 종속 간접투자기구로 분류하고 내부거래를 제거한 후 RBC 연결재무제표를 작성한다.

☞ RBC 연결재무제표상 종속회사: ① 국내·해외 종속보험회사, ② 종속간접투자기구 (집합투자기구 등), ③ 종속보험업관련 회사, 단, 지급여력금액을 산출하기 위한 자료의 정합성, 충분성 및 객관성이 확보되지 않은 해외 보험회사는 연결대상에서 제외한다.

### 3.2.3 RBC 제도의 구조

RBC제도는 보험회사에 내재되어 있는 리스크의 크기를 산출하여 이에 상응하는 자본을 보유토록 하는 제도로 가용자본(available capital)과 요구자본 (required capital)의 산출을 통하여 자본적정성을 평가하는 구조이다. RBC비율은 가용자본을 요구자본으로 나눈 값으로, 적기 시정조치 기준, 보험회사 위험기준 경영실태평가제도(RAAS)의 평가지표 등으로 활용한다. RBC제도의 전체적인 구조는 <그림 11-3>을 참고하기 바란다.

〈그림 11-3〉 RBC제도의 구조

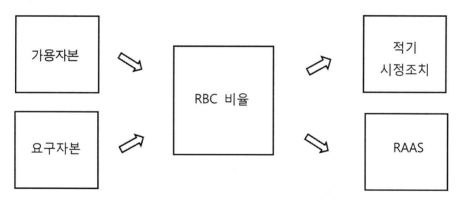

### 3.3 RBC 요소별 산출기준

RBC제도는 결국 RBC비율을 계산하는 것이다. RBC비율을 계산하기 위해서는 각각의 구성요소를 계산해야 한다. 즉, 산식의 분자에 해당하는 가용자본의 구성요소들을 산출하고 분모에 해당하는 요구자본의 구성요소인 다섯 가지 리스크들의 분산효과를 반영한 보험회사의 총위험액인 요구자본을 구하는 것이다. 다음은 각 요소들의 산출기준에 대해서 알아보도록 하겠다.

### 3.3.1 가용자본 산출기준

보험회사의 RBC비율 산출을 위한 가용자본(지급여력금액)은 RBC 연결재무제표를 기준으로 기본자본에 보완자본을 합한 후, 자산성이 없는 차감항목을 공제하고 연결관련 합산·차감항목(예: 관계회사 관련 출자금 등)을 반영하여 산출한다. 단, 연결대상회사가 없는 경우에는 개별재무제표를 기준으로 작성한다.

---

가용자본 = 기본자본 + 보완자본 − 차감항목 + 연결관련 합산·차감항목

---

가용자본을 기본자본과 보완자본으로 구별한 것은 자본의 질을 제고하기 위한 것으로서, 보완자본은 기본자본에서 차감항목을 공제한 범위까지만 인정된다. 또, 기본자본과 관련해서는 '기본자본지급여력비율'이라는 항목으로 RAAS(보험회사 위험기준 경영실태평가제도) 평가 시 계량평가지표로 활용되고 있다.

- 기본자본지급여력비율=(기본자본지급여력금액/지급여력기준금액)×100

아래는 각 항목에 해당하는 계좌들의 예시이다.

- 기본자본: 영구적이며 어떠한 자본비용의 부담도 주지 않는 자본이 특징이다. 이에 해당하는 계좌는 자본금, 증자활동 등에 의한 자본잉여금, 이익잉여금, 신종자본증권 중 자기자본의 25% 이내 등이다.
- 보완자본: 만기가 있고 이자에 대한 지불의무가 있는 것이 특징으로 보완자본에 해당하는 계좌는 후순위채무액, 대손충당금, 계약자이익배당준비금 등이 있다.
- 차감항목: 자산성이 없는 것으로 해당 계좌는 미상각 신계약비, 영업권, 시장성 없는 선급비용, 이연법인세자산 등이다.

## 3.3.2 요구자본 산출기준

RBC비율의 분모인 요구자본은 RBC 연결재무제표를 기준으로 보험회사의 전체적인 리스크를 합리적으로 반영할 수 있도록 개별 리스크를 통합하여 산출한다.

### 3.3.2.1 개별위험액 산출기준

RBC제도는 보험회사에 내재된 리스크를 보험리스크, 금리리스크, 신용리스크, 시장리스크, 운영리스크 등 5가지로 분류하고 있다. 이들 개별 리스크의 구체적인 의의와 결정요인은 <표 11-2>와 같다.

개별위험액은 대상항목별 잔액에 위험계수를 곱하여 산출한다. 대상항목별 잔액은 주로 재무제표상의 금액을 기본으로 하여 산출한다. 그리고 위험계수는 자산항목별, 보험보장·종목별, 금리민감도별로 구분하여, 과거 경험치에 대한 통계적 분석 등에 근거하여 산정한다.

〈표 11-2〉 개별 리스크 정의 및 결정요인

| 구 분 | 정 의 | 결정 요인 |
|---|---|---|
| 보험 리스크 | 예상하지 못한 손해율 증가 등으로 손실이 발생할 리스크 | • 손해율 <br> • 지급준비금 적립수준 |
| 금리 리스크 | 금리 변동에 따른 순자산가치의 하락 등으로 재무상태에 부정적인 영향을 미칠 리스크 | • 자산/부채의 금리민감도 <br> • 금리연동형상품 비중 |
| 신용 리스크 | 채무자의 부도, 거래상대방의 의무불이행 등으로 인하여 손실이 발생할 리스크 | • 신용등급, 부도율 <br> • 담보, 보증 등 신용보강 내역 |
| 시장 리스크 | 시장가격(이자율, 환율 등)의 변동에 따른 자산가치 변화로 손실이 발생할 리스크 | • 분산투자의 적정성 <br> • 변액보험 비중 |
| 운영 리스크 | 부적절한 내부절차·인력·시스템, 외부사건 등으로 인하여 손실이 발생할 리스크 | • 내부통제의 적정성 <br> • 사고 방지대책의 적정성 |

> • 위험액 = 최대손실액 (VaR) − 평균손실액 ($\mu$)

통상적으로 최대손실액은 일정 기간 동안 일정 신뢰수준(예: 99%) 하에서 발생할 수 있는 최대손실액을 의미하는 VaR(Value at Risk)로 측정하며, 이 경우 위험계수는 다음과 같이 정의된다. 여기서 $\mu$는 손실액의 평균 값을 의미한다.

- 위험계수 = VaR / $\mu$

### 3.3.2.2 총위험액(요구자본) 산출기준

RBC제도는 개별위험액을 단순 합산하는 방식이 아니라 분산효과를 반영하여 총위험액을 산출하는 것이다. 분산효과 반영 방식은 개별위험액 간의 상관관계를 고려하여 총요구자본을 산출하기 때문에 총위험액이 개별위험액의 단순 합산보다 작게 산출된다. 즉 리스크 평가에 있어서 리스크 범주 간(예: 보험리스크 및 시장리스크)뿐만 아니라 리스크 범주 내(예: 시장리스크 내의 주식리스크 및 금리리스크)의 종속성 및 상호관계를 고려할 필요가 있다. 이에 따라 국내 RBC제도는 개별위험액 간 상관계수를 정교화하여 보험사별 리스크 특성에 상응하는 통합리스크를 산출하고 있다. 각 부문별 위험액간의 상관계수는 <표 11-3>과 같다.

$$\text{총위험액} = \sqrt{\Sigma\Sigma(\text{위험액}\,i \times \text{위험액}\,j) \times \overline{\text{상관관계}\,ij}} + \text{운영리스크}$$

<표 11-3> 위험액간의 상관계수

|  | 보험 | 금리 | 신용 | 시장 |
|---|---|---|---|---|
| 보험 | 1.00 | 0.25 | 0.25 | 0.25 |
| 금리 | 0.25 | 1.00 | 0.50 | 0.50 |
| 신용 | 0.25 | 0.50 | 1.00 | 0.50 |
| 시장 | 0.25 | 0.50 | 0.50 | 1.00 |

### 3.3.2.3 요구자본 산출 순서

다음은 RBC 요구자본을 산출하는 순서를 위의 내용을 토대로 요약한 것이다.

- Step 1: 리스크 분류
- Step 2: 리스크별 위험계수 산출 ~ 과거 실적통계에 의한 추정, 모형에 의한 시나리오 분석, 정책적 판단 등에 의해 산출
- Step 3: 리스크별 위험계수의 조정 ~ 회사실적과 산업실적의 차이, 리스크 경감조치 등을 반영
- Step 4: 리스크별 위험액(요구자본) 산출 ~ 리스크별 위험노출규모(자산·부채, 준비금, 보험료 등)에 해당 위험계수를 곱하여 산출
- Step 5: 분산효과를 반영한 보험회사 총위험액(요구자본) 산출
- Step 6: RBC비율(＝가용자본/요구자본) 산출

### 3.3.3 보험위험액 산출기준

보험리스크(insurance risk)는 보험업에 있어 고유한 리스크임과 동시에 가장 중요한 리스크이다. 보험리스크는 일반적으로 보험회사의 고유 업무인 보험계약의 인수 및 보험금 지급과 관련하여 발생하는 위험을 통칭한다.

☞ 보험리스크의 구체적인 내용에 대하여는 국가별로 또는 국제기구에 따라 다르다. 예를 들어 미국의 보험감독기구협의회(NAIC)에서는 생명보험의 보험리스크를 보험료 가격리스크(mispricing) 및 보험금 지급의 증가에서 발생하는 리스크로 광범위하게 정의한다. 미국은 실제로 예정위험률 및 예정사업비만을 보험리스크에 포함하고 있으며, 예정이율은 금리리스크에서 별도로 분석하고 있다. Solvency II에서는 인수리스크(underwriting risk)로 정의한다.

국내 RBC제도는 보험리스크를 사고의 발생 여부에 따라 보험가격리스크와 준비금리스크로 구분하고 있다. 즉 보험가격리스크는 미래에 발생할 사고를 대상으로 하는 반면, 준비금리스크는 기발생된 사고를 대상으로 한다. 구체적으로 보험가격리스크는 보험료 산출 시 적용된 예정 손해율과 실제 발생

손해율의 차이로 인해 보험회사에 손실이 발생할 위험을 의미한다. 준비금리스크는 보험사고가 발생하였으나 해당 계약의 보험금 지급을 위해 적립한 지급준비금이 장래 지급될 보험금을 충당하지 못할 위험을 의미한다. 준비금위험액은 사고가 발생하였다 하더라도 그 손실액을 확정할 수 없는 일반손해보험(일반보험·자동차보험·보증보험 등) 계약을 대상으로만 측정한다. 이에 반해 생명보험 및 장기손해보험은 준비금위험액을 측정하지 않는다.

보험가격위험액은 향후 1년 동안 예상되는 최대손실액에서 평균 손실액을 차감한 금액이며 준비금위험액은 최대 지급준비금으로부터 장부상 지급준비금을 차감한 금액이다. 보험가격위험액과 준비금위험액이 각각 산출되면, 분산효과를 고려하여 보험위험액을 산출하며 산식은 아래와 같다.

$$\text{보험위험액} = \sqrt{\text{보험가격위험액}^2 + \text{준비금위험액}^2 + 0.5 \times \text{보험가격위험액} \times \text{준비금위험액}}$$

생명보험, 장기손해보험의 보험가격위험액 산출

$$\text{보험가격위험액} = \{\Sigma_{\text{보험보장구분}}(\text{보유위험보험료} \times \text{조정위험계수})\} \times \max\left(1, \frac{50\%}{\text{보유율}}\right)$$

- 보유위험보험료 = 원수위험보험료 + 수재위험보험료 − 출재위험보험료
  산출기준일 이전 1년간 보유위험보험료로 만일 0보다 작으면 0으로 함.
- 조정위험계수 = Min[Max{기본위험계수[1] × 갱신조정률[2] + (보장별손해율[3] − 기준손해율[4]) × 50%[5], 기본위험계수 × 갱신조정률 × 70%[6]}, 1[7]]

  1) 변동성을 기준으로 산출한 업계평균 위험계수 (VaR 99% 신뢰수준에서 산출)

  2) 갱신형 보장의 리스크 경감을 위한 할인율

  3) 산출시점을 포함한 직전 3년간 당해 보험사의 보장별 연간손해율의 평균

  4) 보험업계 손해율 평균

5) 보장별 손해율과 업계손해율의 차이를 반영하는 조정비율

6) 기본위험계수의 70%를 하한으로 설정

7) 1을 최대한도로 설정

연간손해율 = (원수지급보험금 + 원수지급준비금 증감액) ÷ 원수위험보험료

- 보유율 = 보유위험보험료 ÷ (원수위험보험료 + 수재위험보험료)

  보유율은 해당 보험사의 전체 생명보험(또는 장기손해보험) 위험보험료
  (산출기준일 이전 1년간)를 대상으로 산출

보험가격위험액 산출을 위한 보험보장의 종류에서 생명보험은 사망, 장해, 입원, 수술진단, 실손의료비 등의 위험을 보장으로 구분하며, 장기손해보험은 사망·후유장해, 상해생존, 질병생존, 재물, 실손의료비, 기타 비용손해 등으로 구분한다. 생명 및 장기손해보험에 있어 보험가격위험액의 익스포저는 산출기준일 이전 1년간 보유위험보험료로 측정한다.

### 3.3.3.1 일반손해보험의 보험가격위험액 산출

$$\text{보험가격위험액} = \left\{\Sigma_{\text{보험보장구분}}(\text{보유보험료} \times \text{조정위험계수})\right\} \times \max\left(1, \frac{50\%}{\text{보유율}}\right)$$

- 보유보험료 = 수입보험료(원수보험료 + 수재보험료 − 해지환급금)
  − 지급보험료(출재보험료 − 해지환급금환입)

  산출기준일 이전 1년간 보유보험료로 0보다 작을 경우 0으로 계산

- 조정위험계수 = Min[Max{기본위험계수[1] + (보장별합산비율[2] − 기준합산비율) × 50%[3], 기본위험계수 × 70%[4]}, 1[5]]

  1) 변동성을 기준으로 산출한 업계평균 위험계수(VaR 99% 신뢰수준에서 산출)

  2) 산출기준월을 포함한 최근 3년 연간 합산비율의 산술평균

  3) 보장별 합산비율과 업계 합산비율의 차이를 반영하는 조정비율

4) 기본위험계수의 70%를 하한으로 설정

5) 1을 최대한도로 설정

합산비율 = (발생손해액＋순사업비)÷보유경과보험료

- 보유율 = 보유보험료÷수입보험료(원수보험료＋수재보험료－해지환급금)

    보유율은 해당 보험사의 전체 생명보험(또는 장기손해보험) 위험보험료 (산출기준일 이전 1년간)를 대상으로 산출

보험보장을 구분하는 기준은 일반보험인 경우, 화재, 기술, 해외, 종합, 해상, 상해, 근재, 책임, 기타 등으로 구분하고, 자동차보험은 개인용(대인), 개인용(대물, 차량), 업무·영업용(대인), 업무·영업용(대물, 차량), 기타로 구분한다. 일반손해보험의 보험가격위험액 익스포저는 산출기준일 이전 1년간 보유보험료로 측정한다.

### 3.3.3.2 준비금위험액 산출

$$\text{준비금위험액} = \left\{ \Sigma_{\text{보험보장구분}}(\text{보유지급준비금} \times \text{준비금 위험계수}) \right\} \times \max\left(1, \frac{50\%}{\text{보유율}}\right)$$

- 보유지급준비금 = 원수지급준비금＋수재지급준비금－출재지급준비금

    지급여력기준금액 산출기준일의 대차대조표상 금액을 이용하며, 보유지급준비금이 0보다 작을 경우 0으로 함.

- 준비금 위험계수 = 기본위험계수
- 보유율 = 보유지급준비금÷(원수지급준비금＋수재지급준비금)

준비금위험액은 일반손해보험을 대상으로 측정하며 보험보장 구분단위 별 익스포저에 준비금위험계수를 곱하여 합산해서 보유율을 감안하여 산출한다. 보험회사가 재보험을 통해 보유율을 크게 낮추어 자본부담을 경감시키지 못

하도록 요구자본량을 보유율 50%로 계산한 금액보다 작지 못하도록 하였다. 이외에도 VaR 방식에 기반하여 업계 표준의 기본위험계수를 산출한다. 준비금 위험계수는 회사별 실적을 감안한 조정과정을 거치지 않고 기본위험계수를 그대로 적용한다.

### 3.3.4 금리위험액 산출기준

보험회사의 금리위험은 미래 시장금리 변동 및 자산과 부채의 만기구조 차이로 인해 발생하는 손실위험을 의미한다. 즉 보험회사에 있어 금리위험은 부채의 평균 만기가 자산의 평균 만기를 상(하)회함에 따라 금리하락(상승) 시 순자산가치가 하락할 위험(경제적 관점의 금리리스크)과 보험계약의 적립이율과 시장이율(운용수익률)의 차이로 인한 금리역마진위험(손익관점의 금리리스크)으로 구분할 수 있다.

일반적으로 자본적정성 규제에 있어 금리역마진위험은 보장이율이 시장이율을 초과하여 향후 1년간 발생할 예상손실을 의미하므로 가용자본에 반영함이 바람직한 반면, 경제적 관점에 의한 금리위험은 금리변동에 따른 예상치 않은 순자산가치 감소를 의미하므로 요구자본에 반영함이 타당하다.

금리리스크는 금리민감 부채가 존재하는 생명보험 및 장기손해보험 종목에서 발생한다. 금리리스크는 특히 생명보험회사에 있어 중요한 리스크이다. 금리위험액 산정의 대상 계정은 생명보험의 일반계정과 특별계정 중 연금저축보험계약, 세제지원개인연금손해보험계약, 장기손해보험계약 및 자산연계형보험계약을 포함한다. 또한 농협손해보험의 장기손해공제도 포함된다. 반면, 금리변동으로 인한 손실위험이 보험회사에 귀속되지 않는 계약(예: 일반손해보험, 재보험 및 변액보험)은 대상에서 제외하고 있다. 또한 퇴직보험(연금)도 1년단위로 갱신되는 특성을 감안하여 대상에서 제외하고 있다.

국내 RBC제도는 향후 1년간 금리 변동에 따른 순자산가치(자기자본＝자산－부채)의 하락을 금리리스크로 정의하고, 듀레이션갭법을 이용하여 순자산가치 하락분을 측정한다. 보험회사는 일반적으로 자산에 비해 부채의 만기가 길기 때문에 듀레이션갭이 통상 음수의 값을 갖는다. 여기에서 금리민감도는 유효듀레이션(effective duration)을 의미하는데 듀레이션갭법은 금리변동과 자산(부채)가치 간의 선형적 관계를 가정하고 있으나 실제로 두 변수는 원점에 대하여 볼록한 비선형 관계를 가지고 있다. 이와 같은 볼록성(convexity)으로 인해 금리 변동폭이 클 경우 듀레이션에 의한 가치변동 측정치는 상당한 오차를 가지게 된다. 그래서 보험회사 자산과 부채의 듀레이션갭이 동일하더라도 자산과 부채의 볼록성 차이로 인해 금리리스크가 발생한다. 금리리스크의 이러한 특성을 고려하여 RBC제도에는 보험부채를 기준으로 최저금리위험액을 설정한다.

### 3.3.4.1 금리위험액 산출

국내 표준모형은 금리위험액을 만기불일치위험액과 최저금리위험액 중 큰 값을 금리 역마진 위험액에 합산하여 산출한다.

---

금리위험액 = Max{만기불일치위험액, 최저금리위험액} + 금리역마진위험액

---

(1) 만기불일치위험액은 금리부자산 금리민감액과 보험부채의 금리민감액 차이에 금리변동계수를 곱하여 아래의 산식에 따라 산출한다. 금리부자산 금리민감액은 금리부자산 별 익스포저에 금리민감도(익스포저 별 듀레이션)를 곱한 후 합계한 금액이며, 보험부채 금리민감액은 보험상품 및 잔존만기 구분 별 익스포저에 금리민감도(보험상품 및 잔존만기 구분 별 듀레이션)를 곱한 후 합계한 금액이다.

---

만기불일치위험액 = | 금리부자산 금리민감액−보험부채 금리민감액 | ×금리변동계수

---

- 금리부자산 금리민감액 = $\Sigma_{금리부자산}$(금리부자산 익스포져 × 금리민감도)
- 보험부채 금리민감액 = $\Sigma_{보험부채}$(보험부채 익스포져 × 금리민감도)

- 금리변동계수는 1.85%를 적용한다.

(2) 최저금리위험액은 보험부채 익스포저에 최저금리위험액 위험계수를 곱한 금액을 합산하여 산출한다.

☞ 최저금리위험액 위험계수는 감독당국에 의해 제시된다.

(3) 금리역마진위험액은 보험료적립금에 이자율차를 곱하여 아래 산식에 따라 산출한다.

금리역마진위험액 = Max{보험료적립금×(적립이율−자산부채비율×시장금리)×0.5, 0}

- 적립이율: 지급여력비율 산출시점, 순보식 보험료적립금 기준 가중평균 적립이율
- 자산부채비율 = 운용자산÷순보식 보험료적립금
- 시장금리 = 직전1년간 국고채(5년) 월말 금리의 평균+Max{책임준비금적정성평가 산업위험스프레드, 회사위험스프레드}

### 3.3.4.2 기타사항

(1) 보험부채 익스포저의 금리민감도: 금리민감도는 금리연동형 보험상품과 금리확정형 보험상품을 구분하여 달리 적용한다. 금리연동형이란 보험회사의 자산운용이익률 및 시장금리 등에 따라 책임준비금 적립이율이 변동되는 보험을 말한다. 금리연동형상품의 금리민감도는 금리차에 따라 세분화되어 있다. 금리확정형이란 금리연동형보험을 제외한 보험으로 책임준비금 적립이율이 확정되는 보험으로, 보험상품별로 구분하여 금리민감도를 적용토록 한다.
(2) 금리변동계수: 금리변동성은 현재 금리에 대한 향후 금리의 상승 또는 하락 가능 폭을 의미한다. 감독당국에서 제시해주는 값이다.

☞ 감독당국은 예전에는 금리상승(2.0%) 및 하락(1.5%)에 따라 금리변동계수를 구분하였으나 현재는 단일계수 1.85%를 적용한다. 금융당국은 향후에도 금리변화를 반영하여 금리변동계수를 지속적으로 업데이트해 나갈 것이다.

## 3.3.5 신용위험액 산출기준

신용리스크란 채무자의 부도, 거래상대방의 계약불이행 등 채무불이행으로 발생할 수 있는 잠재적인 경제적 손실 위험을 의미한다. 신용위험액은 채무자 등의 채무불이행으로 발생할 수 있는 손실 중 예상손실을 초과하는 위험액을 의미한다. 예상손실(Expected Loss)에 대해서는 대손충당금 및 대손준비금으로 적립하고, 요구자본 산출을 위한 신용위험액은 예상하지 못 한 손실(Unexpected Loss)로 측정한다.

보험회사의 신용리스크 중요성은 은행보다는 떨어지지만 보험사의 자산운용이 그 동안 국채 등 안전자산 위주에서 회사채, 대출채권 등 신용위험이 높은 자산으로 다변화되고 있는 추세임을 감안할 때 그 중요성이 향후 증가하리라 예상된다. 신용리스크는 거래상대방의 채무불이행 또는 신용하락으로 인해 자산가치나 손익이 변동되는 예금, 매도가능증권, 대출채권, 부동산 등을 대상으로 측정하며 단기매매증권은 시장리스크에서 측정되므로 제외된다. 신용위험액은 일반계정과 특별계정 중 연금저축생명보험, 장기손해보험, 일반손해보험, 원리금보장형 퇴직보험 등을 대상으로 계산한다. 신용리스크 요구자본의 산출대상은 회사에 직, 간접적으로 손실을 초래하는 모든 자산을 대상으로 한다.

### 3.3.5.1 신용위험액 산출

신용위험액은 대차대조표 자산(단기매매증권 제외), 장외파생금융거래의 익스포저에 위험계수를 곱하여 산출한다.

신용위험액 = $\Sigma_{측정대상}$익스포져 × 위험계수익스포저는 난내(대차대조표자산)와 난외자산으로 구분하여 별도로 정해진 방법에 따라 결정한다. 난내자산(예: 예치금, 채권, 수익증권 등)의 경우 익스포저는 대차대조표에 계상된 장부가액에서 해당 거래와 관련된 특정 대손충당금을 차감한 금액으로 산출한다. 그리고 난외항목(예: 대출약정, 자회사지급보증 등)에 대한 익스포저는 해당 거래의 계약금·액에 신용환산율을 적용하여 산출한다.

신용위험계수는 적격 외부신용기관의 신용등급을 사용하며, 외국 신용평가기관의 신용등급은 국내신용등급으로 전환하여 사용된다.

〈표 11-4〉 신용등급별 위험계수(예시)

|  | AAA | AA+~AA- | A+~A- | BBB+~BBB- | BB+~BB- | BB-미만 | 무등급 |
|---|---|---|---|---|---|---|---|
| RBC | 1.2% | 3.0% | 6.0% | 6.0% | 9.0% | 9.0% | 6.0% |

### 3.3.5.2 신용위험 경감수단

RBC제도의 경우 담보, 보증, 상계를 신용위험경감수단으로 인정하고 있으나 신용파생상품은 신용위험경감수단으로 인정하지 않고 있다. 담보, 보증 또는 상계의 방법으로 신용위험을 경감하는 경우 신용위험액 산출 시 그 효과를 인정한다. 적격담보 요건을 충족하는 담보의 경우 담보가치에 담보종류별 담보인정비율을 곱한 금액을 차감한 금액을 익스포저로 하여, 거래상대방에 적용되는 위험계수를 적용한다. 보증의 경우 신용이 보강되는 부분에 대해 보증인의 신용등급에 따른 위험계수를 적용하며, 신용보강이 되지 않는 부분은 거래상대방의 신용등급에 따른 위험계수를 적용한다. 그리고 법적 강제력이 있는 상계거래의 경우 자산과 부채 상계 후 순잔액을 익스포저로 사용할 수 있다.

신용평가기관이 익스포저에 부여하는 신용등급에 신용위험경감효과가 이미 반영되어 있는 경우에는 해당 익스포저의 위험계수 적용 시 신용위험경감 방법을 적용할 수 없다. 또한, 하나의 익스포저에 대하여 다수의 신용위험경감방법을 적용하는 경우 보험회사는 신용위험경감방법 별로 익스포저를 구분한 후 각 부분에 위험계수를 개별적으로 적용한다.

### 3.3.6 일반시장위험액 산출기준

시장리스크(market risk)란 시장가격 변화로 인해 유가증권, 파생상품 등의 자산가치가 하락하여 손실을 볼 수 있는 가능성을 의미한다. 여기에서 시장가격이란 금리, 주식가격, 환율, 상품가격 등을 의미한다. 시장리스크는 일반시장리스크와 개별리스크로 구분할 수 있다. 일반시장리스크는 금리, 주가, 환율 등 시장 전체에 영향을 미치는 사건과 연관되어 발생하는 가격변동성으로부터의 손실을 의미하고, 개별리스크는 채권 및 주식 등 유가증권 발행자의 개별적인 사건(issuer-specific events)과 연관되어 발생하는 가격변동성으로부터의 손실을 의미한다.

RBC제도에서 일반시장리스크는 일반계정 및 일부 특별계정의 단기매매 유가증권, 외화표시 자산·부채, 파생금융거래를 대상으로 측정한다. 여기에서 특별계정은 연금저축, 개인연금, 장기손해보험계약, 자산연계형보험계약을 포함하되 퇴직연금, 퇴직보험(종퇴보험 포함), 변액보험은 제외한다.

일반시장위험액은 측정대상을 주식, 금리, 외환 및 상품포지션으로 구분하여 익스포저에 위험계수를 곱한 후 이를 합산하여 산출한다. 파생상품거래의 경우에는 주식, 금리, 환율 등 상품의 포지션 별로 분해하여 위험계수를 적용하되, 거래 별 위험액을 산출하여 헷지목적의 파생금융거래의 위험액은 각 포지션 별 위험액에서 차감하고, 헷지목적 외의 경우에는 가산한다.

$$\text{일반시장위험액} = \Sigma_{\text{포지션}} \text{익스포져} \times \text{위험계수}$$

(1) 자산 항목별 일반시장위험계수:
- 위험액 = 익스포저(A)×항목별 위험계수(B)

<표 11-5> 자산항목별 익스포저(A)와 위험계수(B)

| 항목 | 익스포저(A) | 위험계수(B) |
|---|---|---|
| 주식 | 주식보유금액 | 12%, 16% |
| 채권 | 채권보유금액 | 금리민감도 × 0.9% |
| 외환 | 순노출규모 | 8% |
| 상품 | 순포지션 | 15% |
| | 총포지션 | 3% |
| 수익증권 | 편입자산의 실질내역에 따라 주식, 채권 및 파생 등으로 분류하고, 각각의 위험액 산출방식 적용 | |
| 외화유가증권 | 주식, 채권 등에 대한 위험액에 더하여, 보유금액 전체에 대해 외환위험 추가 반영 | |
| 파생금융거래 | 기초자산의 특징에 따라 주식, 금리, 환, 상품 포지션으로 분류하여 각각의 위험계수 적용 | |

### 3.3.7 변액보험 보증위험액 산출기준

변액보험은 보험계약자가 납입한 보험료 중 일부(사업비, 위험보험료 제외)를 펀드로 운영하고, 그 운영실적에 따라 투자이익을 보험계약자에게 보험금 또는 적립금의 형태로 배분하는 실적배당형 보험상품이다. 변액보험은 운용자산의 평가손익, 매각손익 등을 포함한 자산운용 실적을 직접 보험금에 반영하여야 함에 따라 정액보험의 일반계정과 분리하여 별도로 변액보험에 관한 특별계정을 설정·운용한다. 변액보험은 투자성과와 투자로 인한 리스크가 모두 계약자에게 귀속되는 상품으로 수익률 하락 시 원금손실이 발생할 수 있는 단점이 있다. 이러한 단점을 보완하기 위해 보험사고(사망·연금개시 등) 시점에서의 펀드가치가 지급을 약속한 수준(보험가입금액)을 하회할 경우 보험회사가 그 차액을 지급하는 최저보증 옵션을 변액보험에 부가하고 있다.

이러한 보증위험은 대수의 법칙과 무관한 위험으로서, 보험회사가 동종의 다수 계약을 체결하더라도 위험감소가 불가능하다는 특징이 있다. 보증위험 관리를 위해 보험사는 보험금지급을 위한 계약자적립금과 별도로 보증준비금 및 RBC 요구자본을 적립하여야 한다. 보증준비금은 예측 가능한 범위 이내의 투자손실 발생시 최저보증보험금 지급에 소요되는 재원으로 쓰인다. 그리고 RBC 요구자본(보증위험액)은 예측 가능하지 않은 최악의 시나리오 발생시 최저보증보험금 지급에 충당하기 위한 재원으로 기능한다. 예상수준을 초과하는 손실발생으로 인해 회계상의 최저보증준비금만으로는 계약자에 대한 최저보증금의 지급에 불충분할 가능성이 있기 때문이다. 이에 따라 위험측정기법을 이용하여 최저보증준비금을 평가함으로써 부족한 부분에 대한 자본요구량을 산출하는 것이다.

〈표 11-6〉 변액보험 보증종류

| 보증종류 | 보증내용 |
| --- | --- |
| 최저연금적립금 보증<br>(GMAB) | 연금개시 시점에서 계약자적립금과 기납입보험료를 비교하여 큰 금액을 보증(guaranteed minimum accumulation benefit) |
| 최저사망보험금 보증<br>(GMDB) | 투자실적이 악화되더라도 기본 사망보험금(예: 기납입보험료)을 보증(guaranteed minimum death benefit) |
| 최저중도인출금 보증<br>(GMWB) | 투자실적에 관계없이 연금 개시 후 일정기간 동안 약정 인출금(연금) 지급을 보증(guaranteed minimum withdrawal benefit) |
| 종신중도인출금 보증<br>(GLWB) | 투자성과에 관계없이 종신토록 약정 인출금(연금)의 지급을 보증(guaranteed lifetime withdrawal benefit) |

보증위험액은 기초자산 가격이 하락하여 최저보증금액에 미달하는 경우에 해당기초자산 가격과 보증금액과의 차액을 의미한다. 보증준비금 및 보증위험액은 확률론적 시나리오방식 및 CTE(Conditional Tail Expectation)방식을 적용하여 산출한다.

### 3.3.8 운영위험액 산출기준

운영리스크는 과거에 발생 빈도는 높았으나 그 영향력은 크지 않았다. 그러나 오늘날에는 금융업의 대형화, 겸업화, 정보화 등으로 인해 운영리스크는 발생의 개연성은 낮아진 반면, 발생시 심각한 영향을 초래할 수 있는 리스크로 변질되었다. 더욱이 운영리스크는 관리실패에 따른 결과가 궁극적으로 신용리스크나 시장리스크로 나타나면서 파급효과가 증폭되는 특징을 갖는다.

신용, 시장 등 여타 리스크와 달리 운영리스크는 익스포저를 구체적으로 파악하기가 매우 힘들고 계량화가 어려운 특성이 있다. 특히 운영리스크의 경우 과거 데이터가 부족한데다 측정방법의 개발이 상대적으로 늦어진 점도 측정을 어렵게 하는 원인이 되고 있다.

이에 따라 국제기구 또는 각국의 감독당국은 운영리스크에 대하여는 간편한 방법에 의한 요구자본을 산출하는 것을 허용하고 있다. 국내 RBC제도도 수입보험료의 일정비율로 운영위험액을 산출한다.

운영위험액은 생명보험 및 손해보험의 모든 보험계약이 대상이다.

---

운영위험액 = 익스포저×위험계수(1.0%)

---

- 익스포저: 산출기준일 직전 1년간 수입보험료(재보험계약으로 받은 보험료 포함)

  (생보): 업무보고서 손익계산서의 "보험료수익"

  (손보): 업무보고서 손익계산서의 "수입보험료"

☞ 일반보험계약의 해지로 계약자에게 지급한 해지보험료는 익스포저 산출 시 차감하나, 생명보험 및 장기저축성 보험계약 관련 해지보험료는 차감하지 않는다.


# 4. Solvency II

## 4.1 Solvency II의 이해

Solvency II는 EU에서 2016년부터 시행하고 있는 통일된 지급여력제도이다. 이 전 Solvency I 에서는 다양한 리스크에 대한 평가가 미흡하여 재무건전성을 적절하게 판단하는데 부족한 면이 있었다. 이에 EU는 국제결제은행(BIS)의 Basel III와 유사한 구조로 Solvency II를 개발하여 보험회사에 적용하고 있다.

한국도 RBC의 요구자본을 Solvency II에 맞춘 신지급여력제도(킥스, K−ICS)를 IFRS17과 동시에 시행할 예정이다. 이에 현재 수정작업이 계속 진행되어 업데이트 되고 있다.

Solvency II는 자산과 부채의 시가평가를 기본으로 EU에서 시행하고 있는 지급여력제도로서 IAIS가 국제 공통기준으로 채택한 지급여력제도이며 국제적 기준이 될 가능성이 높은 제도이다. Solvency II는 회계상 지급여력자본과 경제적 요구자본 사이의 불일치를 완화하여 시장의 왜곡된 해석을 바로잡고 있다. 미국 중심의 RBC제도가 규칙중심(Rule−based)이었다면 Solvency II는 원칙중심(Principle−based)의 접근법을 사용한다.

## 4.2 Solvency II의 구조와 특징

### 4.2.1 Solvency II의 구조

Solvency II는 Pillar 1(자기자본비율), Pillar 2(자본적정성), Pillar 3(시장공시)의 3대 기둥으로 구성되어 있다. 각 Pillar의 특징은 다음과 같다. <표 11−7>은 3 pillar의 특징을 비교한 표이다.

〈표 11−7〉 3 Pillar 비교

| Pillar 1(자기자본비율) | Pillar 2(자본적정성) | Pillar 3(시장공시) |
|---|---|---|
| 지급능력 확보 | 내부통제 강화 | 시장공시 강화 |
| • 가용자본(자본계층화)<br>• 요구자본(MCR, SCR)<br>• 표준/내부모형 | • 자체 리스크 관리<br>• 감독시스템(ORSA) | • 시장규율 강화<br>• 감독당국 보고<br>• 재무투명성 확보 |

- Pillar 1: 표준모형에 의한 최소요구자본(MCR, Minimum Capital Requirement)과 목표요구자본(SCR, Solvency Capital Requirement)을 측정하고 평가하는 양적인 요건을 규정한다.
- Pillar 2: 질적인 측면에서 보험회사 운영위험의 통제 체계를 규정한다.

- Pillar 3: 지급능력과 재무상태에 대한 주요 사항을 시장에 공시하는 요건을 규정한다.

Solvency II를 논의할 때 경제적 자본과 기술적 준비금(부채)에 대한 정의를 명확히 이해 할 필요가 있다.

- 경제적 요구자본(Economic Capital): 일정기간(1년 이상) 동안 일정수준(99.5% VaR)에서 부채의 공정가치를 보호하기 위해 요구되는 자본의 양을 말한다.
- 기술적 준비금(Technical Provision): 보험계약 부채의 최선추정치(Best estimate)와 보험계약에 내재된 불확실성에 대비한 리스크마진(risk margin)의 합으로 측정한다.

## 4.2.2 Solvency II의 특징

(1) 요구자본의 구분: RBC에서는 요구자본을 세분화하지 않았으나 Solvency II에서는 지급여력요구자본(SCR, Solvency Capital Requirement)과 최소요구자본(MCR, Minimum Capital Requirement)으로 구분하였다. SCR은 목표요구자본의 성격으로 보험회사가 SCR을 충족하면 재무적 건전성을 인정받는 것으로 볼 수 있다. SCR에 미달한다는 것은 감독당국의 개입(intervene)을 의미한다. 규제의 목적으로 본다면 SCR은 유연한(soft) 감독당국의 개입 또는 규제인데 반해 MCR은 강력한(hard) 감독당국의 개입 또는 제재로 간주된다. 보험회사는 한 번 SCR에 미달하게 되면 금융당국의 개입이 시작되어 MCR에 가까워 질수록 더 강력한 제재로 감독당국은 신계약 판매금지 혹은 영업정지 등의 강력한 조치를 취할 수 있게 된다. 이 두 가지의 요구자본에 대한 속성은 <표 11-8>에 비교하였다.

〈표 11-8〉 MCR vs. SCR

|  | SCR | MCR |
|---|---|---|
| 개념 | 파산확률 0.5%이내로 하기 위해 보험회사가 유지해야 할 목표 요구자본 | 계약자이익의 보호를 위해 보험사가 유지해야 하는 최소한 자본 |
| 산출방식 | 계수방식, 시나리오 방식 | 계수방식 |
| 신뢰수준 | 99.5% | 85% |
| 산출단위 | 리스크 범주별 | 보험상품별 |
| 자본한도 | 없음 | SCR의 25%~45% |
| 조치수준 | 자본확충 요구 등 유연한 개입 | 영업정지 등 강력한 제재 |

(2) 가용자본의 계층화: 가용자본을 기본자기자본과 보완자기자본으로 구분한 후 3 Tier로 계층화하였다.

- Tier 1: 지급불능이나 청산기준에서 모든 손실을 흡수할 수 있고 영속적이며, 청산상황에서도 보험계약자 채무변제보다 후순위이며 고정비용이 발생하지 않는 최상위 수준의 자본을 의미한다.

- Tier 2: 지급불능이나 청산기준에서 모든 손실의 일정 부분을 흡수할 수 있고 비영속적이며 고정비용이 일부 발생하는 중간수준의 자본이다.

- Tier 3: 특정 상황에서만 손실을 흡수하는 Tier 1과 2에 포함되지 않는 기본자본 또는 보충적인 자본이 여기에 속한다.


(3) 자산부채 평가방식: Solvency II에서는 자산과 부채 모두 공정가치로 평가하는 것을 원칙으로 한다. 공정가치로 평가하는 대표적인 두 가지 방식은 아래에서 설명된다.

- 총 재무제표방식(Total balance sheet approach): 자산뿐만 아니라 부채도 시장과 일치된 접근법을 사용하여 공정가치로 평가하는 방식이다. Solvency II 지침서에 자산은 교환(exchange)이 가능한 금액으로, 보험부채는 이전(transfer) 또는 청산(settle) 할 수 있는 금액으로 평가하는 원칙을 두고 있다. 보험부채의 평가방식이 자산평가 방식과 다른 이유

는 보험부채는 상대적으로 시장거래가 오래 걸리고 어렵기 때문이다.

- 현행이행가치방식(Current fulfilment value): IFRS17이 시행되면 시가평가 원칙에 의해 RBC와 Solvency II의 정합성이 많이 향상될 것이다. 그러나 부채시가평가에서는 IFRS17과 Solvency II에는 다소 차이가 있다.

  - 현행유출가치(IFRS17): 시장에서 보험계약을 다른 보험업자에게 즉시 이전할 때 지불해야 하는 가치를 원칙으로 한다. 그러므로 할인율은 무위험율로 사용해야 한다.

  - 현행이행가치(Solvency II): 보험회사가 장래 보험의무를 이행하는 데 소요되는 금액으로 할인율도 회사의 자산운용 성과와 보험부채의 비유동성을 고려할 수 있도록 하여 관대하다.

## 4.3 Solvency II의 3 Pillars

### 4.3.1 Pillar 1: 리스크 측정

Solvency II에서는 위험계수를 구할 때 지급여력요구자본(SCR)을 99.5%의 신뢰수준으로 발생 가능한 최대손실 VaR값으로 측정한다. 즉, 리스크 측정수단으로 VaR을, 신뢰수준으로 99.5%를 리스크 측정기간은 1년으로 규정한다.

RBC에서는 리스크간의 상관관계만을 반영하나 Solvency II 에서는 상관관계와 상호작용 둘 다를 반영하여 요구자본을 산출하므로 RBC 에 비해 요구자본량이 줄어들 수 있다.

Solvency II의 SCR공식과 리스크간의 적용될 상관계수는 다음과 같다.

$$SCR = \sqrt{\Sigma \rho ij \times SCRi \times SCRj} + SCR_{무형자산리스크} + SCR_{운영리스크}$$

<표 11-9> 리스크간 상관계수

|  | 시장리스크 | 신용리스크 | 생명보험R | 건강보험R | 손해보험R |
|---|---|---|---|---|---|
| 시장리스크 | 1.00 | 0.25 | 0.25 | 0.25 | 0.25 |
| 신용리스크 | 0.25 | 1.00 | 0.25 | 0.25 | 0.50 |
| 생명보험 리스크 | 0.25 | 0.25 | 1.00 | 0.25 | 0.00 |
| 건강보험 리스크 | 0.25 | 0.25 | 0.25 | 1.00 | 0.00 |
| 손해보험 리스크 | 0.25 | 0.50 | 0.00 | 0.00 | 1.00 |

### 4.3.2 Pillar 2: 보험회사 내부위험 통제 체계

Solvency II의 Pillar 2는 내부자본의 적정성평가와 감독당국의 점검으로 구성되어 보험회사의 지배구조 및 리스크 평가 등 질적인 요건을 주기적으로 점검하고 취약점이 발견되면 적절한 감독조치를 포함한다. Solvency II에서는 이를 위해 내부 모형을 곧 바로 적용할 수 있다.

☞ 내부모형방식: 회사 특성에 맞게 자본을 효율적으로 관리할 수 있도록 회사에서 개발한 자체 리스크 측정모델로 요구자본을 산출하는 방식이다.

### 4.3.3 Pillar 3: 보고 및 공시

Solvency II의 Pillar 3는 감독당국의 보고와 시장경영공시로 이루어지며 경영성과, 지배구조, 리스크관리, 자산/부채 평가, 자본관리 등 5개 부문으로 구성되어 있다.

<표 11-10>은 위의 내용들을 토대로 RBC와 Solvency II의 주요 차이점을 요약한 것이다.

〈표 11-10〉 RBC와 Solvency II의 차이점

| | RBC | Solvency II |
|---|---|---|
| 평가방식 | 자산: 공정가치<br>부채: 원가법(단, LAT 반영) | 자산, 부채: 공정가치<br>(총재무제표 방식) |
| 현금흐름<br>예측기간 | 보험 10년, 금리 20년 | 보험계약의 잔여 전기간 |
| 요구자본의 구분 | 단일 요구자본 | SCR과 MCR로 구분 |
| 리스크 종류 | 보험, 금리, 시장, 신용,<br>운영 | 시장, 신용, 운영, 건강, 생명, 손해 등. |
| 할인율 | 예정이율 | 무위험수익률+비유동성프리미엄 |
| 통계적 신뢰수준 | 99% | 99.5% |
| 적정성평가 방법 | 표준모형+내부모형 승인 | 내부모형 |
| 보고 및 공시 | 리스크와 지급여력 중심 | 5개부문의 재무현황 중심 |

## 4.4 신지급여력제도(킥스, K-ICS, Korea Insurance Capital Standard)

우리가 알고 있듯이, 2022년부터 보험계약들을 원칙중심의 공정가치로 평가하는 IFRS17을 시행할 것이다. 이에 따라 감독당국은 재무제표를 감안하여 보험회사가 정합성 있게 리스크를 측정하고, 보험회사간 비교가능성도 향상하기를 바란다. 신지급여력제도, 일명 킥스(K-ICS)라고도 불리는 제도는 총 재무제표방식을 기반으로 보험회사에 내재된 리스크 량에 대한 요구자본을 산출하고, 이에 대응하는 가용자본을 보험회사가 보유하도록 금융감독당국이 요구하는 새로운 한국식 자기자본제도이다. 이 제도는 2016년 시행된 EU의 Solvency II를 벤치마킹한 것으로 특히 한국의 보험회사들은 그룹사의 자회사가 대부분이므로 모회사와의 리스크 확산, 전이 등을 효과적으로 제어하기 위해 연결지급여력비율의 평가를 원칙으로 한다. 아래의 K-ICS에 관련된 많은 내용들은 금융감독원의 '신지급여력제도 도입 수정안(2019-7-10)'에 의거하여 설명되어짐을 참고하기 바란다.

K-ICS가 EU의 Solvency II와 구별되는 것은 지급여력을 구하는 두 가지 중요 요소인 가용자본과 요구자본을 평가하는 기준에서 다소 차이가 있다.

## 4.4.1 가용자본의 산출기준

우선 K-ICS에서는 자산과 부채를 시가로 평가하여 계산한 순자산가치에서 손실을 인식하는지의 여부에 따라 일부 항목을 가감하여 산출하도록 한다. 지급여력을 논의할 때 세 가지의 다른 형태에 따라 평가하도록 앞부분에서 이해하였다. 즉, 현재 사업의 지급여력, 사업 중단 시 지급여력, 그리고 계속 사업운영 시 지급여력을 평가하는 것이었다. K-ICS에서도 계속 사업 운영 또는 청산기준으로 손실보전에 사용될 수 있는 자본을 구분한다. 또한, 후순위채무 같은 부채는 손실흡수성이 있는 항목으로 가용자본에 포함되며, 지급예정 주주배당액 처럼 순자산에서 손실흡수성이 없는 계정은 가용자본에서 제외된다.

☞ 손실흡수성: 보험회사에 예상치 못한 손실발생시 지급능력을 유지할 수 있도록 하는 손실을 흡수할 수 있는 정도를 의미한다.

K-ICS에서는 가용자본을 손실흡수성의 정도에 따라 기본자본과 보완자본으로 계층화하였다. 계층화의 분류기준은 가용성, 지속성, 후순위성, 그리고 기타제한의 부재 등 네 가지로 각각이 지니는 의미는 아래와 같다.

- 가용성: 부채가 지급되거나 하는 직접적인 손실로 인식되는 정도
- 지속성: 손실로 인식되는 기간
- 후순위성: 청산 또는 파산 상황에서 법률에 따른 지급순위에서 후순위
- 기타제한의 부재: 의무비용 또는 처분제한에서 여유가 있는 정도 또는 수준

위의 네 가지 기준은 금융상품과 기타자본항목으로 구분하여 적용한다. 금융상품(예: 보통주, 후순위채 등과 같은 자본성 증권)은 품질평가기준에 의하여 가용자본으로 인정하고 기타자본항목(예: 이익잉여금 등)은 계속 사업운영 또는 청산기준에서 손실흡수성이 있으면 가용자본으로 인정한다.

## 4.4.2 요구자본의 산출기준

K-ICS에서 요구자본을 평가하는 요소는 생명·장기손해보험 리스크, 일반손해보험 리스크, 시장리스크, 신용리스크, 운영리스크 등 다섯 가지로 분류하여 측정한다. 생명·장기손해보험 리스크, 일반손해보험 리스크, 시장리스크, 그리고 신용리스크는 리스크간의 상관관계를 반영하며 더한 후 운영리스크를 합산하여 산출한다.

- 생명·장기손해보험리스크: 생명·장기손해보험리스크는 생명보험 및 장기손해 보험의 여러 리스크 요인에 의해 보험계약에서 발생할 수 있는 손실위험을 말하며 사망위험, 장수위험, 장해·질병위험, 장기재물·기타위험, 해지위험, 사업비위험, 대재해위험으로 구분하여 보험계약별로 측정한다. 요구자본은 세부적인 위험 별로 충격시나리오를 미래 현금흐름에 사용한 계리적 가정에 적용하여 순자산가치를 재 평가한 후 그 차이 값을 구하고 상관관계를 반영하여 합산한다.

- 일반손해보험 리스크: 일반손해보험리스크는 일반손해보험의 보험계약에서 발생할 수 있는 여러 리스크 요인에 따른 손실 위험을 의미하며 보험가격위험, 준비금위험, 대재해위험으로 구분하여 측정한다. 보험가격위험은 사고 발생시기, 빈도, 심도의 불확실성으로 인해 발생할 수 있는 위험이며, 준비금위험은 개별추산액이 부족할 위험을 의미한다. 대재해위험은 예상치 못한 사고로 인한 위험을 말한다. 요구자본은 위험계수방식으로 산출하고 각 요소간 상관관계를 반영하여 산출한다.

- 시장 리스크: 시장리스크는 시장변수(금리, 주가, 부동산가격, 환율)의 변동으로 인해 자산 및 부채에서 발생할 수 있는 손실위험을 말하며 금리위험, 주식위험, 부동산위험, 외환위험, 자산집중위험으로 구분하여 측정한다. 요구자본은 리스크간 상관관계를 고려하여 산출한다. 여기서 금리위험, 주식위험, 부동산위험, 외환위험은 충격 시나리오를 감안한 순자산가치의 차이를 위험으로 측정하나, 자산집중위험은 위험계수방식으로 측정한다.

- 신용 리스크: 신용리스크는 거래상대방의 채무 불이행 또는 신용등급 악화로 인해 자산에서 발생할 수 있는 손실 위험을 말한다. 신용 리스크는 직, 간접투자와 난내 및 난외 자산(장외 파생거래, 약정, 보증 등)도 포함한다. 요구자본은 신용익스포저에 자산군, 신용등급, 유효만기에 따라 세분화된 위험계수를 곱하여 산출한다.
- 운영 리스크: 운영리스크는 부적절한 내부절차, 인력 및 시스템 또는 외부사건으로 인해 발생할 수 있는 손실위험을 말한다. 변액보험과 퇴직연금을 포함한 모든 계약을 대상으로 한다. 이에 따른 요구자본은 보험군별 익스포저에 위험계수를 곱하여 수입보험료 기준과 보험부채 기준의 요구자본 중 큰 금액과 급격한 성장에 의한 요구자본을 합산하여 산출한다.

$$요구자본 = \sqrt{\Sigma\Sigma\rho_{ij} \times 요구자본_i \times 요구자본_j} + 운영리스크요구자본$$
$$ij: 생명장기손해보험리스크, \ 일반손해보험리스크, \ 시장리스크, \ 신용리스크$$

〈표 11-11〉 요구자본 리스크간 상관계수

|  | 생명,장기 | 일반손해 | 시장 | 신용 |
|---|---|---|---|---|
| 생명,장기 | 1.00 | | | |
| 일반손해 | 0.00 | 1.00 | | |
| 시장 | 0.25 | 0.25 | 1.00 | |
| 신용 | 0.25 | 0.25 | 0.25 | 1.00 |

리스크 발생에 대응하여 손실을 흡수할 수 있는 경우 이를 반영하여 요구자본을 조정할 수 있다. K-ICS에 의한 요구자본은 계속 사업 운영을 가정하여 향후 1년 동안 99.5%의 신뢰수준으로 발생 가능한 VaR로 측정한다. 요구자본은 표준모형 또는 내부모형 중 선택하여 사용할 수 있도록 한다. 내부모형을 사용할 경우에는 감독당국의 사전 승인이 필요하다.

<그림 11-4> 요구자본 산출구조(금융감독원 도형 인용)

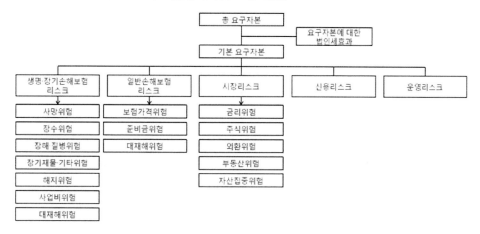

### 4.4.3 리스크 조정과 경감

&lt;그림 11-4&gt;의 금융감독원의 도형에서 보듯이 K-ICS의 총 요구자본은 각 리스크 조정의 합인 기본 요구자본에 요구자본에 대한 법인세효과를 감안한 금액이다. 보험회사가 이연법인세를 통해 손실을 흡수할 수 있는 경우 이를 리스크 조정으로 반영하여 요구자본의 감소효과를 받을 수 있다. K-ICS에서는 법인세의 감소효과만큼 손실 흡수가 가능한 것으로 보며, 이연법인세의 변동효과가 이연법인세 부채증가로만 나타나는 경우 리스크 조정효과가 없는 것으로 간주한다.

☞ 이연법인세 효과: 회계목적과 세법에 따라 자산과 부채의 인식 차이에 대한 법인세
효과를 의미한다.

보험회사는 손실을 흡수할 수 있는 경우에는 리스크 조정뿐만 아니라 위험경감기법을 이용하여 요구자본액을 감소시킬 수 있다. 단, 운영리스크는 적용대상에서 제외한다. 위험경감기법으로 재보험, 파생상품, 신용위험경감기법(담보, 상계, 보증 등)을 사용할 수 있다. 생명·장기손해보험리스크 및 일반손해보험리스크는 재보험 출제 등으로 위험을 전가하여 요구자본을 감소시킬 수 있다. 시장리스크는 시장파생상품을 통해 위험경감을 적용하고, 시

장리스크 중 보험부채의 금리위험은 재보험을 통해서도 위험경감을 적용할 수 있다. 신용리스크는 담보, 상계, 보증 및 신용파생상품을 통해 위험경감을 적용할 수 있다.

위험경감 효과는 위험경감 대상의 리스크 측정방식과 동일한 방식으로 적용한다. 생명·장기손해보험리스크 및 시장리스크는 충격시나리오 방식 적용 시 위험경감기법의 현금흐름을 포함하는 방식으로 위험경감 효과를 반영한다. 일반손해보험은 현금흐름 등을 고려한 적정한 보유리스크율을 반영하는 방식으로 위험경감 효과를 반영한다. 단, 대재해위험 산출 시에는 대재해 발생시 회수가능 재보험금을 차감하여 위험경감 효과를 반영할 수 있다. 신용리스크는 위험경감 대상의 익스포저 차감(담보 및 상계) 또는 위험계수를 대체(보증 및 신용파생상품)하는 방식으로 위험경감 효과를 반영한다.

즉, RBC제도와는 달리 K-ICS에서는 보험위험액에서 재보험 전액을 인정받아 요구자본을 감소시킬 수 있고 금리리스크 헷지전략을 통해서도 효과를 얻을 수 있다.

### 4.4.4 RBC와 K-ICS 비교

K-ICS는 EU의 Solvency II를 기반으로 수정, 보완한 모델이므로 가용자본과 요구자본을 평가하는 기준에서 다소 차이가 있는 점을 제외하고는 매우 유사하다고 볼 수 있다. <표 11-12>는 기존 RBC제도와 2022년부터 시행될 K-ICS제도와의 차이를 요약한 예시이다. K-ICS제도는 시행 전 까지 계속적으로 수정, 보완되고 있으므로 완전히 확정된 것이 아님을 유념하기 바라며 그러나 큰 줄거리는 거의 확정되어 있으므로 그러한 사항 위주로 아래에 요약했음을 이해하기 바란다.

☞ K-ICS의 도입초안이 2018년 4월에 발표된 이 후 2019년 7월에 도입수정안이 발표되었다. 본서의 출판 이후 수정이 발표될 경우 금융감독원 홈페이지 업무자료를 참조하기 바람.

|  | RBC | K-ICS(신지급여력제도) |
|---|---|---|
| 부채평가 | 원가평가(LAT반영) | 시가평가 |
| 자산평가 | 시가평가+원가평가 | 시가평가 |
| 요구자본의<br>리스크 분류 | 보험리스크<br>금리리스크<br>시장리스크<br>신용리스크<br>운영리스크 | ① 생명, 장기손해보험리스크<br>② 일반손해보험리스크<br>③ 시장리스크(금리리스크 포함)<br>④ 신용리스크<br>⑤ 운영리스크 |
| 위험측정 | 위험계수 적용<br>(익스포저 × 위험계수) | ①②: 충격시나리오<br>③④⑤: 위험계수적용 |
| 신뢰수준 | 99% VaR(1년) | 99.5% VaR(1년) |
| 적용모형 | 표준모형 | 표준모형과 내부모형 중 선택 |
| 총 요구자본 | 리스크 요구자본 합 | 기본요구자본 + 리스크 조정 |
| 위험경감 | 부분인정(재보험 50%인정) | 재보험 포함 전체인정 |

### 4.4.5 신종자본증권과 후순위채권

IFRS17과 K-ICS의 도입이 확정되기 전부터 보험업계에서는 IFRS17과 K-ICS 가 시행될 경우 지급여력이 급격히 하락될 수 있는 사태에 대한 고민이 많다. 유상증자를 통해 자본을 추가 확보할 수도 있으나 이런 방법이 어려울 경우 를 대비해 금융당국은 신종자본증권의 발행요건을 완화해서 자본을 확보할 수 있도록 하였다. 이에 보험회사들은 재무 건전성 기준을 충족하면서 적정 한 유동성을 유지할 목적으로 신종자본증권과 후순위채권을 발행하여 자본 을 늘릴 수 있다. 여기서는 각 금융상품의 특징과 향후 보험산업에 미칠 영향 에 대해 간략히 전망해보도록 하겠다.

#### 4.4.5.1 정의

신종자본증권은 주식과 채권의 중간적 성격을 가지면서도 일정 수준 이상 의 자본 안정성 요건을 충족하면 감독당국이 기본자본으로 인정하는 증권으 로 하이브리드채권으로 불리기도 한다. 확정금리가 보장 되는 대신 만기가 없는 영구채권으로 상환부담이 없는 게 특징이다. 대신에 매년 일정한 확정이자 또는 배당을 지급한다. K－ICS에서는 상각 또는 보통주로 전환되는 조건이 없는 증권은 기본자본의 최소요건을 충족하지만 그러지 못 할 경우에는 보완자본으로 분리된다.

후순위채권은 채권발행기관이 파산했을 경우 다른 채권자들의 부채가 모두 청산된 다음에 마지막으로 상환 받을 수 있는 채권이다. 다른 부채를 모두 갚은 다음 상환될 수 있어 일반 채권보다 금리가 높다. 특히 은행권에서 자기자본비율을 끌어올리는 수단으로 많이 활용하고 있는 금융상품이다. RBC제도에서는 후순위채무액은 자기자본의 50% 이내의 금액에 한하여 보완자본으로 인정받으나 기타제한의 부재라는 최소 요건을 충족하지 못 할 경우 후순위 채무액이 보완자본으로 인정받기 어려울 수도 있다.

### 4.4.5.2 보험경영에 미칠 영향

보험회사는 RBC제도하에서 RBC비율을 유지해야 한다. K－ICS에서도 지급여력 수준을 유지해야 한다. 어떠한 지급여력 제도가 신설되어도 보험회사는 그 제도하의 지급여력 조건을 성실히 충족해야 할 것이다. 그렇지 못 할 경우 감독당국의 엄격한 시정조치를 받게 될 것이다. 그러므로 보험회사는 항상 유상증자나 구조조정 등을 통해 자본 적정성을 유지하도록 최선을 다하고 있는 것이다. 그러나, 이러한 방법도 이용하는데 한계가 있으므로 대안적인 방법의 자본증식이 필요한 것이다. 이에 따른 신종자본증권이나 후순위채와 같은 금융상품이 보험회사의 자본확충에 어떠한 영향을 끼치는지를 이해하여 적시에 이런 상품을 자본확충의 수단으로 활용할 수 있어야 한다.

신종자본증권은 요건을 갖추면 전액을 가용자본으로 인정받을 수 있다는 장점이 있고 만기가 30년 이상이므로 상환 부담이 없는 영구적이라는 이점이 있다. 또한 신종자본증권 발행금액 중에 자기자본의 25% 이내에서 기본자본으로 인정받으므로 기본자본 지급여력비율을 제고할 수 있다. 한편, 자기자본의 25%를 초과한 신종자본증권과 50%이내의 후순위채무액은 보완자본으로 인정받을 수 있다.

부정적인 면은 신종자본증권의 높은 이자는 부담이 될 수 있으며, 가용자본으로 인정받을 수 있는 한도가 있으므로 완전한 자본확충의 수단은 아니다. 또한 후순위채는 만기가 5년 이내인 경우에는 매년 20%씩 차감해야 함으로 보험회사의 발행부담이 클 수 밖에 없다.

# 5. RAAS(보험회사 위험기준 경영실태평가제도)

금융산업은 예전에 비해 더욱 다양화해지고 복잡해지면서 변동성이 급증하여 변동성이 금융산업의 주요 키워드가 되고 있다. 보험산업에 있어서도 마찬가지로 다양화된 시장에 의해 노출되는 리스크는 보험회사의 중요한 경영요소로 더욱 인식되고 있다.

리스크중심 보험감독체제는 리스크기준 자기자본제도(RBC; Risk Based Capital), 리스크평가제도(RAAS; Risk Assessment and Application System) 및 리스크 공시제도의 3대 축으로 구성되어 있다.

보험회사는 재무건전성을 유지하고 경영실태와 사업에서 노출되는 리스크에 대한 평가를 실시하도록 규정되어 있다. 이에 따라 감독당국은 보험회사의 자본적정성을 평가하고 리스크관리 실태를 점검하는 RAAS(Risk Assessment and Application System)제도를 두고 있다. RAAS제도는 보험회사의 경영활동에 수반되는 각종 리스크에 대한 노출 정도와 리스크 관리·통제능력 등 경영실태를 건전성검사 등을 통하여 체계적이고 종합적으로 평가하고 리스크 취약부문을 발굴하여 개선되도록 유도함으로써 보험회사의 건전성 및 금융시스템의 안정성을 제고하고 보험산업의 국제경쟁력을 제고하며 보험회사의 자율경영을 확대하는데 목적이 있다. 감독당국 입장에서는 경영실적 및 법규중심 감독체제의 한계를 극복하고 감독 및 검사업무의 효율화와 보험회사의 수검부담을 경감하고자 하는 취지이다. RAAS에서는 리스크평가와 경영실태평가를 분리하지 않는다는 특성이 있다.

☞ RAAS의 주요내용은 금융감독원의 '보험회사 RAAS 해설서'(2012년 개정)에 준하여 설명된다.

다시 정리하면, RAAS(보험회사 위험기준 경영실태평가)제도는 보험회사의 부문별 리스크를 상시 평가하여 취약회사 및 취약부문에 감독과 검사역량을 집중하는 리스크중심의 상시 감시체제이다. 보험회사의 위험기준 경영실태평가 업무흐름은 다음과 같다.

- 보험회사 이해
  ⇒ 위험기준 경영실태평가 수행
  ⇒ 감독, 검사계획 수립 및 실행
  ⇒ 사후관리 및 상시감시

## 5.1 RAAS의 주요내용

RAAS는 금융회사의 경영실태를 리스크 중심으로 평가하여 대처함으로써 개별 금융회사의 재무건전성을 확보하기 위한 제도로 보험회사 경영실태평가는 경영관리, 보험, 금리, 투자, 유동성리스크, 자본적정성, 수익성 등 7개의 리스크부문에 대한 회사의 실질적인 경영상태를 절대 평가하여 등급을 부여(계량화)하고 그 결과에 따라 감독검사의 수준을 차별적으로 적용하는 등 감독, 검사업무의 효율성을 높이는 한편 궁극적으로는 보험회사의 책임경영체제 정착을 유도하는데 그 의의가 있다. 또한, 경영실태평가 결과 발견된 경영상 취약점 등 문제분야에 대해서는 적기 시정조치(prompt corrective action) 등과 연계하여 시정토록 함으로써 감독업무의 실효성을 높일 수 있다.

### 5.1.1 평가부문

RAAS는 보험회사의 리스크 수준에 따라 수치화할 수 있는 계량평가항목과 그렇지 않은 비계량항목으로 구분하여 항목별 등급과 종합결과 등급을 매긴다. 계량평가(Quantitative Assessment)는 경영관리리스크, 보험리스크, 금리리스크, 투자리스크, 유동성리스크, 자본적정성, 그리고 수익성 등 7개 부문으로 구분하여 평가하고, 각 부문별 평가결과를 종합하여 종합등급을 산정한다. 비계량항목 평가는 검사주기에 따라 현장조사평가를 원칙으로 하되, 변동사항이 미미하다고 판단되는 경우 서면평가로 대체 가능하다.

### 5.1.2 평가부문별 가중치

생보·손보간 리스크특성 차이 및 회사별 영업특성 차이를 반영하여 부문별 가중치를 차별화하고, 장기손보를 취급하지 않는 손보사는 금리리스크 부문을 평가에서 제외하도록 한다. 장기손보의 비중이 미미(예: 전체 책임준비금의 10% 미만)하여 금리리스크를 별도로 관리하는 실익이 적은 손보사도 금리리스크 평가를 제외하도록 한다.

### 5.1.3 평가부문별 평가항목

계량평가항목은 생·손보 각 17개이며 매 분기 보험회사가 제출하는 업무보고서를 기준으로 평가한다.

- 생보사: 16개 공통 계량항목 + 변액보증리스크 비율
- 손보사: 16개 공통 계량항목 + 준비금리스크 비율

비계량평가항목은 생·손보 각 24개로, 모든 회사에 대하여 생보·손보간 리스크특성 차이 및 회사별 영업특성 차이를 반영하여 부문별 가중치를 차별화하고 원수 장기손보 미취급회사 및 장기손보 비중이 미미한 보험회사(예: 장기손보 책임준비금이 전체 책임준비금의 10% 미만인 회사)는 금리리스크 부문평가에서 제외될 수 있다. 세부적인 점검내용은 조정이 가능하도록 한다. 보증보험회사는 준비금리스크비율을 제외하고 평가한다. 또한, 기타 영업의 특성을 감안하여 평가부문 및 평가항목을 조정할 수 있다.

〈표 11-13〉 보험회사 위험기준 경영실태평가제도의 각 평가요인 별 정의

| 구분 | | 주 요 내 용 |
|---|---|---|
| 경영관리 리스크 | | 이사회, 경영진 및 내부통제의 적정성 등과 관련하여 발생하는 리스크 |
| 보험리스크 | | 보험회사의 고유업무인 보험계약의 인수 및 보험금 지급과 관련하여 발생하는 리스크<br>– 보험가격리스크: 보험료 산출 시 적용된 예정위험률과 실제 발생위험률간의 차이로 인한 손실의 발생 또는 손익의 변동가능성<br>– 준비금리스크: 지급준비금과 실제 보험금 지급액간의 차이로 인한 손실의 발생 또는 손익의 변동가능성 |
| 금리리스크 | | 미래의 이자율 변동과 자산·부채 만기구조 차이 등으로 보험회사의 순자산가치가 하락할 위험 |
| 투자리스크 | 시장리스크 | 주가, 금리, 환율 등 시장가격변수의 변동에 따른 단기매매자산의 가치하락으로 인한 손실위험 |
| | 신용리스크 | 거래상대방의 채무불이행 또는 신용등급 변화 등에 따른 자산가치의 하락위험 |
| 유동성리스크 | | 미래에 현금의 지급능력이 부족하여 지급불능 상태에 빠지거나 비정상적인 조달비용 상승으로 인한 손실위험 |
| 자본적정성 | | 예상하지 못한 손실이 발생할 경우 이를 충당할 수 있는 적정 수준의 자기자본을 보유하지 못함으로써 지급여력비율이 규제 수준(100%)에 미달하게 될 위험 |
| 수익성 | | 손익구조변동 위험, 수익성 개선 또는 지속가능성 등 |

〈표 11-14〉 평가부문별 가중치

| 평가부문 | 생보사 | 손보사 | 재보사, 보증사 등 |
|---|---|---|---|
| 경영관리리스크 | 20% | 20% | 20% |
| 보험리스크 | 15% | 20% | 25% |
| 금리리스크 | 15% | 10% | 0% |
| 투자리스크 | 15% | 15% | 20% |
| 유동성리스크 | 5% | 5% | 5% |
| 자본적정성 | 20% | 20% | 20% |
| 수익성 | 10% | 10% | 10% |

## 5.1.4 평가등급 산정기준

개별 계량·비계량 평가항목 및 7개 평가부문은 5등급 체계(1등급~5등급)로 평가하고, 종합등급은 5등급 15단계 체계($1^+$ ~ $5^-$ 등급)로 평가한다.

평가등급 산정절차는 다음과 같다.
- 계량항목 평가 및 부문별 계량등급 산정(1~5등급)
- 비계량항목 평가 및 부문별 비계량등급 산정(1~5등급)
- 부문별 계량·비계량 평점을 가중평균(6:4)하여 부문별 평가등급(1~5등급) 및 평점 산정
- 부문별 평점을 가중 평균하여 종합평점을 산정하고 종합등급을 5등급 15단계로 결정($1^+$~$5^-$등급)

## 5.1.5 평가 산정 후 절차

시스템 영향도는 금융시장에 대한 영향 평점과 금융소비자에 대한 영향 평점을 단순 평균하여 종합해서 시스템 영향도를 대(Large), 중(Medium), 소(Small)로 평가한다.

감시수위는 종합세부등급과 시스템 영향도 평가결과를 기준으로 시장영향력(자산규모), 리스크량(RAAS계량등급), 그리고 규제자본수준(RBC비율)을 고려하여 자율감시, 일상감시, 집중감시, 비상감시의 4단계로 결정하고, 검사주기결정 및 모니터링 강도를 차별화에 활용한다.

〈표 11-15〉 감시수위별 종합검사 주기 및 상시감시 차별화 기준(예시)

| 구분 | 감시수위 | | | |
|------|---------|---------|---------|---------|
| | 자율감시 | 일상감시 | 집중감시 | 비상감시 |
| 종합검사 주기 | 2~3년 | 1.5~2년 | 1년 | 별도관리 |
| 상시감시 내용 | - 최소한의 상시감시 활동 수행<br>- 통상적인 검사업무 수행 | - 정상적인 회사에 대한 일상적 감시<br>- 취약부문 추가악화 가능성 점검 | - 취약부문 개선계획 징구·관리<br>- 취약부문 개선여부 정기적 확인 | - 시스템 영향 최소화 계획 수립·실행<br>- 검사역 상주 |

회사의 내부통제, 리스크관리시스템 등이 실제로 잘 구축·운영되고 있는지를 점검하기 위해 표본검사 실시가 가능하다. 표본검사 대상은 보험리스크(보험상품개발, 계약인수(Underwriting), 보험금 지급), 투자리스크(투자 종류별) 및 경영관리리스크 부문이다.

검사 종료 시 평가자는 검사 등을 통하여 실시한 7개의 리스크 평가부문에 대한 계량, 비계량평가 잠정등급 및 근거를 경영진에게 설명해야 하며, 보험회사가 평가결과에 대해 의견을 제출할 수 있도록 소명기회를 제공해야 한다.

평가자간의 편차를 축소하고 평가등급의 객관성을 제고하기 위해 독립기구인 '등급심의위원회'의 운영이 가능하다. 위원회는 감독검사 및 대내·외 보험사 리스크 관리 전문가 등으로 구성해야 한다. 이 후 이사회 설명을 진행한다.

### 5.1.6 평가결과에 따른 조치 및 활용

매 분기별로 정기적인 계량평가를 실시하여 취약회사 및 취약부문에 대해서는 상시 감시를 강화하는 등 감독검사업무에 활용한다. 예를 들어, 종합등급은 양호하지만 평가부문 또는 평가항목이 4등급 이하인 부문에 대해서는 각 회사별로 상시 감시업무에 활용할 수 있다. 또한, 종합등급 및 부문별 평가등급을 적기시정조치 기준으로 활용한다.

적기시정조치에서 경영개선권고는 종합등급 3등급 이상으로서 자본적정성 평가등급이 4등급 이하 또는 보험·금리·투자리스크 부문의 평가등급 중 2개 이상의 등급이 4등급 이하인 경우에 해당되며, 경영개선요구는 경영실태평가 종합등급이 4등급 이하인 경우에 해당된다.

〈표 11-16〉 보험회사 적기시정조치제도의 주요 내용

| 구분 | 경영개선권고 | 경영개선요구 | 경영개선명령 |
|---|---|---|---|
| 조치<br>기준 | ①지급여력비율 100%미만<br>②경영실태평가 종합평가<br>등급 3등급이상으로서<br>자본적정성 부문 평가등급<br>4등급이하<br>③경영실태평가결과<br>종합평가등급이<br>3등급(보통)이상으로서<br>보험리스크, 금리리스크 및<br>투자리스크 부문의<br>평가등급 중 2개 이상의<br>등급이 4등급(취약)이하<br>④거액금융사고 또는<br>부실채권발생으로<br>①②③의 기준 미달 명백 | ①지급여력비율 50%미만<br>②경영실태평가 종합평가<br>등급 4등급이하<br>③거액금융사고 또는<br>부실채권발생으로①②의<br>기준 미달 명백<br>④경영개선권고에 따른<br>경영개선계획 불승인 | ①지급여력비율<br>0%미만<br>②부실금융기관<br>③경영개선요구에 따른<br>경영개선계획 불승인 |
| 조치<br>내용 | 조직·인력 운영의 개선,<br>자본금의 증액 또는 감액,<br>신규업무 진출 제한 등 | 점포 폐쇄 및 신설제한,<br>임원진 교체요구,<br>영업의 일부정지 등 | 주식소각, 영업양도,<br>외부관리인 선임,<br>합병 및 계약이전 등 |

## 5.2 RAAS의 효과

(1) RAAS가 보험회사에 미치는 영향은 다음과 같다.

- 보험회사의 재무건전성을 사전에 제고시키며, 불필요한 감독, 검사가 줄어들어 수검에 대한 부담이 줄어든다.
- 리스크 중심의 책임경영을 정착시키고 국제경쟁력을 향상시킬 수 있다.

(2) RAAS가 감독당국에 미치는 영향은 다음과 같다.

- 국제적 정합성, 검사의 효율성, 선제적 리스크감독체제로 전환하였다.
- 보험회사의 파산가능성을 감소시킬 수 있다.
- 검사결과에 의해 계약자보호를 위한 공시제도를 강화할 수 있다.

# 6. ORSA(자체위험 및 지급여력 평가제도)

보험산업의 규모가 커지고 기존과 다른 다양한 리스크가 노출됨에 따라, 보험회사가 자체 실정에 맞는 리스크 관리 체계를 마련할 필요가 있었다. 보험금 지급 등을 위해 충분한 부채(책임준비금) 및 추가자본(지급여력)이 적립되도록 제도가 개선되었고 보험회사도 이에 따라 지속적으로 노력하였다. 그러나, 보험회사별로 보험상품, 자산운용 전략 등이 다를 수 있으나 이를 적극 반영하지 못하여 경영전략에의 활용도가 미흡하였다. 이에 따라 보험회사의 재무건전성 제도 선진화의 일환으로, 2017년부터 '자체위험 및 지급여력 평가제도'(ORSA)를 도입하게 되었다.

☞ 미국, 유럽 등 해외 주요국은 2015년부터 ORSA제도를 시행하고 있다. 아직까지 한국에서 ORSA는 활성화되지는 못한 상황으로 보험회사가 스스로 리스크관리역량을 키울 수 있도록 하기 위해 제도적 지원방안이 마련될 필요가 있다.

ORSA는 리스크의 양적 평가·관리체계인 지급여력제도(RBC)의 한계를 극복하기 위해, 이사회 등 경영진이 실질적인 리스크 관리체계를 구축할 수 있도록 지원하기 위한 제도이다.

## 6.1 ORSA의 주요내용

ORSA를 다시 정의하면 보험회사의 내부모형을 통해 위험관리체제의 적정성과 현재 및 미래의 지급여력을 스스로 평가하고, 보고한 내용의 적정성을 금융당국이 점검하는 시스템이라 할 수 있다. 여기서 '내부모형'은 내부자본을 산출하는 모형이며, '위험관리체계"는 위험을 인식, 측정, 관리, 모니터링하는 시스템을 의미하며, '미래지급여력'은 장래에 요구되는 지급능력에 대해 재무적 지위와 건전성을 실현 가능하도록 하는 전략을 확보하는 수준이라 하겠다. 그러므로, ERM처럼 모든 중요 리스크에 대해 보험회사의 재무건전성을 보증(리스크관리)하는 모든 행위가 대상이 된다.

ORSA의 특징은 계량리스크 중심의 지급여력제도와 달리 점차 중요성이 부각되고 있는 비계량리스크(법률·평판 등)까지 포함하여 중요리스크를 선정하는 것이다. 또한 자체 모형으로 위험을 측정하여 경영계획 및 위기상황까지 반영하여 회사의 자본력을 평가하고 그 결과를 경영정책에 반영하는 것이 핵심이라 할 수 있다. 예를 들어, 질병·건강보험의 상품개발 시 영업경쟁만을 고려하였다면, ORSA에 의해서는 보험금 지급과 관련된 민원·분쟁 시 비용유발 항목 등 중요리스크 요인도 고려할 수 있으며, 책임준비금·지급여력 산출 시 회사의 경험치(자체 모형)를 보다 충실히 반영할 수 있고, 의료환경 및 경제상황 변화 등을 충분히 고려하여 보험상품을 설계할 수 있다.

ORSA에서 대표적인 네 가지 평가원칙을 다음과 같다.

- 위험 세분화에 의한 내부모형을 통해 위험측정의 결과를 합산하여 경영목표 수립에 반영한다.
- 위험부담 한도 및 거래한도를 적절히 설정하고 운영해야 한다.
- 위험의 속성, 규모, 복잡성에 비례하여 평가해야 한다.
- 합리적인 근거를 통해 결과의 적정성을 입증해야 한다.

## 6.2 ORSA의 기대효과

ORSA의 실행이 보험회사에 가져다 줄 효과는 다음과 같다.

- 리스크관리능력 및 자본관리능력을 향상시켜 신뢰를 높일 수 있다.
- 회사 특성에 맞는 경제적 자본을 산출할 수 있다.
- 리스크관리 능력과 리스크중심의 의사결정을 향상시켜 ERM체제를 강화할 수 있다.
- 사전 위험의 조기경보 역할을 담당한다.

ORSA의 도입은 감독당국 입장에서는 다음과 같은 효과를 기대할 수 있다.

- 보험회사의 종합적인 정보의 취득이 가능하다.
- 리스크중심의 감독체계(RBS)를 구축하는데 중요한 부분이 된다.

# 제 12 장

# 이익과 손익분석
# (PROFIT & LOSS)

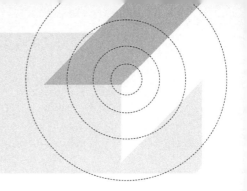

# 제12장
# 이익과 손익분석
# (PROFIT & LOSS)

지금까지 대차대조표의 주요 항목인 자산, 부채, 그리고 자본에 대해 보험 회사는 어떻게 가치를 평가하는지에 대한 내용을 이해하였다. 보험회사는 자산, 부채, 그리고 자본에 대한 관리능력을 발휘하여 재무건전성이 충족한 회사가 되도록 노력하고 있다. 그러나, 보험회사를 포함한 금융회사의 최대 관심사는 이익일 것이다. 어느 누구도 재무건전성은 우수하나 이익이 발생하지 않는 사업을 원치 않을 것이다. 심지어 소규모 판매점을 운영하는 개인 자영업 주인도 이익을 실현시키기 위해 열심히 사업에 매진할 것이다. 그만큼 이익은 사업을 하는 목적이라고 할 수 있다. 이익을 실현할 수 없는 사업은 청산하거나 매각하는 게 순리일 지도 모른다.

여기서는 사업의 목적인 이익에 대해 알아보고 보험회사의 관점에서 보는 수익성과 이익을 수치로 표현하고 이익의 실현 여부를 알 수 있는 수익성 분석을 이해할 것이다. 또한 보험에서 사용하는 수익성 가치지표에 대해서도 알아볼 것이다. 그리고 손익분석의 의의도 이해할 것이다.

## 1. 일반적인 이익의 이해

일반적인 회계용어상에서의 이익은 어떤 특정한 기간 동안 수입(income)과 비용 또는 지출(expenditure)의 차이로 표현한다. 어느 경우 이를 수지라고 표현하기도 한다. 수지와 이익의 차이는 밑에서 다룰 것이다. 여기서는 수입과 지출의 개념을 먼저 다루겠다. 수입과 지출이라는 개념은 매우 광범위해서 수입은 이미 받았거나 향 후 받을 것으로 기대하는 현금과 투자자산의 아직 실현되지 않은 자본이득 같은 현존 자산가치의 증가분 또는 현재 인식된 순자산가치 등을 포함하는 매우 포괄적인 의미를 담고 있다. 지출도 마찬가지로 이미 지불했거나 향후 지불할 것으로 약속한 현금, 고정자산의 감가상각, 보험금 지급을 위해 적립한 책임준비금, 그리고 부채의 증가분 등을 모두 포함하는 개념이 지출 또는 비용이다. 어떤 보험회사는 보험경영에 대한 이익을 단순하게 수입에서 지출(비용)을 차감한 것으로 표현 할 수 있다. 보험산업 측면에서 보면, 수입과 지출을 아래와 같이 표현 할 수 있다.

- 수입 = 보험료 + 투자수익
- 지출(비용) = 보험금 + 사업비 + 세금 + 책임준비금의 증가

책임준비금이 증가하면 지출이 증가하는 것으로 인정하고 그 순간 이익은 감소하게 되는 즉 책임준비금은 이익의 크기를 결정할 수 있는 핵심적인 요소라는 것을 알 수 있다. 그러나 다른 요소들, 예를 들어, 실현되지 않은 자본이득은 어떻게 얼마만큼 수입으로 포함할 지 등의 결정이 필요하다.

보험회사는 IFRS17이 시행되어 통일된 회계기준을 준수한다고 해도 내부적으로 여러 기준에 의해 내부용 회계보고서를 준비할 수 있다. 내부적인 요인과 문제점을 파악하기 위한 자체적인 형태의 분석은 필요한 작업일 수 있다. 그러나 감독당국은 유독 지급여력을 강조하는 감독회계기준에 초점을 둔다. 보험회사의 투자자와 주주는 내부적인 회계상의 처리방식에 관심이 더 있을 것이고 보험회사의 경영진은 감독회계기준뿐만 아니라 내부적인 회계처리를 통해 얻을 수 있는 경영정보와 부가가치에 대한 내용을 의사 결정에 활용할 수 있을 것이다. 일반적으로 보고이익(reported profit)이란 감독당국에 의해 인정된 회계처리 원칙에 따라 정의된 보험회사의 당기순이익이나 순손실을 의미한다.

이익을 논의할 때 잉여금을 이해하는 것은 매우 중요하다. 기업의 자본은 자본금과 잉여금 두 가지로 구분하게 되는데 잉여금이란 일정시점에 있어서 자산이 부채를 초과하는 부분 또는 자본금을 초과하는 자기자본의 초과액이라 정의할 수 있다. 일반적으로 보험회사의 잉여금은 현실에서 여기는 이익의 개념과는 근본적으로 다른 보수적인 관점에서 평가된다. 보험계약은 미래의 불확실성이 내재하고 있기 때문에 이익 또는 잉여금을 보수적으로 산출하며 책임준비금 산정에서 얼마만큼 잉여금에 영향을 미치는지도 또는 반대로 잉여금 결정에 책임준비금은 얼마나 반영되는지에 관한 정보도 불확실하기 때문이다.

현대 보험산업에서 이익을 이해하는 관점은 광범위해지고 있다. 그래서 보험회사는 지급여력을 대표하는 재무건전성과 현실적인 이익의 평가 사이에서 이 둘의 관계를 이해하는 것은 중요하다고 하겠다. 첫째, 보험회사 입장에서 미래에도 지급여력을 유지할 수 있도록 충분한 잉여금을 보유하고 있는 것은 매우 중요하다. 그런 다음 보험계약자와 주주와의 공평한 배분을 위해 보험계약자에게는 계약자 배당금을 주주에게는 이익배당금 등을 지급함으로 공평한 배분을 유지하려고 할 것이다. 전자의 충분한 잉여금은 보고이익에 해당될 것이고 후자는 배당가능이익이 될 것이다. 둘 다 이익이라는 광의적인 정의에는 같으나 명확한 차이가 존재하고 있다.

일반적으로 보험회사들은 다음의 대표적인 세 가지 근원에서 이익이 발생한다고 볼 수 있다.

- 기업이 보유하고 있는 현금이나 부동산 또는 금융상품을 통한 투자이익
- 보험가격을 책정할 때 내재되어 있는 이익 마진(profit margin)
- 실제손해율이 예상손해율보다 낮을 경우의 그 차이

생명보험회사의 경우, 보험부채의 증감은 이익을 산출할 때 사용하는 중요한 요소 중 하나이다. 그래서 보험부채를 평가할 때 적용한 할인율 등의 가정

과 방법을 이익에도 연결시킬 수 있게 된다.

## 2. 보험회사 손익

일반적으로 손익이란 기업자본이 경영활동 과정에서 새로운 가치의 증가 혹은 감소를 일으키면서 발생하는 이익과 손실을 뜻한다. 어느 특정 시점에서 자산과 부채를 비교하여 투하자본 혹은 인출 이외의 원인에 의한 순재산의 증감액이 사업의 손익이 된다. 손익은 손익계산서(Profit & Loss statement)에 의해 나타난다.

당기손익은 경영손익과 특별손익을 가감, 합산한 금액으로, 그 값이 양수이면 당기이익, 음수이면 당기손실이 된다. 이러한 당기손익은 손익계산서의 결론 부분이고, 그 금액은 대차대조표상의 당기손익과 일치한다.

보험회사의 해당기간 동안 손익현황은 손익계산서에 있는 당기손익을 보면 알 수 있다. 그러기 위해서는 손익계산서에서 수지와 손익에 대한 이해가 먼저 필요하다. 둘 다 매우 유사한 개념이라 어떤 경우에는 둘 다 혼용해서 사용되기까지 한다. 용어 자체로 풀이한다면 수지(payoff, income and expenditure)는 수입과 지출의 줄인 말이고 손익(profit and loss)은 손실과 이익의 줄인 말이다.

보험산업에서 수지(Payoff) 라 함은 보험영업과 투자영업에서 시현된 수입과 지출의 차이에서 발생하는 자산 증가액으로 수입과 지출에 대한 거래를 현금 기준으로 기록하는 것이라 말 할 수 있다. 즉, 현금이 나가고 들어온 것만 기록한 것이라 생각할 수도 있다. 그래서 보험영업 수지는 보험영업을 통해 얻은 실제 수입과 지출을 말하는 것으로 아래와 같이 식으로 표현할 수 있다. 이와 유사하게 투자영업 수지는 투자영업 수입에서 투자영업 비용을 차감한 것이라 할 수 있다.

- 보험영업 수지 = 수입보험료 − 지급보험금 − 실제사업비 ± 재보험수지
  (재보험수입 − 재보험지출) ± 기타수지(기타수입 −
  기타지출)
- 투자영업 수지 = 투자영업 수입 − 투자영업 비용

손익은 말 그대로 이익과 손실에 대해서 재무회계 관점에서 도출해낸 개념이다. 보험회사의 손익(Profit & Loss)은 영업이익과 영업외이익의 합으로 표현할 수 있다. 손익은 재무적인 관점이기 때문에 발생(incurred)주의 원칙을 따른다. 즉, 부채의 증가액도 현금이 들어오고 나간 건 아니지만 발생했기 때문에 손익계산에 반영해야 한다. 보험부채란 보험영업을 통해 얻은 부채이며 이 중에 책임준비금은 가장 대표적인 보험부채라 할 수 있는데 책임준비금의 증감도 발생하였다면 손익에 반영해야 하는 것이다. 그래서 영업이익은 수지에서 책임준비금 등 부채 증가액을 차감한 금액이라 할 수 있다. 생명보험회사와 손해보험회사의 영업이익을 식으로 표현하면 아래와 같다.

- 생명보험사 영업이익 = 보험손익 + 투자손익 − 책임준비금 증가액
    단, 책임준비금은 별도의 계정과목에 계상한다.
- 손해보험사 영업이익 = 보험영업이익 + 투자영업이익
    단, 책임준비금은 보험영업이익에 계상하여 처리한다.

보험회사의 손익을 식으로 표현하면 다음과 같다.

보험회사 손익 = 순경과보험료 − 손해액 − 순사업비
    순경과보험료 = 원수보험료 − 출재보험료
    손해액 = 지급손해액 + 보험금환급금 ± 책임준비금 증감액

같은 개념으로 투자영업 이익은 투자영업 수익에서 투자영업 비용을 차감한 것이다.

투자영업 이익 = 투자영업 수익 – 투자영업 비용

## 3. 보험회사의 손익가치지표

보험회사는 안정적이고 지속적인 운영을 위해 현재 상태를 점검하는 것은 물론 미래의 현금흐름도 검토하여 이러한 현금흐름이 회사의 재무건전성에 미치는 효과를 판단하여 정책 결정에 사용하고 있다. 즉, 보험회사의 가치지표를 작성하여 목표(target)를 정하기도 하고 정기적으로 지표의 수치를 비교하여 현재 회사의 정확한 위치를 판단하는데 사용하고 있다. 이들 가치지표는 일정기간 동안의 경영성과를 비교 설명해주며, 상품의 요율결정, 수익성 분석 또는 리스크 분석 등에 중요한 역할을 수행한다. 또한, 치열한 보험산업 속에서 다른 회사와의 경쟁력을 비교하는 판단결정에 중요한 자료로도 쓰이고 있다. 여기서는 보험회사에서 사용하고 있는 대표적인 가치지표들 위주로 설명 될 것이다.

### 3.1 자기자본이익율(ROE)

자기자본이익률(ROE, Return on Equity)은 영어표현 그대로 해석하면 기업에 투자된 자본(Equity)을 사용하여(on) 이익으로 어느 정도 되돌려 받았는가(Return)를 나타내는 기업의 이익창출능력을 말한다. 유사한 표현으로 투자한 자기자본에서 얼마나 이익을 냈는지를 나타내는 지표이다. ROE는 보험회사뿐만 아니라 모든 기업에서 사용하는 ROA지표와 함께 가장 오래된 대표적인 재무 수익성지표이며 기업가치지표라 할 수 있다.

산출방식은 기업의 당기순이익을 자기자본으로 나눈 수치로 단순하다. 예를 들어 자기자본이익률(ROE)이 10%라면 주주가 일정기간 동안 1억원을 투자했고 기간 말에 결산을 해보니 1천만원의 이익이 창출되었다는 뜻이다. 그래서 ROE 수치가 높다는 말은 기업에서 자본을 효율적으로 사용하여 이익을 창출하도록 효율적인 영업을 했다라고 평가할 수 있다. ROE가 높은 기업이 주가도 높게 형성되는 경향이 있어 투자지표로도 활용된다. 즉, 주주입장에 서는 ROE가 시중금리보다 높아야 기업에 투자를 하기 때문이다. 주주입장에 서는 회사의 수익성을 평가하는 대표적인 지표이다.

☞ 경제적 관점에의 자기자본은 납입자본(Capital)과 유보이익(Reserve)으로 분류된다. 납입자본은 주주가 기업에 납입한 금액으로 자본금에 주식발행초과금을 가산하고 주 식할인 발행금을 차감한 금액이며, 유보이익은 기업활동에 의해 창출된 이익 중에서 사외로 유출되지 않은 사내유보 분을 지칭한다. 즉 자기자본을 조달근원에 따라 분류 할 때 납입자본은 자본거래에 의해 조달된 부분이고, 유보이익은 손익거래에 의해 조 달된 부분이라 할 수 있다.

## 3.2 자산이익률(ROA)

자산이익률(ROA, Return on Assets)은 영어표현 그대로 해석하면 기업의 총자산(Assets)으로부터(on) 당기순이익으로 얼마나 되돌려 받았는지(Return) 를 가늠하는 지표이다. ROA는 기업의 일정기간 순이익의 현재가치를 자산총 액의 현재가치로 나누어 계산한 수치로서, 특정기업이 보유자산을 대출이나 유가증권 등에 운용해 실질적으로 얼마나 순익을 창출해 냈는지 그래서 자산 을 얼마나 효율적으로 운용했는지를 보여주는 지표이다.

ROE가 주주입장에서 회사의 수익성을 평가하는 지표인 반면, ROA는 회사 입장에서 수익성을 평가하는 지표이다. 일반적으로 해약환급금에 의해 책임 준비금을 많이 적립해야 하는 보험상품을 주력으로 판매하는 보험회사의 ROA는 낮게 산출되는 경향이 있는 반면, 재물보험처럼 상대적으로 책임준비 금을 적게 적립하는 보험상품을 주로 취급하는 보험회사의 ROA는 높게 나타 나는 편이다.

## 3.3 위험조정 자기자본이익률(RAROC)

위험조정 자기자본이익률(RAROC, Risk Adjusted Return on Capital)은 70년대 후반 미국의 유명한 투자은행인 뱅커스 트러스트에 의해 처음 도입되었다. 기존의 ROA나 ROE는 자산의 개별적인 위험은 고려하지 않고 이익률만 계산하기 때문에 개별 사업부문의 수익성이나 적정한 자본수준 규모, 그리고 새로운 사업에 필요한 최소자본 규모 등에 대한 정확한 정보를 제공하지 못한다.

위험조정 자기자본이익률(RAROC, Risk Adjusted Return on Capital)은 영어 표현 그대로 해석하면 리스크가 반영된 자본(Risk Adjusted Capital)으로부터 리스크로 조정된 이익(Risk Adjusted Return)이 얼마인지를 나타내는 것으로, 즉 위험조정 기준에 따라 개별 자산의 위험을 계산하여, 각 사업부문에 자본을 배분하고 배분된 자본에 대한 이익률에 위험을 고려한 이익률을 산정하는 것을 말한다. RAROC를 식으로 표현하면 다음과 같다.

- RAROC = 리스크조정이익/경제적자본(Economic capital 또는 VaR capital)

위의 RAROC 식에서 분자에 해당되는 리스크조정이익(RAR, Risk Adjusted Return)은 예상되는 손실(expected loss)을 이익에서 차감하는 방식이고 분모에 해당하는 리스크가 반영된 자본(economic capital)은 각종 리스크에서 예상하지 못한 손실(unexpected loss)에 해당하는 자기자본 필요액으로 이해할 수 있다.

예를 들어, 리스크의 정도가 다른 두 개의 사업에 똑같은 돈을 투자해 같은 이익을 얻었다면 ROA는 이익률이 같게 나오지만 RAROC 계산에서는 리스크가 높은 쪽의 이익률이 낮게 나타난다는 차이점이 있다. 선진 보험회사들은 기업성 보험상품(Commercial lines)의 가격 설정이나 주요 사업의 확장 여부, 자본투자에 대한 결정 등 중요한 사업을 결정하는데 RAROC를 많이 활용한다.

## 3.4 기업 내재가치(EV)

생명보험은 보험계약자가 미래에 발생할 수 있는 사고를 보장받는 대가로 보험료를 지불하는 장기(long-term)보험계약이다. 보험회사의 보험계약에 의한 미래 현금흐름은 보험계약자가 지불하는 보험료와 보험계약자에게 지급 할 보험금과 여러 제반 비용에 의한다. 이러한 미래 현금흐름과 감독당국에 의한 최소요구액과의 차이는 미래의 이익으로 대표할 수 있을 것이다.

기업의 내재가치(EV, Embedded Value)는 현재 순자산액을 나타내는 자산가치와 미래의 수익력을 평가한 수익가치를 포함한 개념이다. 특히 내재가치는 보험계리적인 면이 많이 포함되어 있는 것으로서 과거에 실현한 실질자기자본인 순자산과 보험회사의 보유계약으로부터 배당 가능한 미래의 이익 중에서 주주의 이익배당금의 현재가치로 표현할 수 도 있다. 제일 쉽게 표현한다면 보험회사가 더 이상 보험계약을 체결하지 않고 지금까지 보유하고 있는 계약만으로 봤을 때 기업의 가치를 EV라고 말할 수 있다. EV를 식으로 표현하면 다음과 같다.

- EV = ANW + VIF - CoC

ANW(Adjusted Net Worth)는 조정순자산가치로 순자산을 시장가치로 표현한 것이다. 보험회사는 감독당국에 의해 요구되는 자본적정성을 위한 상당한 규모의 순자산을 보유하고 있어야 한다. 이러한 순자산은 순자산 스스로 미래의 수익을 제공한다. ANW는 이러한 순자산을 표현한 요구자본(Required Capital)에 처분가능잉여금(Free Surplus)을 더한 것이다.

VIF(Value of In-Force)은 보유계약(In-Force)의 가치(Value)로서 기존계약으로부터 나오는 미래배당가능이익의 가치이다. 기존계약을 구분하는 데에 몇 가지 의문이 있을 수 있다. 예를 들어, 손해보험계약의 갱신(renewal)은 기존계약인지 아니면 신계약으로 볼 것인가의 의문이다. 일반적으로 이는 기존계약의 일부로 취급한다. 또 다른 예는 1년 만기 갱신 가능 정기보험인 경우

가입금액의 증가는 어떻게 볼 것인가란 문제이다. 일반적으로 소비자 물가지수에 의한 자동적인 증가는 기존계약으로 취급하지만 다른 요인에 의한 증가는 신계약으로 취급하는 경향이 있다.

자본의 시장가치는 주주가 다른 목적을 위해 그 자본을 완전히 자유롭게 사용할 수 있다는 전제하에 계산한 값이다. 그러나 감독당국의 규제자본은 보는 시각이 다르다. 주주에게 제공되는 자본의 진정한 가치는 그 자본으로부터 발생하는 미래 수익(future profit)의 현재가치(present value)라 표현하는 것이 현명하다. 자본에 해당되는 자산의 시장가치와 그 자본의 미래 수익의 현재가치와의 차액은 그 사업에 조달된 자본을 위한 비용이다. 자본 조달로 인해 얻어진 새로운 이익은 그 사업으로부터 생겨난 미래 현금흐름의 현재가치 안에 포함된다.

CoC(Cost of Capital)는 자본(Capital)의 비용(Cost)으로 기업이 자본을 조달하여 사용하는 것과 관련해 부담해야 하는 일련의 비용을 의미한다. 기업의 자본은 원천에 따라 타인자본과 자기자본으로 구분하는데, 타인자본은 차입금이나 사채와 같이 기업 외부로부터 조달한 것을, 자기자본은 유상증자를 통해 주주로부터 조달한 것을 말한다. 기업은 자본을 조달 받기 위하여 투자자에게 대가를 지불하게 되는데, 이것을 자본비용이라 하며, 일반적으로 이자나 배당, 또는 주가상승 등의 형태로 지불된다. 즉, 자본을 위해 들인 비용이다. 자본의 조달을 통해 얻은 이익은 순자산가치에 반영되었고 보유계약 가치에도 반영되어서 이중으로 반영되지 않도록 CoC를 공제할 필요가 있게 되는 것이다.

☞ 내재가치는 사업분야나 형태에 상관없이 개념은 같으나 산식의 표현은 다를 수 있다. 그러므로 개념을 이해한 후 산식을 이해하는 것이 바람직하다.

## 3.5 내부수익률(IRR)

내부수익률(IRR, Internal Rate of Return)은 미래 이익의 현재가치가 초기

투자금액과 같게 되어 총손익이 0이 되도록 하는 할인율 즉 미래의 현재가치 (NPV, Net Present Value)가 0이 되게 하는 기대수익률 또는 할인율을 의미한다. 내부수익률은 채권수익률과 매우 같은 개념이다. 다만 채권에서는 동일한 쿠폰을 전제로 한다면 내부수익률에서는 미래의 이익과 비용이 확정되어있지 않고 변동한다는 것이다. 예를 들어, 이자율이 r로 일정할 때 t시점 동안 매 시점마다 $CF_t$가 발생할 것으로 예상되는 투자계획의 현재가치를 구하는 식에서 이자율 r을 내부수익률로 대체하여 현재가치의 값을 0으로 만들어주는 내부수익률을 구하는 것이다. 그래서 내부수익률은 투입된 자본의 예상평균수익률이라 말할 수 있다.

어떤 투자사업에서 내부수익률이 자금에 적용되는 이자율보다 크다면 해당 투자사업은 수익을 기대할 수 있을 것이다. 여러 투자사업 중에서 사업별 내부수익률들이 이자율보다 큰 사업 만을 우선 선별하여 그 중 내부수익률이 가장 큰 사업을 채택한다면 수익을 극대화 시킬 수 있다. 그러므로 ROE와 비교하여 여러 투자 안 중에서 최선의 선택 등을 위한 의사결정 지표로 주로 활용된다. 그러나, 투자 규모가 서로 다른 내부수익률을 이용하여 결정할 경우, 내부수익률을 구하는 식은 투자된 기간(t)동안 미래의 현금흐름에 대한 t차 방정식의 개념이기 때문에 하나의 투자 계획에 대한 내부수익률은 t개가 나올 가능성이 있다. 이 때 어떤 내부수익률을 선택할 것인지는 결정하기 어렵다.

☞ 내부수익률(IRR)은 투자된 기간(t)동안 미래의 현금흐름에 대한 t차 방정식의 개념이기 때문에 계산기에 위해 산출하는 것이 편리하다.

## 3.6 신계약 초년도이익률

신계약 초년도이익률은 특히 한국 생명보험회사의 중요한 지표 중 하나로 신계약의 초년도누적손익을 신계약의 초년도보험료로 나눈 값이다. 신계약의 계약체결비용, 특히 수수료가 계약 초기에 집중적으로 발생하기 때문이다. 생명보험에서 신계약의 의미는 손해보험에서와 그것과 다르다는 것을 이해해야 한다.

보험회사에서 신계약(new business)의 가치는 두 가지로 해석될 수 있다. 첫째, 미래에 수익성이 있는 신계약을 인수할 수 있도록 회사가 허용하고 있는 인프라의 가치이고 다른 하나는 미래의 신계약으로부터 예상되는 최선(best estimate)의 이익이다. 전자에서 말하는 인프라는 상품, 판매채널, 브랜드, 기술 수준 등의 물리적인 인프라를 의미한다. 보험회사에서 신계약은 매우 중요하며 회사의 존재이유이기도 하다. 만일 회사가 더 이상 신계약을 체결하지 않는다고 가정하면 사업비율은 상승할 것이고 전반적으로 수익성은 떨어질 것이 거의 분명하다. 그래서 신계약의 가치를 이해하는 것은 중요하다. 미래의 신계약 규모를 예측할 때 신계약의 예상 성장률이 전반적인 경제 성장률과 유사한지를 살펴볼 필요가 있다. 예를 들어, 인플레이션이 낮은 경우 신계약의 성장률도 낮아질 가능성이 있다. 미래의 예상이익마진은 다른 보험회사의 유사한 상품출시와 판매에 따른 경쟁 심화로 줄어들 가능성이 있고 계약초기에 판매수수료와 같은 과다한 비용도 지불되기 때문이다.

이러한 이유로 해서 신계약 초년도이익률을 신계약에 대한 가치지표로 삼고 있으며 새로운 사업의 재원을 마련하기 위해 사업 초기에 투입해야 할 자본을 파악하는 리스크지표로도 활용된다.

## 3.7 손익분기점(BEP)

일반적인 손익분기점(BEP, Break Even Point)의 개념은 사업 초기에 투자된 비용 또는 자본이 시간의 흐름에 따라 회수될 때까지 소요된 시간을 의미하며, 누적 손익이 0이 되는 데 걸리는 기간으로도 표현된다. 쉬운 표현으로 투자대비 본전(even)이 될 때까지 얼마나 시간이 걸리는 지를 말할 수도 있다.

보험회사에서는 손익분기점을 특히 상품개발에서 많이 활용한다. 신상품을 개발할 때 투자되는 총비용과 예상되는 보험금의 미래 현금흐름이 신상품 출시 후 어느 시점에서 납입된 보험료와 상쇄될 수 있는지에 따라 손익분기점이 늦게 나타나는 신상품에 대해서는 상품내용을 포함한 상품전략의 수정을 요구하거나 신상품 출시를 연기하거나 철회를 할 수도 있다.

## 3.8 이익 마진(Profit Margin)

이익 마진 또는 Profit Margin은 사용하는 주체에 따라 매우 광범위한 의미를 담고 있다. 심지어 보험회사 내에서도 포괄적인 의미는 같으나 적용되는 세부분야로 가면 용도나 의미에서 다소 차이가 있다.

일반적인 Profit Margin은 수익 대비 순이익을 표현하는 이익률을 의미한다. Profit Margin은 Net Margin, Net Profit Margin 또는 Net Profit ratio로도 표현한다.

보험회사에서 일반적인 의미의 Profit Margin은 미래 이익의 현재가치를 미래 수입의 현재가치로 나눈 값으로 매출대비 이익을 나타내는 비율로 의미한다. Profit Margin은 산출 목적에 따라 다양하게 활용된다. 예를 들어 손해보험에서 적정 보험료의 범위를 정할 때 아래의 식에서처럼 Profit Margin을 활용한다. 즉, 수입되는 보험료와 지출되는 손해액과 비용에 Profit Margin을 더해 같도록 하여 구하는 보험료가 보험회사에서 추구하고자 하는 적정 보험료라 할 수 있다.

보험료 = 손해액 + 손해사정비 + 언더라이팅 비용 + 목표손익
     = 손해액 + 손해사정비 + (고정비 + 변동비율 × 보험료)
     + (Profit Margin × 보험료)

또 다른 예는 미국손해보험에서 목표손해율 계산에서도 아래의 식처럼 활용된다.

$$T = \frac{1 - V - Q}{1 + G} \, ,$$

T = 목표 손해율(Target loss ratio), V = 보험료 비례사업비 계수,

Q = Profit Margin(목표 손익계수), G = 간접 손해사정비율


Profit Margin은 계산이 단순하여 보험상품의 가격 산정 시에 상품간의 수익성을 비교하는데 활용되기도 하고 경영관리의 성과를 측정하는 지표로 많이 사용하고 있다.

## 3.9 합산비율(Combined Ratio)

합산비율은 손해보험회사에서 보험영업에 따른 수익성을 나타내는 대표적인 지표이다. 한국의 경우 손해보험은 순수한 손해보험에 장기손해보험이라는 생명보험 성격이 포함되어 있어 합산비율을 구하는 식이 다르다.


- 순수손해보험의 합산비율 = 발생손해율 + 실제사업비율

$$= \frac{발생손해액 + 실제사업비}{경과보험료}$$

- 장기손해보험의 합산비율 = 경과손해율 + 순사업비율

$$= \frac{경과손해액 + 순사업비}{경과보험료}$$


☞ 합산비율은 미국 손해보험에서 개발한 지표로 순수한 손해보험상품에만 적용하고 생명보험에서는 합산비율의 개념이 없거나 중요하지도 않다. 그러나 한국에서는 손해보험업의 특성 상 장기손해보험의 합산비율도 산출하고 있다.


발생손해액은 순수손해보험에서 주로 사용되는 용어로 손익계산서상의 발생손해액이며, 환급금, 보험료적립금 증가액, 계약자배당준비금 증가액 등은 순수손해보험상품에서는 없거나 매우 미흡하기 때문에 일반적으로 발생손해액에 포함되지 않는다.

미국에서의 합산비율은 수식의 분자에 해당하는 항목에 따라 분모에 해당하는 보험료의 기준을 다르게 한다. 예를 들어 손해액과 손해사정비는 계약

당시 계약기간에 해당하는 보험료 전액이 계약자로부터 수입되었더라도 계약 기간 동안 계약해지 등의 사유로 이미 수입된 보험료에서 일부는 즉, 남은 계약 기간만큼의 보험료는 계약자에게 환급이 이루어 지기 때문에 경과보험료를 사용하는 것이 적합하다. 이때 환급되는 보험료에서 일부의 환급수수료가 차감될 수 있다. 그러나, 사업비의 경우는 계약이 만기까지 진행되는지의 여부와 상관없이 발생하는 성격이므로 수입보험료를 사용하는 것이 적절하다. 아래는 이를 식으로 표현한 것이다.

$$\text{순수손해보험의 미국식 합산비율} = \frac{\text{손해액} + \text{손해사정비}}{\text{경과보험료}} + \frac{\text{사업비}}{\text{수입보험료}}$$

합산비율(Combined Ratio)은 상품별 수익성을 평가하는 손해보험의 매우 중요한 지표이며, 보험회사의 종합적인 수익성을 평가하는 지표로도 널리 사용되고 있다. 합산비율은 100%를 기준으로 수익성을 평가할 수 있는데, 합산비율이 100%이하라고 하면 보유하고 있는 보험료 내에서 손해액과 사업비용을 처리했으므로 영업이익을 창출했다고 할 수 있으나, 100%를 초과한 경우는 보유하고 있는 재원 즉 보험료를 초과하여 손해액과 사업비가 발생했으므로 영업손실의 결과로 수익성 측면에서 부정적인 면으로 해석할 수 있다.

## 3.10 자금이전가격(FTP, Fund Transfer Pricing)

자금이전가격은 은행(투자은행 포함)이나 증권 같은 금융권에서 주로 사용하는 수익성 지표로서 회사 내에서 각 지점간의 자금을 사고파는 데 적용되는 가격, 즉 수익과 비용이 각 지점에 할당되어 이익의 중심점(deposit-raising unit)에서 하부단위(fund-advancing unit)로 내부 이전되는 가격을 말한다. 자금이전가격의 특징은 상품의 수익성 측정과 금리리스크를 분리하는 것이다. 금리리스크를 단위 조직에서 분리하여 별도 조직에서 집중 관리하는 방식으로 관리시스템이 복잡하기 때문에 시스템 개발이 필수이다. 보험회사에서는 잘 사용하지 않는 방법이다.

# 4. 생명보험의 손익분석

생명보험(Life Insurance)은 손해보험(Property & Casualty Insurance)과 같은 보험이라는 영역에 있으나 내용적으로 보면 엄밀히 얘기해서 전혀 다른 상품이다. 보험의 대상도 다르고 위험대상도 다르며 이에 따라 보험료 산출도 다르고 회계작성도 다르다. 유사한 부분보다 비슷하지 않은 부분이 더 많을 정도로 다른 상품이라 하겠다. 유사한 예를 들자면 같은 금융권에 속하는 은행의 예금과 증권회사의 펀드라고 볼 수 있다. 물론 오늘날의 금융시장은 서로의 오래된 관행의 벽을 허물고 은행에서 예금과 더불어 펀드도 취급하듯이 손해보험회사에서 순수한 손해보험뿐만 아니라 생명보험의 복제품인 장기손해보험을 취급하고 있다. 손해보험은 단기(short-term) 상품이기 때문에 손익분석이 상대적으로 쉽다. 위에서 언급된 합산비율은 손해보험상품의 영업손익을 보여주는 대표적인 것이라 할 수 있다. 이외에도 손해율 분석, 순보험료 분석, 사고심도 분석 또는 발생손해액 분석 등은 전부 혹은 일부라도 손익을 보여주는 역할을 한다.

여기서는 생명보험 상품의 손익분석에 관하여 얘기하고자 한다. 더 정확한 표현은 물(物)보험이 아닌 인(人)보험 즉 사람의 생명과 건강을 담보로 하는 상품의 손익분석에 국한 할 것이다. 또한 인(人)보험인 생명보험 또는 장기손해보험의 계약자배당준비금 적립 전의 잉여금만을 대상으로 한다. 감독규정에 의하면 이를 보험부문 손익, 투자부문 손익, 그리고 기타 손익으로 구분하여 상품별로 산출하도록 하고 있다.

☞ 계약자배당: 인보험 요율은 계약기간을 통한 자산운영이율, 사망률, 사업비율을 예정해서 계산하는데 실제의 경영에서 이 예정률은 실적과 일치하지 않는다. 그 결과 보험료에 과부족이 생기는데, 실제로는 예정률을 여유 있게 잡고 있으므로 보험료에 잉여가 생기는 것이 보통이다. 계약자 배당이란 생명보험회사가 계약자로부터 납입한 보험료를 가지고 합리적인 경영을 통해 발생한 이익금, 즉 배당금을 계약자에게 환원해 주는 것이다. 계약자 배당의 재원은 크게 세 가지로 구성된다. 이들 세 가지는 예정사

망률과 실제사망률 차이에서 발생하는 위험률차 손익, 효율적인 자산운용을 통해 실제 수입이 예정이율에 의한 수입예측보다 많아서 발생하는 이차 손익, 그리고 예정사업비보다 실제로 집행한 사업비가 적게 들어 발생하는 사업비차 손익이다.

손익 분석의 대상은 책임준비금으로 보험료적립금, 미경과보험료적립금, 지급준비금, 계약자배당 관련준비금, 재보험료적립금 등이 포함된다. 손익 분석에서 기준이 되는 책임준비금은 해약공제액을 차감한 해약환급금식 책임준비금이다.

## 4.1 상품별 손익

### 4.1.1 보험부문 손익

보험부문 손익은 실질적인 보험영업의 성과만을 평가하기 위해 위험과 사업비 부문에 대해서만 손익을 분석하는 것이다. 그러므로, 위험에서는 위험률차 손익을 볼 것이고 사업비에서는 사업비차 손익을 볼 것이다.

보험부문 손익을 식으로 나타낸 것은 아래와 같다.

- 보험부문손익 = (보험부문수익 − 위험관련 지급보험금 − 순사업비)
  + 재보험관련손익 − 할인료

여기서 보험부문수익은 보험상품계약과 관련된 활동에 의해 발생되는 수익으로 여러 계정항목들이 가감되어 계산되며, 순사업비와 재보험관련 손익은 아래의 식으로 표현된다.

- 보험부문 수익 = 보험료수익 − (책임준비금증가액 + 해지당시기준 책임준비금 + 기타지급금 − 책임준비금이자) + 보험관련 특별계정수수료
- 순사업비 = 실제사업비 − 실제순이연액(=이연신계약비 − 신계약비상각비)
- 재보험관련손익 = 재보험수익 − 재보험비용 − 재보험적립금증가액

보험부문 손익의 세부항목은 위험율차 손익과 사업비차 손익이 있다.

(1) 위험률차 손익: 위험률차 손익은 위험보험료에서 순위험보험금을 차감한 것이다. 단순하게 표현하면 예정위험률과 실제위험률과의 차이에서 발생하는 손익이다. 순위험보험금은 회사가 보험사고의 발생으로 인해 실제로 부담한 금액으로 한다.

- 위험률차손익 = 위험보험료 − 순위험보험금
  - 순위험보험금 = 순지급보험금 + 위험관련지급준비금 증가액
    + 납입면제보험료

(2) 사업비차 손익: 사업비차 손익은 재원식 예정사업비에서 실제사업비를 차감하고 신계약비이연손익을 가감하여 계산한다.

- 사업비차손익 = 예정사업비(재원식) − 실제사업비±신계약비이연손익
  - 예정사업비(재원식) = 영업보험료 − 자연위험보험료 − 저축보험료(해약식)
  - 실제사업비는 실제로 집행된 사업비를 배분기준에 의해 보험상품별로 배분하여 산출한 금액을 말한다.
  - 신계약비이연손익은 보험료적립금을 순보험료식으로 적립함에 따라 발생하는 당해년도 자산증가액과 부채증가액의 차액을 말한다. 신계약비이연손익을 가감하는 이유는 미상각신계약비 증가액이 해약공제액보다 작을 경우 자산증가액이 부채증가액보다 적게 됨으로 당기손실이 발생하고 반대의 경우 당기이익이 발생하기 때문이다.

## 4.1.2 투자부문 손익

투자부문 손익은 자본계정운용손익을 제외한 자산운용수익에서 책임준비금이자를 차감한 이자율차 손익을 말한다. 여기서는 결정된 손익을 어떻게 배분할 지에 대한 문제가 중요하다. 투자손익은 자본계정운용손익에 우선 배분하고 나머지를 책임준비금해당손익으로 배분한다.

책임준비금해당손익은 계정별로 구분하고 세부적으로 배당보험, 무배당보험 등 상품별로 배분한다. 투자손익의 배분기준은 평균책임준비금 구성비방식과 투자연도별 투자재원 구성비방식 중 회사가 선택하여 적용한다. 평균책임준비금 구성비방식은 결산 시 평균책임준비금에 따라 상품별로 배분하는 것이며, 투자연도별 투자재원 구성비방식은 투자연도별로 구분하여, 투자재원 구성비에 따라 배분하는 형식이다.

뒤에 나오는 보충주제 5: 생명보험상품의 보험료 3이원 방식에 의한 손익분석에서 보험손익과 투자손익에 관한 보충설명을 참고하기 바란다.

### 4.1.3 기타 손익

기타 손익은 기타수익에서 기타비용을 차감하여 산출하고 발생원천이 명확한 경우 상품별로 직접 배분한다. 만일 발생원천이 불명확한 경우에는 수입보험료에 비례하여 배분하되, 자산운용 관련손익은 평균책임준비금에 비례하여 배분한다. 기타손익은 운용수수료 및 보증수수료 관련 수익과 비용, 특별계정수수료 중 보험관련 항목, 해지 당시 기준 책임준비금에서 해지환급금을 차감한 해차손익, 기타영업 외 수익과 비용을 포함한다.

## 4.2 손익분석의 문제점

어느 사업이던지 손익을 분석하는데 있어서 가장 큰 문제로 지적되는 것은 분석이 어느 정도 정확한지와 얼마만큼 객관적으로 분석했느냐의 문제이다. 보험상품의 손익분석에서 실제사업비 중에 어느 특정 상품에만 관련되어 있지 않고 보험영업 전반에 걸친 인건비나 회사운영비는 각 상품으로 배분할 때 배분기준이 정확하고 객관성이 있는지에 대한 답에는 한계가 있다. 투자손익과 기타손익의 배분에도 동일한 정확성과 객관성의 문제가 나타난다. 특히 손익분석을 보험상품별, 판매채널별, 회사의 영업본부 별로 더 세분화해서 분석을 하면 할수록 정확성과 객관성의 문제는 더 커진다고 할 수 있다.

보험에서 손익분석의 가장 어려운 점은 사업비에 있다. 이는 손해보험 분석에서도 마찬가지이다. 보험료와 보험금에 관련해서는 분석을 세분화 하더라고 각각에 해당되는 위치에 이들 데이터를 정확하게 할당할 수가 있다. 그러나 사업비는 그렇지 못하다. 사업비 중에서 그나마 판매 수수료는 정확하고 객관적인 배분이 가능하다. 그러나 보험회사 직원의 인건비, 건물 유지비, 기타 보험회사 운영을 위한 제반 비용 등의 일반사업비나 광고비 등 홍보비는 어떻게 배분할 지에 대한 객관적인 기준을 세우기가 어렵다. 손해보험인 경우 배분기준을 수입보험료로 할 지 아니면 경과보험료로 할 지 정도의 기준만이 그나마 객관성이 있으나 그 이상은 어려운 게 사실이다.

# 5. 잉여금의 배분

기업의의 자본은 크게 자본금과 잉여금의 두 가지로 구분하게 되는데 잉여금이란 일정시점에 있어서 자본금을 초과하는 자기자본의 초과액, 즉 이익의 일부라고 할 수 있다. 보험회사의 잉여금은 보험계약자에게서 받은 보험료의 대가로 보장을 충실히 이행하기 위해 책임준비금을 우선 적립한 후에 남은 잔여액으로 계약자배당준비금의 적립 전의 금액을 말한다. 이러한 잉여금은 주주지분과 계약자지분으로 구분하여 배분한다.

잉여금은 주로 생명보험과 장기손해보험과 같은 인(人)보험에서 발생하는데 이러한 상품들은 장기(long-term)계약의 상품이기 때문에 불확실한 미래의 현금흐름에 대해 안정적인 예정기초율을 적용하게 된다. 이러한 예정기초율이 실제기초율과 차이가 있게 되면 잉여금이 발생하게 된다. 이는 계약자배당의 근원이 될 수 있다. 한편 경영성과 결과에 의해서도 잉여금이 발생한다. 이 부분은 생명보험과 손해보험 공동의 해당사항이다. 경영성과에 따른 잉여금은 주주배당의 근원이 된다.

## 5.1 잉여금의 배분기준

보험회사의 잉여금은 주주지분과 계약자지분으로 구분하여 배분한다. 먼저 주주지분은 책임준비금을 우선 적립한 후의 잔여액인 계약자배당준비금 적립 전 잉여금의 10% 이하로 배분한다. 이러한 주주지분은 법인세 비용의 납부, 결손보전, 또는 주주배당 등으로 사용할 수 있다.

잉여금 중 계약자지분에 해당되는 것은 주주지분으로 배분한 후 잔여액의 일부가 되며, 유배당 보험손익의 90% 이상 및 기 적립된 계약자이익배당준비금과 배당보험손실보전준비금에 해당하는 자산에서 발생하는 투자이익을 배분한다. 계약자지분으로 배분된 잉여금은 계약자배당과 배당손해손실보전준비금의 적립 외에 다른 취지로 사용할 수 없다. 계약자지분의 적립은 지분의 30% 이내에서 배당보험손실보전준비금에 우선 적립하고 다음에 계약자배당준비금을 적립하고 나머지 잔액 전부를 계약자이익배당준비금으로 적립한다.

(1) 배당보험손실보전준비금: 배당보험손실보전준비금은 결산일 현재 책임준비금을 적립한 후 남은 이익을 배당보험계약의 손실보전을 위해 적립하는 금액이다. 계약자지분의 30% 이내에서 우선적으로 적립할 수 있으며, 향후 해당 배당상품에서 손실이 발생하면 이를 보전하도록 하는 기능이다. 배당보험손실보전준비금은 적립한 회계연도 종료일부터 5년 이내 사용하여야 하며, 손실보전 후의 잔액은 계약자배당을 위한 재원으로 사용하여야 한다. 만일 배당보험손실보전준비금이 사용되지 않았다면 계약자이익배당준비금으로 환원하여야 한다.

(2) 계약자배당준비금: 계약자배당금은 차기 계약해당일에 발생하는 것이 원칙으로 하나, 한국은 우선 적립방식으로 당해 사업년도에 발생한 잉여금을 차기 사업년도 중 계약일이 도래하는 유효계약에 대해 당해 사업년도말에 적립하는 방식을 취한다. 이때, 사업년도말에 계약자배당준비금은 당해년도 전 해에 남아있던 계약자배당준비금(전기이월 계약자배당준비금)과 당해년에 새롭게 배분된 금액을 합한 것이 된다. 계약자배당준비금은 다음과 같은 항목들이 포함된다.

• 위험률차 배당준비금: 위험보험금과 위험보험료 차이로 인해 발생한

이익을 보험계약별로 보험계약자에게 환원하기 위해 적립하는 준비금이다.

- 이자율차 배당준비금: 실제 투자이익율과 예정이자율의 차이로 인해 발생한 이익을 보험계약자에게 환원하기 위해 적립하는 준비금이다.

- 사업비차 배당준비금: 상품별로 실제사업비율과 예정사업비율 차이로 인해 발생한 이익을 보험계약자에게 환원하기 위해 적립하는 준비금이다.

- 금리차 배당준비금: 1997년 10월 1일 이전에 생명보험에 가입된 배당보험의 경우에 해당되며 예정이율이 실제이율보다 낮을 경우 그 차이를 보전해 주기 위해 적립하는 준비금이다.

- 장기유지 특별배당준비금: 6년 이상 장기 유지된 유효한 생명보험의 배당계약을 대상으로 하는 특별배당 준비금이다.

- 재평가 특별배당준비금: 자산재평가 시점에서 2년 이상 유지된 유효한 계약에 대하여 생명보험사의 자산재평가로 인한 재평가차익 중 계약자 지분에 해당하는 금액을 보험계약자에게 배당하기 위해 적립하는 준비금이다.

(3) 계약자이익배당준비금: 유배당상품의 이익 중 계약자배당준비금으로 적립한 후에도 남는 잉여금을 장래 계약자배당에 충당할 목적으로 총액 적립하는 준비금이다. 계약자배당준비금을 계약자 별로 할당되고 배분되는 확정배당준비금이라 한다면 계약자이익배당준비금은 계약자 별로 할당되거나 배분되지 않은 총액배당준비금이라 할 수 있다.

# 보충주제
# (SUPPLEMENTAL SUBJECTS)

# 보충주제
# (SUPPLEMENTAL SUBJECTS)

## 보충주제 1

실손의료보험 4차 개정 (2017년 4월 1일 시행)

### 1. 실손의료보험의 기본구조

실손의료보험의 기본구조는 가입자가 실제 지불한 의료비 중에서 국민건강보험에서 보장하지 않는 급여 본인부담금의 90%, 비급여의 80%, 병실차액의 50%를 민영보험회사에서 부담하는 형태이다.

### 2. 이전 실손의료보험의 문제점

- 일부 가입자의 무분별한 치료 및 의료기관의 과잉진료에 의한 도덕적 해이 현상이 만연했다.
- 도수치료, MRI 등 의료비가 비싼 비급여 항목에서 과다 청구가 많이 발생하였으나 계약심사 또는 보상과정에서 관리 미흡으로 전체 실손의료보험의 손해율은 매우 악화되었다.
- 비급여 명칭이 표준화 되어 있지 않았고 동일진료에 대해 의료기관마다 다른 의료비 청구에 대한 관리가 소홀했다.
- 실손의료보험은 가입자가 실제 지불한 의료비 중에서 국민건강보험에서 보장하지 않는 부분을 보장하는 비례보상방식인데 위의 문제들에 의해 실손의

료보험 뿐만 아니라 국민건강보험에 까지 재정적 부담을 주게 되었다.

## 3. 개정내용

- 상품구조 변경: 기본형은 급여 의료비, 특약은 비급여 의료비를 보장하는 기본형과 특약형태로 구분하여 소비자가 선택하여 가입할 수 있게 하였다.
- 특약보장한도 설정: 일부 가입자의 무분별한 치료 및 의료기관의 과잉진료에 의한 손해율 악화를 제어하기 의해 손해율이 높은 특약을 분리 운영하여 특약별 연간 보장한도와 횟수를 설정하였다.
- 자기부담비율 조정: 일부 가입자의 무분별한 치료를 제어하기 위해 자기부담 비율을 상향조정(회당 2만원 또는 의료비의 30% 중 큰 금액)하였다.
- 미청구 할인: 직전 2년간 비급여진료를 청구하지 않은 가입자에게 보험료 10% 이상 할인을 실시 하였다.
- 비급여 코드 표준화: 비급여 코드와 명칭을 표준화하여 과잉 진료비를 심사 할 수 있게 하였다.
- 단독형 실손의료보험 의무판매: 보험소비자를 보호하기 위해 다른 상품과의 연계 없이 실손의료보험만 단독으로 판매하게 하였다.

## 4. (참고사항) 실손 의료보험 개정 세부내용

- 입원의료비(입원실료, 입원제비용, 입원수술비등)
  변경 전: (급여＋비급여)×10% 공제 후 보장
  개정 내용: (급여부분 본인부담금×10%)＋(비급여×20%) 금액을 보장하며 선택특약은 보장에서 제외.
- 병실료 차액
  변경 전: 기준병실과 차액×50% (단, 1일 10만원한도)
  개정 내용: 선택특약은 보장에서 제외.
- 의료비 - 외래
  변경 전: 의료기관 규모에 따른 금액공제 후 보장 (의원 1만원, 병원 1만5천원, 상급종합병원 2만원)

개정 내용: 의료기관 규모별 공제액과 공제기준금액 중 큰 금액을 공제하며 선택특약은 제외.

- 조제

변경 전: 8천원 공제 후 보장

개정 내용: 8천원과 공제기준금액 중 큰 금액을 공제하며 선택특약은 제외.

## 5. (참고사항) 실손의료보험의 종류

- 개인실손: 건강한 0~60세의 소비자가 개별적으로 심사를 거쳐 가입하는 실손보험으로 통상적으로 가입하는 민영실손보험
- 단체실손: 직장 등에서 개별 가입자에 대한 심사 없이 단체로 가입하는 상품으로 단체에 소속된 기간 동안만 보장.
- 노후실손: 건강한 50~75세의 고령층이 가입하는 상품으로 소비자의 자기부담이 다소 높지만 보험료가 저렴한 민영보험상품
- 유병력자실손: 가입심사가 완화되어 경증 만성질환자가 가입 가능한 실손으로 실손 가입의 문호가 확대된 상품

## 보충주제 2

단체실손의료보험과 개인실손의료보험간 연계제도 (2018년 12월 시행)

### 1. 추진 배경

실손보험은 개인실손, 단체실손 등이 있으나 상품간 연계제도가 없어 의료비 보장이 꼭 필요한 은퇴 후에 보장공백이 발생하는 등 실손 보장의 사각지대가 발생한다. 금융당국은 이러한 공백기간을 해소하기 위해 단체실손과 개인실손을 연계하는 제도를 실시하였다.

### 2. 실손보험 연계제도 주요내용

#### (1) 단체실손 → 개인실손 전환

- 단체실손에 5년이상 가입 시, 단체실손 종료 1개월 이내에 개인실손으로 전환
- 직전 5년간 단체실손에서 보험금을 200만원 이하로 수령하고 10대 질병 치료 이력이 없는 경우 무심사 전환.
  (단, 무심사 요건에 해당하지 않는 경우 신규가입과 동일하게 심사를 거쳐서 개인실손에 가입)
- 통상적인 은퇴 연령 등을 고려하여 최소 65세까지는 개인실손으로 전환이 가능하도록 전환연령 확대

#### (2) 개인실손 중지 및 재개

- 개인실손 가입자가 단체실손 가입 시 기존에 가입한 개인실손의 보험료 납입 및 보장을 중지했을 경우, 향후 단체실손 종료 시 중지했던 개인실손을 재개 가능.
- 개인실손 가입 후 1년 이상 유지 시 보험료 납입과 보장 중지 가능.

## 보충주제 3

보험다모아 (2015년 11월 시행)

## 1. 보험다모아

보험다모아는 보험소비자에게 보험가입의 자율성을 부여하고 상품 선택의 폭을 제공해주기 위해서 보험소비자가 스스로 인터넷 보험다모아 홈페이지를 통해 여러 보험상품들을 비교 검색한 뒤 보험소비자 스스로 자신에게 알맞은 상품을 선택하여 해당 보험회사의 결제시스템을 통해 가입 체결하는 사이버 마케팅(CM) 상품의 대표적인 보험판매방법으로 보험료 비교사이트의 의미를 가지고 있다.

금융당국이 보험상품에 대한 보험소비자의 비교가능성과 접근성을 향상시키고자 추진하였다. 보험다모아 시스템을 통해 소비자에게 원스톱쇼핑 서비스 제공, 보험료 비교에 따른 시장경쟁 촉진, 판매수수료 절감에 의한 보험료인하 효과 등을 기대하여 실행하였다.

## 2. 보험다모아 시스템이 보험환경에 미치는 효과

### (1) 보험소비자

- 고객 편의: 온라인(홈페이지)을 통해 상품비교, 보험료비교, 상품 선택과 보험료납입까지 동시에 진행할 수 있어 보험가입이 신속하고 편리하다.
- 저렴한 보험료: 온라인 판매이므로 판매수수료가 없어 그 만큼 낮은 보험료에 상품가입이 가능하다.
- 상품비교 용이: 여러 유사상품의 보험료를 비교할 수 있으므로 보험소비자에게 상품 선택의 폭이 커진다.

## (2) 보험회사

- 보험료 차별화: 회사 내 동일한 상품에 대해 채널별로 차별화된 보험료로 판매 채널간의 경쟁력이 제고될 수 있다. 그러나 반면에, 보험료가 상대적으로 높은 대면판매 채널인 설계사 또는 TM 조직의 영업시장 위축을 가져올 수 있다.
- 상품의 단순성: 온라인(홈페이지) 판매이기 때문에 보험다모아에서 취급하는 상품들은 초기에는 사전 심사기능이 거의 없고 고객이 이해하기 쉬운 단순한 상품이 주를 이루었으나 점차 상품이 다양해지고 있는 추세이다. (예: 자동차보험, 실손여행자보험, 치아보험 등) 그러나, 여전히 사전심사(pre-underwriting)가 중요한 상품을 제공하는 데는 한계가 있다.
- 가격경쟁 가능: 타보험회사의 유사한 상품들과 보험료 비교가 가능하여 상품 품질 향상에 기여할 수 있으나, 반면에 이러한 현상이 가격경쟁으로 이어질 경우 손해율의 악화 원인이 될 수 있다.

# 3. 현재 진행 상황과 향후 전망

- 소비자 이용 편의성 중심으로 홈페이지 개선
- 보험유형, 보험가격지수 등 보험 상품의 핵심정보와 요약 정보 제공
- 소비자가 많이 찾는 보장성보험에 치아·치매보험 등을 신설

공동재보험(Coinsurance) 도입방안 (2020년 1월 현재 추진 중)

### (1) 공동재보험 도입배경

　　보험회사는 IFRS17시행에 대비, 자산·부채 만기불일치를 축소하기 위해 자본 확충을 위한 후순위채 발행 또는 장기국채에 대한 투자확대 등에 노력하고 있 다. 다만, 국내 장기국채의 거래비중이 높지 않고, 보험회사의 후순위채 발행금 리도 상승하는 등 최근 여건을 감안할 때 자본확충의 효과가 제한적인 상황이 다. 이에 반해 보험부채의 구조조정방안은 보험부채증가에 따른 부담을 완화하 는 직접적 수단이란 점에도 불구하고 제도상 제한 또는 금지되고 있다는 문제 점이 있다. 금융당국(금융위원회)은 이런 점을 감안하여 보험회사의 부채를 감 축, 조정할 수 있는 공동재보험 도입방안을 마련하였고 2020년 1월 현재 시행방 안을 발표하여, 제도를 도입하려고 추진 중이다.

### (2) 보험회사 재무건전성 확보체계

- 자본확충은 제도적으로 책임준비금적정성평가(LAT)와 재무건전성준비금제도 를 통해 진행될 예정.
- 부채조정은 1단계로 공동재보험을 허용하고, 이후 계약재매입, 계약이전 등 선택 가능한 모든 대안을 검토 중.

### (3) 공동재보험 의의

　　공동재보험은 원보험사가 위험보험료 외에 저축보험료 등의 일부도 재보험사 에 출재하고 보험위험 이외 금리위험 등 다른 위험도 재보험사에 이전하는 재 보험을 의미한다. 전통적인 재보험은 전체보험료 중 위험보험료만을 재보험사 에 출재하여 보험위험만 이전한다는 점에서 공동재보험과 가장 큰 차이가 있다. 또한, 전통적인 재보험은 1년 단위 갱신형(yearly renewable)이나 공동재보험은 장기계약이란 점에서 차이가 있다.

## (4) 공동재보험의 유형

- 일반적 공동재보험(Coinsurance): 원보험사가 보유하던 운용자산과 책임준비금(부채)을 모두 재보험사에 이전함과 동시에 재보험료를 지불하는 구조.
  **(단점)** 운용자산이 이전되므로 재보험사 파산 등 신용위험에 노출되고 계약자배당 등 의사결정에 제약이 따른다.

- 변형된 공동재보험(Modified Coinsurance): 원보험사가 운용자산을 보유하고 운용하며 재보험사에게 책임준비금(부채)만 이전하는 구조.
  **(장점)** 재보험사에 대한 신용위험 감소와 계약자배당 등 의사결정이 용이
  **(단점)** 공동재보험 구조가 복잡하고 자산운용수익 중 일부를 고정금리로 재보험사에 지급하면 금리위험 전가가 곤란

## (5) 공동재보험 도입효과

- 금리위험, 해약위험 등도 보험위험과 함께 이전가능
- 재무건전성 개선을 위한 선택수단의 확대: 신종자본증권, 후순위채 등의 발행은 가용자본 확대수단인 반면, 공동재보험은 요구자본 축소수단이란 점에서 재무건전성 개선을 위한 새로운 방법.

  ☞ 지급여력비율(=가용자본/요구자본)의 상승은 분자의 증가 또는 분모의 감소를 통해 달성 가능하며, 공동재보험은 분모의 감소수단이다.

- 원보험사는 공동재보험에 따른 재보험료 등 비용과 후순위채 발행비용 등 다른 수단의 비용을 상호 비교하여 거래여부를 결정한다는 점에서 시장기능이 강화
- 글로벌 재보험사의 노하우(know-how)와 자산운용능력 활용이 가능
- 보험회사는 보험위험, 금리위험 등 보험상품에 내재된 모든 위험을 시장기능을 통해 재보험사로 이전함으로써 재무건전성 개선에 기여할 것으로 기대.

## 생명보험상품의 보험료 3이원 방식에 의한 손익분석

생명보험상품을 취급하는 보험회사는 손익을 파악하기 위해 납입된 보험료를 위험보험료, 저축보험료, 예정사업비로 분류한다. 이러한 방법을 3이원 방식 또는 이원별 방식이라고 한다. 제12장에서 일부 설명되었지만 여기서는 분류하는 방법에 대해 간략한 수식과 함께 이에 따른 손익계산을 공식으로 요약하고자 한다.

- 위험보험료 = 순보험료 - 순보험료식 저축보험료
  = 순보험료 - {당해년도말 순보험료식 보험료적립금/(1 + 예정이율) - 직전 당해년도말 순보험료식 보험료적립금}

  위험율차 손익 = 위험보험료 - 순위험보험금
  = 위험보험료 - (순지급보험금 + 위험관련 지급보험금증가액 + 납입면제 보험료)

- 저축보험료 = 당해년도말 해약식 보험료적립금/(1 + 예정이율) - 직전 당해연도말 해약식 보험료적립금

- 예정사업비(손익분석용) = 영업보험료 - 위험보험료 - 저축보험료
  = 예정신계약비 + 예정유지비 + 예정수금비

  사업비차 손익 = 예정사업비(손익분석용) - 실제사업비 ± 신계약비 이연손익
  = 예정사업비(손익분석용) - 실제사업비
  ± {순이연식 자산증가액 - (순보험료식 증가 - 해약식 증가)}

연금저축보험 또는 변액보험 같은 특정 보험상품에 속하는 자산과 부채의 손익 항목은 다른 여타 상품과는 별개로 특별계정으로 분류하여 별도로 회계 관리를 한다. 특별계정으로 관리되는 상품들은 일반적으로 상품에 투자요소가

많기 때문에 일반 보험계약자와 주주 간의 지분을 분리하여 수익을 배분한다. 그러므로, 특별계정은 보험영업의 투명한 경영과 계약자와 주주간의 공평성을 유지하고자 하는 것이다.

보험회사의 손익을 크게 두 가지로 나눈다면 순수보험영업에 의한 손익과 투자에 따른 손익으로 분리할 수 있다. 위의 위험률차 손익과 사업비차 손익은 순수보험영업과 직, 간접적인 관련에 의해 발생되는 보험손익이며, 다른 하나는 자산운용수익에서 발생하는 투자관련손익이다. 투자관련손익은 이자율차 손익으로도 표현되는데 순수보험영업으로부터 발생하는 손익이 아니므로 책임준비금의 투자로부터 발생되는 이자는 제외한다.

- 이자율차 손익 = 투자손익 - 책임준비금 이자
$$= (투자수익 - 투자비용) - (해약식 \ 보험료적립금 \ 증가 \\ + 만기환급금 + 해약환급금) - 저축보험료$$

생명보험에서는 보험료를 배분하는 방식에 따라 위의 설명과 같은 3이원 방식과 3이원 방식의 세 가지 예정기초율 이외에 해지율, 투자수익률, 할인율 등으로 보험상품의 현금흐름을 확률적으로 계산하는 현금흐름방식이 있다. 현금흐름방식에서는 현금흐름의 유출입에 의해 보험료를 산출하기 때문에 3이원 방식에 의한 보험료 배분은 의미가 없다.

3이원 방식은 오직 세 가지 요소만으로 보험료를 산출하고 이에 따라 손익도 분석하기 때문에 산출하는 절차가 현금흐름방식보다 단순할 수 있다. 그러나, 3이원 방식은 모든 보험계약이 만기까지 유지될 것이라는 가정이 있기 때문에 실질적인 분석이라고 하기에 미흡하며 장기(long-term)계약인 생명보험상품의 보험료에 영향을 끼치는 투자수익률이나 할인율 등을 반영하지 않는다는 한계가 있다.

## 보충주제 6

### 생명보험상품의 현금흐름방식에 의한 분석

생명보험상품의 현금흐름(cash flow)방식은 세 가지 예정기초율 이외에 해지율, 투자수익률, 할인율 등 보험상품 현금흐름에 영향을 끼치는 요소들의 최적추정값(best estimate)을 이용하여 확률적으로 계산하는 방법이다. 2022년 IFRS17 시행과 함께 부채평가의 시사평가와 조화롭게 실행해야 하는 부분이기도 하다. 여기서는 현금흐름(cash flow)방식의 핵심사항들만 요약해서 다루도록 하겠다.

☞ 현금흐름(cash flow)방식은 현재 미국 및 보험선진국가에서 적용하는 방법과 매우 유사하다.

## 1. 현금흐름방식의 특징

- 목표이익률을 설정하여 경쟁력 있고 합리적인 보험료를 산출할 수 있다.
- 투자수익의 가격변동성을 감안한 리스크 마진을 반영한다.
- 위험보험료와 사업비 등 순수보험부분뿐만 아니라 투자수익과 비용을 현금흐름에 반영하는, 즉 모든 수입과 지출을 반영하여 보험료를 산출한다.
- 최적추정값을 이용하여 여러 차례 Trial & Error 방식을 통해 구해진 임시보험료는 민감도분석과 시나리오테스트를 거쳐 상품수익성을 분석하게 되고 이 과정은 최종보험료가 결정될 때까지 계속 반복 진행된다.

## 2. 현금흐름방식의 최적추정값(best estimate)

- 위험률(mortality, morbidity rate): 경험통계 등 객관성 있는 데이터를 이용하여 구성단위를 세분화하여 합리적으로 산출한다.
- 사업비율(expense rate): 실제사업비 중에 상품과 직접적인 연관이 있는 직접사업비는 포함하고 직접적인 연관이 없는 간접사업비는 실제사업과 연관되

는 부분만큼 비례하여 분배한다.

- 해지율(lapse rate): 경험통계를 이용하여 상품특성에 따라 세분화하여 합리적으로 산출한다. 단, 해약공제액과 이자율을 고려해야 한다.
- 투자수익률(investment earning rate): 경험통계, 자산포트폴리오, 시장금리, 투자전략 등 전사적인 관점에서 산출한다.
- 할인율(discount rate): 주로 투자수익률, 무위험이자율(risk-free interest rate), 또는 주주요구수익률 등 경영전반에 따른 합리적인 수준에서 선택한다.
- 기대이익률: 보험회사가 실현하고자 하는 예상이익률이다. 이익률은 세후(after-tax basis)로 계산하며 리스크마진과 타겟마진을 각각 설정하여 영업이익과 자본비용(CoC)으로 구분해서 산출한다.

## 3. 현금흐름방식의 장점

- 적절한 최적추정값 선택: 최적추정값 산출 가이드라인 안에서 리스크를 고려한 적절한 보험료 산출이 용이하고 목표이익을 충족하기 위한 최적추정값 선택이 가능하다.
- 효율적인 손익관리: 보험료 산출 시 민감도분석과 시나리오테스트를 통해 상품수익성을 분석하므로 목표와 마진을 구분하고 관리하여 효율적인 손익관리가 가능하다.
- 세분화 분석: 현금흐름방식은 구성요소를 세분화하여 분석하므로 요소별로 차별화 전략을 세울 수 있다.
- 계약자배당 투명성: 상품별로 리스크 정도에 따라 이익이 배분되는 형태이므로 계약자배당이 공정하고 투명하게 이루어질 수 있다.
- 계약자 편의성: 현금흐름방식은 상품보장 내용을 단순화하여 계약자의 상품선택이 용이하다.

## 보충주제 7

### 손해보험회사의 손익 분석

한국의 손해보험회사는 생명보험상품의 복제상품인 장기손해보험상품이 일반손해보험상품과 같이 판매되므로 우리나라만의 독특한 방식에 의해 손익을 측정한다. 두 상품의 손익분석 차이점은 손해액을 평가하는 방법에 있다. 특히, 장기손해보험상품은 경과손해액이란 항목을 사용한다. 장기손해보험상품은 일반손해보험상품과 본질적으로 다르기 때문에 두 상품을 분리하여 분석하는 것이 타당하다. 여기서는 손해보험회사에서만 적용되는 손익계산을 공식위주로 요약한다.

☞ 경과손해액은 한국에서만 사용하는 보험용어이다. 손해보험에서는 경과(earned)의 의미가 중요하여 덧붙여졌을 것이라고 추측한다.

(1) 순수일반손해보험상품(예: 일반손해보험, 자동차보험)

- 보험영업이익＝경과보험료－발생손해액－실제사업비
  ＝(수입보험료－미경과보험료 증가)－(지급보험금
  ＋손해사정비＋개별추산액 증가)－실제사업비

  ☞ 개별추산액은 지급준비금과 같은 개념으로 해석한다.

- 합산비율＝(발생손해액＋실제사업비) / 경과보험료

### (2) 장기손해보험

- 보험영업이익＝경과보험료－경과손해액－순사업비

  - 경과손해액＝발생손해액＋보험환급금＋보험료적립금 증가
    ＋계약자배당 준비금 증가

- 보험환급금＝만기환급금＋해약환급금＋계약자배당금

- 순사업비＝실제사업비－(신계약비이연－신계약비상각)

- 합산비율＝(경과손해액＋순사업비) / 경과보험료

## 손해보험의 신뢰도 반영 요율 결정

대수의 법칙에 따라 데이터의 모수가 많아짐에 의해 과거 경험은 미래에 다가올 실제 경험에 근접하게 된다. 손해보험에서의 요율산정은 조정을 할 때 마다 가장 최근 데이터를 이용하여 데이터 분석의 결과에 의해 요율을 결정하는 과정을 거친다. 개인 피보험자들의 사고내용은 매년 달라지고 있고 그 사고내용 만으로는 객관적이고 일관성 있는 분석을 하기가 어려움이 있기 때문에 많은 수의 피보험자 데이터 집합을 통한 분석에 의해, 더 안정적이며 정확한 예측을 할 수 있게 된다. 그러나, 요율산정 모델이나 개별 요율요소 분석에 사용되는 데이터는 정확한 요율을 예측할 정도로 충분하게 항상 준비되어 있지 않은 경우가 많다. 이럴 경우, 계리사는 충분치 못 한 부분을 충족할 수 있는 정보와 사실을 요율산정 결과에 보완하는 작업을 해야 한다.

손해보험의 요율산정 모델에서 신뢰도 이론은 미래의 예측값을 산출하기 위해 사용되는 임의의 데이터를 정확성의 방향으로 이끌어내는 도구라 할 수 있다. 손해보험회사는 미래에 일어날 수 있는 사고에 대한 보장을 제공하고, 그 비용을 예측하기 위해 과거 손해데이터를 사용하게 된다. 그러나, 미래의 사고는 임의적으로 일어나며, 또한 과거에 발생했던 유사한 내용과 다르게 일어나게 된다. 이런 경우, 과거 경험에 의해 예측한 사고 비용, 즉 손해액은 미래의 손해액보다 많거나 적게 될 것이다. 이러한 예측에 정확성을 기대하는 것은 손해액의 변동성과 함수관계에 있다고 볼 수 있다. 결과적으로, 경험데이터만을 가지고 미래의 사고를 보장하는 비용, 즉 보험료를 계산한다고 하는 것은 모순이 될 것이다. 그러므로, 신뢰도 이론은 예측 값의 정확성을 향상시키기 위해 경험데이터에 의해 산출되는 계리적인 평가에 경험데이터에 가장 밀접한 유사한 정보와 사실을 첨가하는 과정이라 하겠다.

고전 신뢰도(classical credibility)는 손해보험 요율산정 과정에서 가장 널리 사용되는 기법으로 제한적 변동 신뢰도(limited fluctuation credibility)라는 의미로 알려져 있는데, 이는 분석을 위한 기초통계에서 결과에 영향을 끼칠 수 있는 임의적인 변동성 효과를 제한하려는 데 목적이 있기 때문이다. 신뢰도 Z값은 기초통계로부터 산출된 결과에 일차 함수의 형식으로 적용된다.

- 최종평가(예측값)＝Z×기초자료 결과＋(1－Z)×유사자료 결과

예를 들어, A사는 자체 데이터를 통해 요율산정 모델로부터 10%의 요율인상 결과가 산출되었고 신뢰도는 계산에 의해 70%라 가정하자. 나머지 신뢰도 부분 30%는 업계 평균 조정율인 5%를 감안하려고 한다. 이 가정에 의해 A사는 신뢰도를 감안하여 8.5%의 최종 조정률을 결정할 수 있다.

$$신뢰도\ 감안\ 최종\ 조정률＝Z×최종\ 조정률＋(1－Z)×업계\ 평균\ 조정률$$
$$＝0.70×10\%＋(1－0.70)×5\%＝8.5\%$$

이러한 의미는 10%의 자체 조정률은 데이터의 부족에 의해 70%만 적합성을 담보하기 때문에 나머지 30%의 적합성은 보완부분으로서 업계 평균 조정률을 적용하여 최종적인 요율에 반영하겠다는 것이다.

일반적으로 손해보험에서 사용하는 부분신뢰도의 계산은 루트원칙(square root rule)에 따르며, 공식은 다음과 같다.

- $Z = \sqrt{\dfrac{n}{n_F}}, \ 0 \leq Z \leq 1$

n＝사고건수

$n_F$＝충분 신뢰도에 요구되는 사고건수

예를 들어, 자동차보험 대물담보 분석 시 충분신뢰도 기준을 1,082 사고건수로 정의할 때, 분석 데이터에 사고건수가 700건이면 분석 데이터로부터 결과된 경험값은 80.4%의 신뢰도를 할당하고 나머지 19.6%는 다른 보완대체자료의 결과값에 적용하는 것이다.

☞ 충분신뢰도의 기준은 정규근사(normal approximation)에 의해 계산된다. 1,082건의 충분신뢰도 기준은 경험 사고건수가 평균 사고건수의 ±5%범위안에서 발생할 확률이 90%라는 가정이 있다. 즉, 평균값보다 표준편차 1.645 위치에 있는 건수가 1,082이다. 그러므로 경험데이터의 사고건수가 1,082건 이상이면 선택한 충분신뢰도 기준조건에 따라 경험결과에 100% 신뢰도를 적용하고 1,082건 미만이면 루트원칙에 따라 부분신뢰도를 적용한다. 주의할 점은 가정을 평균 사고건수의 ±2.5%범위안에서 발생할 확률이 95%처럼 변경한다면 충분신뢰도의 기준도 변경될 것이다. 충분신뢰도의 자세한 계산과정은 계리리스크관리 영역에서 벗어나므로 '계리모형론'(박영사 刊)의 신뢰도이론을 참고하기 바란다.

☞ 손해보험의 신뢰도기법은 위의 전통적인 신뢰도(classical credibility)와 뷜맨신뢰도(Bühlmann Credibility)가 있다. 뷜맨 신뢰도는 최소자승(least squares) 신뢰도라고 일컬어지며 신뢰도를 구하는 방법 중 가장 정확성이 높은 방법이지만 계산하기가 복잡한 단점이 있다. 뷜맨신뢰도 공식은 $Z = N/(N+K)$이다. 뷜맨신뢰도의 자세한 계산과정은 계리리스크관리 영역에서 벗어나므로 '계리모형론'(박영사 刊)의 신뢰도이론을 참고하기 바란다.

# 보충주제 9

보험의 주요 기본원칙(principle) 정의

## 1. 실제손해액 배상의 원칙(Principle of Indemnity)

실손보상의 원칙 또는 손실전보의 원칙으로 명명되기도 하는 Indemnity원칙은 보험에서 매우 중요한 개념으로 손실이 발생했을 때 보험회사는 피보험자가 겪는 실제 손해액 이상으로는 배상하지 않는다는, 즉, 실제손해액만 배상하겠다는 개념이다. 대부분의 많은 보험계약은 Indemnity계약이다. 특히 거의 모든 손해보험계약은 Indemnity 계약이다. 그러므로 indemnity는 손해보험계약에 더 중요한 기본원칙이된다.

예를 들어, 보험가입금액 10억원에 주택화재보험을 가입한 피보험자의 주택이 화재로 인해 전손이 됐다고 하자. 화재 당시 주택의 현시가가 9억원이었다면, 9억원이 보험회사가 지급할 보험금이 된다. 즉, 피보험자는 실제 손해액(actual loss) 이상 배상 받을 수 없게 된다. 보험계약의 본질적인 목적은 사고 발생 시, 사고가 발생하기 전의 경제적 상태로 회복시켜 주는 것이지 사고 후 경제적인 이득을 의미하지 않기 때문이다. 사고 후 경제적인 이득을 얻을 수 있다면 그것은 보험이 아니고 도박 같은 투기가 된다.

실제손해액 배상의 원칙(Principle of Indemnity)은 보험회사 측면에서나 사회적인 부분에서도 매우 중요하다. 만일, 피보험자가 사고 후에 이득을 취할 수 있다면 일부는 고의적으로 사고를 일으킬 것이다. 이러한 결과는 사회적인 자원 낭비와 보험회사의 재정악화로 이어지게 되며 이는 궁극적으로 선량한 피보험자를 포함한 모든 피보험자에게 보험료 인상으로 귀결된다. 또한, 사고가 고의로 발생한다면 보험회사는 적정한 보험료와 비용 산출을 할 수 없게 된다.

실제손해액 배상의 원칙은 아래의 원칙과 계약조항에 의해 의미가 배가되며 실행된다.

- 피보험이익(Insurable Interest)
- 대위변제(Subrogation)
- 실제 손해액 조항(Actual cash value provision)
- 중복보상조항(other insurance provisions)

## 2. 피보험이익(Insurable Interest)

예를 들어, 자동차사고나 화재 같은 우연한 사고로 인해 사람 또는 기업이 경제적인 손실을 입었다면 그 사람 또는 기업은 피보험이익(Insurable Interest)을 가진다. 그 리스크에 관여되지 않는 사람은 피보험이익을 가지지 않는다. 피보험이익에 관련된 법은 보험소비자에게 중요하다. 왜냐하면 피보험이익의 여부에 따라 보상을 받을 수 있을 지가 결정되기 때문이다. 그러므로 모든 피보험자는 피보험이익의 존재여부, 존재시기, 그리고 제한된 배상범위를 숙지하고 있어야 한다.

(1) 피보험이익의 존재여부: 가장 일반적인 피보험이익의 존재는 재물의 소유권이다. A는 주택 소유자로서 화재나 다른 사고에 의해 주택이 파괴된다면 A는 재정적인 손실에 고통 받을 것이다. 그래서 A는 주택에 있어서 피보험이익을 갖는다. 만일 주택을 대출에 의해 구매했을 때, 대출해 준 은행 역시 피보험이익을 갖게 된다. 왜냐하면 담보인 주택에 피해가 발생했다면 그 대출의 가치는 하락하게 되기 때문이다. 어느 아파트의 세입자가 리모델링을 했다면 주택의 사고 발생시 경제적 피해가 예상되므로 리모델링에 있어서 피보험이익을 갖는다. 수탁자(bailee)는 타인의 물품을 안전하게 보관하고 좋은 상태로 돌려줘야 한다. 그렇지 않으면 변상을 해야 한다. 그러므로 수탁자는 피보험이익을 갖는다. 사람은 자신의 삶에 대해 무한대의 피보험이익을 가진다. 타인의 삶에 대한 피보험이익은 그 사람과의 밀접한 관계의 정도에 따라 결정될 수 있다. 예를 들어, 가족은 가장의 삶에 대해서 피보험이익을 갖는다. 채권자는 채무자의 삶에 있어서 피보험이익을 가지며 고용주는 종업원의 삶에

있어서 피보험이익을 갖는다.

(2) 피보험이익의 존재시기: 보험계약으로부터 보험금이 지급되기 위한 피보험이익이 존재해야 하는 시기는 보험의 형태에 따라 다르다. 재물(property)보험은 사고 당시에 피보험이익이 존재해야 한다. 예를 들어, 주택 화재 당시 주택소유자인 A가 피보험이익을 가지고 있었다면 보험회사로부터 보상을 받는다. 그러나, 만일 주택 화재사고 전에 타인에게 주택소유권을 양도했다면 보험계약이 여전히 유효하더라도 A는 보험금을 수령할 수 없다. 왜냐하면, A는 화재 당시 피보험이익이 없기 때문이다. 생명(life)보험 계약에서는 오직 계약시점에만 피보험이익을 요구한다. 이에 따라서 계약기간 중에 피보험이익이 사라져도 계약이 유효하다면 보험금 수령이 가능하다는 의미이다. 예를 들어, 기업이 생명보험 계약자이며 그 기업 사장이 피보험자인 경우 사장의 사망은 기업에 치명적인 손실을 입히므로 기업은 사장의 삶에 있어 피보험이익을 갖는다. 만일 사장이 회사를 떠나더라도 그 계약이 유효하게 남아 있다면 기업은 사장의 사망 시 보험금을 수령하게 될 수도 있다.

(3) 제한된 배상범위: 재물보험인 경우, 피보험이익은 사고 당시에 존재해야 하지만 보상금액은 피보험이익의 범위에 의해 제한된다. 예를 들어, A가 화재 당시 시가 10억원의 주택에 대해 절반만 피보험이익을 가지고 있다면 A가 구매한 주택화재보험 가입금액에 상관없이 A는 5억원 이상의 보험금을 받을 수 없게 된다. 만일 A가 피보험이익의 범위 이상으로 보험금으로 받았다면, A는 화재사고로부터 이익을 얻게 되고 이는 실제손해액 배상의 원칙(Principle of Indemnity)을 위반하는 것이다. 반대로 생명보험은 대체로 피보험이익에 의해 보험금이 제한되지 않는다. 대부분의 생명보험이나 건강보험은 정액(stated amount) 보상이기 때문이다. 생명보험 계약은 피보험자의 사망을 증명함에 의해 수혜자(beneficiary)에게 계약상 정해진 보험금을 지급하는 계약이다. 수혜자는 피보험이익의 여부를 요구 받지 않으므로 고통 받는 피해를 증명할 필요가 없다.

## 3. 최대선의 원칙(Principle of Utmost Good Faith)

보험회사가 보험계약의 인수를 결정하기 위해서는 계약에 관한 정확하고 완벽한 정보를 가지고 있어야 한다. 그리고, 보험회사가 그 계약을 인수하고자 한다면 심사자(underwriter)는 계약 조건 등을 결정해야 한다. 보험은 최대선의(utmost good faith)의 계약이므로, 보험계약자는 가장 최고 수준의 솔직하고 정직한 정보를 심사자(또는 보험회사)에게 제공해야 한다. 만일 보험계약자가 이런 수준의 내용을 제공하지 않는다면 보험회사의 책임은 경감하게 될 것이다. 신의 성실의 원칙이라고 번역되기도 하는 최대선의의 원칙은 다음 세 가지 원칙, 즉 고지의무(Representation), 은폐금지(Concealment), 보증원칙(Warranties)에 의해 실행된다.

(1) 고지의무(Representation): 계약 전 알릴 의무라고도 한다. 보험제도의 적정한 운영을 위하여 보험회사는 각 계약에 대해서 그 위험률을 측정하여 위험의 인수여부를 결정한다. 그러므로 보험계약자 또는 피보험자는 계약체결 시, 보험회사에게 '중요한 사실(material fact)'을 알려야 하고 또한 부실하게 알려서는 안 될 의무를 지닌다. 보험계약자가 이를 위반했을 때에는 보험회사는 일정한 요건 아래 계약을 해지할 수 있게 되어 있다. '중요한 사실'의 정의는 계약의 인수와 보험료에 영향을 끼친다면 '중요한 사실'이다. 예를 들어, 피보험자의 생년월일은 계약의 인수여부와 보험료산정에 중요한 변수이기 때문에 '중요한 사실'이 된다. 그러나, 피보험자의 취미는 계약의 인수와 보험료에 영향을 끼치지 않는다면 '중요한 사실'이 아니다.

(2) 은폐금지(Concealment): 보험계약자는 본인이 알고 있는 범위 내에서 모든 '중요한 사실(material fact)'을 고지해야 한다. 고지의무와 매우 유사한 원칙이다. 예를 들어, 주택화재보험에 가입하고 있지 않은 A가 바로 이웃의 현재 화재사고를 보고는 곧바로 주택화재보험에 가입하면서 모든 중요한 사실을 고지하는데 다만 이웃의 화재사고를 언급하지 않는 경우이다. A는 그와 같은 사실을 명백히 알고 있었지만 고의로 '중요한 사실'을 은폐했기 때문에 보험회사는 계약을 해지할 수 있는 권한이 있다.

(3) 보증원칙(Warranties): 보증원칙은 보험 초창기 해상보험(ocean marine insurance)에서 발전하였다. 해상보험인 경우 보험회사가 보험계약서의 내용을 일일이 확인하기가 불가능하다. 그래서 보험계약자가 고지하는 사항은 사실임을 보증하는 것이다. 계약서상의 내용은 대략적인 보증이 아니라 엄격한 보증(strictly warranty)으로 간주한다. 내용의 보증이 사실이 아니라면 보험계약은 취소될 수 있다.

## 4. 대수의 법칙(Law of Large Numbers)

만일 우리가 동전을 몇 번 만 던지고 그 결과를 예측하기 보다는 무한대로 던져서 결과를 축적하게 되면 경험수가 많으면 많을 수록 동전의 앞과 뒤가 나 올 확률은 거의 50%에 근접하게 될 것이다. 이 같은 실험이 대수의 법칙을 잘 말해주고 있는데, 경험치가 많을 수록 경험값은 실제값에 근접하게 된다는 보험료 계산원리 중 하나이다. 이 이론은 미래의 손해를 예측해야 하는 보험계리사 또는 리스크관리자에게 특히 매우 중요하다. 보험회사는 일반적으로 두 가지 면에서 대수의 법칙에 의해 영향을 받는다. 하나는, 정확한 보험의 확률분포를 결정하기 위해서는 대수의 법칙을 고려해야 한다. 다른 하나는, 보험회사는 충분히 많은 경험수(large numbers)를 가지고 있을 때에만 미래의 예측값을 평가하기 위해 대수의 법칙을 사용할 수 있다.

☞ 손해보험회사에서 충분히 많은 경험수(large numbers)를 가지고 있지 않은 재물담보의 경우 대수의 법칙이 아닌 스케줄요율방법(schedule rating) 등을 사용한다.

## 5. 수지상등의 원칙 [Principle of Equivalence]

금융감독원 용어사전에 의한 설명에 의하면, 수지상등의 원칙은 보험계약에서 장래 수입될 순보험료 현가의 총액이 장래 지출해야 할 보험금 현가의 총액과 동일하게 되는 것을 말한다. 여기에서 수지가 같아진다는 것은 다수의 동일연령의 피보험자가 같은 보험종류를 동시에 계약했을 때 보험기간 만료 시에 수입과 지출이 균형이 잡혀지도록 순보험료를 계산하는 것을 의미한다. 그리고 피보험자가 많이 있는 것을 가정하고 있으므로 확률론에서 말하는 대수의 법칙이 성립하는 것을 의미하고 있다. 이러한 수지상등의 원칙은 3가지 조건을 충족하여야 하는데 보험상품의 순보험료 총액과 지급보험금 총액의 현가가 일치하여야 하고, 영업보험료의 총액과 지급보험금 및 운영경비 총액의 현가가 일치하여야 하며, 기업의 총수입과 총지출의 현가가 일치하여야 한다. 수지상등의 원칙은 개개인의 개별계약에서 보험계약자가 부담하는 보험료는 보험자가 지급할 보험금의 수학적 기대치와 일치하여야 한다는 급부반대급부균등의 원칙과 함께 보험사업 경영에 필요한 기본원칙으로 인정되고 있다.

## 6. 급부, 반대급부 균등의 원칙

급부란 보험계약의 지급사유가 발생했을 경우, 보험회사가 보험수익자에게 지급하는 보험금 또는 급부금 등을 의미한다. 급부·반대급부의 원칙은 보험계약자가 납입하는 보험료와 보험사고 발생시 보험회사가 지급하는 보험금의 합계액이 같다는 원칙을 의미한다. 이를 수식으로 표현하면 '보험료 = 사고발생의 확률 × 보험금'이며, 당연히 사고발생의 확률이 높을수록 보험료가 높아지게 된다. 급부반대급부 균등의 원칙은 개별 보험계약자는 자신의 위험에 상응하는 보험료를 지급하여야 한다는 개별가입자에 대한 원칙이다. 즉, 수지상등의 원칙과의 차이점은 급부반대급부 균등의 원칙은 '개개인'의 보험계약자에 대한 점이다.

# 실전연습문제 & 풀이
## (PROBLEMS & SOLVING)

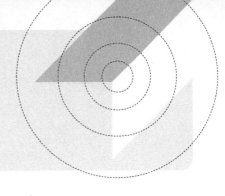

# 실전연습문제 & 풀이
# (PROBLEMS & SOLVING)

## 제1장   리스크

1. 다음은 신문기사 내용이다. '일가족이 강 근처에 위치한 공원에서 피크닉을 하는 도중 가장이 공원에서 행방불명이 되었고 가장의 시신은 늦은 밤 낚시꾼에 의해 발견되었다.' 이 기사를 통해 가족의 리스크관리에 대해 제안할 이야기는 무엇인가?

2. 보험회사의 리스크관리자가 가지고 있어야 할 지식과 기술은 무엇인가? 리스크전문가는 반드시 보험전문가이어야 하는가?

3. 어느 한 리스크관리자는 회사에 노출된 순수리스크(pure risks)에 대한 책임은 있으나 그 책임을 수행하기 위한 권한은 충분하지 않다고 말하고 있다. 리스크관리자가 업무를 수행하기 위해 가지고 있어야 할 권한은 무엇이라고 생각하는가?

4. 건축가들은 실용적이면서 매력적인 건물을 디자인한다. 리스크관리자로서 건축가의 디자인 설계 초기단계에 해주고 싶은 조언은 무엇인가?

5. 정부기관이 개인, 가정, 그리고 회사에 제공하고 있는 리스크관리방법을 기술하라.

6. 몇몇 사람들은 그 주위에 노출되어 있는 리스크를 확인하고 리스크의 잠재피해를 인식하고 있음에도 리스크를 회피하려고 한다. 그들은 그런 것을 일일이 생각하면서 살게 되면 세상 사는 재미를 잃게 된다고 걱정한다. 리스크관리자로서 이러한 사고에 대해 어떤 조언을 해 줄 수 있는가?

7. 많은 기업들은 직원들을 위한 정기적인 건강검진 프로그램, 헬스장, 그리고 건강에 관련된 프로그램을 제공하고 있다. 이러한 프로그램은 직원 급여의 일부라고 생각하는가? 아니라면 이러한 프로그램을 제공하는 이유는 무엇이라고 생각하는가?

8. 한 등산객이 산행금지 지역에 들어가 야영을 하면서 모닥불을 지피다가 산불이 나게 되었다. 이 사건에서 Peril과 Hazard를 지적하여라. 그리고 이런 사람들의 행위와 리스크의 연관성을 설명하고 추천할 리스크관리방법을 제시하여라.

9. 가족의 생계를 책임지는 가장에게 노출될 수 있는 리스크를 제시하고 이에 따른 리스크 평가와 관리방법을 작성하라.

10. 해외수출이 매출의 대부분을 차지하는 기업에 내재되어 있는 리스크를 제시하고 이에 적절한 관리방법을 작성하고 이유를 설명하라.

11. 위험선호운송주식회사는 전국에 화물을 운송하는 트럭서비스 운송회사이다. 회사는 지금까지 리스크관리시스템을 작동한 적이 한 번도 없다. 또한 이 회사 김위험사장은 한 장소에 번개가 두 번 내리치는 적은 없다는 경영철학을 가지고 있으므로 손해방지(loss prevention)나 손해조절(loss control) 같은 관리전략을 믿지 않는다.

    (a) 외부 리스크관리자로서, 위험선호운송주식회사가 직면하고 있는 순수리스크(pure risk) 익스포저를 확인하여라.
    (b) 외부 리스크관리자로서, 김위험사장의 경영철학에 동의하는가? 아니면 동의하지 않는가? 그 이유를 설명하여라.

12. 한양주유소는 도시 중심에 위치한 독립적으로 운영하는 주유소이다. 한양주유소는 H오일 그룹으로부터 기름을 공급 받고 있다. 한양주유소는 주유소에 노출되어 있는 가장 중요한 리스크를 주유소건물의 재산피해(property damage)라고 생각한다.

(a) 리스크관리자로서, 이 상황에 동의하는가?

(b) 한양주유소에서는 사고빈도와 사고심도 중에 어느 것이 더 중요한가? 이유를 설명하여라.

13. 리스크를 제3자에게 전가(transfer)하는 방법으로는 보험이 가장 대표적이다.

(a) 재산(property)상의 리스크를 전가할 수 있는 보험 이외의 다른 방법은 무엇인가?

(b) 배상책임(liability)의 리스크를 전가할 수 있는 보험 이외의 다른 방법은 무엇인가?

14. 상록수기업은 꽃이나 나무 등 관상용 식물을 공급, 판매하는 회사이다. 회사의 김상록 대표는 기업이 일정한 수익을 올리면서 영구히 지속할 수 있는 사업을 목표로 한다. 상록수기업의 리스크관리자로서 이 기업을 위한 리스크관리 프로세스를 디자인 하여라. 노출되는 리스크를 평가하고 관리방법까지도 제시하여라.

15. 대기업의 리스크관리자들은 매우 간혹 노출되는 리스크를 파악하는데 어려움을 호소하곤 한다. 그 이유는 무엇이라 생각하는가?

16. 은행에서는 리스크관리자에게 위기상황분석(Stress test)을 지시한다. 위기상황분석이 은행을 포함한 금융기관에서 더 중요하게 생각하는 이유는 무엇인가?

17. 주택소유자의 부의 효용함수(Utility of wealth function)를 u(w)라 하고 w는 부를 의미한다고 하자. 주택소유자의 무작위사고에 의한 재산상 가능한 손해

를 X라고 한다. 그리고 손해를 전가하기 위해 보험을 구매할 때 지불하는 보험료를 G라고 한다. 주택소유자는 보험을 구입해서 위험을 전가하는 것이나 위험을 감수하는 것에 무관심하다. 이 상황을 부의 효용함수로 표현하여라.

18. 효용함수가 $u(w) = \sqrt{W}$인 A씨는 재산으로 10을 가지고 있다. 만일 A씨에게 사고가 발생할 경우, 피해액 X는 (0, 10)의 균일분포(uniform distribution)을 가진다. A씨가 손해를 전가하기 위해 보험에 가입할 때 지불할 수 있는 최대 보험료 금액(G)은 얼마인가?

19. A보험회사의 자산가치는 100이며 X 함수를 가진 리스크를 보장하려고 한다.

   • 확률 $Pr(X=0)$ = 확률 $Pr(X=51)$ = 0.5

   (a) A보험회사의 효용함수는 $u(w) = \log(w)$이며 위의 리스크 100% 전부를 B재보험사에게 출재하려고 할 때 A보험회사가 B재보험사에게 지불할 수 있는 최대한(maximum)의 재보험료 G는 얼마인가?

   (b) B재보험사는 자산가치가 650이며 A보험회사와 동일한 효용함수를 가지고 있다. B재보험사는 A보험회사로부터 그 리스크 100% 전부를 수재한다면 재보험료로 받아야 하는 최소한(minimum)의 금액 H는 얼마인가?

20. **(2011년도 보험계리사 시험문제)** 갑은 1,000만원의 현금과 4,000만원 상당의 트럭 한 대를 가지고 골재운반사업을 하고 있다. 골재를 운반하고 있는 도중에 사고가 발생하면 트럭은 전손되어 그 가치가 0이 된다. 이러한 사고의 발생확률은 갑이 안전운전을 하면 4%이지만, 그렇지 않으면 8%로 상승한다. 그러나 갑이 안전운전을 하는 경우 100만원의 비용이 발생한다고 가정한다. 보험회사는 갑이 어떻게 운전하는지 알 수 없다. 보험회사가 보험료 160만원, 보험금 4,000만원의 보험계약을 제시한다면 어떤 비효율이 발생하는지 설명하시오. 단, 보험회사는 위험중립적이며, 갑은 위험회피적이고 보험회사는 경쟁적이라 가정한다.

21. **(2019년도 보험계리사 시험문제)** 효용함수가 $u(w) = \sqrt{W}$(단, w는 재산)인 A 씨는 현금 20과 재산가액 80인 건물을 소유하고 있다. 이 건물에 화재가 발생할 확률은 0.2이고, 화재로 인한 손해액이 75일 때 다음 물음에 답하시오. (아래에서 보험가입은 전부보험으로 하고, 그 외의 요소는 고려하지 아니한다.)

    (a) 보험수리적으로 공정한 보험료(actuarially fair premium)를 산출하시오.

    (b) 기대효용가설(expected utility hypothesis)에 따라 의사결정을 한다고 가정할 때 보험료가 18이라면 A씨는 보험에 가입하겠는가? 답에 대한 근거를 제시하고, 그 이유를 효용이론에 입각하여 설명하시오.

22. 보험회사에서 리스크를 분석할 때 게임이론을 응용하려고 한다. 게임이론을 보험사업 어느 분야에 어떻게 접목시킬 수 있으며 게임이론을 통해 얻을 수 있는 효과는 무엇인가?

23. 한국보험회사에서는 전사적 리스크관리(ERM: enterprise risk management)의 도입을 고려하고 있다.

    (a) 전사적 리스크관리의 기본 개념을 설명하라.

    (b) 회사의 경영진은 전사적 리스크관리의 도입을 망설이고 있다. 그들을 설득할 수 있는 설득논리를 제시하라.

24 **(2019년도 보험계리사 출제문제)** 전사적 리스크관리(ERM: enterprise risk management)의 기본 개념을 설명하고, 그 이점과 비용에 대하여 서술하시오.

25. 전사적 리스크관리(ERM)의 기본적인 프로세스의 단계를 각 단계별로 설명하여라.

제 1 장 문제풀이

17. $u(w-G) = E[u(w-X)]$

부등호의 왼 편은 보험료 G를 지불하고 보험에 가입했을 때의 기대효용가치이고, 오른편은 현재 w의 부를 보유하고 보험가입을 안 했을 경우의 기대효용가치이다.

위의 식을 Jensen's 불균등이라 한다.

G의 값은 보험가입자가 보험료로 지불할 수 있는 <u>최대금액</u>이다. 보험소비자가 위험중립적인 성향을 가질 때, 기대효용이론에 의해 보험회사가 제시하는 보험료가 G보다 크다면 보험료가 과하다는 의미이고 G보다 낮다면 소비자는 기꺼이 보험에 가입할 것이라고 추론하는 것이다.

18. $\sqrt{10-G} = E(\sqrt{10-X}) = \int_0^{10} \sqrt{10-X}\, 10^{-1} dx = 2/3 \sqrt{10} \implies G = 5.556$

19.

    (a) $u(w-G) = E[u(w-X)] \implies \log(100-G) = 1/2\log(100-0) + 1/2\log(100-51)$

        $\implies \log(100-G) = 1/2\log(100 \times 49), \implies G = 30$

    (b) $u(w-H) = E[u(w-X)] \implies \log(650-H) = 1/2\log(650-0) + 1/2\log(650-51)$

        $\implies \log(650-H) = 1/2\log(650 \times 599) \implies H = 26$

20.

**(안전운전을 하는 경우),**

보험가입 시 기대잔액 재산$= 4,000 - G$, (G는 갑이 지불할 수 있는 최대보험료)

보험미가입 시 기대잔액 재산$= 4,000 - 0.04(4,000) = 3,840$

$\implies G = 160$

실전연습문제 & 풀이(PROBLEMS & SOLVING) **455**

즉, 보험가입 시 보험회사에서 제시한 160과 안전운전을 하는 비용 100을 합하여 260이 비용으로 나가지만 보험미가입 시에는 160정도 비용이 소요될 것으로 기대되어 보험가입을 안 하게 될 것이다. 다른 말로 설명하면 기대효용이론에 의해 갑이 지불할 수 있는 최대보험료는 160이지만 실제 보험을 가입하려면 260의 비용이 든다는 것이다. 보험회사 입장에서는 제시된 보험료로는 시장경쟁력이 없을 것이라 예상할 수 있다.

**(안전운전을 하지 않는 경우),**

보험가입 시 기대잔액 재산 = 4,000 - G, (G는 갑이 지불할 수 있는 최대보험료)

보험미가입 시 기대잔액 재산 = 4,000 - 0.08(4,000) = 3,680

$\Rightarrow$ G = 320

보험가입 시 보험회사에서 제시한 보험료는 160인데 최대가능보험료가 320이기 때문에 갑은 보험에 가입할 것이다. 보험회사 입장에서는 제시된 보험료로는 시장경쟁력이 있지만 최대가능보험료보다 너무 낮아 손해율 악화에 주의해야 할 것이다.

21.

(a)  $100 - G = 100 - [0.8(0) + 0.2(75)] = 15$

(b) 보험가입 시 기대효용비용 = u(w-G) = $\sqrt{100 - G}$

무보험에서의 기대효용비용 = E[u(w-X)] = 0.8u(100-0) + 0.2u(100-75)

$$= 0.8\sqrt{100} + 0.2\sqrt{25} = 9$$

$\Rightarrow \sqrt{100 - G} = 9, \ G = 19$

보험 가입을 위해 지불할 수 있는 최대보험료는 19인데 제시된 보험료는 18이므로 보험가입 하는 것이 유리하다. 그러나 효용가치의 차이는 그리 크지 않다.

# 제2장 보험계리사

1. 부진기업은 유명계리법인에 의뢰하여 재무보고서를 작성하고자 한다. 그러나 부진기업은 유명계리법인에게 부채에 대한 정확한 정보를 제공하지 않았고 의뢰한 이유는 외부의 신뢰성 있는 계리사의 분석을 통한 자문서를 인용하여 위험자산에 투자하기 위한 대출을 하려고 하는 계획이었다. 유명계리법인은 이러한 사실 모두를 부진기업에 재무보고서를 제공하고 수수료를 받은 이 후 알게 되었다. 유명계리법인이 취해야 할 행동을 한국 보험계리사의 행동강령에 의거해서 설명하여라.

2. 일반적으로 보험계리업무는 관리사이클(control cycle framework)이라는 프로세스에 기반하여 진행된다. 보험계리 관리사이클을 단계별로 설명하고, 관리사이클을 수행할 때 외부적 요인을 고려해야 하는 이유를 설명하라.

3. 최근 신종독감바이러스가 전세계로 확산된 가운데 한국에서도 확진 판정을 받은 환자의 수가 늘어나고 있는 실정이다. 생명보험회사에서 보험료 산정과 책임준비금을 산정하는 계리사로서 이러한 환경이 계리업무에 미칠 영향을 기술하여라.

4. 자동차수리비가 5% 인상되고 의료비는 5% 하락된다고 가정하자. 자동차사고는 예전과 비교하여 비슷한 상황이다. 현재까지 자동차보험의 건정성은 양호한 편이며 손해율은 목표대비 5%만큼 좋은 편이다. 이러한 상황을 감안하여 보험요율을 담당하는 계리사가 계리업무에서 주의 깊게 관찰해야 하는 계리업무를 기술하고 이유를 설명하여라.

5. 우리손해보험회사는 보험산업에서 활동하는 모든 판매채널을 이용하여 공격적인 영업을 하고 있다. 회사의 경영전략에 맞춰 판매채널별 맞춤형 상품을 개발

하려고 한다. 판매채널별로 추천하는 상품을 선택하고 왜 그 상품이 그 특정채널에만 적당한 지를 설명하여라.

6. 경기호황 또는 경기불황이 생명보험회사의 보험계리업무에 어떻게 영향을 끼치는지를 예와 함께 설명하고 이에 따른 리스크를 감지했다면 어떻게 관리할지를 설명하여라.

7. 재난보험회사에서는 태풍이나 이에 동반하는 홍수 등의 대재해로 인한 심각한 손해를 예방하고 관리하기 위해 대재해모델(Catastrophe model)을 개발하려고 한다. 그러나 소속 계리사는 대재해모델에 대한 정보와 경험이 없다. 결국 재난보험회사는 외부모델을 이용해서라도 다가오는 여름에 대비하기를 원한다. 소속 담당계리사로서 외부모델을 이용 시 어떤 점을 고려해야 하는지 설명하여라.

# 제3장 보험상품

1. 생명보험회사에서 생명보험상품과 즉시연금상품을 동시에 판매하는 영업전략을 세웠다. 이 전략의 목적은 무엇이며 그 논리를 설명하여라.

2. 다음 상품들 중 더 많은 자본을 요구하는 상품은 무엇이며 그 이유는 무엇인가?

   (a) 무배당 생명보험 vs. 유배당 생명보험

   (b) 자동차보험 vs 생산물 책임배상보험

   (c) 민간 부동산 개발업자에 대한 대출 vs. 정부기관에 대한 대출

3. 확정급여형(DB) 퇴직연금상품에 노출되는 리스크를 보험소비자의 관점에서 논하라. 또한 퇴직연금상품을 운영하는 주체의 관점에서 리스크를 논하라.

4. 금리확정형 연금보험과 금리연동형 연금보험의 차이점을 설명하고 장단점을 리스크의 관점에서 설명하여라.

5. 일반손해보험이 생명보험하고 다른 점을 나열하여라. 보험기간, 대상, 보험금, 사고원인, 상품구성 측면 등을 포함하여 설명하여라.

6. 생명보험을 가입할 경우, 보험회사는 청약자에게 부모형제의 생존여부 및 사망 시에는 사망원인을 묻기도 한다. 보험회사에서 이런 정보가 필요한 이유를 리스크의 관점에서 설명하여라.

7. 새로운 보험상품이 시장의 니즈(needs)가 있는지 여부를 파악할 수 있는 가장 쉬운 방법은 설문조사 등을 통한 시장조사이다. 이외에 다른 방법으로 신상품의 시장니즈를 확인할 수 있는 방법은 무엇인가?

8. 보험상품개발을 위해서는 전반적인 계획을 수립해야 한다. 상품개발 계획에서 수립 시 반드시 고려해야 할 일곱 가지 사항들을 설명하고 만일 고려사항이 제대로 반영되지 않았을 경우 예상할 수 있는 부정적인 결과는 무엇인가?

9. 보험상품을 설계할 때 계약관리의 요건을 감안해야 하는 이유는 무엇인가?

10. 보험상품설계 프로세스에는 4가지 단계가 있다. 각 단계를 설명하고 특징을 기술하여라.

11. 보험상품을 설계할 때 실질적인 상품개발 과정은 관리되어야 한다. 상품개발 과정을 관리하는 것이 왜 중요한가? 만일 불성실한 관리로 인해 회사가 입게 될 수 있는 손해는 무엇이라 생각하는가?

12. 보험상품설계는 리스크를 통제하는데 이용될 수 있다는 의미를 예를 제시하여 설명하여라.

13. 보험상품설계 프로세스에서 상품판매 단계는 네 가지 과정을 고려해야 한다. 각각을 설명하고 만일 고려하지 않을 경우 발생할 수 있는 문제점을 기술하라.

14. 보험판매채널의 선택과 보험상품과는 어떠한 연관성을 지니고 있는가?

15. 금융당국은 2017년 4월부터 실손의료보험을 개정하였다. 개정하게 된 배경과 주요 개정 내용을 설명하여라.

2.

 (c) 대출자에게 제공하는 담보대출에 쓰일 자본과 채무불이행에 인해 발생할 수 있는 손실을 처리할 수 있는 자본을 보유하고 있어야 한다. 상대적으로 정부기관은 신용이 매우 높고 채무불이행 가능성이 거의 없어 민간 기업의 대출에 더 많은 자본이 요구된다.

3. 확정급여형(DB, Defined Benefit): 회사가 근로자의 퇴직연금 재원을 외부 금융 회사에 적립하여 운용하고, 근로자 퇴직 시 정해진 금액을 지급하도록 하는 제 도이다.

 • 소비자 측면: 적립기간 동안 금리변동에 따른 미래의 퇴직금 가치가 하락되 는 금리리스크와 상품운영회사의 파산에 의해 퇴직금 수령의 지연 또는 불능 의 신용리스크도 가능하다.
 • 상품운영 측면: 퇴직 시 정해진 금액이 지급되므로 금리변동에 따른 퇴직금 가치의 상승에 의한 금리리스크와 부적절한 재원 활용에 따른 퇴직금 기금 손실의 운영리스크 등이 존재한다.

15. 문제점:
 • 무분별한 치료 및 의료기관의 과잉진료에 의한 도덕적 해이 현상
 • 비급여 항목의 과다 청구
 • 관리 미흡에 의한 손해율 악화
 • 비급여의 비표준화로 의료비 청구에 대한 관리 소홀.
 • 실손의료보험 문제에 의한 국민건강보험의 재정적 부담

**(개정내용)**

- 상품구조 변경: 기본형+특약, 소비자가 선택 가입
- 특약보장한도 설정
- 자기부담비율 상향 조정
- 미청구 할인
- 비급여 코드 표준화
- 단독형 실손의료보험 의무판매

# 제4장  보험데이터의 이해

1. 보험계리 컨설턴트는 어느 기업의 예정된 퇴직연금에 대한 현가(present value) 를 산출하는 일을 의뢰 받았다. 현재 이 회사의 퇴직연금제도는 확정급여형 퇴직연금으로 종업원이 급여의 일정부분을 납입하고 회사가 차액을 부담하는 형태이다. 퇴직연금 수령의 대상은 현재 종업원뿐만 아니라 은퇴연령 전 퇴사 한 종업원들도 포함한다. 이 업무를 위해 컨설턴트가 필수적으로 수집해야 할 데이터의 항목들을 나열하여라.

2. 보험계리팀은 회사의 경영진으로부터 자동차보험의 손해율 개선을 위한 분석 을 지시 받았다. 분석에는 최근 3년간 손해율과 손해율 악화의 원인과 개선방 안을 포함한다. 이 과제를 위해 수집해야 될 데이터의 항목들을 나열하고 각 항목들이 분석의 어느 부분에 필요한지를 설명하여라.

3. 특정 계리분석업무를 수행하기 위해 먼저 데이터를 수집하려고 한다.

   (a) 분석을 위한 데이터를 정할 때 어떤 점을 고려해야 하는지 설명하여라.
   (b) 데이터를 추출하여 분석을 시작한 후, 회사의 상급자가 추출한 데이터를 다 시 검증하도록 지시한다. 처음 데이터를 추출했을 때 확인을 마쳤다고 확신 한다. 상급자의 지시를 따라야 하는가? 지시 수용여부를 밝히고 이유를 설 명하여라.
   (c) 데이터의 질을 향상시킬 수 있는 계리사의 역량을 예시와 함께 제시하라.
   (d) 타인에 의해 제공된 데이터나 정보를 사용하여 계리분석업무를 할 경우, 계 리사가 그 데이터를 사용할 때 고려해야 할 점은 무엇인가?

4. 손해보험회사에서 비용분석을 부서별 그리고 상품별로 수행하고자 한다. 이 과제의 수행을 위해 부서별 그리고 상품별로 비용을 할당하고, 비용 항목별로

도 할당 하는 작업을 하려고 한다. 어떻게 할당하는 게 타당성이 있는 지를 이유와 함께 설명하여라.

5. 보험계리업무에서의 모델링을 정의하고 계리분석업무에서 모델링이 전통적인 단변량분석 보다 더 유용한 이유를 설명하여라.

6. GLM(Generalized Linear Model)을 이용하여 자동차보험의 차령별 사고빈도를 분석하려고 한다. 필요한 기본 데이터를 추출한 후 네 가지 기본적인 분석을 수행하게 된다. 네 가지 분석의 목적과 내용을 설명하여라.

7. **(2018년도 보험계리사 시험문제)** 보험회사가 경험실적을 지속적으로 수집·분석해야 하는 이유를 설명하고, 경험실적을 반영하는 요율산정방식에 대하여 서술하시오.

# 제4장   문제풀이

1.
- 필수 데이터: 예정 퇴직자 관련 출생일, 입사일자, 퇴사일자(예정일자 포함), 퇴직연금 수령여부(일부 혹은 전부 포함), 급여내역(최근 5년간), 퇴직연금 금액, 연금종류(확정급여형 여부), 담보대출 내역, 퇴직연금 수령방법 등.
- 부가 데이터: 성별, 근무부서, 가족 수 등(차후 퇴직연금 분석 자료를 위함.)

2. 손해율 분석이므로 보험료와 보험금 데이터가 필요하다.

   보험료 관련 항목: 계약자 별로 수집
- 계약관련: 계약일자, 계약만료일, 담보별 보험료, 배서일자, 판매채널, 담보별 가입금액, 특약사항여부 등
- 피보험자 관련: 나이, 성별, 운전경력, 사고유무, 운전자 범위, 보험가입년수, 법규위반, 안전운전교육이수 여부 등
- 차량관련: 차종, 차령, 안전장치 여부, 배기량, 용도, 안전장치여부 등
- 보험금관련: 사고일자, 사고내용, 지급일자, 청구금액, 담보별 지급보험금액과 개별추산액, 보험금종류(예: 사망, 부상 등), 담보별 가입한도, 담보별 자기부담금, 과실범위 등.

년도별로 담보별 보험료와 보험금을 산출하여 손해율을 계산 한 후 세부별(예: 운전자 연령별, 가입금액별 등) 분석을 통해 손해율이 악화된 부분을 찾아낸다.

# 제5장   보험요율산정

1. 보험요율이 갖추어야 할 요건은 무엇인가? 요율산정의 필수적인 원칙과 이상 적인 목표는 무엇을 의미하는가?

2. 보험회사의 요율에 대한 목표는 기준요율에 근거한 개별요율보다 더 정확한 가격을 책정하는 것이다. 그러므로 보험요율을 산정하는 작업은 매우 어렵고 신중해야 한다. 계리사가 개별요율을 산정할 때 고려해야 할 점은 무엇이며, 각각 고려하지 않았을 때 발생할 수 있는 문제는 무엇이며 어떻게 해결할 수 있는가?

3. 보험요율은 대수의 법칙에 의하여 산정하는 것을 기본으로 한다. 그러나 특히 일부 손해보험상품에서는 대수의 법칙이 일부 또는 전부 성립하지 않을 경우 가 발생한다. 이런 경우 현재 적용하고 있는 요율방법들을 설명하고 각각의 요율방법의 장점과 단점을 제시하여라.

4. **(2017년도 보험계리사 시험문제)** A보험회사는 특정 위험에 노출된 집단을 몇 개의 그룹으로 보험요율을 세분화하는 방안을 검토하고 있다. 보험요율 구분 요소가 갖추어야 할 요건을 설명하고, 생명보험에서 남녀를 구분하여 보험요 율을 산정하는 것에 대한 타당성 여부를 이들 요소에 근거하여 설명하시오.

5. 보험료 산출의 2대 원칙인 수지상등의 원칙과 대수의 법칙에 대해 설명하고 생명보험에 적용하고 있는 보험료 구성체계가 이 두 원칙을 준수하는지 설명하여라.

6. **(2019년도 보험계리사 시험문제)** 예정사업비 부가방식인 사업비 선취방식 (front-end loading)과 사업비 후취방식(back-end loading)의 개념 및 장단점을 설명하고, 이와 관련된 현행감독규정의 내용을 서술하시오.

7. 다음 자료를 이용하여 아래 물음에 답하라.

| 달력년도 2019년 | | 달력년도 2020년 | |
|---|---|---|---|
| 계약건수 | 계약유효일 | 계약건수 | 계약유효일 |
| 10 | 2019/1/1 | 100 | 2020/1/1 |
| 20 | 2019/4/1 | 120 | 2020/4/1 |
| 40 | 2019/7/1 | 150 | 2020/7/1 |
| 60 | 2019/10/1 | 200 | 2020/10/1 |

• 계약들은 6개월 만기이며, 계약기간 건당 평균 수입보험료는 500이다.

   (a) 달력년도 2020년의 경과익스포저를 구하라.
   (b) 달력년도 2019년의 경과보험료를 구하라.

8. 수지상등의 법칙을 정의하고 손해보험상품에 이 법칙을 대입하여 보험료를 결정하는 방법을 설명하여라.

9. 한국손해보험회사는 자동차보험의 차량 한 대당 순보험료로 400,000원과 고정사업비로 56,000원을 예상하고 있다. 자동차보험의 변동사업비율은 21%이며 목표 손익율은 3%로 가정했을 때, 순보험료 방법에 의해 산출된 평균 보험료가 600,000원임을 증명하여라. 증명 시 적용한 보험요율 원칙은 무엇이며 그 원칙에 의한 증명과정을 설명하여라.

10. 보험가격 산출과정에서 사업비의 분석이 왜 중요한지 설명하여라.

11. 순보험료 방식에 의한 요율산정 기법을 이용하여 추천할 수 있는 주택화재보험의 최종 계약당 보험료를 계산하여라:

| 손해율: | 80% | 변동비 | 총 보험료의 15% |
|---|---|---|---|
| 계약당 고정비 | 75 | 총손해액(LAE포함) | 12,000 |
| 익스포저 | 80 | | |

12. 순보험료 방식에 의해서 자동차보험 대인담보의 요율변동폭을 계산하여라.

| 유효대수 | 14,000 |
|---|---|
| 진전과 추이로 조정된 손해액 | 14,500,000 |
| 현재 대당 요율 | 1,200 |
| 변동사업비율 | 25% |

4.

첫째, 보험요율은 과도하지 않아야 한다(not excessive).

소비자가 해당 보험상품의 비용구조를 쉽게 이해하기 어려운 점이 있으므로, 보험요율은 객관성이 있고 사회적으로 수용 가능해야 하며 논리적이어야 한다. 남자의 평균수명은 여자에 비해 짧다는 사실은 통계적으로 잘 알려져 있는 객관적인 사실이다. 만일 동일한 보험료를 산정한다면 평균수명에 의해 남자의 보험료는 부족하고 여자의 보험료는 과도하게 책정되므로 여자의 보험료를 남자한테 보조하는 형식이 되기 때문에 공평성에 어긋난다. 그러므로 남녀를 구분하여 요율을 산정하는 것이 타당하다.

둘째, 보험요율은 위험수준에 적절해야 한다(adequate). 보험요율은 보험회사의 재무건전성을 크게 해칠 정도로 낮지 않아야 하며, 모든 예측 손해액과 비용을 감당할 수 있는 수준이어야 한다. 통계적으로 남자의 평균수명은 여자에 비해 짧다. 만일 남녀를 구분하지 않고 동일한 보험료를 적용한다면 남자의 보험료적립금은 여자보다 더 빨리 소진하게 될 것이다. 그 결과 남자대상의 생명보험의 재무건전성은 악화될 수 있다. 그러므로 생명보험에서 사망률은 보험요율을 산정하는데 핵심요소이고 남녀의 예상 손해액의 현재가치에 차이가 있으므로 통계적 근거에 의해 남자의 요율은 여자에 비해 상대적으로 높게 산정하여 구분하는 게 타당하다.

셋째, 보험요율은 보험계약자들 간에 부당한 차별이 없어야 한다(not unfairly discriminated). 실질적으로 요율산정 업무의 주요 기능은 세분화된 집단 별 위험의 차이에 따른 객관적이고 합리적인 차등요율 산출에 있다. 남녀의 평균수명 차이는 위험의 차이를 의미한다. 그러므로 남녀를 구분하여 요율을 산정하는 것이 타당하다.

5.

수지상등의 원칙: 수입과 지출이 같아야 한다는 의미로 보험에서는 미래에 납입될 순보험료의 현재가치의 합과 미래에 지급되어야 할 보험금과 제반 비용의 현재가치 합이 같아야 된다는 의미이다.

대수의 법칙: 관찰대상의 수 혹은 관찰 횟수를 늘리면 늘릴수록 실제결과는 예상결과에 가까워진다는 원칙이다. 다수의 동질적인 리스크들을 모집함으로써 보험회사는 미래의 손실에 대한 예측을 보다 정확하게 할 수 있게 된다. 따라서 보험회사는 보다 많은 관찰을 통하여 위험률 예측의 신뢰성을 제고할 수 있게 된다.

생명보험에서는 소비자에게 청구하는 보험료를 영업보험료라 하여 순보험료와 부가보험료로 구성된다. 순보험료는 장래의 보험금을 지급하기 위한 재원이 되는 부분이고 부가보험료는 보험회사가 보험계약을 유지하고 관리하는데 필요한 경비로 쓰이는 부분이다. 순보험료는 다시 위험보험료와 저축보험료 부분으로 나누어진다. 위험보험료는 사망보험금, 입원, 수술, 장해 급여금 등의 지급재원이 되는 보험료를 말하며, 저축보험료는 만기보험금, 중도급부금의 지급 재원이 되는 보험료이다. 부가보험료는 신계약비, 유지비, 수금비로 구성되며 이는 예정사업비율을 기초로 계산된다. 보험회사의 지출은 보험금과 사업비로 이루어지므로 수지상등 원칙이 적용된다. 즉, '(보험료+부가보험료)의 현가=(보험금+사업비)의 현가'와 같은 등식이 성립된다. 생명보험의 요율은 연령별 사망률에 기초하여 산정한다. 연령별 사망률은 해당연령의 모든 대상의 평균 사망률을 의미한다. 평균 사망률을 해당 연령 개인에게 적용하는 것은 다수의 관찰대상으로 산출한 예상값이 실제 값에 근접할 것이라는 가정이 있으므로 대수의 법칙을 준수하고 있다.

6.

선취방식(front-end loading): 예정신계약비를 계약 초년에 부가하는 방법이다. 보험료의 일정한 %로 부가할 수 도 있고 보험가입금액에 비례하여 부가하는 방법도 있다. 선취방식은 계약초기 7년동안 이연상각 하는 방식인데 예정신계약비 전액을 계약초기에 수익으로 인식하여 사업비차익을 초기에 달성할 수 있다. 초기에 계약이 해지될 경우, 보험계약자는 이연상각되는 기간 동안 해약공제액이 차감되므로 불리하며, 보험회사에서도 계약초기의 수익률이 나빠질 수 있다. 또한 판매수수료를 초기에 지급한 경우 지급된 수수료 대비 보험료 수입이 적어 비용을 초과하여 사용한 결과가 된다.

사업비 후취방식(back－end loading): 계약체결비용을 계약초기에 수익으로 인식하지 않고 계약이 유지되는 기간 동안 비용을 부가하는 방식으로 계약자가 납입한 보험료 전부를 특별계정으로 관리하고 후에 수익률이 반영된 적립금과 연금액에서 계약체결비용과 관리비용을 차감하는 방식이다. 계약자가 납입한 보험료 전부를 특별계정으로 관리하고 후에 사업비를 차감하기 때문에 계약초기에 수익률이 좋게 나와 그 재원에 의해 상품경쟁력을 제고할 수 있다. 보험계약자는 중도 해약 시 해약환급금이 선취방식보다 많다.

현행 감독규정: 금리연동성 저축성보험, 실손의료보험, 변액보험은 예정신계약비를 판매보수비와 유지보수비로 구분하고 판매보수비는 계약초기, 유지보수비는 매년 부가하도록 한다. 수금비는 매년 부가한다.

7.

(a) 6개월 만기 경과익스포저 $= (0.5)(60) + 100 + 120 + 150 + (0.5)(200) = 500$, 익스포저 1은 1년기간의 담보를 수반함으로, 경과익스포저는 2로 나누어져야 한다. ∴ 2020 경과익스포저 $= 500/2 = 250$

(b) 경과보험료 $= [10 + 20 + 40 + (0.5)(60)] \times 500 = 50,000$

9.

평균 보험료 $= \dfrac{400,000 + 56,000}{1 - 0.21 - 0.03} = 600,000$원

수지상등법칙에 의해, 수입 = 지출 ⇒ 보험료 = 보험금 + 사업비
사업비 $= 56,000 + 600,000(0.21 + 0.03) = 200,000$
$600,000 = 400,000 + 200,000$

11. 건당 손해액＝L/E＝12,000/80＝150

최종 계약건당 보험료＝$\dfrac{\text{손해액＋손해사정비＋고정비}}{1-\text{변동비율}-\text{목표손익율}}=\dfrac{150+75}{1-0.15}=264.7$

12. 대당 손해액＝L/E＝14,500,000/14,000＝1,035.71

추천 요율＝$\dfrac{1,035.71}{1-0.25}=$ 1,380.95,

요율인상＝$\dfrac{\text{추천요율}}{\text{현재요율}}-1=(1,380.95/1,200)-1=15.1\%$

# 제6장 책임준비금 산정(Loss Reserving)

1. 생명보험회사는 계약이 해지될 때 보험료적립금에서 해약공제액을 뺀 해약환급금에 미경과보험료 적립금을 더 한 액수를 계약자에게 지급한다. 여기서 해약공제액을 차감하는 이유는 무엇인가?

2. 계약을 중도 해지하는 것은 보험회사나 보험계약자 모두에게 손해가 발생하게 된다 라고 말한다.

   (a) 위의 말이 사실인가? 그 이유를 보험회사와 보험계약자 입장에서 설명하여라.
   (b) 현행 보험시장에서는 보험료 납입이 어려운 상황에서도 계약을 유지시킬 수 있도록 다양한 서비스제도를 운영하고 있다. 이 제도들을 설명하여라.

3. 보험회사는 당해년도의 실제 신계약비를 당기비용으로 처리하지 않고 계약 처음 최장 7년 동안 이연, 상각 한다.

   (a) 이연, 상각하는 절차와 취지를 설명하여라.
   (b) IFRS17 도입 이후부터 신계약비 이연, 상각제도는 변경된다. 변경되는 내용과 이에 따른 보험회사에 미치는 영향에 대해 기술하라.

4. 아래의 손해액 통계를 이용하여 48개월차 기준 예측 지급보험금과 지급준비금을 평가하여라.

   • 12개월차 사고년도 지급보험금=100,000
   • 사고년도 차월별 진전계수:
     12-24차월=1.50,      24-36차월=1.15,      36-48차월 = 1.12,
     48-60차월=1.08,    60차월-종결=1.00

5. 손해보험상품들은 보상절차가 진행되는 과정 중에 보험금의 일부가 지급되는 등의 사유로 개별추산액은 증가되거나 감소되는 손해액의 진전(loss development) 현상이 나타난다. 배상책임담보인 경우, 대체로 손해액이 최종 종결 시까지 증가하는 경향을 보인다. 그런데, 재물보험담보인 경우 보상 종결 시에 손해액이 감소되는 경우가 발생한다. 그 원인 두 가지를 설명하고 감소하는 이유는 무엇인가?

6. 손해보험회사에서 IBNR준비금은 매우 중요하다. IBNR을 정의하고 적정하게 적립되지 않을 경우 회사경영에 미치는 영향을 설명하라.

7. 다음의 손해보험통계는 사고년도 차월별 누적 지급보험금을 보여준다. 아래의 조건에 따라 질문에 답하라.

| 사고년도 | 12차월 | 24차월 | 36차월 | 48차월 |
|---|---|---|---|---|
| 2017 | 1,000 | 1,500 | 1,800 | 1,980 |
| 2018 | 1,500 | 2,250 | 2,700 | |
| 2019 | 2,000 | 3,000 | | |
| 2020 | 2,500 | | | |

- 차월별 진전계수는 최근 3년간 평균으로 한다.
- 모든 사고는 48차월에 종결한다.
- 삼각형 형태의 지급보험금 진전추이방식에 따른다.
- 평가일은 2020년 12월 31일 기준이다.
- 진전계수는 소수점 3자리에서 반올림한다.

(a) 최종적으로 지급될 년도별 예측보험금을 구하라.
(b) 사고년도 2020년의 예측 지급준비금은 얼마인가?
(c) 2017년~2020년 4년동안 회사가 미래의 보험금 지급을 위해 준비해야 할 예측 지급준비금은 얼마인가?

8. **(2017년 보험계리사 시험문제)** 자동차보험 추산보험금의 적정성에 대한 검증방식인 평균지급보험금방식(Average Payment Method)과 본휴터-퍼거슨방식(Bornhuetter-Ferguson Method)에 대해 비교·설명하시오.

4.

    12－48차월 진전계수＝1.50×1.15×1.12＝1.932

    종결진전계수＝1.50×1.15×1.12×1.08＝2.08656

    48차월 예측 지급보험금＝100,000×1.932＝193,200

    최종 예측 지급보험금＝100,000×2.08656＝208,656

    지급준비금＝208,656－193,200＝15,456

7.

    진전계수: 12~24차월＝1.50, 24~36차월＝1.20, 36~48차월＝1.10

    (a) 년도별 예측 지급보험금

       2017년＝1.980

       2018년＝2.700×1.1＝2,970

       2019년＝3,000×1.2×1.1＝ 3,960

       2020년＝7,000×1.102×1.021＝4,950

    (b) 2020년 실제지급보험금＝2,500

       지급준비금 ＝4,950－2,500＝2,450

    (c) 총 지급보험금＝1,980＋2,700＋3,000＋2,000＝10,180

       최종 예측 지급보험금＝1,980＋2,970＋3,960＋4,950＝13,860

       지급준비금＝13,860－10,180＝3,680

보험과 리스크관리 프로그램

1. 생명보험상품에 관련된 대표적인 리스크는 다음과 같다:
   ① 조기사망, ② 장수, ③ 해약

   (a) 생명보험상품 중에서 위의 각 리스크가 가장 많이 노출되어 있는 특정상품을 리스크별로 지적하고 그 이유를 설명하여라.
   (b) 위의 리스크 각각에 대해 보험회사가 관리하는 리스크 대응방안은 무엇인가?

2. 다음은 재보험에 관한 내용이다.

   (a) 원수보험사의 입장에서 재보험의 필요성을 설명하여라.
   (b) 원수보험사는 사고당 500만원을 보유하고 재보험 보상한도 2,000만원의 초과손해액 재보험특약(Excess of loss reinsurance)을 체결하였다. 이후 독립적인 사고로 350만원, 1,510만원, 2,720만원이 발생하였다. 원수보험사가 보유해야 할 보험금 총액은 얼마인가?

3. 재보험계약으로 성립되기 위한 기본적인 일반원칙들을 기술하여라.

4. 다음은 비례재보험특약(Proportional Reinsurance)의 비례배분 재보험특약(Quota Share Treaty)에 관한 내용이다. A보험사는 보험가입금액 2,500만원인 보험계약을 인수하고 건당 90% 비례배분 재보험특약을 체결하였다. A보험사에 1,000만원의 보험금이 산정되었을 때 아래의 조건에 따라 재보험사가 지불해야 할 보험금 분담금액을 산출하여라.

   (a) 재보험 특약 한도(treaty limit)가 2,000만원인 경우
   (b) 재보험 특약 한도(treaty limit)가 2,500만원인 경우

5. 다음은 보유초과액 재보험특약(Surplus Reinsurance Treaty)에 관한 내용이다. 보유초과액 재보험특약의 보유금액이 2,500만원인 재보험계약을 체결한다. 아래의 각 원수보험계약에 관한 내용에 따라 원보험계약에 대한 재보험료와 재보험사가 부담해야 할 보험금을 계산하여라.

(a) 원보험가입금액이 1천만원이며, 원보험료는 10만원이고, 손해액이 80만원인 경우.

(b) 원보험가입금액이 1억원이며, 원보험료는 1백만원이고, 손해액이 1천만원인 경우.

(c) 원보험가입금액이 2억원이며, 원보험료는 2백만원이고, 손해액이 8천만원인 경우.

6. **(2015년 보험계리사 시험문제)** A 보험회사가 200원을 보유한도(retention limit)로 하고 4배수(line)까지 출재하기로 하는 초과액 재보험특약(Surplus Reinsurance Treaty)를 B 보험회사와 체결한 후, 보험가입금액이 500원인 계약을 인수하고 재보험 처리하였다. 이 계약과 관련한 보험사고로 500원의 원보험금 지급사유가 발생했다면 각 보험회사의 보험금 분담액은 얼마인지 계산하시오.

7. 한성보험회사는 사고당 초과손해액 재보험특약(Per-risk excess treaty)을 재보험사와 체결하고자 한다. 사고당 보유한도(attachment point)는 1,500이며, 재보험사의 보상한도 금액은 2,000일 때, 3건의 사고가 독립적으로 발생하였고 사고금액은 1,200, 2,000, 그리고 3,800이었다. 재보험사가 재보험계약에 의거해 한성보험회사에 지급해야 할 재보험금은 얼마인가?

8. 한일보험회사는 초과손해율 재보험특약(Stop Loss Cover)으로 재보험사와 손해율이 70% 초과하여 120%까지 한도 내에서 손해액의 80%를 재보험사가 부담하는 재보험계약을 체결한다. 아래는 한일보험회사의 재보험계약기간 중의 영업실적이다. 재보험사가 재보험계약에 의거해 한일보험회사에 지급해야 할 재보험금은 얼마인가?

- 한일보험회사 영업실적:

  경과보험료＝1,000, 지급보험금＝800, 개별추산액＝600, 손해사정비＝100

9. **(2017년 보험계리사 시험문제)** 금융재보험(financial reinsurance)의 개념과 특징에 대해 설명하고, 금융재보험의 활용이 원수보험회사와 보험소비자에게 미칠 영향에 대해 서술하시오.

10. 보험연계증권 시장은 꾸준히 성장하고 있고 새로운 형태의 보험연계상품들이 개발되고 있다.

    (a) 보험연계증권의 대표상품 격인 Cat본드는 어떻게 운용되는지 설명하여라.

    (a) Cat본드가 보험회사의 리스크를 어떻게 관리할 수 있는가?

    (c) 새로운 형태의 보험연계상품들이 개발되는 현상에 대해서 원수보험회사와 재보험사에 미칠 영향을 설명하라.

11. **(2018년 보험계리사 시험문제)** 보험위험의 증권화에 대하여 설명하고, 보험연계증권(ILS: insurance-linked securities)의 운영시스템을 구체적으로 서술하시오.

12. **(2017년 보험계리사 시험문제)** 보험가액 1억원인 주택의 화재 발생 확률과 손해액을 나타낸 것이다. 물음에 답하시오.

| 손해액 | 0 | 1,000만원 | 4,000만원 | 7,000만원 | 1억원 |
|---|---|---|---|---|---|
| 확률 | 0.8 | 0.1 | 0.06 | 0.03 | 0.01 |

    (1) 보험가입금액이 1억원이고, 공제금액이 1,000만원인 프랜차이즈 공제계약(franchise deductible)의 영업보험료는 얼마인가? (단, 부가보험료는 순보험료의 20%를 책정한다.)

(2) 보험가입금액을 6,000만원으로 했을 때, 80%의 공동보험조항(coinsurance)을 적용할 경우 지급보험금의 기댓값(expected value)은 얼마인가? (단, 위 (1)의 공제계약조항은 적용하지 않는다.)

(3) 공동보험조항에서 약정가입비율(insurance to value) 적용의 목적과 문제점에 대해 설명하시오.

13. **(2015년 보험계리사 시험문제)** 경미한 사고에 대한 보상을 제한하는 보험계약상의 방법들과 그 기대효과를 약술하시오.

14. 다음은 2019년도 발생손해액의 통계이다. 아래의 각기 다른 자기부담금(deductible)을 적용할 경우, 보험회사가 지급해야 할 보험금은 얼마인가?

- 발생손해액 (총 3건): ① 300, ② 1,300, ③ 3,400

(a) 직접 자기부담금(Straight deductible)이 200일 경우
(b) 합산 자기부담금(Aggregate deductible)이 1,000일 경우
(c) 프랜차이즈 자기부담금(Franchise deductible)이 500일 경우
(d) 소멸성 자기부담금(Disappearing deductible)이 200이며 110%의 보험금조정계수가 적용될 경우

15. 손해보험 계약에는 중복보상 조항(Other insurance provision)이란 제도가 있다. 그 의미를 설명하고 보험계약의 원칙과 어떤 관계가 성립할 수 있는지를 설명하여라.

16. **(2014년 보험계리사 시험문제)** 전통적인 보험계약과 대체리스크 전가(Alternative Risk Transfer)의 특성을 비교, 설명하시오.

17. 계리기업은 자사가 생산하는 제품에 대한 생산물배상책임보험을 3개의 손해보험사에 각각 다른 보상책임한도액으로 가입하였다. 보험기간 동안 제품에

대한 배상책임사고가 발생하여 4,000만원의 배상책임액이 법원으로부터 판결되었다. 이에 보상배분약관의 중복보상 조항(Other insurance provisions)에 따라 보상금액을 결정하려고 한다. 각각의 다른 중복보험조항에 따른 손해보험사별 보상책임액을 계산하라.

| | 보험가입금액 |
|---|---|
| A 손해보험사 (1차보험자, Primary insurer) | 1,000만원 |
| B 손해보험사 (2차보험자, $1^{st}$ Excess insurer) | 3,000만원 |
| C 손해보험사 (3차보험자, $2^{nd}$ Excess insurer) | 6,000만원 |

(a) 비례분할 분담조항(Pro rata liability)의 경우

(b) 독립책임액 분담조항(Contribution by limit of liability)의 경우

(c) 동일비례 분담조항(Contribution by equal share)의 경우

(d) 우선순위 분담조항(Primary and excess clause)의 경우

2.

(b)

| 사고액 | 원수사 | 재보험사 |
|---|---|---|
| 350 | 350 | 0 |
| 1,510 | 500 | 1,010 |
| 2,720 | $500+220=720$ | 2,000 |

원수사 = $350+500+720=1,570$만원

4.

(a) 재보험 특약 한도 < 보험가입금액 인 경우, 특약 한도 비율과 출재비율에 의해 손해액이 분담된다.

재보험사 보험금 분담금액 = $1,000 \times (2,000/2,500) \times 90\% = 720$

(b) 재보험 특약 한도 = 보험가입금액 인 경우, 출재비율에 의해 손해액이 분담된다.

재보험사 보험금 분담금액 = $1,000 \times 1 \times 90\% = 900$

5.

(a) 보유초과액 재보험특약의 보유금액 > 원보험가입금액인 경우,

재보험료 = 0, 재보험사 분담금 = 0

(b) 3 Line surplus로서, 보험금 분담비율은 1:3(원수보험사:재보험사)이다.

재보험료 = 1백만원 $\times (3/4) = 75$만원,

재보험사 분담금 = 1천만원 $\times (3/4) = 750$만원

(c) 7 Line surplus로서, 보험금 분담비율은 1:7(원수보험사:재보험사)이다.

재보험료 = 2백만원 $\times (7/8) = 175$만원,

재보험사 분담금 = 8천만원 $\times (7/8) = 7$천만원

6. 1.5 Line surplus, 즉 보험금 분담비율은 1:1.5(원수보험사: 재보험사)이다.

    A사$=500\times(1/2.5)=200$

    B사$=500\times(1.5/2.5)=300$

7. 재보험사는 처음 1,500을 초과한 2,000의 한도 내에서 지급한다.

    사고금액 1,200인 경우, 처음 1,500 이하이므로 재보험금$=0$

    사고금액 2,000인 경우, 재보험금$=2,000-1,500=500$

    사고금액 3,800인 경우, 재보험금 한도는 2,000이므로 재보험금$=2,000$

    $\Rightarrow$ 총 재보험금$=2,500$

8.

    한일보험회사 손해율$=(800+600+100)/1,000=150\%$

    손해율 70%일 때의 손해액 규모$=700$

    손해율 120%일 때의 손해액 규모$=1,200$

    재보험금 한도$=1,200-700=500$

    재보험금$=500\times80\%=400$

12.

(1) 영업보험료$=(4,000\times0.06+7,000\times0.03+10,000\times0.01)\times1.2=660$

(2) 주택의 가액 1억원인데 80%의 공동보험조항을 적용하면 재보험사는 8,000만원 한도의 재보험가입을 요구한다. 그러나, 실제로 재보험 가입금액은 6,000만원이었으므로 그 비율만큼만 보험금이 지급된다.

    지급보험금 기댓값$=(1,000\times0.1+4,000\times0.06+6,000\times0.03+6,000\times0.01)$
                   $\times(6,000/8,000)=435$

14.

(a) $(300-200)+(1,300-200)+(3,400-200)=4,400$

(b) $(300+1,300+3,400)-1,000=4,000$

(c) $1,300 + 3,400 = 4,700$

(d) $(300 - 200) \times 1.1 + (1,300 - 200) \times 1.1 + 3,400 = 4,720$

17.

(a)

$A = 4,000 \times (1,000/10,000) = 400$, $B = 4,000 \times (3,000/10,000) = 1,200$,

$C = 4,000 \times (6,000/10,000) = 2,400$

(b)

$A = 4,000 \times (1,000/8,000) = 500$, $B = 4,000 \times (3,000/8,000) = 1,500$,

$C = 4,000 \times (4,000/8000) = 2,000$

각보험사가 독립적으로 보험금을 책정할 경우 발생손해액은 A가 1,000,

B가 3,000, C는 4,000이 된다.

(c) $A = 1,000$, $B = 1,000 + 500 = 1,500$, $C = 1,000 + 500 = 1,500$

(d) $A = 1,000$, $B = 3,000$, $C = 0$

# 제 8 장    자산: 리스크와 관리

1. 시장리스크(Market Risk)는 채권이나 주식 등 기업이 보유하고 있는 자산의 시
   장가격이 변동하여 발생하는 손실에 대한 위험을 의미한다. 이러한 시장리스
   크를 측정하는 전통적인 방법은 어떤 방법들이 있는지 서술하고 전통적인 방
   법들이 가지고 있는 한계점을 기술하라.

2. 기업의 자산과 부채의 관계에서 동시에 발생할 수 있는 기본적인 리스크에 대
   해 설명하고 리스크가 어떻게 자산과 부채에 영향을 미치는지를 설명하여라.

3. 자산·부채 종합관리(Asset and Liability Management)인 ALM과 VaR(Value at
   Risk)의 공통점과 차이점을 나열하여라.

4. 트레이딩 포트폴리오의 시장가치가 $35 million이고 일변동성이 1.5% 일 때, 신
   뢰구간이 99%인 2주일 동안의 VaR(Value at Risk) 값을 계산하여라. (단, 2주일
   은 트레이딩 10일을 의미한다.)

5. 6개월 동안 포트폴리오 손실은 평균이 30이고 표준편차가 95인 정규분포를 따
   른다. 6개월 동안 이 포트폴리오에 대한 95% VaR(Value at Risk)을 계산하라.

6. 시장리스크를 측정하는 VaR(Value at Risk)에 관한 질문이다.

   (a) VaR의 정의를 내리고 VaR이 등장하게 된 배경을 설명하라.
   (b) VaR을 계산하는 모수적인 방법과 비모수적인 방법에 대해 설명하라.
   (c) VaR기법이 가지고 있는 장점과 한계를 기술하라.

7. (2013년 보험계리사 시험문제) VaR(Value at Risk)은 시장상황이 정상적일 때 주
   어진 신뢰수준에서 특정기간 내에 발생할 수 있는 최대손실금액으로 정의된다.

(1) 연간 기대수익률이 각각 10%인 주식 A와 B가 있다. 이 두 주식으로 구성된 포트폴리오의 연간수익률 표준편차는 40%이다. 보험사 갑이 이 포트폴리오에 100억원을 투자하는 경우, 포트폴리오의 VaR을 신뢰수준 95%, 투자기간 3개월 기준에서 정규분포를 이용하여 구하시오.

(단, Prob $(\mu \pm 1.65\sigma) = 90\%$, Prob $(\mu \pm 1.96\sigma) = 95\%$)

(2) VaR을 이용한 위험관리의 문제점을 보완하기 위하여 실시하는 위기상황분석(stress test)의 의의, 내용 및 활용방안을 설명하시오.

8. A자산의 시장가치는 20억원이고 일일변동성이 2%이며, B자산의 시장가치는 10억원이고 일일변동성이 1%이다.

(a) 각 자산 투자포지션의 신뢰구간 95%인 거래일 30일 동안 발생될 수 있는 최대손실금액을 계산하라. (단, Prob$(\mu \pm 1.65\sigma) = 90\%$, Prob$(\mu \pm 1.96\sigma) = 95\%$)

(b) 자산 A와 B가 동일한 포지션을 취하며 두 자산의 수익률간 상관관계는 0.4이다. 포트폴리오의 신뢰수준 95%인 포트폴리오의 VaR(Value at Risk)을 계산하고 분산효과를 수치로 계산하여라.

(c) 포트폴리오에 의한 자산 A와 B의 VaR(Value at Risk) 공헌도를 계산하여라.

9. 자산 A의 VaR(Value at Risk)은 20이며, 자산 B의 VaR은 10이다. 두 자산의 상관관계는 0.3으로 가정한다. 아래의 각 경우에 의한 포트폴리오의 VaR과 포트폴리오에 의한 분산효과를 수치로 나타내어라.

(a) 자산 A와 B는 동일한 포지션이다.

(b) 자산 A는 매입포지션이며, 자산 B는 매도포지션을 취한다.

10. 손실분포는 다음의 이산분포에 의한다.

• 확률(X=0)=0.90, 확률(X=100)=0.08, 확률(X=1,000)=0.02

(a) 조건부 테일 기댓값(CTE, Conditional Tail Expectation)과 VaR(Value at Risk)을 비교하고 어느 경우에 조건부 테일 기댓값(CTE)이 VaR보다 신뢰할 수

있다고 할 수 있는가?

    (b) 신뢰수준 90%일 때의 CTE를 구하라

    (c) 신뢰수준 95%일 때의 CTE를 구하라

11. 자산가치는 15,000에서부터 25,000까지 균일분포(uniform distribution)을 따른다. 손해액은 아래의 확률분포를 따른다. 자산과 손해액은 서로 독립적인 관계이다. 또한, 아래의 등식이 성립한다고 가정한다. 신뢰수준 95%인 W의 VaR(Value at Risk) 값을 구하라.

- 확률(X=10,000)=0.30, 확률(X=15,000)=0.55, 확률(X=25,000)=0.15
- W=자산-부채 (단, 부채는 손해액만 존재한다.)
- E(W)=E(자산)-E(부채)

12. 아래의 정보를 이용해 물음에 답하여라.

- 주식(A)가치 1천만원의 거래일 10일 동안의 99% 신뢰수준 VaR(Value at Risk)은 736,811원이다.
- 주식(B)가치 1천만원의 거래일 10일 동안의 99% 신뢰수준 VaR은 1,105,216원이다.
- 주식 A와 B의 일일변동(daily volatility)은 독립적이며 평균값 0인 정규분포(normal distribution)를 따른다.

    (a) 주식 A의 일일변동성은 무엇인가?

    (b) 주식 A와 B의 수익률은 이변량 정규분포(bivariate normal distribution)이며, 서로 완벽한 상관관계(perfectly correlation)라 가정한다. 주식 A의 5백만원과 주식 B의 5백만원으로 구성되는 1천만원 포트폴리오의 10일 99% 신뢰수준 VaR를 계산하여라.

    (c) 10일 99% 신뢰수준 VaR 관점으로부터, 주식 A만 1천만원인 단일포지션과 주식 A의 5백만원과 주식 B의 5백만원으로 구성되는 1천만원 포트폴리오 포지션이 같도록 하기 위한 상관계수(correlation coefficient)를 계산하여라.

13. 다수의 시나리오를 생성한 후 VaR(Value at Risk)를 계산하는 방법인 역사적 시뮬레이션(Historical simulation)의 과정을 설명하고 장점과 단점을 기술하여라.

14. 최악의 손실이 발생하여 기업이 파산될 수 있는 리스크를 관리하기 위한 리스크 측정방법인 위기상황분석(Stress Test)을 보험회사들이 적용하고 있다.

    (a) 위기상황분석과 VaR(Value at Risk)을 비교하고 보험회사가 위기상황분석을 적용하는 이유를 설명하여라.
    (b) 위기상황분석은 여러 측정방법에 의해 실행된다. 각 분석방법을 설명하고 장점과 단점을 기술하여라.
    (c) 보험회사에서 사용하는 위기상황분석의 결과는 회사의 여러 분야에서 활용될 수 있다. 그 활용범위를 설명하여라.
    (d) 위기상황분석 방법들은 특히 2008년 세계금융위기 이후 여러 문제점이 발견되었다. 그 문제점을 지적하여라.

15. 유동성리스크는 기업에 노출되는 매우 중요한 리스크이다.

    (a) 기업이 유동성을 확보해야 하는 이유를 보험회사 측면에서 설명하여라.
    (b) 유동성리스크를 측정하는 방법에 대해 설명하여라.
    (c) 유동성리스크를 관리할 수 있는 방법에 대해 기술하여라.

16. 신용리스크는 기업에 노출되는 매우 중요한 리스크이다.

    (a) 신용리스크에 대해 정의를 내리고 신용리스크가 다른 기업리스크와 구별되는 특징을 설명하여라.
    (b) 파생상품을 이용한 여러 신용리스크 관리기법들을 설명하여라.
    (c) 신용리스크 관리의 한계점을 설명하여라.

2. 제11장 1.2.3 자산·부채 리스크 참고.

4. $\mathrm{VaR} = \$35\ \mathrm{million} \times 1.5\% \times 2.33 \times \sqrt{10} = \$386,825$

5. $P(L \leq Q) = 0.95 \Rightarrow \Phi\{(Q-30)/95\} = 0.95,\ (Q-30)/95 = 1.6449$

$\Rightarrow Q = \mathrm{VaR} = 186.27$

7. (1) $\mathrm{VaR} = 100 \times 1.65 \times (0.4/\sqrt{252}) \times \sqrt{63} = 33$

8.

(a) $\mathrm{VaR}_A = 20 \times 0.02 \times 1.65 \times \sqrt{30} = 3.615$

$\mathrm{VaR}_B = 10 \times 0.01 \times 1.65 \times \sqrt{30} = 0.904$

(b) 1일 $\sigma_P = (0.4^2 + 0.1^2 + 2 \times 0.4 \times 0.4 \times 0.1)^{0.5} = 0.449$

10일 $\sigma_P = 0.449 \times \sqrt{30} = 2.461$

$\mathrm{VaR}_P = 2.461 \times 1.65 = 4.062$

또는 $\mathrm{VaR}_P = (3.615^2 + 0.904^2 + 2 \times 0.4 \times 3.615 \times 0.904)^{0.5} = 4.062$

분산효과 $= (3.615 + 0.904) - 4.062 = 0.457$

(c) VaR의 공헌도(contribution): VaR의 공헌도란 포트폴리오의 VaR에는 개별자산별로 기여한 부분이 혼재되어 있어 개별자산의 공헌도 또는 기여도를 측정하는 것으로 개별자산 공헌VaR의 합은 포트폴리오의 VaR과 일치한다. 개별자산 공헌VaR의 공식은 아래와 같다.

• 자산A의 공헌$\mathrm{VaR}_A = \mathrm{VaR}_P \times (\mathrm{VaR}_A{}^2 + \rho_{AB} \times \mathrm{VaR}_A \times \mathrm{VaR}_B) / \mathrm{VaR}_P{}^2$

공헌VaR$_A$ = (3.615$^2$ + 0.4 × 3.615 × 0.904)/4.062 = 3.539

공헌VaR$_B$ = (0.904$^2$ + 0.4 × 3.615 × 0.904)/4.062 = 0.523

9.

(a) VaR$_P$ = (20$^2$ + 10$^2$ + 2 × 0.3 × 20 × 10)$^{0.5}$ = 24.90

분산효과 = (20 + 10) − 24.90 = 5.10

(b) VaR$_P$ = (20$^2$ + 10$^2$ − 2 × 0.3 × 20 × 10)$^{0.5}$ = 19.49

분산효과 = (20 + 10) − 19.49 = 10.51

동일포지션을 취할 때 보다 분산효과는 5.41만큼 더 커진다.

10.

(b) CTE$_{90}$ = E(X / X > 0) = [0.08(100) + 0.02(1,000)]/0.10 = 280

(c) CTE$_{95}$ = E(X / X > 0) = [0.03(100) + 0.02(1,000)]/0.05 = 460

11.

E(부채) = 0.30(10,000) + 0.55(15,000) + 0.15(25,000) = 15,000

E(W) = E(자산) − E(부채) = 20,000 − 15,000 = 5,000

만일 손해액이 10,000이면, W값은 5,000에서부터 15,000까지 분포된다.

만일 손해액이 15,000이면, W값은 0에서부터 10,000까지 분포된다.

만일 손해액이 25,000이면, W값은 −10,000에서부터 0까지 분포된다.

신뢰수준 95%는 손해액이 25,000이며, W값이 −10,000에서부터 0까지 균일하게 분포되는 부분에 속하게 된다. 그래서 W의 가능한 결과치의 가장 낮은 5%는 −6,667 이하이다.

VaR = E(W) − W$_{0.05}$ = 5,000 − (−6,667) = 11,667

12.

(a) VaR = 가치 × (정규분포 Z값) × σ × $\sqrt{일}$ = 736,811 = 1천만원 × 2.33 × σ × $\sqrt{10}$

σ = 0.01

(b) 주식 A와 B가 서로 완벽한 상관관계이므로 리스크의 감소는 없다.

$$VaR = 0.5(736,811) + 0.5(1,105,216) = 921,013.50$$

(c) 주식 B의 일일변동성, $\sigma = 1,105,216/(1천만원 \times 2.33 \times \sqrt{10}) = 0.015$

포트폴리오 시장가치의 1일 변동액:

$\sigma_A = 0.01(5백만원) = 50,000$, $\sigma_B = 0.015(5백만원) = 75,000$

자산 A의 1천만원 1일 변동액 $= 0.01(1천만원) = 100,000$

$$\sigma_{A+B}^2 = \sigma_A^2 + \sigma_B^2 + 2\rho \; \sigma_A \; \sigma_B$$

$$100,000^2 = 50,000^2 + 75,000^2 + 2 \times \rho \times 50,000 \times 75,000$$

$$\rho = 0.25$$

# 제9장 부채평가

1. 국제회계기준(IFRS4)의 기본원칙을 GAAP과의 차이점으로 설명하여라.

2. 보험업에 적용하는 새로운 국제회계기준인 IFRS17은 IASB에 의해 2022년부터 전면 시행이 확정되었다.

   (a) IFRS17에 의해 변경 될 주요 내용들을 IFRS4의 내용과 함께 IFRS17 시행 전과 후로 나타내어 설명하여라.
   (b) IFRS17의 시행이 특히 생명보험상품을 취급하는 한국보험회사에 끼칠 영향에 대해 기술하여라.
   (c) 질문 (b)의 영향에 대해 대비할 준비과제 및 대안을 설명하여라.

3. IFRS17이 시행되면 보험부채를 공정가치로 평가하는 방법으로 IASB에서는 4 Building Block Approach를 제시하고 있다. 각 Block에 대하여 설명하여라.

4. IFRS17 도입에 의해 보험계약은 보험계약과 금융계약으로 분리한다. 이와 관련하여 아래의 질문에 답하라.

   (a) IFRS17에 의한 보험계약과 금융계약을 정의하여라.
   (b) 보험계약과 금융계약을 구분할 때 보험위험이 내재된 계약 또는 보험위험이 이전되는 계약이 중요한 구심점 역할을 한다. 여기에서 보험위험으로 판단하는 기준을 설명하여라.
   (c) IFRS17제도에 의해, 보험가입금액이 2,000만원인 만기 3년의 보험상품에 가입 후 해지할 경우, 다음 계약이 보험계약으로 평가 받을 수 있는지를 판단하고 이유를 설명하여라.
   - 연납보험료 계약일 경우, 해약환급금이 1,000만원이다.
   - 일시납 계약인 경우, 해약환급금이 1,850만원이다.

5. IFRS17 도입에 의해 보험부채를 현금흐름의 기대가치로 측정하는 네 가지 요건과 화폐의 시간가치를 산출할 때 시장가격과 일관성을 유지하기 위한 세 가지 조건을 설명하여라.

6. (2015년 보험계리사 시험문제) 보험계약 관련 국제회계기준(IFRS17)이 도입될 경우 우리나라 보험산업에 미칠 수 있는 영향을 생명보험상품 측면에서 구체적으로 설명하시오.

7. 조선보험회사는 2020년 1월 1일에 4년 만기 정기보험계약을 체결하여 IFRS17 제도의 BBA(Building Block Approach)방법으로 보험부채를 평가하려고 한다. 아래의 정보는 4년 만기 정기보험계약에 관한 것이다. (단, 할인율은 0%이다.)

- 일시납 보험료＝1,600
- 매년 지급될 것으로 예상하는 항목:
  보험금＝250, 위험조정(RA)＝30, 직접사업비＝50, 간접사업비＝20

  (a) 2020년 12월 31일자, 계약서비스마진(CSM), 보험손익, 보험부채를 평가하여라.
  (b) 2022년 12월 31일자, 계약서비스마진(CSM), 보험손익, 보험부채를 평가하여라.

8. 보험계약의 미래현금흐름에 대한 현재가치를 재산출하여 책임준비금이 부족하지 않는지 그 적정성 여부를 평가하는 부채적정성평가(LAT)에 관련된 질문에 답하여라.

  (a) 부채적정성평가(LAT)가 도입된 배경과 이전 책임준비금의 적정성을 평가했던 보험료 결손제도와의 차이점을 기술하여라.
  (b) 부채적정성평가(LAT)의 주요 특징을 논하라.
  (c) LAT제도에서 책임준비금의 미래현금흐름을 현재가치로 전환할 때 적용하는 가정들에 대해 설명하여라.

(d) 부채적정성평가가 필요한 이유를 보험회사 입장과 감독기관 입장으로 구분하여 설명하여라.

9. **(2014년 보험계리사 시험문제)** 보험회사 내재가치(embedded value) 산출에 적용되는 조정순자산가치(adjusted net worth),보유계약가치(value of in-force business) 및 자본비용을 정의하고, 보험회사의 내재가치의 필요성을 설명하시오.

10. 내재가치를 실질적인 기업의 가치라고 표현하는 경우가 많다. 그 이유에 대해 설명하라.

4. (b) IFRS17에 의해 보험계약은 사고발생시기나 발생손해액 등이 불확실해야 하여, 보험계약자로부터 보험회사에게 실질적으로 보험위험이 이전되는 리스크의 전가(transfer)가 있어야 한다. 또한 보험계약의 판단여부는 판매시점의 개별계약을 기준으로 판단한다.

(c) IFRS17에 의하면 보험계약은 보험사건으로 인해 부가급부금을 지급할 때에만 인정받을 수 있다. 부가급부금은 보험사고 발생으로 보험회사가 지급해야 할 금액이 보험사고가 발생하지 않더라도 지급해야 하는 금액, 예를 들어, 만기환급금, 중도해지환급금, 연금지급금 등의 합계액을 초과하는 부분을 의미한다. 보험위험으로 인정되기 위한 판단기준은 부가급부금 비율 10%이상이면 보험위험이 전가된 계약으로 인정받는다.

- 연납 계약: 부가급부금 비율 = 2,000/1,000 − 1 = 100% ⟹ 보험계약이다.
- 일시납 계약: 부가급부금 비율 = 2,000/1,850 − 1 = 8.1% < 10% ⟹ 보험계약으로 인정받지 못한다.

**(참고사항)** 부가급부금 비율은 원수보험 상품에 해당된다.

재보험계약의 위험평가 방법은 생명보험상품(장기손해보험 포함)은 부가급부금 비율 10%이상은 위와 동일하다. 그러나 일반손해보험 상품인 경우에는 재보험자 기대손실(ERD, expected reinsurers deficit)이 1% 이상이어야 만 보험계약으로 평가된다.

ERD = 순손실액의 현재가치/재보험료

## 7. 년도별 예정 현금흐름

|  | 2020 | 2021 | 2022 | 2023 |
|---|---|---|---|---|
| 현금유출 현가 | 300 | 300 | 300 | 300 |
| 현금유입 현가 | 1,600 |  |  |  |
| 위험조정(RA) | 30 | 30 | 30 | 30 |

현금유출＝보험금＋직접사업비

간접사업비는 현금흐름에 포함되지 않으며 발생 즉시 당기비용으로 인식한다.

|  | 2020년 초 | 2020년 말 | 2021년 말 | 2022년 말 | 2023년 말 |
|---|---|---|---|---|---|
| 현금유출현가 | 1,200 | 900 | 600 | 300 |  |
| 현금유입현가 | 1,600 |  |  |  |  |
| RA | 120 | 90 | 60 | 30 |  |
| CSM | 280 | 210 | 140 | 70 |  |
| 보험부채 | 0 | 1,200 | 800 | 400 | 0 |

2020년12월31일자, 보험손익＝70(CSM변동)＋30(RA변동)-20(간접사업비)＝80

2022년12월31일자, 보험손익＝70(CSM변동)＋30(RA변동)-20(간접사업비)＝80

# 제 10장  금리리스크

1. 국제결제은행(BIS, Bank of International Settlement)의 금리리스크 측정과 감독에 관한 원칙은 금리리스크를 측정할 때 가격변동 리스크(reprice risk), 수익률 곡선 리스크(yield−curve risk), 베이시스 리스크(basis risk), 그리고 옵션 리스크(option risk)를 고려하도록 명시하고 있다. 각 리스크의 의미를 설명하여라.

2. 이자율 기간구조이론(Theories of the term structure)의 다음 네 가지 이론을 각각 설명하여라.

   (a) 불편기대가설(Unbiased Expectation Hypothesis

   (b) 유동성선호가설(Liquidity Preference Hypothesis)

   (c) 시장분할가설(Market Segmentation Hypothesis)

   (d) 선호영역가설(Preferred Habitat Theory)

3. 아래 액면가 100인 수의상환 할 수 없는 채권(noncallable bond)들의 맥컬레이 듀레이션(D, Macaulay Duration)을 크기에 따라 배열하고 이유를 설명하여라. 모든 채권은 년2회 이자(semiannual coupons)가 지급되며 2년만기 채권의 년 수익률은 8%이며, 2년6개월 만기 채권의 년 수익률은 9%이다:

   (a) 2년만기 8% 이자(coupon rate) 채권

   (b) 수익률 8%인 2년 만기 무이표채(zero−coupon)

   (c) 2년6개월 만기 30% 이자(coupon rate) 채권

   (d) 2년만기 4% 이자(coupon rate) 채권

4. 무위험이자율이 4%이며, 액면가는 1,000, 년 쿠폰이자율(annual coupon rate)은 8%, 만기수익률은 9%인 3년만기 채권에 관한 질문이다.

(a) 맥컬레이 듀레이션(D, Macaulay Duration)을 계산하여라

(b) 수정듀레이션(MD, Modified Duration)을 계산하여라.

(c) 맥컬레이 듀레이션과 수정듀레이션의 특징을 설명하여라.

(d) 수정듀레이션을 사용하여 채권가격의 변동을 측정할 때 추정오차를 줄이기 위한 방법을 설명하여라.

5. 목표시기 면역전략(Target date immunization strategy)과 순자산가치 면역전략 (Net worth immunizations strategy)의 유사점과 차이점을 기술하여라.

6. 20년 만기 채권에 관한 내용이다. 액면가는 1,000이며, 반기(semiannual)마다 8%의 이자(쿠폰)가 지급되고 만기수익률은 년 10%이다. 수정듀레이션(Modified Duration)은 8.94이며 볼록성(Convexity)은 133으로 주어진다. 또한 채권 총 이자(쿠폰)들의 현가는 686.4로 계산된다. 투자자는 시장이자율이 200bp로 하락했을 때 채권의 가격민감도를 시험하고자 한다.

(a) 수정듀레이션을 사용하여 시장이자율이 200bp로 하락했을 경우 예상되는 채권의 가격을 계산하여라.

(b) (a)의 계산으로부터 산출되는 추정오차는 얼마인가?

(c) 시장이자율이 200bp로 하락했을 경우, 채권의 더 정확한 예상가격을 계산 하기 위해 볼록성을 적용한다면 이에 따른 추정오차는 얼마인가?

7. (2013년 보험계리사 시험문제) 다음의 채권들을 듀레이션이 긴 것부터 짧은 것 의 순서로 배열하고 그 근거를 제시하시오.

| 채권 | 이표율 | 만기 | 채권수익률 |
|---|---|---|---|
| 가 | 3% | 20년 | 2% |
| 나 | 4% | 15년 | 4% |
| 다 | 5% | 10년 | 4% |
| 라 | 4% | 15년 | 3% |
| 마 | 4% | 10년 | 4% |

| 바 | 3% | 20년 | 3% |
|---|---|---|---|
| 사 | 5% | 10년 | 5% |
| 아 | 3% | 15년 | 3% |

8. 한국기업의 자산과 부채를 금리민감형과 비금리민감형으로 구분한 정보이다. 다음 물음에 답하여라.

- 금리민감자산(RSA): 90억, 비금리민감자산(non-RSA): 50억
- 금리민감부채(RSL): 50억, 비금리민감부채(non-RSL): 90억

(a) 금리조정 갭 분석 또는 EaR(Earning at Risk)분석의 목적은 무엇인가?

(b) 3개월 기간 동안, 금리 1% 상승 시의 순이자수익의 변동($\Delta$NII)을 계산하여라.

9. 수의상환채권(callable bond)과 상환요구채권(puttable bond)을 채권의 투자자 입장에서 금리변동에 의해 노출되는 리스크를 어떻게 헷지하는 지를 설명하여라.

10. 아래는 한양기업의 대차대조표 정보이다. 듀레이션 갭 관리전략의 순자산가치 면역법을 이용하여 물음에 답하여라. 단, 금리는 단리(simple interest)방법을 적용한다.

| 자산 | 금액 | 듀레이션(년) | 부채 | 금액 | 듀레이션(년) |
|---|---|---|---|---|---|
| 현금 | 100 | 0 | CD(1) | 600 | 1 |
| 영업대출자산 | 400 | 1.25 | CD(5) | 300 | 5 |
| 부동산대출 | 500 | 7 | 자본 | 100 | 0 |
| 합 | 1,000 | | | 1,000 | |

(a) 자산과 부채의 듀레이션 갭을 구하라.

(b) 금리가 2% 상승 시, 금리변화가 순자산가치에 전혀 영향을 주지 않는 방법을 설명하여라. (즉, 자산가치의 변화와 부채가치의 변화가 같게 하는 방법을 설명하여라.)

11. 금리캡(interest rate cap)과 금리플로어(interest rate floor)가 금리변동에 따른
    손실에 대해 어떻게 보험기능을 하는지 기술하여라.

12. 미래의 금리변동에 대비하는 방법으로서 파생금융상품을 이용하여 금리리스
    크를 헷지 할 수 있다. 아래의 금융상품을 설명하고 금리의 상승 또는 하락에
    대비하여 어떤 포지션(매입 또는 매도)을 취해야 하는지 기술하여라.

    (a) 금리선물
    (b) 금리옵션
    (c) 금리스왑

13. 아래의 표는 기업 X와 Y의 5년 만기 10억원 대출에 적용하는 년간 이자율이
    다. 기업 X의 경영진은 변동이율의 대출을 원하며 기업 Y는 고정이율의 대출
    을 원한다. 스왑딜러는 중계상의 역할을 하며 년 0.04%의 중계수수료를 받도
    록 하는 스왑거래를 설계하여라. 또한, 스왑에 의한 수익을 계산하여라.

| | 고정이율 | 변동이율 |
|---|---|---|
| 기업 X | 10.0% | LIBOR+0.2% |
| 기업 Y | 11.0% | LIBOR+0.6% |

3. 2년 만기 무이표채(zero-coupon)의 듀레이션은 2이다. 듀레이션은 쿠폰이자율(coupon rate)이 높으면 길어지고 낮으면 짧아진다. 그러므로 A<D<B이다. 2년6개월 만기 30% 이자(coupon) 채권의 듀레이션은 계산에 의해 2.05로서 2년 만기 무이표채(zero-coupon)보다 크다. 그러므로 A<D<B<C

2년6개월 만기 30% 이자(coupon) 채권의 듀레이션의 분자=
$(0.5)(15)/(1.045)^{0.5}+(1)(15)/(1.045)^{1}+(1.5)(15)/(1.045)^{1.5}+(2)(15)/(1.045)^{2}$
$+(2.5)(115)/(1.045)^{2.5}$
분모$=15/(1.045)^{0.5}+15/(1.045)^{1}+15/(1.045)^{1.5}+15/(1.045)^{2}+115/(1.045)^{2.5}$

4. =

(a) $D=\dfrac{(1)(80)/(1.09)+(2)(80)/(1.09)^{2}+(3)(1,080)/(1.09)^{3}}{(80)/(1.09)+(80)/(1.09)^{2}+(1,080)/(1.09)^{3}}=2.78$

(b) $MD=D/(1+y)=2.78/1.09=2.55$

6.

(a) 채권가격 $P=686.4+(1,000)/(1.05)^{40}=828.45$ (반기쿠폰이므로 개별쿠폰은 40이다.)

$\Delta P/P=-MD\Delta y=(-8.94)(-.02)=0.1788$

예상되는 채권 가격, $P'_{est}=P+\Delta P=(828.45)(1+0.1788)=976.58$

(b) 오차$=P'-P'_{est}=1,000-976.58=23.42$

(c) $\Delta P/P=-MD\Delta y+(1/2)(convexity)(\Delta y)^{2}=0.1788+(1/2)(133)(-0.02)^{2}=0.2054$

$P'=(828.45)(1.2054)=998.61,\ \Rightarrow$ 오차$=1,000-998.61=1.39$

7.

만기가 길수록 듀레이션은 길어진다.

⇒ 20년만기(가,바) > 15년만기(나,라,아) > 10년만기(다,마,사)

이표율은 높을수록 현금흐름의 현재가치는 커지고 듀레이션은 짧아진다.

⇒ 20년만기(가,바) > 15년만기(아) > 15년만기(나,라) > 10년만기(마) > 10년만기 (다,사)

채권수익률은 높을수록 현금흐름의 현재가치는 커지고 듀레이션은 짧아진다.

⇒ 가 > 바 > 아 > 라 > 나 > 마 > 다 > 사

(주의사항: 모든 채권의 이표율과 채권수익률이 크게 차이가 없는 경우, 위의 절차를 따른다. 만일 차이가 크면 듀레이션을 직접 계산해야 한다.)

8. (b) $\triangle \text{NII} = \text{RSA}_m \times \triangle r_m - \text{RSL}_m \times \triangle r_m = 90\text{억} \times 1\% \times 0.25 - 50\text{억} \times 1\% \times 0.25$
$= 0.1\text{억}$

10.

(a) 자산 듀레이션 $= (100 \times 0 + 400 \times 1.25 + 500 \times 7)/1,000 = 4\text{년}$
부채 듀레이션 $= (600 \times 1 + 300 \times 5)/900 = 2.33\text{년}$
듀레이션 갭 $= D_A - k \times D_L = 4 - 0.9(2.33) = 1.9 \ (k = 900/1,000)$

(b) 금리 2% 상승 시 자산, 부채의 가치변화

| 자산 | 시장가치 | 부채 | 시장가치 |
|---|---|---|---|
| 현금 | 100 | CD(1) | 588 |
| 영업대출자산 | 390 | CD(5) | 270 |
| 부동산대출 | 430 | 자본 | 62 |
| 합 | 920 | | 920 |

금리상승 → 자본가치 32감소

듀레이션 갭 = 0, 즉 $4 - 0.9 \times$ 부채듀레이션 = 0 ⇒ 부채듀레이션 = 4.44

$1 \times w + 5 \times (1-w) = 4.44 \Rightarrow w = 0.14$

1년 CD → $900 \times 0.14 \times 0.98 = 123.5$

5년 CD $\rightarrow$ 900×0.86×0.90=696.6이 되어 자본이 100이 된다. 그러므로 순자산가치에는 전혀 영향을 받지 않게 된다.

13. 스왑거래를 통해 총 0.6%의 절감효과를 얻을 수 있다.

0.6%=(11.0% − 10.0%) − [LIBOR + 0.6% − (LIBOR + 0.2%)]

기업 X의 거래: 기업 X는 고정이율이 비교우위에 있다.
→ 고정이율시장에 10.0%의 이자를 지불하고 대출을 받는다.
→ 스왑딜러에게 변동이율 LIBOR를 지불하고 딜러로부터 10.08%의 고정이율을 받는다.
→ 결과, 지불이자=10%+LIBOR, 수입이자=10.08%,
→ 수익=(LIBOR + 0.2%) − (LIBOR − 0.08%)=0.28%

기업 Y의 거래: 기업 X는 변동이율이 비교우위에 있다.
→ 변동이율시장에 LIBOR+0.60%의 이자를 지불하고 대출을 받는다.
→ 스왑딜러에게 고정이율 10.12%를 지불하고 딜러로부터 LIBOR의 변동이율을 받는다.
→ 결과, 지불이자=10.72%+LIBOR, 수입이자=LIBOR,
→ 수익=11% − 10.72%=0.28%

그러므로, 기업 X는 0.28% 수익, 기업 Y는 0.28% 수익, 딜러수수료 0.04%, 합 0.6%의 절감효과가 나타난다.

# 제11장 자본과 지급여력

1. 보험회사의 대차대조표에 관련된 질문에 답하여라.

   (a) 보험회사에서 자본이 확충되고 유지되어야 하는 이유를 설명하라.

   (b) 보험회사의 자산 리스크 (Asset Risks)에 관련된 세부적 리스크를 예를 들어 설명하라.

   (c) 보험회사에서 부채에서만 발생하는 리스크와 자산과 부채에 동시에 노출되는 리스크의 차이점은 무엇인가?

   (d) (c)의 답에 근거하여 기업의 자산과 부채와의 관계에서 동시에 발생할 수 있는 기본적인 리스크에 대해 설명하고 리스크가 어떻게 자산과 부채에 동시에 영향을 미치는지를 설명하라.

2. 보험계약에 의해 지급사유가 발생하는 사고에 대해 지급의무를 이행할 수 있고 회사의 운영도 정상적이라 한다면 그 보험회사는 지급여력이 있다고 말한다. 이러한 지급여력을 판단하고 결정하기 위한 세 가지 중요한 지급여력의 형태를 분류하고 그 특징을 설명하여라.

3. 보험회사에서 노출되는 유동성리스크에 관한 질문에 답하여라.

   (a) 보험산업에서 유동성은 왜 중요하며 파급효과가 큰 이유를 예와 함께 설명하여라.

   (b) 이러한 유동성리스크를 보험회사가 어떻게 관리하고 있는지 상품설계, 요율산정, 마케팅, 그리고 투자의 관점에서 예와 함께 설명하여라.

4. 현행 지급여력제도인 RBC(Risk Based Capital)제도에 관련된 질문에 답하여라.

   (a) RBC제도의 특징을 설명하여라.
   (b) RBC비율은 가용자본을 요구자본으로 나눈 값으로 계산하는데, 가용자본과 요구자본을 구성하는 요소들을 설명하여라.

5. 2022년 1월 1일 IFRS17제도의 시행과 함께 신지급여력제도(K-ICS)도 동시에 시행이 된다. 신지급여력제도에서 가용자본과 요구자본의 산출기준을 기존 RBC제도와 비교하여 설명하여라.

6. 다음 정보를 이용하여 질문에 답하여라

| 보험종목 | 보험위험액 | | 보험외 위험액 | | | |
|---|---|---|---|---|---|---|
| | 보험가격 | 준비금 | 금리 | 신용 | 시장 | 운영 |
| 장기 | 10 | | | | | |
| 일반 | 2 | 1 | 5 | 4 | 3 | 5 |
| 자동차 | 5 | 2 | | | | |

상품간 상관관계

| | 장기 | 일반 | 자동차 |
|---|---|---|---|
| 장기 | 1.00 | 0.25 | 0.50 |
| 일반 | 0.25 | 1.00 | 0.50 |
| 자동차 | 0.50 | 0.50 | 1.00 |

리스크간 상관관계

| | 보험 | 금리 | 신용 | 시장 |
|---|---|---|---|---|
| 보험 | 1.00 | 0.25 | 0.25 | 0.25 |
| 금리 | 0.25 | 1.00 | 0.50 | 0.50 |
| 신용 | 0.25 | 0.50 | 1.00 | 0.50 |
| 시장 | 0.25 | 0.50 | 0.50 | 1.00 |

   (a) RBC(Risk Based Capital)제도에 의한 보험위험액을 산출하여라.
   (b) RBC(Risk Based Capital)제도에 의한 분산효과를 반영한 총손해액을 산출하여라.

7. Solvency II에 관련된 질문에 답하여라.

   (a) Solvency II의 특징 세 가지를 기술하라.

   (b) Solvency II 제도는 세 개의 큰 기둥(pillar)으로 이루어져 있다. 각 pillar의 주요 특징을 설명하여라.

   (c) Solvency II에서 요구자본을 지급여력요구자본(SCR, Solvency Capital Requirement)과 최소요구자본(MCR, Minimum Capital Requirement)으로 구분한다. 각각의 역할을 설명하여라.

   (d) Solvency II 제도가 기존 RBC보다 우수한 점을 지적하여라.

8. **(2017년 보험계리사 시험문제)** 보험업감독규정 개정으로 보험회사의 신종자본증권 발행이 과거에 비해 유연해져 신종자본증권 발행이 확대될 양상이다. 이러한 신종자본증권발행 확대가 보험경영에 미칠 영향에 대해 설명하시오.

9. 보험회사가 지급여력이 급격히 하락될 경우, 유상증자를 통한 자본의 추가 확보가 어렵다면 어떠한 방법으로 자본을 확보할 수 있는지를 설명하라.

10. 금융당국은 보험회사의 자본적정성을 평가하고 리스크관리 실태를 점검하는 RAAS(Risk Assessment and Application System)제도를 시행하고 있다.

    (a) RAAS제도의 계량평가항목과 비계량평가항목에 대해 논하여라.

    (b) RAAS의 평가 결과에 따른 적기시정조치 기준을 각 단계별로 요약하여라.

    (c) RAAS의 시행이 보험회사에 미치는 효과는 무엇인가?

    (d) RAAS의 시행이 금융당국에 미치는 영향은 무엇인가?

11. **(2018년 보험계리사 시험문제)** 보험회사 자체 위험 및 지급여력평가제도(ORSA: own risk and solvency assessment)의 도입배경과 주요 내용 및 기대효과에 대하여 서술하시오.

6.

(a) 보험가격위험액$= \{(10 \times 10 \times 1) + (10 \times 2 \times 0.25) + (10 \times 5 \times 0.5) + (10 \times 2 \times 0.25)$
$+ (2 \times 2 \times 1) + (5 \times 2 \times 0.5) + (10 \times 5 \times 0.5) + (2 \times 5 \times 0.5)$
$+ (5 \times 5 \times 1)\}^{0.5} = 14.1$

준비금위험액$= \{(1 \times 1 \times 1) + (1 \times 2 \times 0.5) + (1 \times 2 \times 0.5) + (2 \times 2 \times 1)\}^{0.5} = 2.65$

보험위험액$= \{14.1^2 + 2.65^2 + 0.5(14.1)(2.65)\}^{0.5} = 14.99$

(b) 총손해액$= \{(14.99 \times 14.99 \times 1) + (14.99 \times 5 \times 0.25) + (14.99 \times 4 \times 0.25) +$
$(14.99 \times 3 \times 0.25) + (14.99 \times 5 \times 0.25) + (5 \times 5 \times 1) + (4 \times 5 \times 0.5)$
$+ (3 \times 5 \times 0.5) + (14.99 \times 4 \times 0.25) + (5 \times 4 \times 0.5) + (4 \times 4 \times 1)$
$+ (3 \times 4 \times 0.5) + (14.99 \times 3 \times 0.25) + (5 \times 3 \times 0.5) + (4 \times 3 \times 0.5)$
$+ (3 \times 3 \times 1)\}^{0.5} + 5 = 25.29$

# 제12장 이익과 손익분석

1. 보험회사의 영업손익과 투자손익에 대하여 설명하고 이를 수식으로 표현하여라.

2. 보험회사의 영업손익과 투자손익에 내재하고 있는 리스크에 대해 기술하여라.

3. 보험회사의 경영성과 분석, 상품가격 적정성 평가, 또는 기업가치를 측정할 수 있는 손익가치지표를 각각 구분하여 어떻게 측정되며 지표의 결과가 나타내는 의미가 무엇인지 설명하여라.

4. 보험업 관련규정에서 정하는 계약자배당 전 잉여금지분의 구분과 배당보험손 실보전준비금의 사용용도에 대해여 각각 설명하여라.

(손익관련 계산문제는 보충과제 연습문제를 참고하기 바람)

## 보충주제

1. 금융당국은 2017년 4월부터 실손의료보험을 개정하였다. 개정하게 된 배경과 주요 개정 내용을 설명하여라.

2. 2018년 12월에 시행된 단체실손의료보험과 개인실손의료보험간의 연계제도에 관해 추진된 배경과 연계제도의 주요내용에 대해 논하라.

3. 2015년 11월에 시행된 여러 보험상품들을 비교 검색한 뒤 소비자가 보험을 구매하게 하는 보험다모아 시스템이 보험환경에 미치는 효과를 보험소비자와 보험회사의 측면에서 설명하여라.

4. 한일생명보험회사는 3이원 방식에 의해 2019년 12월 31일자 보험부분의 손익을 파악하려고 한다. 아래는 2019년 12월 31일자 한일생명보험회사의 재무제표 항목들이다.

   (a) 위험률차 손익을 계산하여라.
   (b) 사업비차 손익을 계산하여라.
   (c) 3이원 방식에 의해 보험료가 적절하게 배분되었는지를 검증하여라.

   - 예정이율=10%
   - 수입보험료=30,000 (순보험료=20,000)
   - 지급보험금=5,000         손해사정비=500
   - 실제사업비=7,000         신계약비이연=4,000         신계약비상각=3,000
   - 순보험료식 보험료적립금: 2018/12/31자=70,000        2019/12/31자=88,000
   - 해약식 보험료적립금: 2018/12/31자=60,000        2019/12/31자=77,000

5. **(2018년 보험계리사 시험문제)** 보험회사 손익을 분석하는 방법인 상품별 분석과 이원별 분석에 대하여 약술하고, 현재 우리나라 감독규정에서 요구하고 있는 보험회사 손익분석방법을 서술하시오.

6. 한양생명보험회사는 3이원 방식에 의해 2019년 12월 31일자 투자관련부분의 손익을 계산하고자 한다. 아래는 2019년 12월 31일자 한양생명보험회사의 재무제표 항목들이다.

- 예정이율＝5%
- 수입보험료＝30,000 (순보험료＝20,000)
- 만기환급금＝1,500 　　　해약환급금＝1,200 손해사정비＝100
- 투자수익＝5,000 　　　투자비용＝1,000
- 순보험료식 보험료적립금: 2018/12/31자＝60,000 　　　2019/12/31자＝73,500
- 해약식 보험료적립금: 2018/12/31자＝51,000 　　　2019/12/31자＝63,000

위의 정보를 이용하여 이자율차 손익을 계산하여라.

7. 한성손해보험회사는 2019년 12월 31일자 장기손해보험에 대한 손익을 분석하고자 한다. 아래는 한성손해보험회사의 2019년 12월 31일자 장기손해보험에 대한 재무제표 항목들이다. 주어진 정보에 의해 아래의 질문에 답하여라.

- 예정이율＝5%
- 수입보험료＝20,000 (순보험료＝15,000)
- 지급보험금＝6,000 　　　해약환급금＝2,000 　　　손해사정비＝500
- 실제사업비＝5,000 　　　신계약비이연＝3,000 　　　신계약비상각＝2,500
- 순보험료식 보험료적립금: 2018/12/31자＝34,000 　　　2019/12/31자＝42,000
- 해약식 보험료적립금: 2018/12/31자＝45,000 2019/12/31자＝52,500
- 미경과보험료 적립금: 2018/12/31자＝1,500 2019/12/31자＝2,500
- 지급준비금: 2018/12/31자＝4,500 2019/12/31자＝5,000
- 계약자배당 준비금: 2018/12/31자＝700 　　　2019/12/31자＝1,000

(a) 위험보험료에 의한 손해율을 계산하여라.

(b) 경과손해액에 의한 경과손해율을 계산하여라.

(c) 합산비율을 계산하여라.

(d) 보험영업손익을 구하라.

(e) 합산비율과 보험영업손익은 같은 개념이다. 위의 계산을 통해 이를 증명하여라.

8. 어느 손해보험 상품의 심도를 위한 충분신뢰도는 2,500건이다. 어느 집단을 관측한 결과, 803건의 사고부터 20억원의 손해액이 발생하였다. 유사한 집단의 평균 건당 손해액은 2백원이라 할 때, 원 집단의 신뢰도를 반영한 평균 건당 손해액을 예측하여라.

9. 다음은 손해보험계약에 관련된 정보이다. 루트원칙에 의한 부분신뢰도를 이용하여 향후 기간 동안 예측할 수 있는 전체 손해액을 계산하여라.

- 전체 손해의 경험 평가액         20,000,000
- 관측된 전체 손해액            25,000,000
- 향후 기간 동안 예측하는 사고건수     10,000
- 충분신뢰도의 최소 사고건수        17,500

10. **(2018년 보험계리사 시험문제)** 실손보상의 원칙(principle of indemnity)에 대하여 설명하고, 이에 대한 예외들을 서술하시오.

11. 피보험이익(Insurable interest)의 개념은 생명보험계약과 손해보험계약에서 다소 차이가 있다. 그 차이점을 피보험이익의 존재여부, 피보험이익의 존재시기, 그리고 피보험이익에 의해 제한된 배상범위 관점에서 논하여라.

12. 보험계약의 기본 원칙인 최대선의의 원칙(Principle of Utmost good faith)은 세 가지 계약조항인 고지의무(representation), 은폐금지(concealment), 보증원

칙(warranties)에 의해 실행될 수 있다. 최대선의의 원칙을 세 가지 조항에 따라서 설명하여라.

13. 수지상등의 원칙과 급부,반대급부 균등의 원칙에 대해 각각 정의 내리고 그 차이점을 설명하라.

14. 최근에 금융당국은 IFRS17제도 도입에 대비하여 보험회사의 부채를 감축, 조정할 수 있는 공동재보험(coinsurance) 도입을 추진 중이다. 공동재보험의 주요내용과 기대효과를 논하여라.

15. (2019년도 보험계리사 시험문제) 국민건강보험의 보장성 확대가 민영 실손의료보험의 손해율에 미칠 수 있는 영향을 설명하고, 그 원인을 분석한 후 민영 보험회사의 대응방안에 대하여 서술하시오.

16. (2019년도 보험계리사 시험문제) 정부는 기금형 퇴직연금제도의 도입을 검토하고 있다. 기금형 퇴직연금제도에 대하여 설명하고, 기존의 계약형 퇴직연금제도와 비교하여 리스크관리상의 유사점과 차이점에 대하여 서술하시오.

4.

    (a) 위험보험료 = 순보험료 − {2019/12/31자 순보험료식 보험료적립금/(1.10)

        − 2018/12/31자 순보험료식 보험료적립금} = 20,000 − {88,000/(1.10) − 70,000}

        = 10,000

        위험율차 손익 = 10,000 − (5,000 + 500) = 4,500

    (b) 저축보험료 = 77,000/(1.10) − 60,000 = 10,000,

        예정 사업비 = 30,000 − (10,000 + 10,000) = 10,000

        사업비차 손익 = 10,000 − 7,000 + (4,000 − 3,000) − {(88,000 − 70,000) − (77,000

                − 60,000)} = 3,000

    (c) 수입보험료 = 30,000 = 위험보험료 + 저축보험료 + 예정 사업비


6. 투자손익 = 5,000 − 1,000 = 4,000

    저축보험료 = 63,000/(1.05) − 51,000 = 9,000

    책임준비금 이자 = (63,000 − 51,000) + 1,500 + 1,200 − 9,000 = 5,700

    이자율차 손익 = 4,000 − 5,700 = − 1,700


7. (참고: 장기손해보험 손익계산은 경과손해액을 제외하고 생명보험상품 항목별

    손익계산과 유사하다.)

    (a) 위험보험료 = 15,000 − {(42,000/(1.05) − 34,000} = 9,000

        발생손해액 = 6,000 + (5,000 − 4,500) + 500 = 7,000

        ⇒ 위험보험료 손해율 = 7,000/9,000 = 0.778

    (b) 경과손해액 = 7000 + 2,000 + (42,000 − 34,000) + (1,000 + 700) = 17,300

        경과보험료 = 20,000 − (25,000 − 20,000) = 19,000

        ⇒ 경과손해율 = 17,300/19,000 = 0.911

(c) 순사업비＝5,000－(3,000－2,500)＝4,500,

합산비율＝(17,300＋4,500)/19,000 ＝1.147

(d) 보험영업손익＝19,000－17,300－4,500＝－2,800

(e) 합산비율×경과보험료－경과보험료＝(17,300＋4,500)－19,000＝2,800

＝영업손실

8. $Z = \sqrt{803/2,500} = 0.567$

원 집단 경험 평균 건당 손해액＝2,000,000,000/803＝2,490,660

∴ 예측값＝(0.567)(2,490,660)＋(1－0.567)(2,000,000)＝2,278,204

9. $Z = \sqrt{n/n_F} = \sqrt{10,000/17,500} = 0.756$

예측 손해액＝Z×기초자료 결과＋(1－Z)×유사자료 결과

＝(0.756)×(25,000,000)＋(1－0.756)×(20,000,000)＝23,780,000

# 부 록

# 정규분포표

| z | 0.00 | 0.01 | 0.02 | 0.03 | 0.04 | 0.05 | 0.06 | 0.07 | 0.08 | 0.09 |
|---|------|------|------|------|------|------|------|------|------|------|
| 0.0 | 0.0000 | 0.0040 | 0.0080 | 0.0120 | 0.0160 | 0.0199 | 0.0239 | 0.0279 | 0.0319 | 0.0359 |
| 0.1 | 0.0398 | 0.0438 | 0.0478 | 0.0517 | 0.0557 | 0.0596 | 0.0636 | 0.0675 | 0.0714 | 0.0753 |
| 0.2 | 0.0793 | 0.0832 | 0.0871 | 0.0910 | 0.0948 | 0.0987 | 0.1026 | 0.1064 | 0.1103 | 0.1141 |
| 0.3 | 0.1179 | 0.1217 | 0.1255 | 0.1293 | 0.1331 | 0.1368 | 0.1406 | 0.1443 | 0.1480 | 0.1517 |
| 0.4 | 0.1554 | 0.1591 | 0.1628 | 0.1664 | 0.1700 | 0.1736 | 0.1772 | 0.1808 | 0.1844 | 0.1879 |
| 0.5 | 0.1915 | 0.1950 | 0.1985 | 0.2019 | 0.2054 | 0.2088 | 0.2123 | 0.2157 | 0.2190 | 0.2224 |
| 0.6 | 0.2257 | 0.2291 | 0.2324 | 0.2357 | 0.2389 | 0.2422 | 0.2454 | 0.2486 | 0.2517 | 0.2549 |
| 0.7 | 0.2580 | 0.2611 | 0.2642 | 0.2673 | 0.2703 | 0.2734 | 0.2764 | 0.2794 | 0.2823 | 0.2852 |
| 0.8 | 0.2881 | 0.2910 | 0.2939 | 0.2967 | 0.2995 | 0.3023 | 0.3051 | 0.3078 | 0.3106 | 0.3133 |
| 0.9 | 0.3159 | 0.3186 | 0.3212 | 0.3238 | 0.3264 | 0.3289 | 0.3315 | 0.3340 | 0.3365 | 0.3389 |
| 1.0 | 0.3413 | 0.3438 | 0.3461 | 0.3485 | 0.3508 | 0.3531 | 0.3554 | 0.3577 | 0.3599 | 0.3621 |
| 1.1 | 0.3643 | 0.3665 | 0.3686 | 0.3708 | 0.3729 | 0.3749 | 0.3770 | 0.3790 | 0.3810 | 0.3830 |
| 1.2 | 0.3849 | 0.3869 | 0.3888 | 0.3907 | 0.3925 | 0.3944 | 0.3962 | 0.3980 | 0.3997 | 0.4015 |
| 1.3 | 0.4032 | 0.4049 | 0.4066 | 0.4082 | 0.4099 | 0.4115 | 0.4131 | 0.4147 | 0.4162 | 0.4177 |
| 1.4 | 0.4192 | 0.4207 | 0.4222 | 0.4236 | 0.4251 | 0.4265 | 0.4279 | 0.4292 | 0.4306 | 0.4319 |
| 1.5 | 0.4332 | 0.4345 | 0.4357 | 0.4370 | 0.4382 | 0.4394 | 0.4406 | 0.4418 | 0.4429 | 0.4441 |
| 1.6 | 0.4452 | 0.4463 | 0.4474 | 0.4484 | 0.4495 | 0.4505 | 0.4515 | 0.4525 | 0.4535 | 0.4545 |
| 1.7 | 0.4554 | 0.4564 | 0.4573 | 0.4582 | 0.4591 | 0.4599 | 0.4608 | 0.4616 | 0.4625 | 0.4633 |
| 1.8 | 0.4641 | 0.4649 | 0.4656 | 0.4664 | 0.4671 | 0.4678 | 0.4686 | 0.4693 | 0.4699 | 0.4706 |
| 1.9 | 0.4713 | 0.4719 | 0.4726 | 0.4732 | 0.4738 | 0.4744 | 0.4750 | 0.4756 | 0.4761 | 0.4767 |
| 2.0 | 0.4772 | 0.4778 | 0.4783 | 0.4788 | 0.4793 | 0.4798 | 0.4803 | 0.4808 | 0.4812 | 0.4817 |
| 2.1 | 0.4821 | 0.4826 | 0.4830 | 0.4834 | 0.4838 | 0.4842 | 0.4846 | 0.4850 | 0.4854 | 0.4857 |
| 2.2 | 0.4861 | 0.4864 | 0.4868 | 0.4871 | 0.4875 | 0.4878 | 0.4881 | 0.4884 | 0.4887 | 0.4890 |
| 2.3 | 0.4893 | 0.4896 | 0.4898 | 0.4901 | 0.4904 | 0.4906 | 0.4909 | 0.4911 | 0.4913 | 0.4916 |
| 2.4 | 0.4918 | 0.4920 | 0.4922 | 0.4925 | 0.4927 | 0.4929 | 0.4931 | 0.4932 | 0.4934 | 0.4936 |
| 2.5 | 0.4938 | 0.4940 | 0.4941 | 0.4943 | 0.4945 | 0.4946 | 0.4948 | 0.4949 | 0.4951 | 0.4952 |
| 2.6 | 0.4953 | 0.4955 | 0.4956 | 0.4957 | 0.4959 | 0.4960 | 0.4961 | 0.4962 | 0.4963 | 0.4964 |
| 2.7 | 0.4965 | 0.4966 | 0.4967 | 0.4968 | 0.4969 | 0.4970 | 0.4971 | 0.4972 | 0.4973 | 0.4974 |
| 2.8 | 0.4974 | 0.4975 | 0.4976 | 0.4977 | 0.4977 | 0.4978 | 0.4979 | 0.4979 | 0.4980 | 0.4981 |
| 2.9 | 0.4981 | 0.4982 | 0.4982 | 0.4983 | 0.4984 | 0.4984 | 0.4985 | 0.4985 | 0.4986 | 0.4986 |
| 3.0 | 0.4987 | 0.4987 | 0.4987 | 0.4988 | 0.4988 | 0.4989 | 0.4989 | 0.4989 | 0.4990 | 0.4990 |

제40회 보험계리사 및 손해사정사 제2차 시험문제 (2017년도 시행)

## (계리리스크관리)

1. 다음은 보험가액 1억 원인 주택의 화재 발생 확률과 손해액을 나타낸 것이다. 물음에 답하시오. (20점)

| 손해액 | 0 | 1,000만원 | 4,000만원 | 7,000만원 | 1억원 |
|---|---|---|---|---|---|
| 확률 | 0.8 | 0.1 | 0.06 | 0.03 | 0.01 |

   (1) 보험가입금액이 1억원이고, 공제금액이 1,000만원인 프랜차이즈 공제계약 (franchise deductible)의 영업보험료는 얼마인가?(단,부가보험료는 순보험료의 20%를 책정한다.) (5점)

   (2) 보험가입금액을 6,000만 원으로 했을 때, 80%의 공동보험조항(coinsurance)을 적용할 경우 지급보험금의 기댓값(expected value)은 얼마인가? (단, 위 (1)의 공제계약조항은 적용하지 않는다.) (5점)

   (3) 공동보험조항에서 약정가입비율(insurance to value) 적용의 목적과 문제점에 대해 설명하시오. (10점)

2. A보험회사는 특정 위험에 노출된 집단을 몇 개의 그룹으로 보험요율을 세분화하는 방안을 검토하고 있다. 보험요율 구분요소가 갖추어야 할 요건을 설명하고, 생명보험에서 남녀를 구분하여 보험요율을 산정하는 것에 대한 타당성 여부를 이들 요소에 근거하여 설명하시오. (20점)

3. 보험업감독규정 개정으로 보험회사의 신종자본증권 발행이 과거에 비해 유연해져 신종자본증권 발행이 확대될 양상이다. 이러한 신종자본증권 발행 확대가 보험경영에 미칠 영향에 대해 설명하시오. (20점)

4. 금융재보험(financial reinsurance)의 개념과 특징에 대해 설명하고, 금융재보험의 활용이 원수보험회사와 보험소비자에게 미칠 영향에 대해 서술하시오. (20점)

5. 자동차보험 추산보험금의 적정성에 대한 검증방식인 평균지급보험금방식(Average Payment Method)과 본휴에터-퍼거슨방식(Bornhuetter-Ferguson Method)에 대해 비교·설명하시오. (10점)

6. 일반적으로 가격경쟁은 소비자 편익향상에 기여한다. 보험시장에서는 이러한 논리가 항상 성립되지 않을 수도 있는 이유를 설명하시오. (10점)

제41회 보험계리사 및 손해사정사 제2차 시험문제 (2018년도 시행)

## (계리리스크관리)

1. 보험위험의 증권화에 대하여 설명하고, 보험연계증권(ILS: insurance-linked securities)의 운영시스템을 구체적으로 서술하시오. (20점)

2. 보험회사 손익을 분석하는 방법인 상품별 분석과 이원별 분석에 대하여 약술하고, 현재 우리나라 감독규정에서 요구하고 있는 보험회사 손익분석 방법을 서술하시오. (20점)

3. 보험회사 자체 위험 및 지급여력평가제도(ORSA: own risk and solvency assessment)의 도입배경과 주요 내용 및 기대효과에 대하여 서술하시오. (20점)

4. 실손보상의 원칙(principle of indemnity)에 대하여 설명하고, 이에 대한 예외들을 서술하시오. (20점)

5. 보험회사가 경험실적을 지속적으로 수집·분석해야 하는 이유를 설명하고, 경험실적을 반영하는 요율산정방식에 대하여 서술하시오. (20점)

## 제42회 보험계리사 및 손해사정사 제2차 시험문제 (2019년도 시행)

### (계리리스크관리)

1. 효용함수가 u(w)=(단, w는 재산)인 A씨는 현금 20과 재산가액 80인 건물을 소유하고 있다. 이 건물에 화재가 발생할 확률은 0.2이고, 화재로 인한 손해액 이 75일 때 다음 물음에 답하시오. (아래에서 보험가입은 전부보험으로 하고, 그 외의 요소는 고려하지 아니한다.)

   보험수리적으로 공정한 보험료(actuarially fair premium)를 산출하시오. (5점)
   기대효용가설(expected utility hypothesis)에 따라 의사결정을 한다고 가정할 때 보험료가 18이라면 A씨는 보험에 가입하겠는가? 답에 대한 근거를 제시하고, 그 이유를 효용이론에 입각하여 설명하시오. (15점)

2. 전사적 리스크관리(ERM: enterprise-wide risk management)의 기본 개념을 설 명하고, 그 이점과 비용에 대하여 서술하시오. (20점)

3. 예정사업비 부가방식인 사업비 선취방식(front-end loading)과 사업비 후취방 식(back-end loading)의 개념 및 장단점을 설명하고, 이와 관련된 현행감독규 정의 내용을 서술하시오. (20점)

4. 국민건강보험의 보장성 확대가 민영 실손의료보험의 손해율에 미칠 수 있는 영향을 설명하고, 그 원인을 분석한 후 민영 보험회사의 대응방안에 대하여 서술하시오. (20점)


5. 정부는 기금형 퇴직연금제도의 도입을 검토하고 있다. 기금형 퇴직연금제도에 대하여 설명하고, 기존의 계약형 퇴직연금제도와 비교하여 리스크 관리상의 유사점과 차이점에 대하여 서술하시오. (20점)

# 참고문헌

## 1. 국내문헌

강계욱, 김명준, 최양호, "계리모형론," 박영사, 2016

강병호 외 2인, "금융업 리스크관리," 박영사, 2000

김규동, Kiri Report "해외학술연구 분석," 보험연구원, 2017

김병규, "재무관리 및 금융공학," 보험연수원, 2018

김재인, "금융리스크관리," 다산출판사, 2012

김창기, "금융공학," 문우사, 2015

방하남 외 4인, "베이비붐 세대의 근로생애와 은퇴과정 연구," 한국노동연구원, 2011

보험감독국, "보험회사 리스크평가제도 해설서," 금융감독원, 2007

보험감독국, "보험회사 위험기준 경영실태 평가제도(RAAS) 해설서," 금융감독원, 2012

보험감독국, "자동차보험 표준약관," 금융감독원, 2019

보험감리국, "보험업감독업무시행세칙 표준약관," 금융감독원, 2018

보험감리국, "표준사업방법서(생보-손보-실손)," 금융감독원, 2018

보험감리국, "표준약관(생명보험 등 10종)," 금융감독원, 2020

금융감독원, "시장과 함께하는 리스크관리," 금융감독원, 2006

보험건전성제도팀, "공동재보험 도입방안," 보도자료 2020, 금융위원회

보험과, "보험계약 국제회계기준(IFRS17) 시행시기 연기결정에 따른 대응방안," 금융위원회, 2018

보험과, "18.12월1일부터 단체실손의료보험과 개인실손의료보험간 연계제도가 시행됩니다." 금융위원회, 2018

보험리스크업무팀, "보험회사 RBC제도 해설서," 금융감독원, 2017

보험리스크제도실, "신지급여력제도 도입 수정안," 금융감독원, 2019

여상구 외 2인, "보험계리와 경영," 보험연수원, 2013

오창수, 박종각, "국제회계기준 2단계에 따른 보험부채 영향분석", 한국계리학회, 2016

오창수, "보험회사 통합리스크 산출방법에 관한 연구," 한국계리학회, 2010

오창수, 오수연, 오창영, 이성호, 이창욱, "Solvency Ⅱ 기준에 따른 보험부채평가에 관한 연구," 한국리스크관리학회, 2012

유영식, "재보험의 이론&실무,"

윤평식, 김철중, "금융기관 시장위험관리," 한국금융연수원, 2000

윤평식, 김철중, "VAR," 경문사, 1998

원재환, "금융리스크 관리," 법문사, 2011

원재환, "파생상품이론," 신론사, 2013

이항석, 한민연, 김소연, "경제적 자본관리를 위한 장기손해보험의 자산 부채 포트폴리오 최적화," 한국보험학회, 2018

임윤수, 전준규, "파생상품론," 도서출판 해림, 2018

장동식, "Solvency II의 리스크평가모형 및 측정방법 연구," 보험연구원, 2009

조재린, 김해식, 김석영, "국내 보험회사 지급여력규제 평가 및 개선방안," 보험연구원, 2014 보험연구원

한국계리학회, "손해보험 선임계리사 검증 실무표준," 한국계리실무표준위원회, 2012

현인석, "유동성 리스크 관리기법," 금융감독원, 2006

황의대, "계리리스크관리," 보험연수원, 2018


## 2. 해외문헌

Anderson, Feldblum, *"A Practioner's Guide to Generalized Linear Models,"* Watson Wyatt, 2004

Athearn, L. James, Pritchett, S. Travis, *"Risk and Insurance,"* West, 1984

Basel Committee on Banking Supervision, *"Studies on Credit Risk Concentration,"* BIS Working Paper, No. 15, BIS, 2006

Basel Committee on Banking Supervision, *"Principles for the Management and Supervision of Interest Rate Risk,"* BIS, 2004

Basel Committee on Banking Supervision, *"Studies on Credit Risk Concentration,"* BIS Working Paper, No. 15, BIS, 2006

Bellis, Clare, Lyon, Richard, *"Understanding Actuarial Management,"* SOA, 2012

Black, Skipper, *"Life Insurance,"* 13$^{th}$ edition, Pearson, 1999

Bodie, Kane, and Marcus, *"Investments,"* Prentice Hall, 2006

Bodie, Z., R.C. Merton, and Cleeton, *"Financial Economics,"* 2$^{nd}$ ed., Pearson Education, 2009

Bowers, Gerber, et al., *"Actuarial Mathematics,"* Society of Actuaries, 1986

Brady, L. Justin, Mellinger H. Joyce, *"The Regulation of Insurance,"* Insurance Institute of America, 1994

Colquitt, J., *"Credit Risk Management,"* McGraw-Hill, 2007

Crouhy, M., D. Galai, and R. Mark, *"The Essentials of Risk Management,"* McGraw-Hill, 2006

Dickerson, David, C. et al., *"Actuarial Mathematics for Life Contingent Risks,"*

Cambridge University Press, 2009

Ettilinger, H. Kethleen, *"State Insurance Regulation*, Insurance Institute of America,"
1999

Fabozzi, F.J., *"Fixed Income Analysis,"* 2nd ed., Wiley, 2007

Finger, J. Robert, *"Foundation of Casualty Actuarial Science,"* 4th edition, Casualty
Actuarial Society, 2002

Hardy, Mary R., *"An Introduction to Risk Measures for Actuarial Applications,"* Society
of Actuaries, 2006

Hull, J.C., *"Options, Futures, and Other Derivatives,"* 7th ed., Pearson Education, 2008

Jarrow, R., *"Modeling Fixed Income Securities and Interest Rate Options,"* McGraw-
Hill, 1996

Lorimer, Perlet, Jr., Kempin, Jr., Hodosh, *"The Legal Environment of Insurance,"* American
Institute, 1993

Marcus C. Christiansen, Andreas Niemeyer, *"Fundamental Definition of the Solvency
Capital Requirement in Solvency II,"* ASTIN BULLETIN, 2014

McClenahan, *"Foundation of Casualty Actuarial Science,"* 4th edition, Casualty Actuarial
Society, 2012

McDonald, L. Robert, *"Derivative Market,"* Pearson, 2014

Miccolis, Robert S., *"An Investigation of Methods, Assumptions and Risk Modeling
for the Valuation,"* Casualty Actuarial Society, 2003

Monagle F. John, *"Risk Management, A Guide for Health Care Professionals,"* An Aspen
Publication, 1995

NAIC, *"Risk-Based Capital: General Overview,"* NAIC, 2009

Ong, M.K., *The Basel Handbook: A Guide for Financial Practitioners,"* 2nd ed., Risk
Books, 2006

Saita, F., *"Value at Risk and Banking Capital Management,"* Academic Press, 2007

SOA & IAA, *"Understanding Actuarial Management: Actuarial Control Cycle,"* SOA &
IAA, 2014

Tiller Sherwood Margaret, *"Foundation of Casualty Actuarial Science,"* 4th edition,
Casualty Actuarial Society, 2002

Werner, G., and Modlin, C., *"GLM Basic Modeling: Avoiding Predictive Modeling
Pitfalls,"* Casualty Study, 2007

Wiser F. Ronald, *"Foundation of Casualty Actuarial Science,"* 4th edition, Casualty
Actuarial Society, 2002

## 3. 홈페이지(website)

http://www.actuarialstandardsboard.org/ 미국 보험계리 기준위원회 표준규범(Actuarial
　　　Standard Boards), ASOP No. 23—Doc. No. 185

https://www.actuaries.org/ 국제보험계리사회(International Actuarial Association)

https://www.actuaries.org.uk/ 영국 보험계리인 협회(The Institute and Faculty of Actuaries)

http://www.actuary.or.kr/ 한국보험계리사회(IAK, The Institute of Actuaries of Korean)

https://www.bis.org/국제결제은행(BIS, Bank of International Settlements)

http://www.casact.org/ 미국 손해보험 계리사회(CAS, Casualty Actuarial Society)

http://www.fsc.go.kr/ 금융위원회

http://www.fss.or.kr/ 금융감독원

http://www.ifrs.org/ 국제회계기준

https://www.investopedia.com/terms

http://www.kidi.or.kr/ 보험개발원

http://www.kiri.or.kr/ 보험연구원

http://www.soa.org/ 미국 생명보험 계리사회(SOA, Society of Actuaries)


## 4. 사전(Dictionary)

경제용어사전, 미래와 경영연구소

교육평가용어사전, 한국교육평가학회

금융감독원, 용어사전

네이버 지식백과

두산 백과사전

배상책임보험보통보험약관

법률용어사전

보험개발원, 용어사전

보험업법 감독규정 시행세칙

선박항해용어사전

시사경제용어사전, 기획재정부

재물보험일반보험약관

Dictionary of Insurance Terms, Harvey W. Rubin, Barron's

Wikipedia

## 저자 프로필

## 강계욱(Kyewook Gary Kang), FCAS, ASA, MAAA

- FCAS (Fellow of Casualty Actuarial Society), 미국 손해보험 공인계리사
- ASA (Associate of Society of Actuaries), 미국 생명보험 계리사
- MAAA (Member of American Academy of Actuaries), 미국 보험계리학회 회원,
- 미국 손해보험계리사회 평생명예회원 (Lifetime honorary member of CAS)
- 한국 보험개발원(KIDI) Sr. Vice President
- 삼성화재해상보험주식회사 Assistant Vice President & Principal Actuary
- 미국 Nationwide Insurance Company, Sr. Pricing Managing Director & Sr. Actuary
- 미국 Allstate Insurance Company, Product Director & Associate Actuary
- 미국 American Modern Insurance Group, Actuarial Manager
- 미국 손해보험 계리사시험 출제 및 채점위원 (2004~2012), Examination Committee of CAS
- 미국 손해보험계리사회 요율산정위원회 위원 (2012~2015), Ratemaking Committee of CAS
- 미국 손해보험계리사회 교육정책위원회 상임위원 (2010~2018), Education Policy Committee of CAS
- 미국 손해보험계리사회 세미나 주제발표 다수, Speaker and Moderator in the CAS meetings
- 한국 계리학회 상임위원
- 한국 계리사시험 출제위원 (2010~2012)
- 한양대학교 에리카 경상대학 보험계리학과 교수
- 금융보험학 박사과정 수료, Completed the doctorate courses in Finance and Insurance, Hanyang University
- 보험계리학 석사, Master of Arts in Actuarial Science, Georgia State University
- 보험학 석사, Master of Science in Risk Management & Insurance, Georgia State University
- 경영학 학사, Bachelor of Arts in Business Administration, Aurora University
- 계리모형론(박영사 刊) 공저

## 계리리스크관리
보험계리사 제2차 시험 대비

초판 발행       2020년 3월 10일

지은이        강계욱
펴낸이        안종만 · 안상준

기획/마케팅    오치웅
표지디자인     이미연
제 작         우인도 · 고철민

펴낸곳        (주) **박영사**
             서울특별시 종로구 새문안로3길 36, 1601
             등록  1959. 3. 11. 제300-1959-1호(倫)
전 화         02)733-6771
f a x        02)736-4818
e-mail       pys@pybook.co.kr
homepage     www.pybook.co.kr
ISBN         979-11-303-0969-9     93320

정 가         37,000원